“十四五”职业教育国家规划教材

中等职业教育专业技能课教材

中等职业教育建筑工程施工专业规划教材

房屋建筑构造

（第2版）

主　编　原筱丽　刘　莹

副主编　赵爱书　陈向红　杨树雄

武汉理工大学出版社

·武　汉·

内容提要

“房屋建筑构造”是中等职业学校建筑工程施工专业的专业基础课程，本书基于岗位所对应的建筑工程施工图中的工作任务来编写。任务1为绘制建筑施工图——按制图标准，运用前期所学“建筑识图”课程知识，进行住宅建筑施工图的识读与绘制；任务2为认知建筑——识别建筑物和构筑物，了解建筑各组成部分；任务3为外墙节点详图——根据住宅常用外墙材料进行构造设计；任务4为屋顶平面及节点大样详图设计——住宅平屋顶排水组织，出水口、泛水和上人孔三个节点详图；任务5为楼梯详图——城市单元住宅平台下设过道的一个底层剖面和四个详图；任务6为拓展知识——包括变形缝、民用建筑工业化（不同地域的学校选择性讲解）。

本书既可作为中等职业学校建筑工程施工、工程造价、建筑装饰、建筑设备等专业的教材，也可供建筑设计和建筑工程技术人员参考。

图书在版编目(CIP)数据

房屋建筑构造/原筱丽，刘莹主编. —2版. —武汉：武汉理工大学出版社，2018.7（2024.8重印）

ISBN 978-7-5629-5823-9

Ⅰ.①房… Ⅱ.①原… ②刘… Ⅲ.①建筑构造 Ⅳ.①TU22

中国版本图书馆CIP数据核字(2018)第162244号

项目负责人：张淑芳　　**责任编辑**：余晓亮
责任校对：张明华　　**装帧设计**：芳华时代
出版发行：武汉理工大学出版社
社　　址：武汉市洪山区珞狮路122号
邮　　编：430070
网　　址：http://www.wutp.com.cn
经　　销：各地新华书店
印　　刷：荆州市精彩印刷有限公司
开　　本：787×1092　1/16
印　　张：13.25
插　　页：12
字　　数：368千字
版　　次：2018年7月第2版
印　　次：2024年8月第6次印刷　总第9次印刷
印　　数：3000册
定　　价：35.00元

中等职业教育建筑工程施工专业规划教材

出 版 说 明

为了贯彻《国务院关于大力发展职业教育的决定》精神，落实《教育部关于进一步深化中等职业教育教学改革的若干意见》，适应中等职业教育对建筑工程施工专业的教学要求和人才培养目标，推动中等职业学校教学从学科本位向能力本位转变，以培养学生的职业能力为导向，调整课程结构，合理确定各类课程的学时比例，规范教学，促使学生更好地适应社会及经济发展的需要，武汉理工大学出版社经过广泛的调查研究，分析了图书市场上现有教材的特点和存在的问题，并广泛听取了各学校的宝贵意见和建议，组织编写了一套高质量的中等职业教育建筑工程施工专业规划教材。本套教材具有如下特点：

1. 坚持以就业为导向、以能力为本位的理念，兼顾项目教学和传统教学课程体系；

2. 理论知识以“必需、够用”为度，突出实践性、实用性和学生职业能力的培养；

3. 基于工作过程编写教材，将典型工程的施工过程融入教材内容之中，并尽量体现近几年国内外建筑的新技术、新材料和新工艺；

4. 采用最新颁布的《房屋建筑制图统一标准》《混凝土结构设计规范》《建筑抗震设计规范》《建设工程工程量清单计价规范》等国家标准和技术规范；

5. 借鉴高职教育人才培养方案和教学改革成果，加强中职、高职教育的课程衔接，以利于学生的可持续发展；

6. 由骨干教师和建筑施工企业工程技术人员共同参与编写工作，以保证教材内容符合工程实际。

本套教材适用于中等职业学校建筑工程施工、工程造价、建筑装饰、建筑设备等专业相关课程教学和实践性教学，也可作为职业岗位技术培训教材。

本套教材出版后被多所学校长期使用，普遍反映教材体系合理，内容质量良好，突出了职业教育注重能力培养的特点，符合中等职业教育的人才培养要求。全套教材被列为教育部**“中等职业教育专业技能课教材”**，其中**《建筑力学与结构》**被评为**“中等职业教育创新示范教材”**，**《建筑材料及检测》**等10种教材被评为**“‘十二五’职业教育国家规划教材”**，**《建筑施工技术》**等3种教材被评为**“‘十三五’职业教育国家规划教材”**，**《建筑工程测量》**等4种教材被评为**“‘十四五’职业教育国家规划教材”**。与此同时，随着各学校课程改革的完成，也对本套教材进行了必要的扩展和补充，并逐步涵盖建筑装饰、工程造价和园林技术等专业课程。

中等职业教育建筑工程施工专业规划教材编委会

武汉理工大学出版社

2023 年 4 月

前　　言
（第 2 版）

“房屋建筑构造”是中等职业学校建筑工程施工专业的专业基础课程，本书基于岗位所对应的建筑工程施工图中的工作任务来编写。任务 1 为绘制建筑施工图——按制图标准，运用前期所学“建筑识图”课程知识，进行住宅建筑施工图的识读与绘制；任务 2 为认知建筑——识别建筑物和构筑物，了解建筑各组成部分；任务 3 为外墙节点详图——根据住宅常用外墙材料进行构造设计；任务 4 为屋顶平面及节点大样详图设计——住宅平屋顶排水组织，出水口、泛水和上人孔三个节点详图；任务 5 为楼梯详图——城市单元住宅平台下设过道的一个底层剖面和四个详图；任务 6 为拓展知识——包括变形缝、民用建筑工业化（不同地域的学校选择性讲解）。

本书主要介绍了建筑施工图识读的基本知识；建筑的基础与地下室构造、墙体构造、楼板层构造、饰面层装修构造、门与窗构造、屋顶构造和楼梯与电梯构造；房屋建筑构造拓展知识（重点讲述变形缝构造、建筑工业化）。

本课程的主要目标是使学生通过工作任务的训练拓展，能够运用国家制图标准识读民用建筑施工图，掌握建筑组成部分的建造要求和建造方法；在满足使用要求的基础上，根据建筑施工的需要，选择合理的构造方案。

本书力求按照国家最新的规范、标准和规定进行编写，内容符合教育部最新颁布的中等职业学校建筑工程施工专业教育标准和教学大纲的要求。在编写的过程中，理论教学突出实用；实践教学重在操作。本书内容新颖、简明通俗、重点突出、图文并茂。

为了便于学生学习，每部分知识之前都列出教学目标，使学生心中有数。把实训任务与思考题作为课题进行讲解和训练，重在实践操作，并且每一个需要掌握的知识都贯穿于课题中。

本书由山东聊城高级工程职业学校原筱丽、刘莹担任主编，山东聊城高级工程职业学校赵爱书、石家庄市城乡建设学校陈向红和长沙高新技术工程学校杨树雄担任副主编。具体编写如下：绪论由聊城九洲建设集团有限公司贾振忠编写；任务 1 由山东聊城高级工程职业学校杨志编写；任务 2 由山东聊城高级工程职业学校李国秀编写；任务 3 的知识 3.1、知识点 3.2 由杨树雄编写；任务 3 的知识 3.3、知识 3.4 由原筱丽编写；任务 3 的知识 3.5 由山东聊城高级工程职业学校王林编写；任务 4 由赵爱书编写；任务 5 由刘莹编写；任务 6 由陈向红编写。

限于编者水平，疏漏之处敬请使用者批评指正，以便在下次修订中改进。

编　者
2018 年 6 月

目　录

0 绪　　论

知识 0.1　建筑构成

教学目标

1. 理解建筑构成要素；
2. 掌握建筑的分类方式；
3. 了解该课程的基本框架，熟知该课程的基本内容和实训任务。

建筑是建筑物和构筑物的总称。建筑物是人们生活、居住和工作的使用空间(即房屋)。构筑物是人们为满足生产、生活的某些方面需要而建造的某些工程设施，如烟囱、水塔、蓄水池、堤坝等，人们一般不直接在构筑物内生产和生活。准确地讲，建筑是满足功能要求，并利用物质技术条件，按照美学的法则，通过对空间的限定而创造出来的人为环境；也可表述为从事房屋建造及其他的土木工程活动。

建筑业的主要任务是“全面贯彻适用、安全、经济、美观的方针”：

适用——面积够用，合理布局，设备必需，满足使用要求。

安全——主体要安全、耐久，满足防火要求。

经济——控制造价，降低能耗，缩短建设周期，节省运行、维修和管理的费用。

美观——形式与内容统一，创造建筑单体和群体协调又有个性的优美环境。

0.1.1　建筑构成要素

任何建筑都是由建筑功能、建筑物质技术条件和建筑形象三个基本要素构成的。

(1) 建筑功能

建筑的目的就是满足人们工作、学习和生活的需求，即满足人的尺度、生理和活动顺序的要求。

建筑功能是人们建造房屋的具体目的和使用要求的综合体现。不同的建筑物必须满足其不同的使用功能要求，如学校建筑以满足教学活动要求为目的，住宅建筑应满足人的居住要求，生产性建筑应满足不同的生产要求等。

(2) 建筑物质技术条件

建筑物的物质条件和技术条件主要包括建筑材料、建筑结构计算理论和设计技术、建筑施工和建筑设备等方面内容的房屋建造手段，是建筑功能实现的保证。

建筑材料是构成建筑的物质基础，是建造各种不同结构形式的物质保障；建筑结构计算理论和设计技术，是房屋建造的安全性保障；建筑施工是建筑得以实现的重要手段；建筑设备是保证建筑达到某些功能要求的技术条件。

建筑技术是影响建筑发展的重要因素，随着新型建筑材料的产生、结构设计理论的成熟与更新、新型结构的出现以及施工工艺水平的提高和新设备的发展，将更好地满足人们对各种不同建筑功能的要求。

(3) 建筑形象

建筑物是以空间组合、建筑形体、外观形式、细部装饰、色彩和材料的质感处理等构成建筑形象的。

建筑形象是建筑功能、建筑技术、自然条件和社会文化等因素的综合艺术效果，通常可以反映出建筑物的性质，如学校建筑要求朴素大方，居住建筑要求简洁明快，娱乐性建筑要求生动活泼等。

建筑形象应满足人们精神方面的要求，反映出时代特征、地方特色、民族特点和文化色彩，并与周围的建筑和环境有机融合与协调。

0.1.2 建筑功能、建筑技术和建筑形象三者之间的关系

建筑功能、建筑技术和建筑形象三要素是辩证统一，互相联系、约束，但又不可分割的。

建筑功能是主导，对物质技术条件和形象起决定作用。不同的功能，要选择不同的结构形式，也必然会产生不同的建筑形象。物质技术条件又会对建筑功能起制约作用，在相同的功能要求和物质技术条件下，可以创造出不同的建筑形象。

小　结

1. 建筑的概念具有两重意义，既是建筑物和构筑物的总称，又可表述为从事房屋建造及其他的土木工程活动。

2. 建筑功能、建筑技术和建筑形象是建筑构成的基本要素，三者之间相互联系、不可分割，对建筑的发展起着相互促进的作用。

思　考　题

1. 建筑的概念是什么？
2. 建筑构成的基本要素有哪些？它们之间的关系如何？

知识 0.2　建筑的分类及本课程的任务

教学目标

1. 掌握建筑的分类方式；
2. 了解该课程的基本框架，熟知该课程的基本内容和实训任务。

0.2.1 建筑的分类

0.2.1.1 按建筑的用途和性质分

(1) 民用建筑

民用建筑指用于工作、学习、生活和居住的非生产性建筑，主要由居住建筑和公共建筑组成，如图 0-2-1 和图 0-2-2 所示。

图 0-2-1 居住建筑

图 0-2-2 公共建筑

居住建筑主要是提供家庭和集体生活起居用的建筑物，如住宅、公寓和宿舍。

公共建筑主要是提供人们进行各种社会活动的建筑物，如医疗建筑、教育建筑、办公建筑、文化娱乐建筑、商业建筑、交通运输建筑、体育建筑、旅馆建筑、博览建筑、园林建筑、广播电视通信建筑、纪念性建筑、生活服务性建筑、司法建筑、福利建筑和集会建筑。

(2) 工业建筑

工业建筑指用于生产性的建筑，如厂房、动力用房、储藏建筑等，如图 0-2-3 所示。

(3) 农业建筑

农业建筑指用于农副业生产的建筑，如温室、饲养厂、水产养殖场、农副产品加工厂和粮库等，如图 0-2-4 所示。

图 0-2-3 工业建筑

图 0-2-4 农业建筑

0.2.1.2 按建筑的层数分

(1) 低层建筑

低层建筑一般指 1～3 层的建筑物，多用于民用建筑的幼儿园建筑、敬老院、园林建筑和体育建筑。

(2) 多层建筑

多层建筑主要指 3 层以上、高度在 24 m 以下的建筑物，广泛用于民用建筑的住宅、办公楼、教学楼、医院等。在住宅建筑中，7～9 层建筑又称为中高层或小高层建筑。

(3) 高层建筑

《建筑设计防火规范》(GB 50016—2014)合并了《建筑设计防火规范》(GB 50016—2006)和《高层民用建筑设计防火规范》(GB 50045—1995)，调整了两项标准间不协调的要求，将住宅建筑的分类统一按照建筑高度划分。

《建筑设计防火规范》(GB 50016—2014)第 5.1.1 条规定，民用建筑根据其建筑高度和层数可分为单、多层民用建筑和高层民用建筑。高层民用建筑根据其建筑高度、使用功能和楼层的建筑面积可分为一类和二类，见表 0-2-1。

《建筑设计防火规范》(GB 50016—2014)规定：高层建筑为建筑高度大于 27m 的住宅建筑和其他建筑高度大于 24 m 的非单层建筑。其中，超过 54m 的为一类高层建筑，不超过 54 m 的为二类高层建筑。

表 0-2-1 民用建筑的分类

名称	高层民用建筑		单、多层民用建筑
	一类	二类	
住宅建筑	建筑高度大于 54 m 的住宅建筑（包括设置商业服务网点的住宅建筑）	建筑高度大于 27 m，但不大于 54 m 的住宅建筑（包括设置商业服务网点的住宅建筑）	建筑高度不大于 27m 的住宅建筑（包括设置商业服务网点的住宅建筑）
公共建筑	(1)建筑高度大于 50 m 的公共建筑； (2)任一楼层建筑面积大于 1000 m^2 的商店、展览、电信、邮政、财贸金融建筑和其他多种功能组合的建筑； (3)医疗建筑、重要公共建筑； (4)省级及以上的广播电视和防灾指挥调度建筑、网局级和省级电力调度建筑； (5)藏书超过 100 万册的图书馆、书库	除一类高层公共建筑外的其他高层公共建筑	(1)建筑高度大于 24 m 的单层公共建筑； (2)建筑高度不大于 24 m 的其他公共建筑

注：① 表中未列入的建筑，其类别应根据本表类比确定。
② 除本规范另有规定外，宿舍、公寓等非住宅类居住建筑的防火要求，应符合本规范有关公共建筑的规定；裙房的防火要求应符合本规范有关高层民用建筑的规定。

0.2.1.3 按建筑的结构材料和形式分

(1) 木结构建筑

木结构建筑是指主要承重构件均为木料的建筑。

(2) 砌体结构建筑

砌体结构建筑是指由砖、砌块或石材等砌筑墙体，水平承重构件为钢筋混凝土等构件的建筑，其荷载传递形式为：荷载—楼板—墙体—基础。

(3) 钢筋混凝土结构建筑

钢筋混凝土结构建筑是指承重构件均为钢筋混凝土材料的建筑。

(4) 特种结构建筑

特种结构建筑是一种以空间结构承受荷载的建筑。它的屋盖多采用大跨度的折板、拱、网架、薄壳、悬索和膜等结构形式，如图 0-2-5 所示。

0.2.1.4 按建筑的规模和数量分

(1) 大量性建筑

大量性建筑是指建造数量较多但规模不大的中小型民用建筑，如民用住宅、学生宿舍等。

(2) 大型性建筑

大型性建筑是指建造数量较少，但体量较大的公共建筑，如航空港、大型剧院等。

0.2.1.5 按建筑的防火性能分

建筑物的耐火等级是由建筑物构件的燃烧性能和耐火极限决定的。

(1) 建筑构件的燃烧性能

建筑构件的燃烧性能是指构件在明火或高温作用下是否燃烧，以及燃烧的难易程度。建筑构件的燃烧性能分为三类，即不燃烧体、难燃烧体和燃烧体。

① 不燃烧体：是用不燃烧材料制成的建筑构件。不燃烧材料在空气中受到火烧或高温作

图 0-2-5 特种结构建筑

(a) 折板建筑;(b) 悬索建筑;(c) 网架建筑;(d) 拱建筑;(e) 薄壳建筑;(f) 张拉膜建筑

用时不起火、不微燃、不碳化,如砖石、混凝土、金属等。

② 难燃烧体:是用难燃烧材料制成的建筑构件,或用可燃烧材料制成而用不燃烧材料做保护层的建筑构件。难燃烧材料在空气中受到火烧或高温作用时难起火、难燃烧、难碳化,离开火源后燃烧或微燃立即停止,如沥青混凝土、经防火处理的木材等。

③ 燃烧体:是用可燃材料制成的构件。可燃烧材料在空气中受到火烧或高温作用时立即起火或燃烧,当火源移走后仍继续燃烧或微燃,如未经防火处理的木材、普通胶合板等。

(2) 建筑构件的耐火极限

建筑构件的耐火极限是指在标准耐火试验条件下,建筑构件从受到火的作用时起,到失去稳定性、完整性或隔热作用时为止的这段时间,用小时(h)表示。

(3) 民用建筑的耐火等级

民用建筑的耐火等级可分为一、二、三、四级。不同耐火等级建筑的允许建筑高度或层数、防火分区最大允许建筑面积应符合表 0-2-2 的规定。

表 0-2-2 不同耐火等级建筑的允许建筑高度或层数、防火分区最大允许建筑面积

<table>
<tr><th>名称</th><th>耐火等级</th><th>允许建筑高度
或层数</th><th>防火分区的最大
允许建筑面积(m^2)</th><th>备注</th></tr>
<tr><td>高层民用建筑</td><td>一、二级</td><td>按 GB 50016—2014
第 5.1.1 条确定</td><td>1500</td><td rowspan="2">对于体育馆、剧场的观众厅，防火分区的最大允许建筑面积可适当增加</td></tr>
<tr><td rowspan="3">单、多层民用
建筑</td><td>一、二级</td><td>按 GB 50016—2014
第 5.1.1 条确定</td><td>2500</td></tr>
<tr><td>三级</td><td>5 层</td><td>1200</td><td></td></tr>
<tr><td>四级</td><td>2 层</td><td>600</td><td></td></tr>
<tr><td>地下或半地下
建筑(室)</td><td>一级</td><td>—</td><td>500</td><td>设备用房的防火分区最大允许建筑面积不应大于 1000 m^2</td></tr>
</table>

注:① 表中规定的防火分区最大允许建筑面积，当建筑内设置自动灭火系统时，可按本表的规定增加 1.0 倍;局部设置时，防火分区的增加面积可按该局部面积的 1.0 倍计算。

② 裙房与高层建筑主体之间设置防火墙时，裙房的防火分区可按单、多层建筑的要求确定。

民用建筑的耐火等级应根据其建筑高度、使用功能、重要性和火灾扑救难度等确定并应符合下列规定:

① 地下或半地下建筑(室)和一类高层建筑的耐火等级不应低于一级;

② 单、多层重要公共建筑和二类高层建筑的耐火等级不应低于二级。

不同耐火等级建筑相应构件的燃烧性能和耐火极限不应低于表 0-2-3 的规定。

表 0-2-3 不同耐火等级建筑相应构件的燃烧性能和耐火极限(h)

<table>
<tr><th colspan="2" rowspan="2">构件名称</th><th colspan="4">耐火等级</th></tr>
<tr><th>一级</th><th>二级</th><th>三级</th><th>四级</th></tr>
<tr><td rowspan="6">墙</td><td>防火墙</td><td>不燃性 3.00</td><td>不燃性 3.00</td><td>不燃性 3.00</td><td>不燃性 3.00</td></tr>
<tr><td>承重墙</td><td>不燃性 3.00</td><td>不燃性 2.50</td><td>不燃性 2.00</td><td>难燃性 0.50</td></tr>
<tr><td>非承重外墙</td><td>不燃性 1.00</td><td>不燃性 1.00</td><td>不燃性 0.50</td><td>可燃性</td></tr>
<tr><td>楼梯间和前室的墙
电梯井的墙
住宅建筑单元之间的墙
和分户墙</td><td>不燃性 2.00</td><td>不燃性 2.00</td><td>不燃性 1.50</td><td>难燃性 0.50</td></tr>
<tr><td>疏散走道两侧的隔墙</td><td>不燃性 1.00</td><td>不燃性 1.00</td><td>不燃性 0.50</td><td>难燃性 0.25</td></tr>
<tr><td>房间隔墙</td><td>不燃性 0.75</td><td>不燃性 0.50</td><td>难燃性 0.50</td><td>难燃性 0.25</td></tr>
<tr><td colspan="2">柱</td><td>不燃性 3.00</td><td>不燃性 2.50</td><td>不燃性 2.00</td><td>难燃性 0.50</td></tr>
<tr><td colspan="2">梁</td><td>不燃性 2.00</td><td>不燃性 1.50</td><td>不燃性 1.00</td><td>难燃性 0.50</td></tr>
<tr><td colspan="2">楼板</td><td>不燃性 1.50</td><td>不燃性 1.00</td><td>不燃性 0.50</td><td>可燃性</td></tr>
</table>

续表 0-2-3

构件名称	耐火等级			
	一级	二级	三级	四级
屋顶承重构件	不燃性 1.50	不燃性 1.00	可燃性 0.50	可燃性
疏散楼梯	不燃性 1.50	不燃性 1.00	不燃性 0.50	可燃性
吊顶(包括吊顶搁栅)	不燃性 0.25	难燃性 0.25	难燃性 0.15	可燃性

注:① 除本规范另有规定者外,以木柱承重且以不燃烧材料作为墙体的建筑物,其耐火等级应按四级确定。
② 住宅建筑构件的耐火极限和燃烧性能可按现行国家标准《住宅建筑规范》(GB 50368—2005)的规定执行。

0.2.1.6 按建筑的耐久年限分

确定建筑物耐久性等级的重要指标是建筑物的使用年限。使用年限的长短是依据建筑物的重要性、规模大小以及建筑物的质量标准决定的。

建筑物的耐久性等级是决定建筑设计、建筑材料和建筑投资的重要依据。《民用建筑设计通则》(GB 50352—2005)中规定了不同建筑物的设计使用年限,详见表 0-2-4。

表 0-2-4 设计使用年限分类

类别	设计使用年限(年)	示例
1	5	临时性建筑
2	25	易于替换结构构件的建筑
3	50	普通建筑和构筑物
4	100	纪念性建筑和特别重要的建筑

0.2.2 房屋建筑构造课程的基本内容及任务

0.2.2.1 课程的基本内容

房屋建筑构造就是研究房屋的组成、构造原理和各个构件是如何建造的,即建造要求与满足要求的建造方法。构造内容主要包括民用建筑构造和工业建筑构造两个部分。

本书提供一套住宅图纸,在教学中对照图纸学习房屋建筑各组成部分的构造。

0.2.2.2 房屋建筑构造的任务

本课程的目的主要是能够看懂一套建筑施工图,并通过认识建筑,熟知房屋建筑的各个组成部分,掌握建筑的外墙、楼梯和屋顶等部分的具体做法,为将来更好地从事建筑行业的各种工作做好充分的准备。

(1) 识读住宅建筑施工图

掌握建筑制图标准中的图例、符号等相关内容,通过每一部分的图纸与构造内容的对照讲解,熟知组成部分的具体做法。

(2) 认知参观

通过参观已经建成或正在建造的民用建筑来认识建筑,熟知房屋建筑的各组成部分。

(3) 外墙节点详图

绘制外墙节点详图是墙体和楼板层细部构造理论教学后的实训,在掌握墙体细部要求的基础上,结合当地惯用做法,进行城市住宅外墙节点的构造训练,以满足指导施工的要求。

(4) 楼梯构造详图

绘制楼梯构造详图是楼梯细部构造理论教学后的实训，在满足现行国家规范要求的基础上，结合当地做法，有选择地进行栏杆与扶手、栏杆与踏步的连接构造训练。

(5) 屋顶构造详图

绘制屋顶构造详图是屋顶细部构造理论教学后的实训，是对城市平屋顶住宅建筑所进行的出水口、泛水和上人检修孔等细部构造做法的训练。

小　结

1. 建筑的概念具有两重意义，既是建筑物和构筑物的总称，又可表述为从事房屋建造及其他的土木工程活动。

2. 建筑功能、建筑技术和建筑形象是建筑构成的基本要素，三者之间相互联系、不可分割，对建筑的发展起着相互促进的作用。

3. 建筑物可以有不同的分类方式，每种分类有不同的侧重点。

4. 从不同角度对建筑物进行分类的目的，是使不同类型的建筑在拨款、规模、用材、标准、政策保证等方面有不同程度的侧重，也是建筑工作者必须遵循的原则。

思考题

1. 建筑的概念是什么？
2. 建筑构成的基本要素有哪些？它们之间的关系如何？
3. 确定建筑物耐久性等级的重要性指标是什么？
4. 什么是建筑构件的耐火极限？
5. 建筑的耐火等级是由什么决定的？

任务1　绘制建筑施工图

情景导入

党的二十大报告指出，办好人民的教育，全面贯彻党的教育方针，落实立德树人的根本任务，培养德智体美劳全面发展的社会主义建设者和接班人。本任务落实培养学生科学严谨态度和规范意识思政目标。

为了解读《营造法式》，写好"中国建筑史"，从1932到1937年，梁思成等人走遍中国北方大地，对中国古建筑进行了手工测绘。这是建筑大师梁思成的绘制的山西五台山佛光山祖师塔的建筑手稿，严格按照标准和比例绘制，体现出了建筑师的严谨细致态度和精益求精的工匠精神，为后期中国古建筑的修复和保存提供了依据和标准。

不以规矩，不能成方圆。为了清晰地表达设计意图、方便后期施工，应该按照《房屋建筑制图统一标准》(GB/T50001—2017)等构件规范要求绘制建筑图，在绘制中应学习建筑大师的科学严谨态度和规范意识，从而培养认真负责工作态度和严谨细致的工作作风。

当你购买新房时，能看懂售楼部工作人员递给你的户型图吗？知道是几室几厅吗？建筑面积是多大？户型是什么朝向？哪里是厨房、卫生间、客厅、卧室？本任务以一套完整的建筑施工图为例，通过学生的识读与绘制来加深对建筑的理解，为以后的学习和工作打下坚实的基础。

一、题目

多层住宅楼建筑施工图

二、作业条件(见附图1～附图12)

本工程为多层砖混结构住宅，地上6层，建筑高度为20.25 m，建筑面积3195.54 m^2，基底面积528.00 m^2，建筑物长度为45.84 m，宽度为14.44 m。

三、作业要求及深度

(一) 作业要求

(1) 本作业包括：① 识读多层住宅建筑施工图；② 绘制住宅的标准层平面图和建筑剖面图。

(2) 比例1∶100或1∶200。

(3) 用2号图纸一张，应使用绘图纸，不能用描图纸。

(二) 绘制施工图的深度要求(注：详图作为实训周要求)

(1) 标准层平面图

① 标出纵横向定位轴线以及轴线编号；

② 标出平面尺寸(外部三道尺寸和内部尺寸);

③ 绘出固定设备;

④ 标出门窗编号,绘出门的开启方向及方式;

⑤ 绘出楼梯间的踏步、平台、栏杆扶手及上下行方向线;

⑥ 注写详图索引符号;

⑦ 标注剖切线及剖面符号;

⑧ 底层入口平面应标出散水、台阶、平台等位置尺寸。

(2) 建筑剖面图(比例 1∶100)

① 标注承重墙定位轴线和编号;

② 标注尺寸,包括总高尺寸、层间尺寸和局部尺寸;

③ 注写标高,包括楼地面、阳台面、室外地坪、檐口上表面、雨篷底面等处标高;

④ 画出室内固定设备、装饰以及室内外未被剖切部分的投影;

⑤ 注写剖面详图索引(墙身节点、檐口节点等);

⑥ 标注图名和比例。

(3) 墙身大样图(比例 1∶10)

① 画出定位轴线及编号圆圈,并注写相应的编号;

② 画出墙身、勒脚、内外墙抹灰,并用材料符号表示出来;

③ 室内外地面:按照构造层次画出室内外地面构造。

(4) 楼梯详图

① 楼梯间底层、标准层和顶层三个平面图(比例 1∶50)

a. 绘出楼梯间墙、门窗、踏步、平台、栏杆及扶手等,底层平面图还应绘出室外台阶或坡道,部分散水的投影等;

b. 标注两道尺寸线(开间方向和进深方向);

c. 内部标注楼层和中间平台标高、室内外地面标高、楼梯上下行指示线,并注明该层楼梯的踏步数;

d. 注写图名、比例,底层平面图还应注明剖切符号及编号。

② 楼梯间剖面图(比例 1∶50)

a. 绘出楼梯段、平台、栏杆及扶手、室内外地面、室外台阶和坡道、雨篷以及剖切到投影所见的门窗、楼梯间墙等,剖切到的部分用材料图例表示;

b. 标注两道尺寸线(水平方向和垂直方向);

c. 标注各楼层和中间平台标高、室内外地面标高、底层平台梁底标高、栏杆扶手高度等;

d. 注写图名和比例。

③ 细部详图(比例 1∶5～1∶10)

a. 栏杆形式;

b. 栏杆与扶手的连接;

c. 栏杆与踏步的连接。

要求注明各细部构件的材料和详细尺寸,达到看图就能够施工的深度要求。

图纸标题栏样式如下所示:

<table>
<tr><td colspan="3">××××单位</td><td>图号</td><td></td></tr>
<tr><td colspan="3">房屋建筑构造课程任务一</td><td>比例</td><td></td></tr>
<tr><td>班级</td><td></td><td rowspan="3">建筑施工图识读与绘制</td><td>日期</td><td></td></tr>
<tr><td>姓名</td><td></td><td>成绩</td><td></td></tr>
<tr><td>学号</td><td></td><td>教师</td><td></td></tr>
</table>

注：各列宽度从左到右依次为 15 mm、30 mm、95 mm、15 mm、25 mm，各行高度为 8 mm。

知识 1.1 建筑工程施工图

教学目标

1. 了解建筑工程施工图的产生；
2. 掌握建筑工程施工图的内容及用途。

1.1.1 建筑工程施工图的产生

建筑工程施工图是为了满足建筑工程各项具体技术要求而由设计人员提供的图样。建筑工程施工图是表达设计思想、指导工程施工的重要技术文件。它的内容必须详细、完整，尺寸必须正确无误，画法必须符合国家建筑制图标准的有关规定。

一般建设项目要按两个阶段进行设计，即初步设计阶段和施工图设计阶段。对于技术要求复杂的项目，可在两个设计阶段之间增加技术设计阶段，用来进一步解决各工种之间的协调等技术问题。本课程主要讲述建筑工程施工图设计阶段所包括的内容。

1.1.2 建筑工程施工图的分类

建筑工程施工图设计阶段是在已经批准的方案图纸的基础上，综合建筑、结构、设备等各专业工种之间的相互配合、协调和调整。从施工要求的角度对设计方案予以具体化，为施工企业提供完整的、正确的施工图和必要的有关计算的技术资料。

建筑工程施工图按照专业分工的不同，可以分为如下几种：

(1) 建筑施工图

简称建施，基本图纸包括：建筑总平面图、各层平面图、各个立面图、必要的剖面图、建筑施工详图及施工说明书等。

它主要表示建筑物内部的布置情况、外部形状及装修、构造和施工要求等。

(2) 结构施工图

简称结施，基本图纸包括：基础图、柱网布置图、楼盖结构布置图、屋顶结构布置图和结构构件节点详图等。

它主要表示的是承重结构的布置情况、构件类型及构造柱做法等。

(3) 设备施工图

给水排水施工图，简称水施，主要表示管道的布置方向和走向、构件做法和加工安装要求。图纸包括平面图、系统图和详图等。

采暖通风施工图，简称暖施，主要表示管道布置和构件安装要求。图纸包括平面图、系统图和安装详图等。

电气施工图，简称电施，主要表示电气线路走向及安装要求。图纸包括平面图、系统图、接线原理及详图等。

一套完整的房屋施工图应按专业顺序编排。一般应为：图纸目录、建筑设计总说明、总平面图、建施、结施、水施、暖施、电施等。各专业的图纸应该按图纸内容的主次关系、逻辑关系有序排列。

1.1.3　建筑工程施工图符号规定及图例

为使建筑施工图的图面统一、简洁，便于阅读，我国制定了《房屋建筑制图统一标准》(GB/T 50001—2017)，对常用的制图符号作出了明确的规定。绘制施工图时，必须严格遵守这些规定。

1.1.3.1　建筑施工图符号的规定

为确保图纸质量，提高制图和识图的效率，在绘制施工图时，必修严格遵守国家标准中的有关规定。

(1) 定位轴线

建筑施工图的定位轴线是建筑房屋时砌筑墙身、浇筑柱梁、安装构配件等施工定位的依据。因此，凡承重墙、柱、大梁或屋架等主要承重构件都应画出轴线以确定其位置。对于非承重的分隔墙、次要承重构件，可编绘附加轴线，也可不编绘附加轴线，而直接注明它们与附近轴线的相关尺寸以确定其位置。

定位轴线用细点画线表示，末端画细实线圆，圆的直径为 8～10 mm，圆心应在定位轴线的延长线或延长线的折线上，并在圆内注明编号。

横向定位轴线的编号采用阿拉伯数字从左到右顺序编写；竖向定位轴线的编号应用大写拉丁字母从下至上顺序编写。拉丁字母中的 I、O、Z 不得用为轴线编号，以免与数字 1、0、2 混淆。编号数量超过字母数量时，可用双字母(AA、BB、…)或单字母加数字注脚(A_1、B_1、…)表示。

两轴线之间的附加轴线，其编号应以分数表示。如图 1-1-1(a)、(b)所示，以分母表示前一轴线的编号，分子表示附加轴线的编号，编号宜采用阿拉伯数字顺序编写。当在轴线之前附加轴线时，分母就应用 03 或 0D 表示，如图 1-1-1(c)、(d)所示。

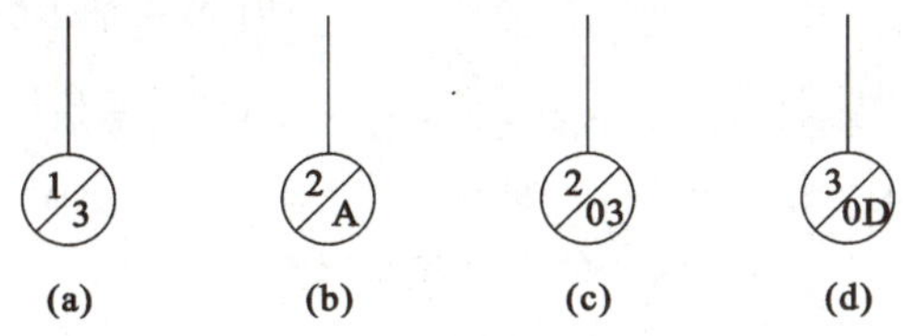

图 1-1-1　附加轴线的编号

(a) 表示 3 号轴线以后附近的第一根轴线；(b) 表示 A 号轴线以后附近的第二根轴线；
(c) 表示 3 号轴线以前附近的第二根轴线；(d) 表示 D 号轴线以前附近的第三根轴线

一个详图适用于多根定位轴线时，应同时注明各有关轴线的编号，如图 1-1-2 所示。

(2) 标高

标高是用以表示建筑物各个部位高程的标注方法，有相对标高和绝对标高两种。标高以米(m)为单位，注写到小数点后第三位，在总平面图中可注写到小数点后两位。

绝对标高：我国把青岛附近黄海的平均海平面定为绝对标高的零点，其他各地标高都以它作为基准，如图 1-1-3(a)所示。

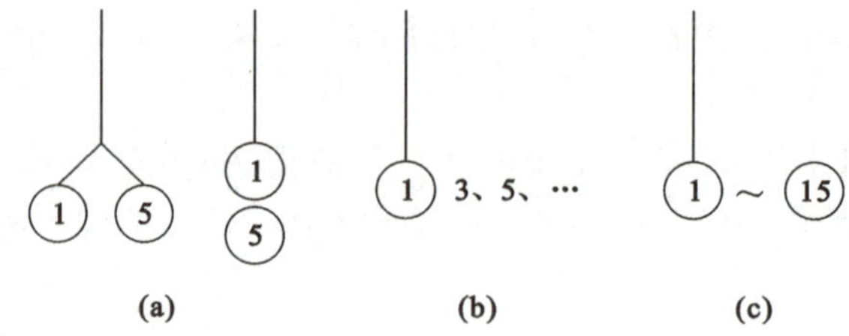

图 1-1-2 详图的轴线编号

(a) 用于两根轴线时；(b) 用于三根或三根以上轴线时；(c) 用于三根以上连续编号的轴线时

相对标高：除总平面图外，一般均采用相对标高，即把房屋建筑室内底层主要房间地面定为高度的起点所形成的标高。首层室内零点标高应注写成±0.000，正数标高不注“+”，负数标高注“－”，如 2.800，－0.450 等。相对标高如图 1-1-3(b)所示。

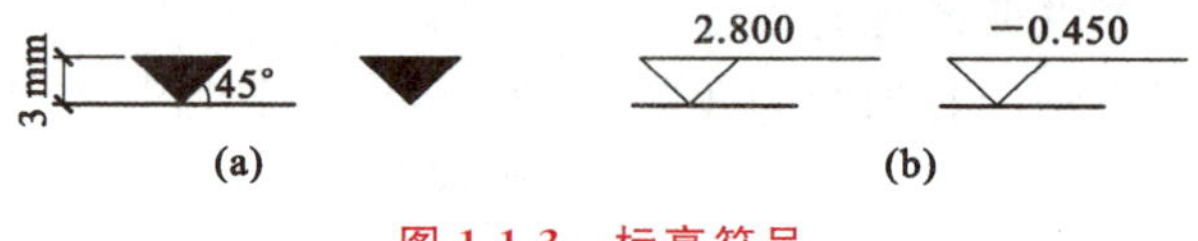

图 1-1-3 标高符号

(a) 绝对标高；(b) 相对标高

(3) 索引与详图符号

施工图中某一部位或某一构件需另外绘制局部放大或剖切放大的详图时，则应以索引符号索引。索引符号的形式如图 1-1-4 所示，索引符号的圆及直径横线均以细实线画出，圆的直径为 10 mm。

① 详图索引符号

索引的详图如与被索引的图样位于同一张图纸内时，应在索引符号上半圆中用阿拉伯数字注明详图的编号，并在下半圆中间画一段水平细实线如图 1-1-4(a)所示。

索引的详图如与被索引的图样不在同一张图纸内时，应在索引符号的下半圆中用阿拉伯数字注明该详图所在图纸的图纸号(即页码)，如图 1-1-4(b)所示。

索引的详图如采用标准图，应在索引符号水平直径的延长线上加注标准图册的代号，如图 1-1-4(c)所示。

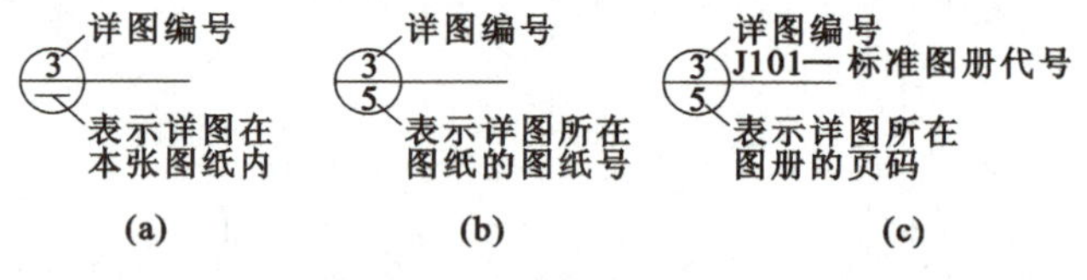

图 1-1-4 详图索引符号

② 局部剖切索引符号

局部剖切索引符号如图 1-1-5 所示，用于索引剖面详图，它与详图索引符号的区别在于增加了剖切位置线。在剖切的部位绘制剖切位置线，并且以引出线引出索引符号，索引线所在的一侧为剖视方向。

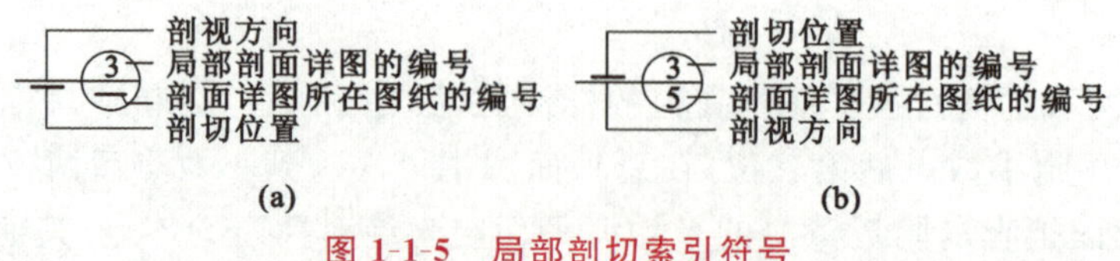

图 1-1-5 局部剖切索引符号

(a) 表示从下向上剖视；(b) 表示从上向下剖视

③ 详图符号

详图符号是与索引符号相对应的，用来标明索引出的详图所在位置和编号。详图符号的圆应以直径为 14 mm 的粗实线绘制。详图符号的编号规定为：

详图与被索引的图样同在一张图纸内时，应在详图符号内用阿拉伯数字注明详图的编号，如图 1-1-6(a)所示。

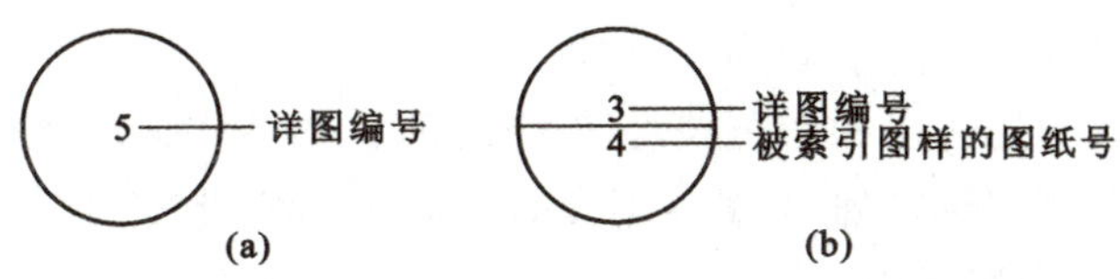

图 1-1-6　详图符号

(a) 详图与被索引图样在同一张图纸内；(b) 详图与被索引图样不在同一张图纸内

详图与被索引的图样不在同一张图纸内，应用细实线在详图符号内画一水平直径线，在上半圆中注明详图编号，在下半圆中注明被索引的图纸的编号，如图 1-1-6(b)所示。

(4) 引出线

建筑物的某些部位需要用文字或详图加以说明，可以用引出线(细实线)从该部位引出。引出线用水平方向的直线，或与水平方向成 30°、45°、60°、90°的直线，或经上述角度再折为水平线。文字说明宜注写在水平线的上方，如图 1-1-7(a)所示；也可注写在水平线的端部，如图 1-1-7(b)所示。索引详图的引出线应对准索引符号的圆心，如图 1-1-7(c)所示。

同时引出几个相同部分的引出线，宜互相平行，如图 1-1-8(a)所示，也可画成集中于一点的放射线，如图 1-1-8(b)所示。

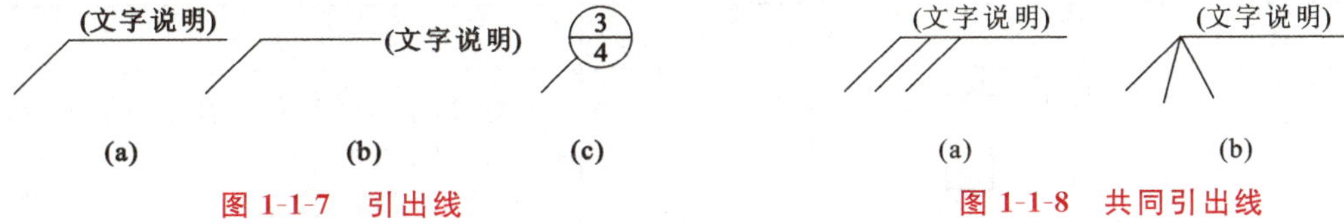

图 1-1-7　引出线　　图 1-1-8　共同引出线

多层构造或多层管道共用引出线，则引出线应通过被引出的各层。文字说明注写在水平线的上方，或注写在水平线的端部，说明的顺序应由上至下，并应与被说明的层次相互一致；如层次为横向排序，则由上至下的说明顺序应与由左至右的层次相互一致，如图 1-1-9 所示。

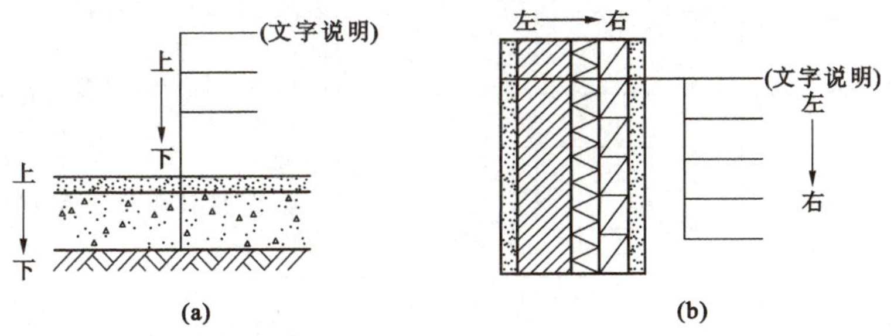

图 1-1-9　多层构造引出线

(a) 构造层次竖向排列时；(b) 构造层次横向排列时

(5) 对称符号

如果构配件的图形为对称图形，绘图时可画对称图形的一半。对称符号由对称线和两端的两对平行线组成。对称线用细点画线绘制；平行线用细实线绘制，其长度宜为 6～10 mm，每对的间距宜为 2～3 mm；对称线垂直平分于两对平行线，两端超出平行线宜为 2～3 mm，如图1-1-10所示。

(6) 连接符号与指北针

一个构配件，如果绘制位置不够，可分成几个部分绘制，并用连接符号表示。连接符号以折断线表示需要连接的部位，并在折断线两端靠图样一侧，标注大写拉丁字母表示连接编号，两个被连接的图样必须用相同的字母编号，如图 1-1-11 所示。

指北针是用于表示房屋朝向的符号。指北针的形状如图 1-1-12 所示，圆用细实线表示，其直径为 24 mm。指北针尾部的宽度宜为 3 mm，头部注“北”或“N”字。需要较大直径绘制指北针时，指针尾部宽度宜为直径的 1/8。

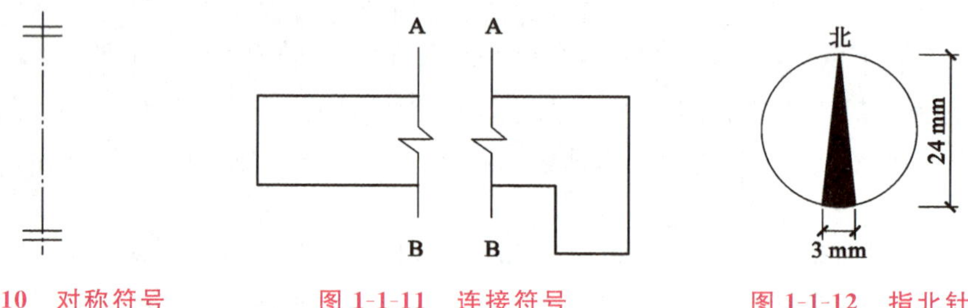

图 1-1-10　对称符号　　图 1-1-11　连接符号　　图 1-1-12　指北针

指北针一般画在首层平面图的一角。

1.1.3.2　图例

常用的建筑总平面图图例与常用的建筑材料图例详见表 1-1-1 和表 1-1-2。

表 1-1-1　总平面图图例(摘自 GB/T 50103—2010)

序号	名称	图例	备注
1	新建建筑物	X= Y= ① 12F/2D H=59.00 m	新建建筑物以粗实线表示与室外地坪相接处±0.00 外墙定位轮廓线。 建筑物一般以±0.00 高度处的外墙定位轴线交叉点坐标定位。轴线用细实线表示，并标明轴线号。 根据不同设计阶段标注建筑编号，地上、地下层数，建筑高度，建筑出入口位置(两种表示方法均可，但同一图纸采用一种表示方法)。 地下建筑物以粗虚线表示其轮廓。 建筑上部(±0.00 以上)外挑建筑用细实线表示。 建筑物上部连廊用细虚线表示并标注位置
2	原有建筑物		用细实线表示
3	计划扩建的预留地或建筑物		用中粗虚线表示

续表 1-1-1

序号	名称	图例	备注
4	拆除的建筑物		用细实线表示
5	建筑物下面的通道	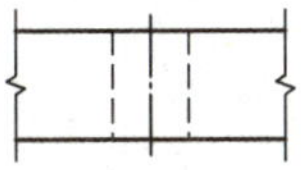	—
6	散装材料露天堆场	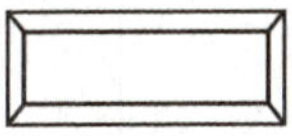	需要时可注明材料名称
7	其他材料露天堆场或露天作业场	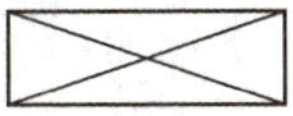	需要时可注明材料名称
8	铺砌场地	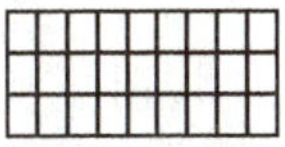	—
9	敞棚或敞廊	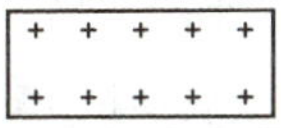	—
10	高架式料仓	 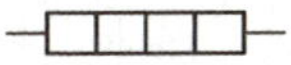	—
11	漏斗式贮仓		左、右图为底卸式； 中图为侧卸式
12	冷却塔(池)		应注明冷却塔或冷却池
13	水塔、贮罐	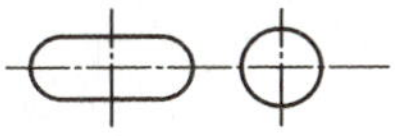	左图为卧式贮罐； 右图为水塔或立式贮罐
14	水池、坑槽		也可以不涂黑
15	明溜矿槽(井)		—
16	斜井或平硐	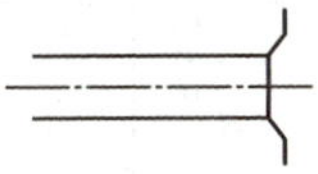	—
17	烟囱		实线为烟囱下部直径，虚线为基础，必要时可注写烟囱高度和上、下口直径
18	围墙及大门		—

续表 1-1-1

序号	名称	图例	备注
19	挡土墙	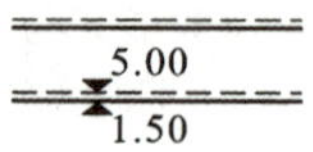 5.00 1.50	挡土墙根据不同设计阶段的需要标注 墙顶标高 墙底标高
20	挡土墙上设围墙		—
21	台阶及无障碍坡道	1 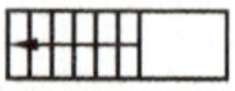 2 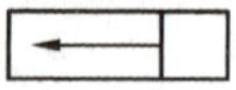	1. 表示台阶(级数仅为示意); 2. 表示无障碍坡道
22	露天桥式起重机	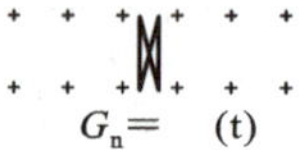 G_n= (t)	起重机起重量 G_n,以吨计算; “+”为柱子位置
23	露天电动葫芦	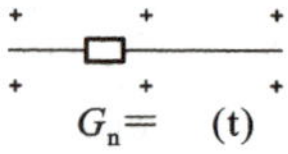 G_n= (t)	起重机起重量 G_n,以吨计算; “+”为支架位置
24	门式起重机	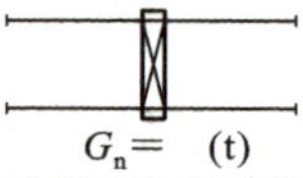 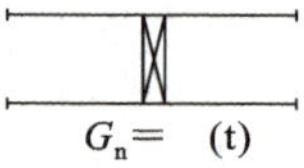 G_n= (t) G_n= (t)	起重机起重量 G_n,以吨计算; 上图表示有外伸臂; 下图表示无外伸臂
25	架空索道		“I”为支架位置
26	斜坡卷扬机道		—
27	斜坡栈桥(皮带廊等)		细实线表示支架中心线位置
28	坐标	1 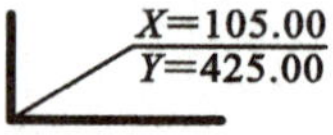 X=105.00 Y=425.00 2 A=105.00 B=425.00 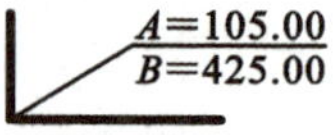	1. 表示地形测量坐标系; 2. 表示自设坐标系; 坐标数字平行于建筑标注
29	方格网交叉点标高	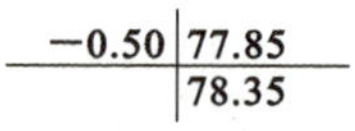 −0.50 77.85 78.35	“78.35”为原地面标高; “77.85”为设计标高; “−0.50”为施工高度; “−”表示挖方(“+”表示填方)
30	填方区、挖方区、未整平区及零线	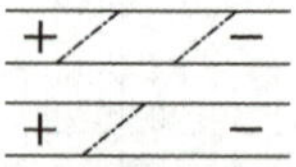 + − + −	“+”表示填方区; “−”表示挖方区; 中间为未整平区; 点画线为零点线
31	填挖边坡		—
32	分水脊线与谷线	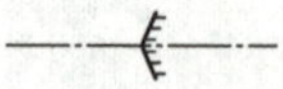 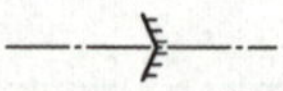	上图表示脊线; 下图表示谷线

续表 1-1-1

序号	名称	图例	备注
33	洪水淹没线		洪水最高水位以文字标注
34	地表排水方向		—
35	截水沟	 1 40.00	“1”表示1%的沟底纵向坡度，“40.00”表示变坡点间距离，箭头表示水流方向
36	排水明沟	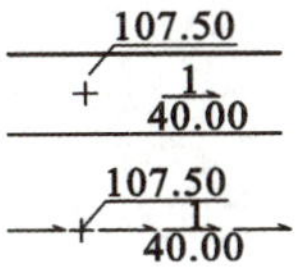 107.50 + 1 40.00 107.50 1 40.00	上图用于比例较大的图面； 下图用于比例较小的图面； “1”表示1%的沟底纵向坡度，“40.00”表示变坡点间距离，箭头表示水流方向； “107.50”表示沟底变坡点标高（变坡点以“＋”表示）
37	有盖板的排水沟	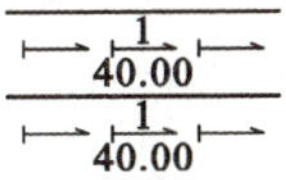 1 40.00 1 40.00	—
38	雨水口	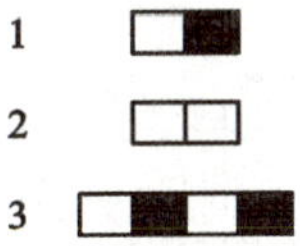 1 2 3	1. 雨水口； 2. 原有雨水口； 3. 双落式雨水口
39	消火栓井		—
40	急流槽		箭头表示水流方向
41	跌水	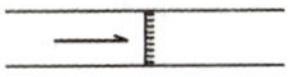	
42	拦水（闸）坝	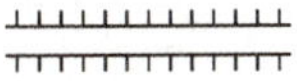	—
43	透水路堤		边坡较长时，可在一端或两端局部表示
44	过水路面		—
45	室内地坪标高	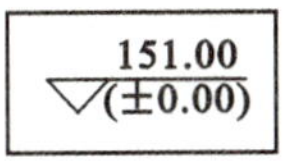 151.00 (±0.00)	数字平行于建筑物书写
46	室外地坪标高	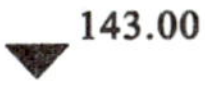 143.00	室外标高也可采用等高线

续表 1-1-1

序号	名称	图例	备注
47	盲道		—
48	地下车库入口	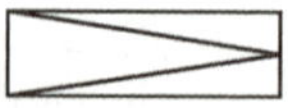	机动车停车场
49	地面露天停车场		—
50	露天机械停车场	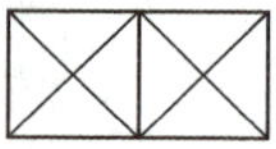	露天机械停车场

表 1-1-2　常用建筑材料图例(摘自 GB/T 50001—2017)

序号	名称	图例	备注
1	自然土壤		包括各种自然土壤
2	夯实土壤		—
3	砂、灰土	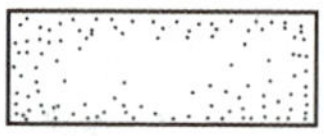	
4	砂砾石、碎砖三合土	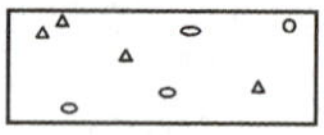	—
5	石材	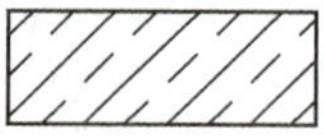	—
6	毛石		—
7	实心砖、多孔砖	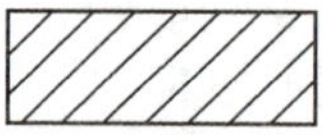	包括普通砖、多孔砖、混凝土砖等砌体
8	耐火砖	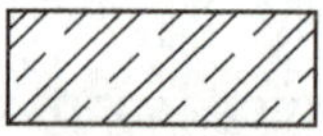	包括耐酸砖等砌体
9	空心砖、空心砌块	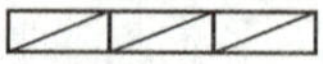	包括空心砖、普通或轻骨料混凝土小型空心砌块等砌体
10	加气混凝土	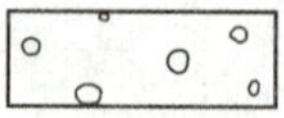	包括加气混凝土砌块砌体、加气混凝土墙板及加气混凝土材料制品等
11	饰面砖	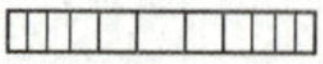	包括铺地砖、玻璃马赛克、陶瓷锦砖、人造大理石等
12	焦渣、矿渣	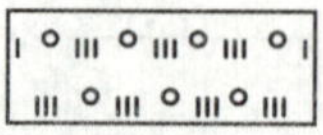	包括与水泥、石灰等混合而成的材料

续表 1-1-2

序号	名称	图例	备注
13	混凝土	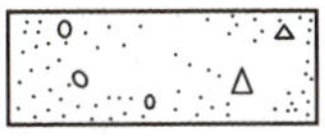	1. 包括各种强度等级、骨料、添加剂的混凝土； 2. 在剖面图上绘制表达钢筋时，则不需绘制图例线； 3. 断面图形较小，不易绘制表达图例线时，可填黑或深灰(灰度宜70%)
14	钢筋混凝土	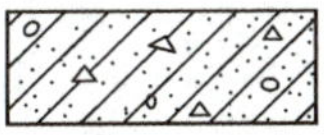	
15	多孔材料		包括水泥珍珠岩、沥青珍珠岩、泡沫混凝土、软木、蛭石制品等
16	纤维材料	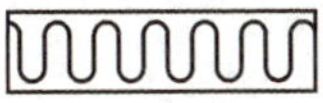	包括矿棉、岩棉、玻璃棉、麻丝、木丝板、纤维板等
17	泡沫塑料材料	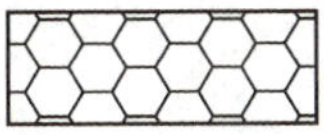	包括聚苯乙烯、聚乙烯、聚氨酯等多聚合物类材料
18	木材	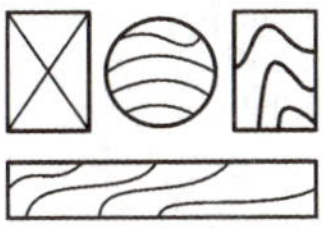	1. 上图为横断面，左上图为垫木、木砖或木龙骨； 2. 下图为纵断面
19	胶合板		应注明为×层胶合板
20	石膏板	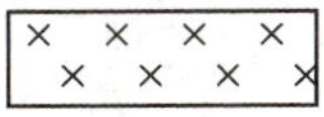	包括圆孔或方孔石膏板、防水石膏板、硅钙板、防火石膏板等
21	金属	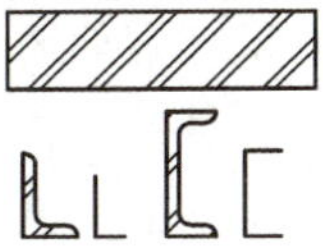	1. 包括各种金属； 2. 图形较小时，可填黑或深灰(灰度宜70%)
22	网状材料		1. 包括金属、塑料网状材料； 2. 应注明具体材料名称
23	液体	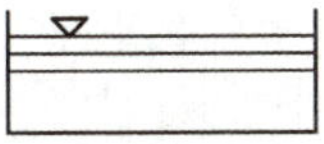	应注明具体液体名称
24	玻璃		包括平板玻璃、磨砂玻璃、夹丝玻璃、钢化玻璃、中空玻璃、夹层玻璃、镀膜玻璃等
25	橡胶	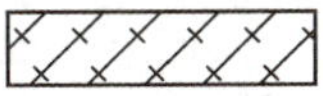	—
26	塑料		包括各种软、硬塑料及有机玻璃等
27	防水材料		构造层次多或绘制比例大时，采用上面的图例
28	粉刷		本图例采用较稀的点

注：①本表中所列图例通常在1∶50及以上比例的详图中绘制表达。

②如需表达砖、砌块等砌体墙的承重情况时，可通过在原有建筑材料图例上增加填灰等方式进行区分，灰度宜为25%左右。

③序号1、2、5、7、8、14、15、21图例中的斜线、短斜线、交叉线等均为45°。

小　结

1. 建筑工程施工图按照专业分工的不同，可以分为建筑施工图、结构施工图、设备施工图三大类。

2. 一套完整的房屋施工图应按专业顺序编排。一般应为：图纸目录、建筑设计总说明、总平面图、建施、结施、水施、暖施、电施等。各专业的图纸，应该按图纸内容的主次关系、逻辑关系有序排列。

3. 建筑工程施工图常用图例：定位轴线及其编号、标高符号、索引符号、详图符号、引出线、对称符号、连接符号、指北针等。

思 考 题

1. 施工图通常由哪些专业图纸组成？
2. 简述建筑施工图的编排顺序。
3. 什么是定位轴线和附加轴线？定位轴线编号是怎么规定的？
4. 什么是索引符号和详图符号？
5. 何为绝对标高？何为相对标高？
6. 图例在建筑工程图中起什么样的作用？

任务2 认知建筑

情景导入

党的二十大报告指出，深入开展社会主义核心价值观宣传教育，深化爱国主义、集体主义、社会主义教育，着力培养担当民族复兴大任的时代新人。本任务落实思政目标是践行社会主义核心价值观，无私奉献、工匠精神的传承。建筑是文化的积淀，是历史的传承。中国建筑源远流长、博大精深。秦朝的砖石结构的长城、魏晋南北朝时的、隋朝的赵州桥、北宋还颁布了关于建筑设计和施工的规范书—《营造法式》，极大的推动了建筑技术发展。明清时期最典型的建筑当属故宫，也标志着中国古建筑发展到了最高水平阶段。新中国成立后，我国的建筑有了突飞猛进的发展，如20世纪50年代建设的人民大会堂，中国革命历史博物馆著名建筑。近年我国经济文化异常繁荣，建筑也随之更加兴盛，建成了不少享誉世界的标志性建筑，如国家大剧院，东方明珠等。我国建筑行业已逐步与世界接轨，步入世界建筑发展的前沿。

赵州桥的坚固、故宫屋顶斗拱的精美、人民大会堂的雄伟、鸟巢的结构复杂，离不开劳动人民的无私奉献、工匠们精益求精和建设者的技术创新。在学习中应传承和发扬这些中化优秀品质，为民族复兴和社会主义建设发挥自己的力量。

房屋建筑由基础、墙、柱、屋顶等部分组成。“将墙或柱下基础连成一片，使建筑物的荷载承受在一块整板上成为片筏基础(图2-0-1)”，当我们学习到这部分内容时，尽管用语言已经描述得很清楚，但是由于缺乏实际的认识，而无法想象这到底是什么，就给我们的学习带来很大的困惑。如果我们能去工地上参观认识一番，把理论与实际结合起来，学习则变得更有意义。

图2-0-1 片筏基础

一、实训目的

通过对民用建筑物(或者建筑施工现场、建筑材料市场等)实地参观和亲身体验,增加关于建筑的感性认识,识别建筑物和构筑物;初步了解常用的建筑类型,了解不同体型、不同材料的装饰效果,熟知建筑各组成部分的构造名称,为以后更好地学习专业课建立一个感性的印象。

二、实训任务与内容

(一) 实训任务

参观建筑物、建筑工地施工现场。

(二) 实训内容及深度

(1) 参观建筑物,了解建筑外观造型特点、建筑风格、构造名称;观察室外活动场地,室内地面、墙面、柱面、顶棚面所使用的材料;观察室内细部处理等。

(2) 参观施工现场时,主要了解施工所使用的施工工具和机械;了解不同材料的施工方法和构造类型;了解装饰施工的有关工序和工艺;了解有关装饰构造的层次及做法。如轻钢龙骨纸面石膏板的层次构造有吊筋、吊钩、主龙骨、次龙骨、横撑龙骨、基层板、面层板等几个层次,注意各层次的连接方法。

三、实训要求

(1) 学生应按照教学大纲和任务与指导书的安排,认真完成各部分的实践教学内容。

(2) 学生在完成实践教学内容的过程中,应严格遵照教师的要求,听从带队老师的安排,不迟到、不早退,有事要请假,保证实践教学的顺利实施。

(3) 注意安全,包括施工现场的安全和市内交通的安全,完成带队老师安排的实习任务。

(4) 书写 500 字的实训报告。

四、评价标准

参观实训成绩由实习纪律、实习记录和实习报告组成,占课程综合成绩的 5%。

知识 2.1　民用建筑构造知识概述

教学目标

熟知房屋建筑的组成和构造设计原则。

2.1.1　房屋建筑组成的要求及作用

房屋建筑由多个部分组成,其中基础、墙或柱、楼地层、屋顶、楼梯和门窗是房屋建筑的主要组成部分,如图 2-1-1 所示。它们在不同的部位发挥着各自的作用。

(1) 基础

基础位于建筑物的最下部,埋于自然地坪以下,承受上部传来的所有荷载,并把这些荷载传给下面的土层(该土层称为地基)。基础是房屋的主要受力构件,其构造要求是坚固、稳定、耐久。能经受冰冻、地下水及所含化学物质的侵蚀,保持足够的使用年限。

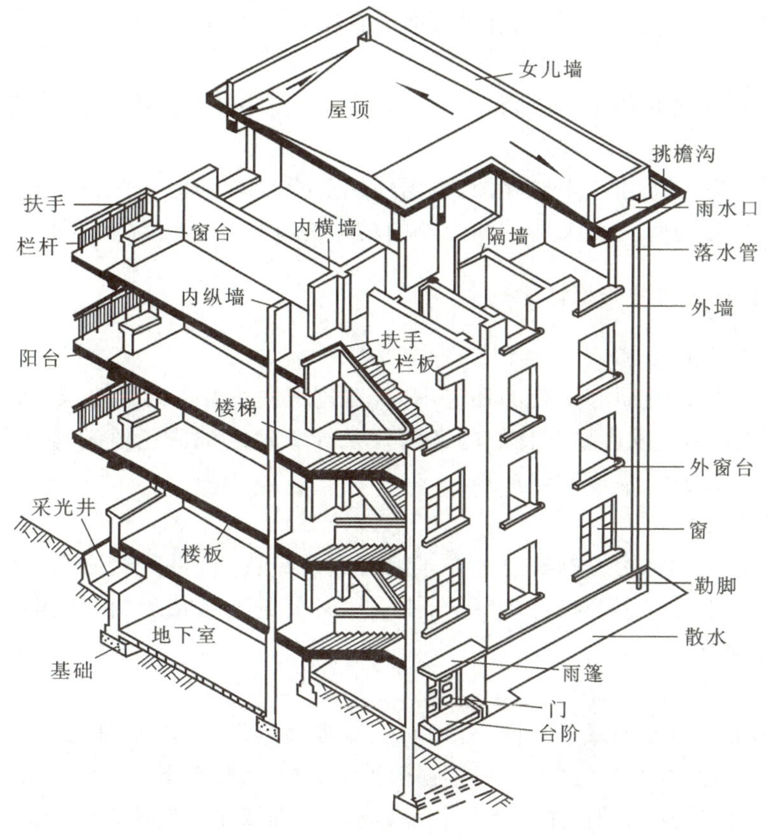

图 2-1-1　建筑物的组成

(2) 墙或柱

墙或柱是房屋的竖向承重构件，它承受着由屋盖和各楼层传来的各种荷载，并把这些荷载可靠地传给基础。作为墙体，外墙还有围护的功能，抵御风霜雨雪及寒暑天气对室内的影响；内墙还有分隔房间的作用。构造要求：墙或柱必须满足强度和刚度要求，并且对墙体还要求具有保温、隔热、隔声等功能。

(3) 楼地层

楼地层是房屋建筑水平方向的构件。楼地层指楼板层与地坪层。楼板层直接承受着各楼层上的家具、设备、人的重量和楼层自重；同时楼层对墙或柱有水平支撑的作用，传递着风、地震等侧向水平荷载，并把上述各种荷载传递给墙或柱。楼层对房屋有竖向分隔空间的作用。对楼板层的要求是要有足够的强度和刚度，以及良好的隔声、防渗漏性能。无论是楼层还是地层对其表面还要求有美观、耐磨损等性能，这些可根据具体使用要求提出。

(4) 屋顶

屋顶是房屋建筑顶部的水平构件。屋顶既是承重构件又是围护构件。作为承重构件，与楼板层相似，承受着直接作用于屋顶的各种荷载，同时在房屋顶部起着水平传力构件的作用，并把本身承受的各种荷载直接传给墙或柱。屋面层用以抵御自然界风霜雨雪、太阳辐射等。屋顶分为屋面层、结构层和顶棚。对屋顶的要求是要有足够的强度和刚度，以及良好的防渗漏性能。

(5) 楼梯

楼梯是建筑的竖向通行设施。对楼梯的基本要求是有足够的通行能力，以满足人们在平时和紧急状态时通行和疏散。同时还应有足够的承载能力。楼梯应满足坚固、耐磨、防滑等要求。

(6) 门窗

门的作用主要是交通联系、分隔和疏散。窗主要起采光、通风和眺望的作用,它们还有分隔和围护的效果。

一栋房屋建筑除了上述基本构件外,根据使用要求还有其他一些构件和配件,如阳台、雨篷、台阶、烟道和垃圾道等。有关构件和配件的具体构造将在后续章节详述。

2.1.2 房屋建筑构造的设计原则

(1) 满足使用功能要求

由于建筑物的使用性质和所处的环境不同,对建筑构造有不同的要求,如展览馆要有良好的光线效果,影剧院和音乐厅要有良好的音响效果等。建筑构造还要满足某些建筑物的特殊要求,如保温、通风、隔热、吸声和隔声等。

(2) 确保结构安全

构造方案应首先考虑房屋的安全可靠。除对建筑结构、构件进行必要的结构计算确定尺度外,对阳台栏杆、楼梯扶手和构件接缝等,要采用必要的构造措施,保证构件之间连接可靠,确保其在使用过程中的安全。

(3) 适应建筑工业化的需要

建筑工业化是建筑业的发展方向,可以有效地提高施工速度、保证施工质量、改善劳动条件。在进行建筑构造设计时,应大力推广先进的新技术,选用各种新型建筑材料,采用标准化设计和定型构件,为实现构配件生产工厂化、现场施工机械化创造条件。

(4) 满足建筑经济的综合效益

建筑构造设计要考虑建筑经济的综合效益,采用合理的构造方案,在保证质量的前提下减少消耗、降低造价,还要考虑建筑物在使用过程中的成本,降低维护和管理费用。

(5) 注重艺术效果

建筑构造设计要考虑人们对建筑物美观方面的要求,选择恰当的材料,使细部构造与建筑立面和体形相协调,起到丰富建筑艺术效果的作用。

小　结

民用建筑一般由多个建筑构件和建筑配件组成。建筑构件主要指承重的墙、柱、楼板、屋架等,建筑配件是指屋面、地面、墙面、门窗、栏杆、花格、细部装修等。

思 考 题

1. 民用建筑主要由哪些构配件组成?
2. 建筑构造应满足哪些要求?

知识 2.2 建筑模数协调统一标准和定位轴线

教学目标

1. 了解建筑标准化内容及建筑模数的概念；
2. 确定房屋建筑定位轴线的位置。

2.2.1 建筑标准化

建筑标准化的内容包括：设计标准化、构配件生产工厂化、施工机械化和管理科学化。

设计标准化包括两个方面的含义：一是设计的标准，是指各种法规、规范、标准、定额和指标。二是建筑设计的标准图，比如国家、各个地区、设计院等编辑的标准图集。

2.2.2 建筑模数协调统一标准

建筑模数的协调统一，能够使建筑制品、建筑构配件和组合件实现工业化大规模生产，并具有较大的通用性和互换性，以减少构建类型，提高建筑标准化和工业化水平，加快建设速度，提高施工质量和效率，降低建筑造价。

我国现行的《建筑模数协调标准》(GB/T 50002—2013)是设计、施工、构件制作和科学研究等活动的尺寸依据，适用于一般民用与工业建筑物的设计，以及各种建筑制品、构配件、组合件的尺寸和设备、家具等的协调尺寸。

(1) 基本模数

基本模数的数值应为 100mm(1M 等于 100mm)。整个建筑物和建筑物的一部分以及建筑部件的模数化尺寸，应是基本模数的倍数。

(2)导出模数

导出模数应分为扩大模数与分模数，其基数应符合下列规定：

① 扩大模数基数应为 2M、3M、6M、9M、12M……；

② 分模数基数应为 M/10、M/5、M/2。

(3)模数数列

① 模数数列应根据功能性和经济性原则确定。

② 建筑物的开间或柱距，进深或跨度，梁、板、隔墙和门窗洞口宽度等分部件的截面尺寸宜采用水平基本模数和水平扩大模数数列，且水平扩大模数数列宜采用 $2n$M、$3n$M(n 为自然数)。

③ 建筑物的高度、层高和门窗洞口高度等宜采用竖向基本模数和竖向扩大模数数列，且竖向扩大模数数列宜采用 nM。

④ 构造节点和分部件的接口尺寸等宜采用分模数数列，且分模数数列宜采用 M/10、M/5、M/2。

2.2.3 建筑构件尺寸

为保证建筑构配件在设计、生产和安装等阶段尺寸间的相互协调，应明确有关尺寸的概念和相互间的关系。

(1) 标志尺寸

标志尺寸是用以标注建筑定位轴线间的距离(开间或柱距、进深或跨度、层高等),以及建筑构配件、建筑组合件、建筑制品及有关设备等界限之间的尺寸。标志尺寸应符合模数数列的规定。

(2) 构造尺寸

构造尺寸是建筑构配件、建筑组合件、建筑制品等的设计尺寸。一般情况下,标志尺寸减去缝隙为构造尺寸。

(3) 实际尺寸

实际尺寸是建筑构配件、建筑组合件、建筑制品等生产制作后的实有尺寸。实际尺寸与构造尺寸之间的差数,应满足允许偏差幅度的限制。

几种建筑构件尺寸的相互关系如图 2-2-1 所示。

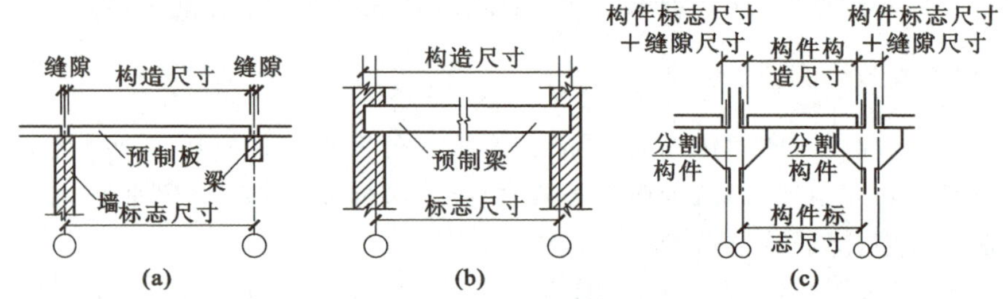

图 2-2-1　几种建筑构件尺寸的关系

(a) 标志尺寸大于构造尺寸;(b) 标志尺寸小于构造尺寸;(c) 有分隔构件连接时

2.2.4　民用建筑定位轴线

定位轴线是用来确定建筑构件位置及尺寸的基准线。用于平面的定位轴线称为平面定位轴线,用于竖向的定位轴线称为竖向定位轴线。

为统一构件尺寸、简化节点构造、提高建筑构配件的互换性和通用性,定位轴线的布置及构件与定位轴线的联系应遵循一定的原则。

2.2.4.1　墙体的定位轴线

墙体的定位轴线一般有五种情况:承重外墙、承重内墙、非承重墙、带壁柱墙和变形缝处墙的定位轴线确定,详见表 2-2-1。

表 2-2-1　墙体定位轴线

类型	说明	图形表示
承重外墙	承重外墙顶层墙身的内缘与平面定位轴线间的距离,可以为顶层承重内墙厚度的一半、顶层承重外墙墙身厚度的一半、半砖或半砖的倍数。 当墙厚为 180 mm 时,墙身中心线与平面定位轴线重合	(a)　(b) (a) 底层墙体与顶层墙体厚度相同;(b) 底层墙体与顶层墙体厚度不同

续表 2-2-1

类型	说明	图形表示
承重内墙	承重内墙顶层墙身的中心线与平面定位轴线相重合，当墙体为对称内缩，平面定位轴线中分底层墙身。 也可以把平面定位轴线设在距离内墙某一边缘 120 mm 处。 对厚度大于 370 mm 的砌体内墙，为了便于圈梁或墙内竖向孔道的通过，可以采用双轴线的形式	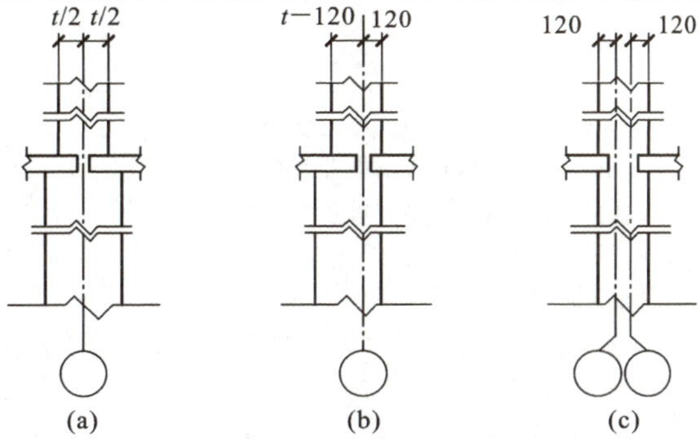 t/2 t/2　t—120 120　120 120 (a)　(b)　(c) （a）定位轴线中分底层墙身；（b）偏轴线；（c）双轴线 t—墙厚
非承重墙	非承重墙的定位轴线布置比较灵活，除了可按承重墙布置外，还可以使墙身内缘与平面定位轴线相重合	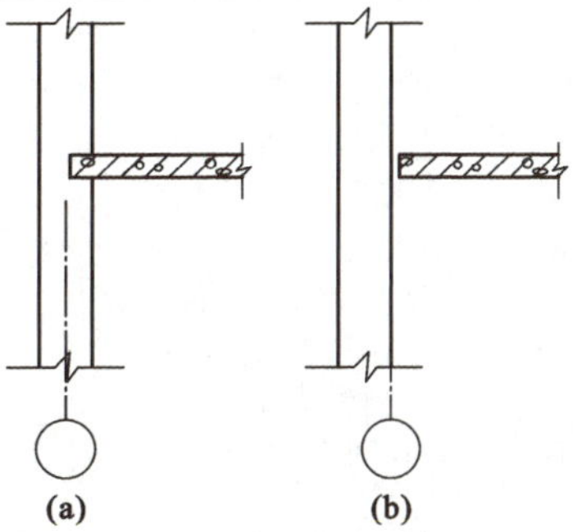 (a)　(b) （a）按承重墙体定位；（b）墙身内缘与平面定位轴线重合
带壁柱墙	带壁柱外墙的墙体内缘与平面定位轴线相重合，或距墙体内缘 120 mm处与平面定位轴线相重合	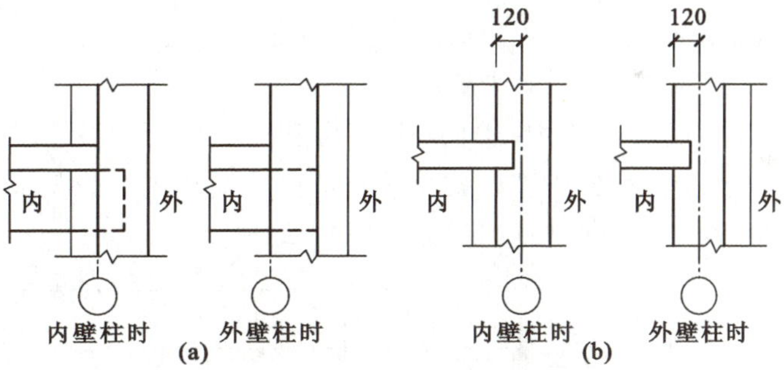 120　120 内　外　内　外　内　外　内　外 内壁柱时　外壁柱时　内壁柱时　外壁柱时 (a)　(b) （a）定位轴线与墙体内缘重合；（b）定位轴线距墙体内缘 120 mm
变形缝处的墙	1. 当变形缝两侧均为墙体时，若两侧墙都是承重墙，定位轴线均为距顶层墙身内缘 120 mm；若两侧墙体都是非承重墙时，定位轴线均应与顶层墙身内缘重合	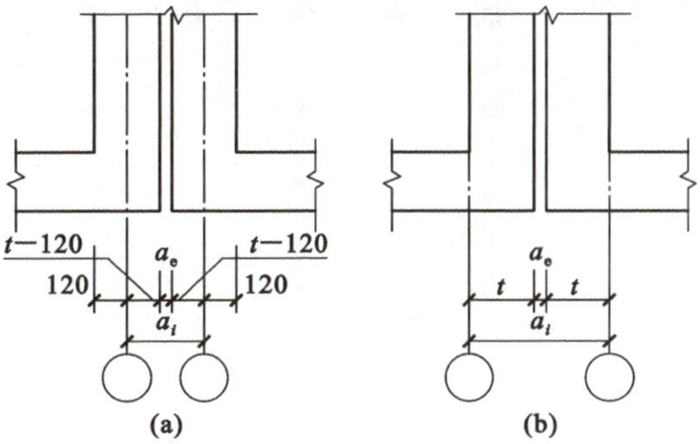 t—120　120　a_e　a_i　t—120　120　a_e　t　t　a_i (a)　(b) （a）按外承重墙处理；（b）按非承重墙处理 t—墙厚；a_i—插入距；a_e—变形缝尺寸

续表 2-2-1

类型	说明	图形表示
变形缝处的墙	2. 当变形缝处一侧为墙垛，另一侧为墙体时，墙垛的外缘应与平面定位轴线重合；墙体的定位轴线要根据墙体的性质确定。若墙体是外承重墙，平面定位轴线距顶层墙内缘 120 mm；若墙体是非承重墙，平面定位轴线应与顶层墙内缘重合	120　t—120　a_e　a_i　(a)　t　a_e　a_i　(b) (a) 墙按外承重墙处理；(b) 墙按非承重墙处理 t—墙厚；a_i—插入距；a_e—变形缝尺寸
	3. 当变形缝两侧墙体带联系尺寸时，定位轴线的划分与前面相同。若两侧墙按外承重墙处理，定位轴线距顶层墙内缘 120 mm；若两侧墙按非承重墙处理，定位轴线均与顶层墙内缘重合	t—120　a_e　t—120　120　a_c　a_c　120　a_i　(a)　a_e　t　a_c　a_c　t　a_i　(b) (a) 按外承重墙处理；(b) 按非承重墙处理 a_i—插入距；a_e—变形缝尺寸；a_c—联系尺寸

2.2.4.2　柱的定位轴线

在框架结构中，中柱（中柱的上柱或顶层中柱）的中线一般与纵、横向平面定位轴线相重合；边柱的外缘一般与纵向平面定位轴线相重合或偏离，也可使边柱（顶层柱）的纵向中线与纵向平面定位轴线相重合，如图 2-2-2 所示。

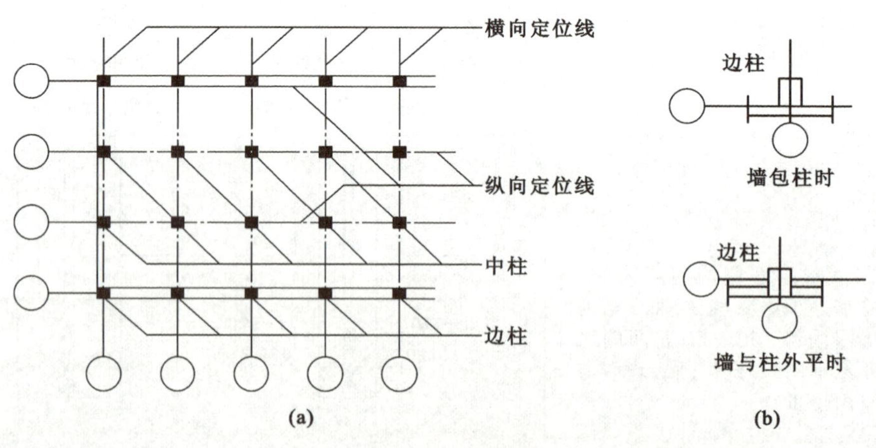

图 2-2-2　柱的定位轴线

(a) 中柱和边柱定位轴线的标法；(b) 边柱定位轴线另两种标法

2.2.4.3 楼面、地面的定位轴线

竖向定位轴线要注明标高。一般情况下，结构标高加上楼层或地坪面层的构造厚度，即为建筑标高。

在多层建筑中，一般使建筑物各层的楼面、首层地面与竖向定位轴线相重合，如图 2-2-3 所示。必要时，也可使各层的结构层表面与竖向定位轴线相重合。

2.2.4.4 屋面的定位轴线

对不设屋架或屋面大梁的平屋顶，一般使屋顶结构层表面与竖向定位轴线重合，如图 2-2-4(a)所示。

当设置有屋架或屋面大梁时，竖向定位轴线可设在屋架或屋面大梁支座底面处(柱顶)，如图 2-2-4(b)所示。

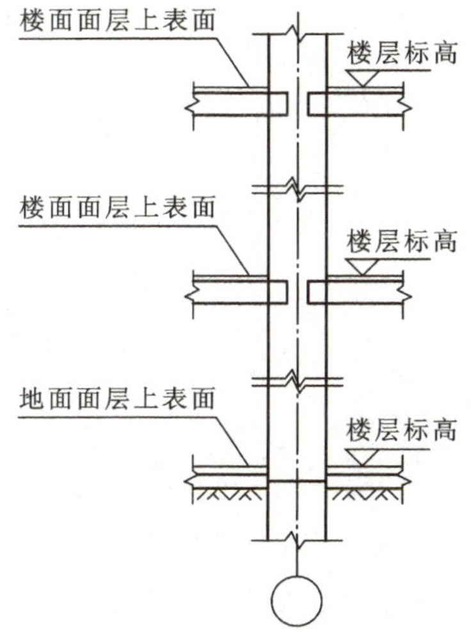

图 2-2-3 楼面、地面竖向定位轴线

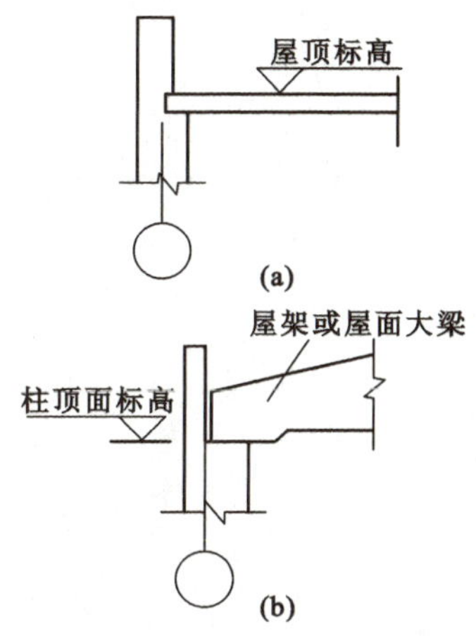

图 2-2-4 屋面竖向定位轴线

(a) 无屋架或屋面大梁平屋面的竖向定位；

(b) 有屋架或屋面大梁屋面的竖向定位

小 结

1. 民用建筑一般由多个建筑构件和建筑配件组成。建筑构件主要是指承重的墙、柱、楼板、屋架等，建筑配件是指屋面、地面、墙面、门窗、栏杆、花格、细部装修等。

2. 建筑模数的协调统一，对提高建筑标准化水平、加快施工速度、提高施工质量、降低工程造价有着非常重要的意义。

3. 建筑模数包括基本模数和导出模数，有如下的关系：

建筑模数
- 基本模数(1M=100 mm)
- 导出模数
  - 扩大模数 扩大模数基数：2M、3M、6M、9M、12M……
  - 分模数 分模数基数：$\frac{1}{10}$M、$\frac{1}{5}$M、$\frac{1}{2}$M

4. 定位轴线是用来确定建筑构件及尺寸的基准线，定位轴线的标定应遵循一定的原则，以利于统一构件尺寸、简化节点构造、提高构配件的互换性和通用性。

思考题

1. 民用建筑主要由哪些构配件组成？
2. 建筑构造应满足哪些要求？
3. 建筑模数协调统一的作用是什么？
4. 什么是基本模数、扩大模数和分模数？
5. 建筑构件的尺寸有哪几种？它们之间有什么样的联系？
6. 什么是定位轴线？定位轴线的标定为什么要遵循一定的原则？

任务3　外墙节点详图

情景导入

党的二十大报告指出，完善科技创新体系，坚持创新在我国现代化建设全局中的核心地位。培育创新文化，弘扬科学家精神，涵养优良学风，营造创新氛围。本任务落实产教融合机制下，涵养优良学风，营造创新氛围的思政目标房屋建筑与人类的历史、文化、艺术、政治、宗教、美学和科学技术有着千丝万缕、密不可分的联系。房屋的墙体节点构造在材料、功能、装饰等方面都在不断改进，它不再单纯的依靠天然材料建造，而是采纳钢筋、水泥等人工合成材料；人们也越来越重视房屋内外的装饰，使得房屋变得既实用，又能体现富有时代感的历史文化、政治科学、现代文明和建筑艺术美。

外墙系统作为本门课程的学习重点，涵盖了基础与地下室构造、墙体构造、楼板构造、饰面层装修构造及门窗构造等内容，随着人们对生活环境的要求提高，外墙系统的节能保温及装饰构造等问题有待进一步改进，人类文化技术的发展推动着房屋在性能、功能方面必然也有新的突破，大家在学习过程中要结合真实工程项目，充分了解墙身节点功能，掌握节点构造设计原则，保证经济效益与艺术效果协调统一，完成节点设计、研究创新节点构造，以满足更高的使用功能。

到合作企业做一个深入的调研，解决以下几点问题，并在外墙节点设计(图 3-0-1)中尝试改进外墙系统的节能保温或装饰构造问题。

1. 墙体的厚度是多少？
2. 散水的坡度为多少？
3. 底层地面的做法是什么？
4. 楼层结构层是现浇板还是预制板？楼层地面的做法是什么？
5. 窗台的高度及窗台的构造处理有哪些？
6. 圈梁的构造是什么？
7. 墙体内外装修的做法是什么？

当然，有时候有的墙身节点详图还包括基础的剖面图。因此，要想读懂这些，必须学习的知识有：地基与地下室构造、墙体构造、楼板构造、饰面层装修构造及门窗构造。

通过本次训练，掌握墙脚及窗台处的墙身剖面构造，训练绘制和识读施工图的能力。

一、设计内容及要求

节点 1——墙脚和地坪层构造；
节点 2——窗台构造；
节点 3——楼板层构造。

二、作业条件

(1) 某 6 层单元住宅楼，详见提供的标准层平面图(图 3-0-2)，层高 2.8 m，室内外高差为

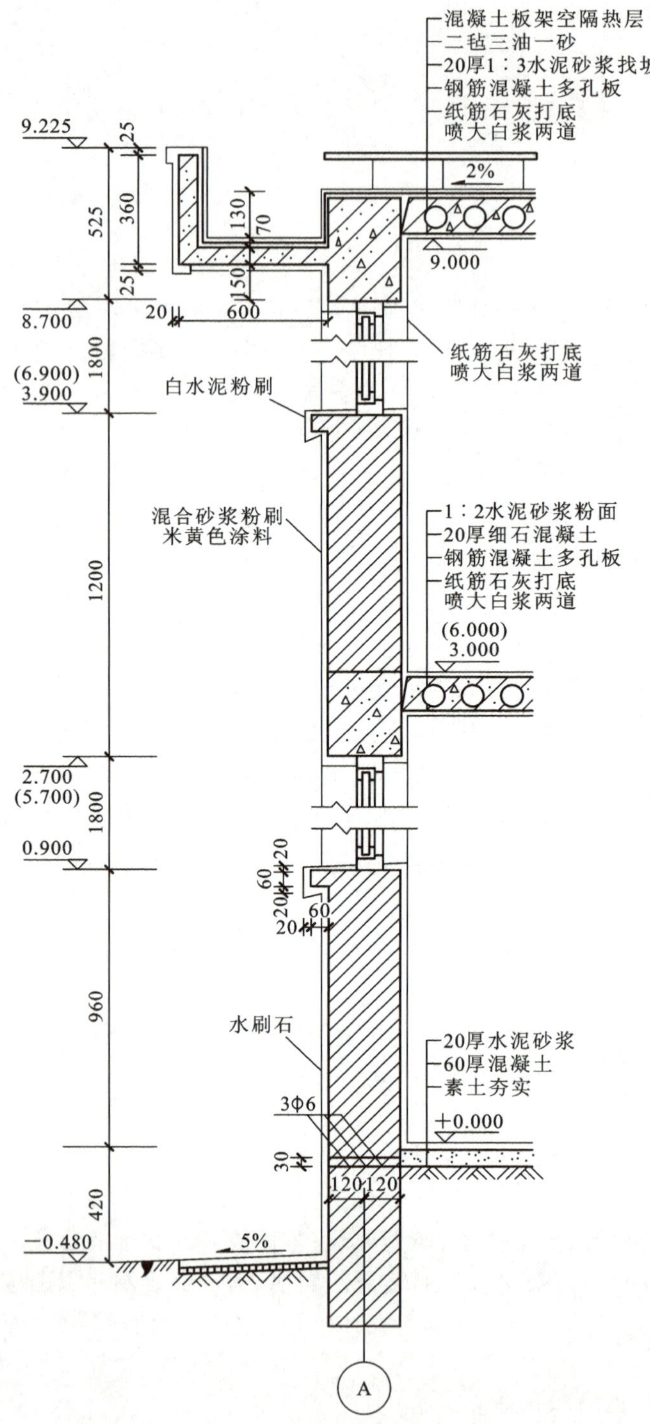

图 3-0-1　墙身剖面图(1∶20)

0.45 m，砌体结构；窗台距室内地面 900 mm 高。绘制和识读客厅或主卧室的外墙身节点大样详图进行实训。

(2) 承重砖墙，厚度 240 mm。

12300
2700
3600
1800
4200
3000
2700
1650
2700
1650
2700
3000
3000
2700
1650
2700
1650
2700
3000
3900
4800
4800
3900
3900
4800
4800
3900
34800
2700
3600
1800
4200
12300

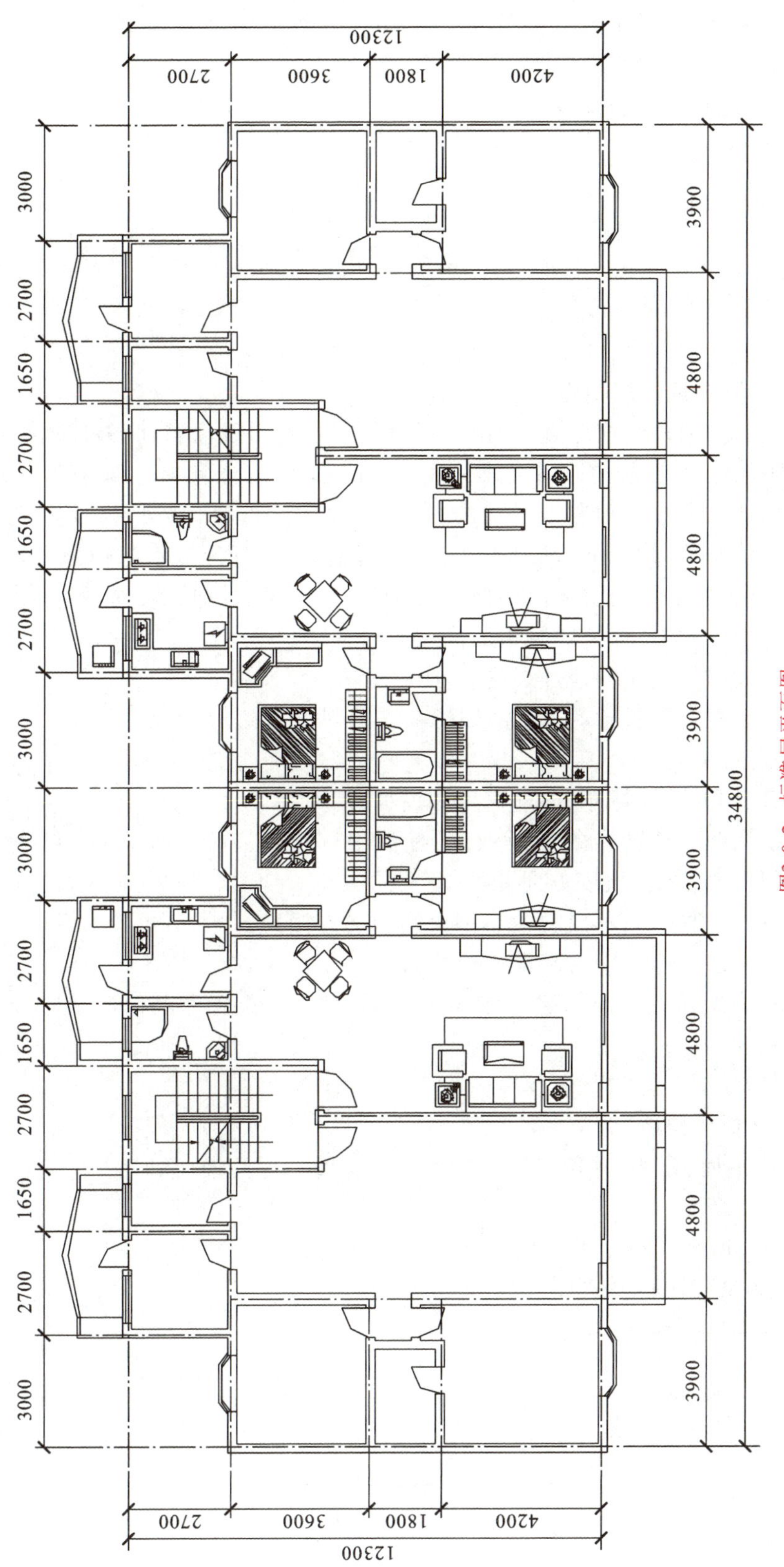

图3-0-2　标准层平面图

(3) 室内地坪从上至下分别为：20 mm 厚 1∶2 水泥砂浆面层，C10 素混凝土 80 mm 厚，3∶7灰土 100 mm 厚，素土夯实。

(4) 采用钢筋混凝土预制楼板。

(5) 墙面装修由学生确定。

三、作业要求及深度

(1) 本作业包括三个节点：墙脚细部构造、内外窗台与楼板层。三个节点的定位轴线对齐，形成外墙剖面详图的主要部分。

(2) 深度：

节点 1——墙脚和地坪层构造

① 绘墙身、勒脚、内外装修厚度，绘出材料符号。用引出线注明勒脚做法，标明勒脚高度。绘室内首层地面构造，用多层构造引出线标注。绘踢脚板，标注室内地面标高。

② 用多层构造引出线注明散水各层的做法，标注散水材料、做法、强度等级和尺寸；标注散水的宽度、排水方向和坡度值。标注室外地面标高。注意标出散水与勒脚之间的构造处理。

③ 绘水平防潮层，表示出防潮层的位置，注明材料和做法，并注明防潮层的标高。

④ 注明踢脚板的做法，标注踢脚板的高度等尺寸。

⑤ 用多层构造引出线注明地坪层的各层做法。

⑥ 标注定位轴线及编号圆圈，标注墙体厚度(在轴线两边分别标注)。

节点 2——窗台构造

① 绘出墙身、内外墙面抹灰、内外窗台和窗框等。

② 用引出线注明内外窗台的饰面做法，标注细部尺寸。标注外窗台的排水方向和坡度值。标注窗台的厚度、宽度、坡度方向和坡度值。

③ 按开启方式和材料表示出窗框与窗台饰面的连接。

④ 标注定位轴线。标注窗台高度(结构面标高)。

⑤ 绘窗框轮廓线，不绘细部(也可参照图集绘窗框，其位置和断面形状应准确，与内外窗台的连接应清楚)。

⑥ 绘窗过梁，注明尺寸和下皮标高。

节点 3——楼板层构造

绘楼板、楼层地面、顶棚，并用多层构造引出线标注。标注楼面标高。

(3) 比例 1∶5 或 1∶10。

(4) 3 号图纸，铅笔绘制，应使用绘图纸，不能用描图纸。

(5) 附表。图纸标题栏样式如下所示：

<table>
<tr><td colspan="3">××××单位</td><td>图号</td><td></td></tr>
<tr><td colspan="3">房屋建筑构造课程任务三</td><td>比例</td><td></td></tr>
<tr><td>班级</td><td></td><td rowspan="3">外墙节点详图</td><td>日期</td><td></td></tr>
<tr><td>姓名</td><td></td><td>成绩</td><td></td></tr>
<tr><td>学号</td><td></td><td>教师</td><td></td></tr>
</table>

注：各列宽度从左到右依次为 15 mm、30 mm、95 mm、15 mm、25 mm，各行高度为 8 mm。

知识 3.1　基础和地下室

教学目标

1. 了解地基与基础的设计要求；
2. 熟悉地基的构造；
3. 掌握基础的构造。

3.1.1　地基与基础的概念

3.1.1.1　地基与基础

在建筑工程中，建筑物与土层直接接触的部分称为基础。基础是建筑物的重要组成部分，是位于建筑物的地面以下的承重构件，承受着建筑物的全部荷载，并将这些荷载连同自重传给地基。

在基础下面承受建筑物总荷载的土层或岩体叫地基。地基不是建筑物的重要组成部分，但它必须具有一定的承载能力，且能够支承基础传来的所有荷载，其中直接对基础进行支承的地基土层称为持力层；持力层以下的土层称为下卧层，如图 3-1-1 所示。地基土层在荷载作用下将产生压缩变形，随着土层深度的增加，土的压缩变形逐渐减小，在达到一定深度以后，土的压缩变形则可忽略不计。地基、基础与荷载的传递如图 3-1-1 所示。

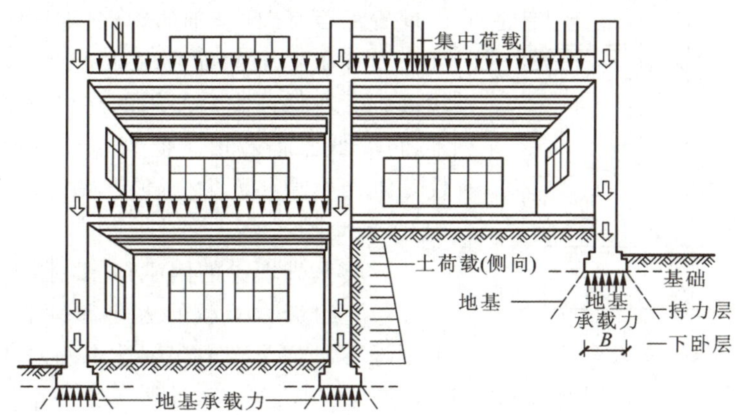

图 3-1-1　基础与地基

3.1.1.2　地基土的分类

地基按土层性质不同，分为天然地基和人工地基两大类。

(1) 天然地基

凡天然土层具有足够的承载能力，无须经人工改良或加固，可直接在上面建造房屋的称为天然地基。天然地基多呈连续整体状的岩层，或由岩石风化破碎成松散颗粒的土层。一般分为岩石、碎石土、砂土、黏性土等几大类。

(2) 人工地基

当建筑物上部的荷载较大或地基土层的承载能力较小，缺乏足够的稳定性时，须预先对土壤进行人工加固处理后才能作为地基的土体称为人工地基。人工加固地基的方法有很多种，如压实法、换土法、挤密法和深层搅拌法等。

3.1.1.3　地基基础的构造要求

(1) 强度和刚度

地基应具备足够的承载力，以便有效地承受基础传来的荷载以及地震等产生的动荷载；基础要有足够的强度，以便把上部荷载传递到地基。地基、基础和上部结构还要有足够的刚度，保证建筑物的整体性。

(2) 稳定性

地基在荷载作用下会产生一定的沉降变形，如果产生不均匀沉降且沉降超过地基变形的允许值，则会引起上部建筑物倾斜、构件破坏甚至房屋倒塌。故地基应具备保证建筑物的沉降均匀、防止滑坡及防止建筑物倾斜的能力。

(3) 耐久性

基础所用材料和构造措施应与上部建筑等级相适应，符合耐久性要求，避免基础先于上部结构的破坏，从而影响上部建筑物的使用和安全。

(4) 经济性

基础工程造价占建筑总造价的10%～30%，有的甚至更高。要合理地选择基础形式与构造方案，减少基础工程的投资，降低工程造价。

3.1.2　基础的埋置深度

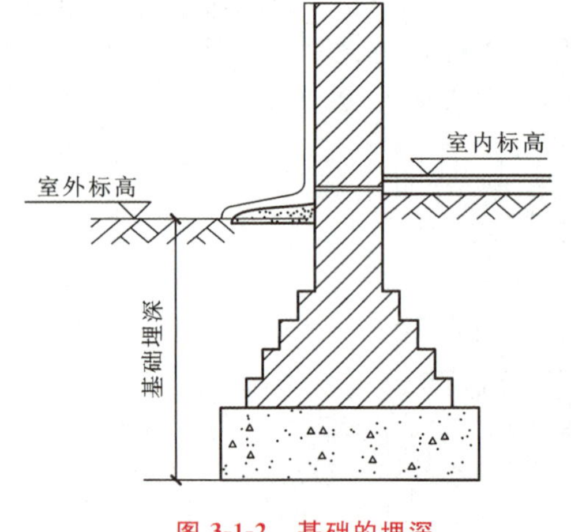

图 3-1-2　基础的埋深

室外设计地面至基础底面的垂直距离称为基础的埋置深度，简称基础的埋深，如图 3-1-2 所示。埋深大于或等于 4 m 的称为深基础；埋深小于 4 m 的称为浅基础。在保证安全使用的前提下，应优先选用浅基础，可降低工程造价。但当基础埋深过小时，有可能使基础产生滑移而失去稳定，故基础的埋深一般不小于 0.5 m。

影响基础埋深的因素很多，主要有以下几点：

(1) 建筑物荷载的大小和性质。多层建筑一般根据地下水位及冻土深度等来确定埋深。

(2) 工程地质条件。基础地面应尽量选在常年未经扰动而且坚实平坦的土层或岩石上，俗称老土层。在接近地表面的土层内，常带有大量的植物根、茎的腐殖质或垃圾等，故不宜选为地基。

(3) 水文地质条件。确定地下水的常年水位和最高水位，以便选择基础的埋深。一般宜将基础落在地下水位和最高水位之上，这样无须进行特殊防水处理，节省造价，还可防止或减轻地基土层的冻胀。

(4) 基础土壤冻胀深度。应根据当地的气候了解土层的冻结深度，一般将基础的垫层部分做在土层冻结深度以下。否则，冬天土层的冻胀力会把房屋拱起，产生变形；天气转暖冻土解冻时又会产生陷落。

(5) 相邻建筑物基础的影响。新建建筑物的基础埋深不宜深于相邻的原有建筑物的基础；当新建基础深于原有基础时，则要采取一定的措施加以处理，以保证原有建筑物的安全和正常使用。

3.1.3　基础的类型

基础的类型很多，按所用材料及受力特点可分为刚性基础和柔性基础。刚性基础又称为无扩展基础，一般包括砖基础、毛石基础、混凝土基础等。柔性基础又称为非刚性基础或钢筋混凝土扩展基础，有多种基础形式。基础按构造形式可分为单独基础、条形基础、筏片基础、箱形基础。基础按埋置深度可分为浅基础和深基础。

3.1.3.1　按所用材料及受力特点分类

(1)刚性基础

由刚性材料制作的基础称为刚性基础。一般抗压强度高，而抗拉、抗剪强度较低的材料为刚性材料，常用的有砖、灰土、混凝土、三合土、毛石等。

通过受力分析可知，上部结构的荷载在基础中传递的压力是沿一定角度分布的，这个传力的角度，称为压力分布角，又称刚性角或扩散角，用 α 表示，如图 3-1-3(a)所示。刚性基础底面宽度的增大受到刚性角的限制，如果基础的放大尺寸超出了刚性角的控制范围，在基底反力的作用下，基础将发生破坏，如图 3-1-3(b)所示。

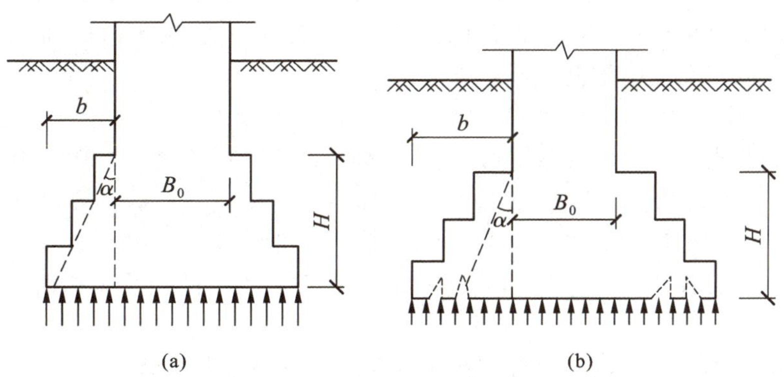

图 3-1-3　刚性基础的受力、传力特点

(a) 基础在刚性角范围内传力；(b) 基础底面宽度超过刚性角范围而遭破坏

刚性角是刚性基础设计的主要依据，不同基础的刚性角是不同的。刚性角一般为基础放宽的引线与墙体垂线之间的夹角，可用基础台阶的宽和高的比值来表示。刚性基础台阶宽高比的允许值见表 3-1-1。

表 3-1-1　刚性基础台阶宽高比的允许值

基础材料	质量要求	台阶宽高比的允许值		
		$P_k \leqslant 100$	$100 < P_k \leqslant 200$	$200 < P_k \leqslant 300$
混凝土基础	C15 混凝土 C15 混凝土	1∶1.00 1∶1.00	1∶1.00 1∶1.25	1∶1.25 1∶1.50
毛石混凝土基础	C15 混凝土	1∶1.00	1∶1.25	1∶1.50
砖基础	砖不低于 MU10、砂浆不低于 M5	1∶1.50	1∶1.50	1∶1.50
毛石基础	砂浆不低于 M5	1∶1.25	1∶1.50	—

续表 3-1-1

基础材料	质量要求	台阶宽高比的允许值		
		$P_k \leqslant 100$	$100 < P_k \leqslant 200$	$200 < P_k \leqslant 300$
灰土基础	体积比为 3∶7 或 2∶8 的灰土，其最小干密度： 粉土 1.55 t/m³ 粉质黏土 1.50 t/m³ 黏土 1.45 t/m³	1∶1.25	1∶1.50	—
三合土基础	体积比 1∶2∶4～1∶3∶6(石灰∶砂∶骨料)，每层约虚铺 220 mm，夯至 150 mm	1∶1.50	1∶2.00	—

注：P_k 为荷载效应标准组合时基础底面处的平均压力值(kPa)。

① 灰土基础

灰土基础是用经过消解的生石灰和黏土按一定比例拌和夯实而成，如图 3-1-4 所示。常用的灰土按体积比有 3∶7 和 2∶8，又分别称为"三七"灰土和"二八"灰土。灰土基础的厚度与建筑物层数有关，三层以下的建筑物，厚度应不小于 300 mm；四层及四层以上的建筑物，厚度应不小于 450 mm。灰土基础应分层施工，每层虚铺厚 220 mm，夯实至 150 mm。

灰土基础施工简单，造价低廉，但其抗冻、耐水性能差，一般用于低层砌体结构建筑物，在地下水位线以下或很潮湿的地基上不宜采用。

② 三合土基础

三合土基础是由石灰、砂、骨料三种材料，按体积比 1∶3∶6 或 1∶2∶4 拌和，在基槽内分层铺设夯实，如图 3-1-5 所示。三合土中常用的骨料有碎砖、碎石、矿渣等，分层施工的方法与灰土基本相同。三合土基础的宽度可按计算确定，但一般不小于 600 mm。

三合土基础强度较低，只适用于地下水位较低的四层以下的建筑物基础。

③ 毛石基础

毛石基础由未加工凿平的石材和不小于 M5 的水泥砂浆砌筑而成，如图 3-1-6 所示。毛石基础的质量与砌筑方法有很大的关系，块石间的缝隙要砂浆饱满。为便于上部墙体的砌筑，可在毛石基础的顶面铺设一层 60 mm 厚的 C20 混凝土找平层。常用毛石基础的截面有阶梯形、锥形和矩形等断面形式。基础厚度和台阶高度均不小于 400 mm，当台阶多于两个时，每阶的伸出宽度不大于 150 mm。

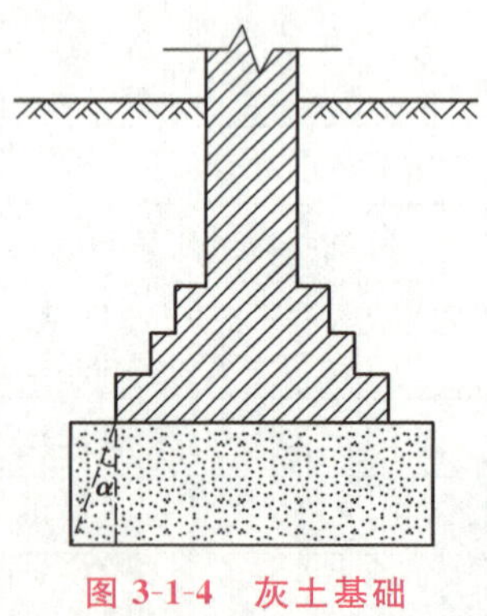

图 3-1-4　灰土基础

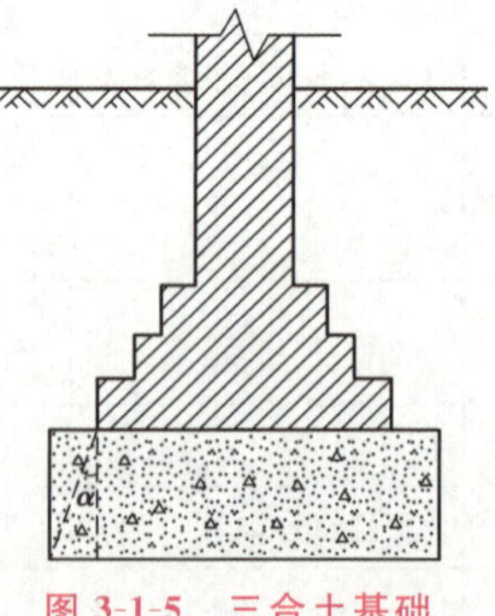

图 3-1-5　三合土基础

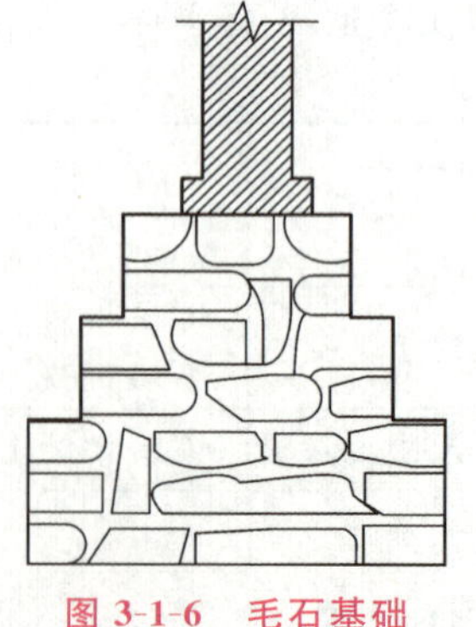
图 3-1-6　毛石基础

毛石基础的整体性欠佳，不宜用于受振动作用的建筑物。

④ 砖基础

砖基础由黏土砖和砂浆砌筑而成，常采用台阶式逐级向下放大的砌筑方法，也称为大放脚。砖基础底面以下一般做 100 mm 厚的 C10 混凝土垫层，砖的强度等级必须在 MU10 以上，用于砌筑砖基础的水泥砂浆，强度等级一般不低于 M5。

大放脚一般有两皮一收和二一间隔收两种砌筑方法。二皮一收是每砌筑两皮砖的高度，收进 60 mm 的宽度；二一间隔收是每两皮砖的高度与每一皮砖的高度相间隔，交替收进 60 mm的宽度，如图 3-1-7 所示。

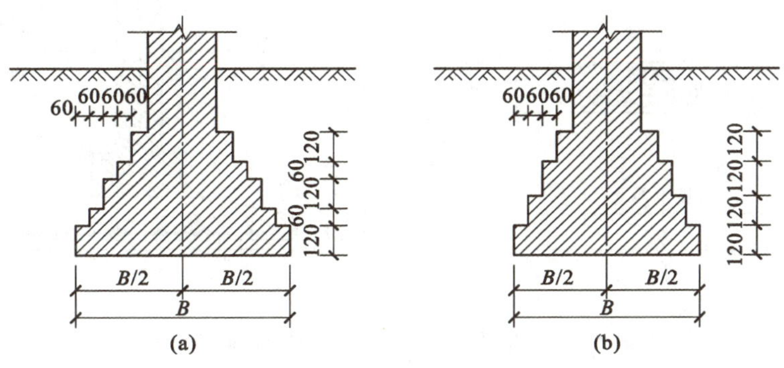

图 3-1-7　砖基础

(a) 二皮一收；(b) 二一间隔收

⑤ 混凝土基础(毛石混凝土基础)

混凝土基础具有坚固、耐久、耐腐蚀、耐水等特点，与前几种基础相比，其刚性角较大，可用于地下水位较高和有冰冻的地方。由于混凝土可塑性强，基础断面形式可做成矩形、阶梯(台阶)形和锥形(图 3-1-8)。为了方便施工，当基础宽度小于 350 mm 时，多做成矩形；当基础宽度大于 350 mm 时，多做成阶梯形；当基础底面宽度大于 2000 mm 时，还可做成锥形。锥形断面能节约混凝土，从而减小基础自重。

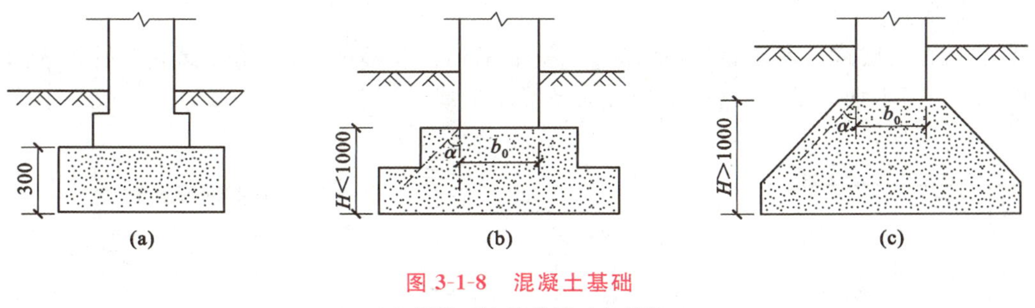

图 3-1-8　混凝土基础

(a) 矩形；(b) 阶梯形；(c) 锥形

混凝土基础的刚性角 α 为 45°。阶梯形断面宽高比应小于 1∶1.0 或 1∶1.5。

为了节约水泥用量，对于体积较大的混凝土基础，可以在浇筑混凝土时加入 20%～30% 的粒径不超过 300 mm 的毛石，这种基础称为毛石混凝土基础。所用毛石尺寸应小于基础宽度的 1/3，且毛石在混凝土中应分布均匀。当基础埋深较大时，也可将毛石混凝土做成台阶形，每阶宽度不应小于 400 mm。如果地下水对普通水泥有侵蚀作用时，应采用矿渣水泥或火山灰水泥拌制混凝土。

(2)柔性基础

当建筑物的荷载较大而地基允许承载力较小时,基础底面必须加宽,如果仍采用混凝土材料做基础,势必加大基础的埋置深度,这样,既增加了挖土方的工作量,又使材料的用量增加,对工期和造价都十分不利,如图 3-1-9(a)所示。如果在混凝土的底部配以钢筋,利用钢筋来承受拉应力[图 3-1-9(b)],使基础底部能够承受较大的弯矩,这时,基础宽度的加大不受刚性角的限制,称为钢筋混凝土基础,也称为非刚性基础或柔性基础。

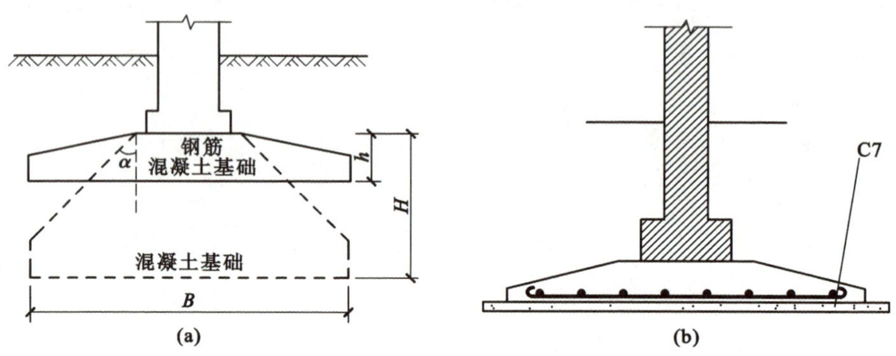

图 3-1-9　混凝土基础与钢筋混凝土基础比较

(a) 混凝土基础;(b) 钢筋混凝土基础

钢筋混凝土基础可尽量浅埋,这种基础相当于一个受均布荷载的悬臂梁,所以它的截面高度向外逐渐减小,最薄处的厚度应大于或等于 200 mm,受力钢筋的数量应通过计算确定,但钢筋直径不宜小于 8 mm,混凝土强度等级不宜低于 C15。为使基础底面均匀传递对地基的压力,常在基础底面用 C15 的混凝土做垫层,其厚度宜为 60～100 mm。有垫层时,钢筋距基础底面的保护层厚度不宜小于 35 mm;不设垫层时,钢筋距基础底面不宜小于 70 mm,以保护钢筋免遭锈蚀。

3.1.3.2　按基础的构造形式分类

(1) 条形基础

当建筑物为砖或石墙承重时,承重墙下一般采用长条形基础,该基础具有较好的纵向整体性,可减缓局部不均匀下沉,这种基础称为条形基础或带形基础(图 3-1-10)。一般中小型建筑

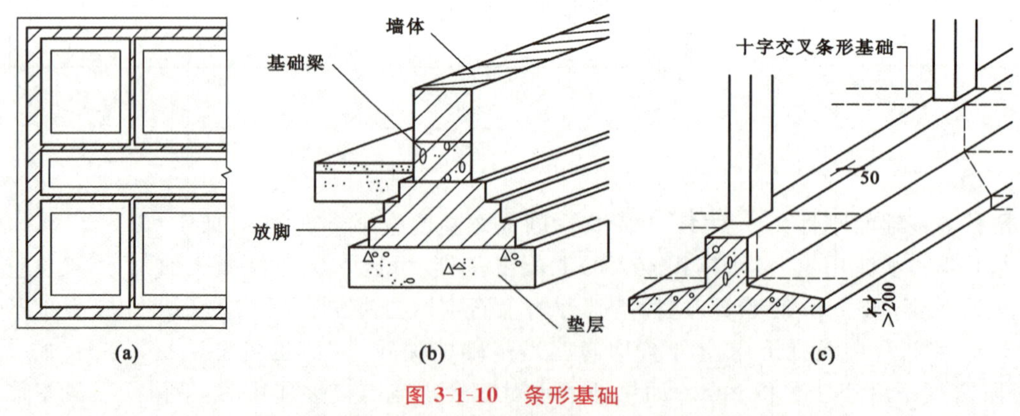

图 3-1-10　条形基础

(a) 墙下条形基础平面;(b) 墙下条形基础示意;(c) 柱下条形基础示意

常采用砖、混凝土、石或三合土等材料的刚性条形基础。当建筑物为框架结构柱承重时，若柱间距较小或地基较弱，也可采用柱下条形基础，将柱下的基础连接在一起，使建筑物具有良好的整体性。柱下条形基础还可以有效地防止不均匀沉降。

（2）十字条形基础

当建筑物上部荷载较大，地质条件较差时，为了提高建筑物的整体性，防止柱子之间产生不均匀沉降，常将柱下基础沿纵横两个方向扩展连接起来，形成柱下十字交叉的条形基础，也称为井格基础，如图 3-1-11 所示。

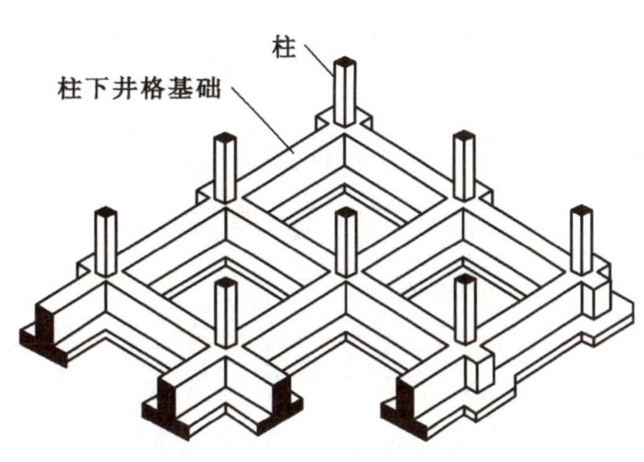

图 3-1-11　十字条形基础

（3）独立基础

当建筑物上部结构采用框架结构或排架结构承重时，基础常采用方形或矩形的基础，这类基础称为独立基础或柱式基础。独立基础是柱下基础的基本形式，有阶梯形、锥形和杯形等，如图 3-1-12 所示，其优点是可减少土方工程量，便于管道穿过，节约材料。但独立基础间无构件连接，整体性较差，因此，适用于土质均匀、荷载均匀的框架结构建筑。

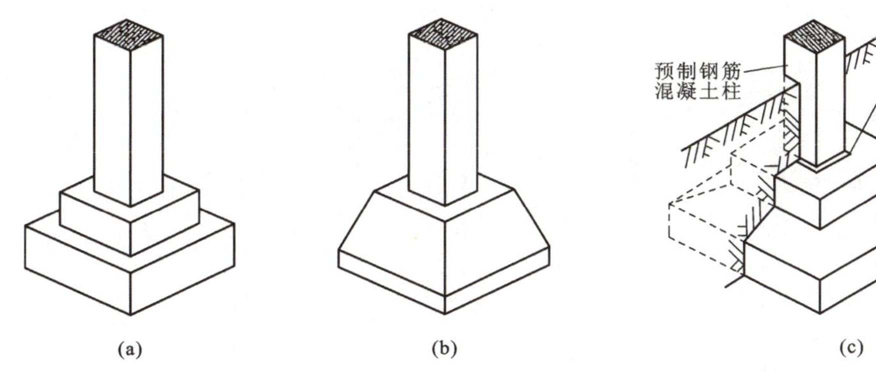

图 3-1-12　独立基础

（a）阶梯形基础；（b）锥形基础；（c）杯形基础

（4）片筏基础

当建筑物上部荷载大，而地基又较弱时，采用简单的条形基础或井格基础已不能适应地基变形的需要。通常，将墙或柱下基础连成一片，使建筑物的荷载承受在一块整板上成为片筏基础。片筏基础有平板式和梁板式两种，图 3-1-13 属于梁板式片筏基础。片筏基础像一个倒置的楼盖，它能很好地调整地基的不均匀沉降，可跨越基础下的软弱土。梁板式片筏基础的刚度较大，有双向交叉的梁，板厚度较小。平板式片筏基础的柱子支撑在钢筋混凝土底板上，基础厚度较大，构造比较简单。

（5）箱形基础

当板式基础做得很深时，常将基础改做成箱形基础。箱形基础是由钢筋混凝土底板、顶板和若干纵、横隔墙组成的整体结构，基础的中空部分可用作地下室（单层或多层的）或地下停车库，如图 3-1-14 所示。箱形基础的刚度较大，抗震性能好，有较好的地下空间可以利用，能承受很大的弯矩，可用于特大荷载且需设地下室的建筑。

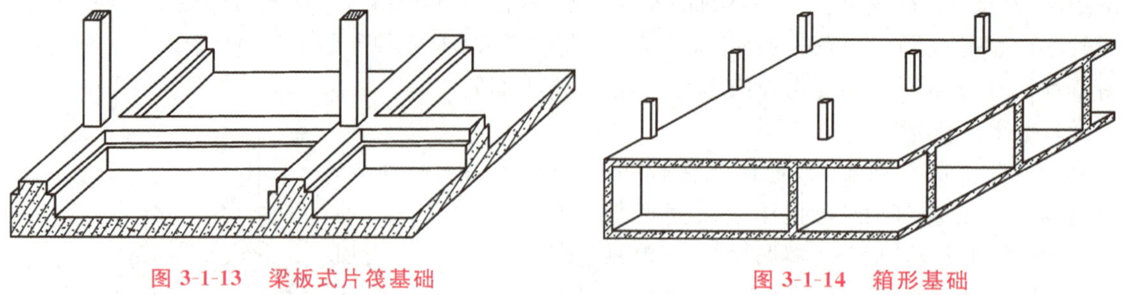

图 3-1-13 梁板式片筏基础　　图 3-1-14 箱形基础

(6) 桩基础

桩基础是一种常用的处理软弱地基的基础形式，属于应用最为广泛的基础之一。当建筑物荷载大、层数多、高度大、地基承载力小，浅基础不能满足要求，而沉降量又过大或地基稳定性不能满足建筑物规定时，常采用桩基础。桩基础具有承载力大、沉降速率小、沉降量小且均匀等特点。

桩基础由基桩和连接于桩顶的承台共同组成(图 3-1-15)。若桩身全部埋于土中，承台底面与土体接触，则称为低承台桩基；若桩身上部露出地面而承台底位于地面以上，则称为高承台桩基。建筑桩基通常为低承台桩基。桩可以单独起作用，也可以是以两根、三根或更多根组合在一起共同起作用。单独作用的桩称单桩，多根桩基共同作用的桩称群桩。

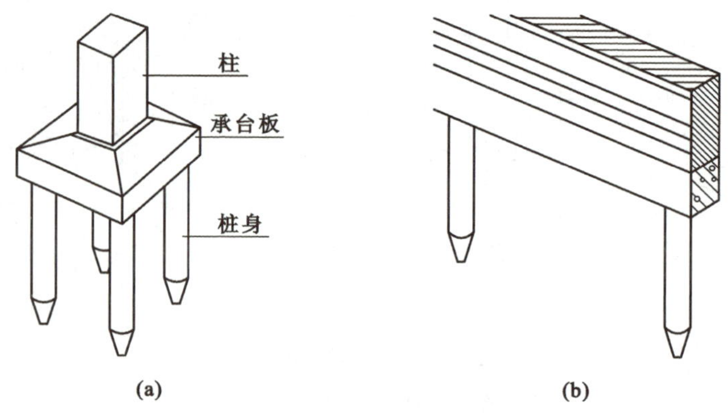

图 3-1-15 桩基础的构成

(a) 桩下桩基；(b) 墙下桩基

桩基础的类型很多，按照桩的受力方式可分成端承桩和摩擦桩；按照桩的施工特点可以分成打入桩、振入桩、压入桩和钻孔灌注桩等；按照材料可以分成钢筋混凝土桩、钢管桩。桩的断面有圆形、方形、筒形、六角形等多种形式。

以上是常见基础的几种基本结构形式。此外，我国各地还因地制宜采用了许多新型基础结构形式，如壳体基础(图 3-1-16)和不埋板式基础(图 3-1-17)。不埋板式基础是在天然地表面上将场地整平，并用压路机将地表土碾压密实，在较好的持力层上浇筑钢筋混凝土板式基础，在构造上使基础如同一只盘子反扣在地面上，以此来承受上部荷载。这种基础大大减少了土方工作量，且适宜较弱地基(但必须是均匀的)，特别适宜于 5～6 层整体刚度较好的居住建筑采用，但在冻土深度较大的地区不宜采用。

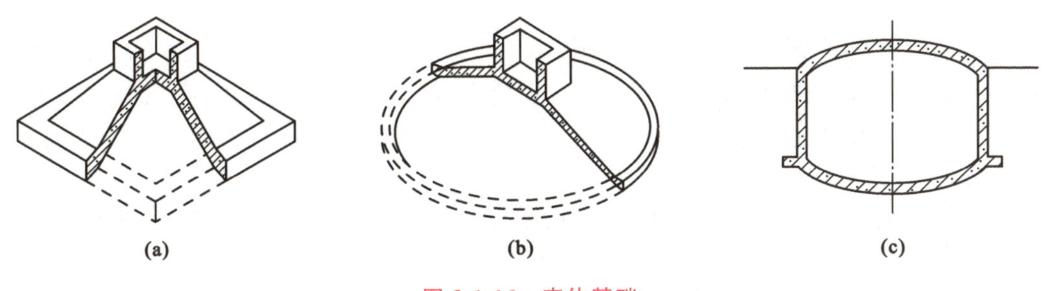

图 3-1-16　壳体基础

(a) 折壳基础；(b) 圆锥壳体基础；(c) 球壳基础

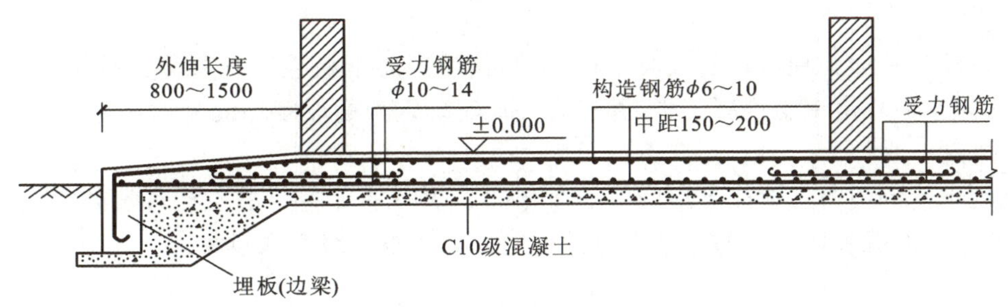

图 3-1-17　不埋板式基础

3.1.4　地下室的构造

3.1.4.1　地下室的构造组成

建筑物下部的地下使用空间称为地下室。地下室一般由墙身、底板、顶板、门窗、楼梯等部分组成，如图 3-1-18 所示。

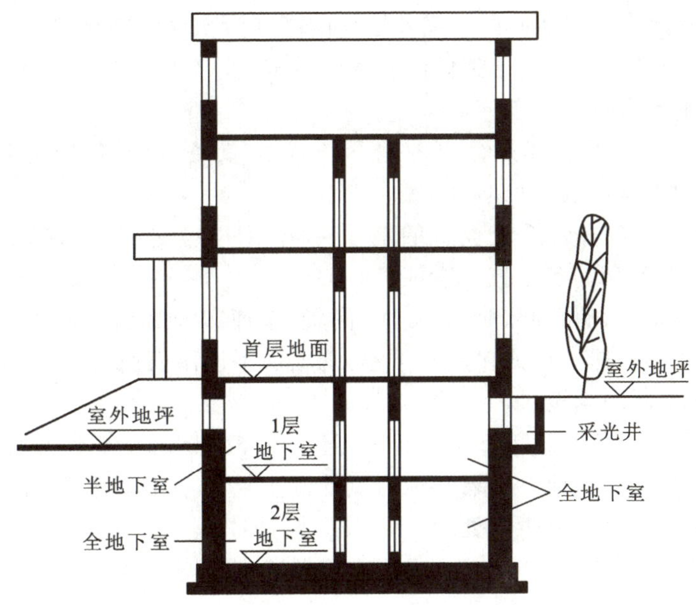

图 3-1-18　地下室结构示意

(1) 墙体

地下室墙体不仅承受竖向荷载,还要承受土体、地下水和土壤冻胀的侧压力,故应按挡土墙设计。对钢筋混凝土和砖砌的地下室外墙,应做防潮或防水处理,其最小厚度应满足结构要求以及抗渗厚度的要求。

(2) 底板

地下室的底板设置在室外地面以下,长期受到地潮和地下水的侵蚀,必须根据地下水的情况和工程要求,对地下室采取相应的防潮、防水等措施。

地下室的防潮、防水措施和设防高度,要综合考虑地表水、地下水、毛细管水作用和水质可能发生改变的影响,合理确定。

(3) 顶板

地下室顶板一般为现浇钢筋混凝土板、预制钢筋混凝土板或装配整体式楼板。防空地下室顶板,必须采用现浇钢筋混凝土板,并按有关规定确定板的厚度和混凝土强度等级。

(4) 门窗

普通地下室的门窗与地面上房间的门窗相同。防空地下室一般不允许设外窗,若必须设置时,要有相应的保护措施。防空地下室的外门须按防空等级要求设置。

(5) 楼梯

地下室楼梯可与地面上房间结合设置,层高小或用作辅助房间的地下室,可设置单跑楼梯。地下室与地面上部房间共用楼梯间时,要用防火门分隔,安全出口的设置必须满足消防要求。有防空要求的地下室,至少要设置两部楼梯通向地面的安全出口,并且必须有一个是独立的安全出口。

3.1.4.2 地下室的分类

(1) 按埋入地下深度的不同分类

① 全地下室:是指地下室地面低于室外地坪的高度超过该房间净高的 1/2。

② 半地下室:是指地下室地面低于室外地坪的高度为该房间净高的 1/3～1/2。半地下室通常利用采光井采光(图 3-1-18),这类做法的实例较多。

(2) 按使用功能的不同分类

① 普通地下室。一般用作高层建筑的地下停车库、设备用房;根据用途及结构需要可做成一、二、三或多层地下室(图 3-1-18)。

② 人防地下室。结合人防要求设置的地下空间,用以应付战时情况下人员的隐蔽和疏散,并有具备保障人身安全的各项技术措施。

地下室可用作设备间、储藏间、旅馆、餐厅、商场、车库以及战备人防工程。高层建筑常利用深基础(如箱形基础)建造一层或多层地下室,既增加了使用面积,又省掉室内填土的费用。

3.1.4.3 地下室防潮构造

当设计最高地下水位低于地下室地坪标高,且地下室周围的土壤和回填土的透水性较好,不会形成上层滞水的可能时,地下室墙和地坪仅受到土层中毛细管水和地面水下渗的无压水影响,地下室底板和外墙只需做防潮处理。

对砖砌墙体的地下室外墙,墙体必须采用水泥砂浆砌筑,且灰缝饱满。外墙外侧要设垂直防潮层,一般用 15 mm 厚 1∶3 水泥砂浆打底,10 mm 厚 1∶2 水泥砂浆粉面,并刷防水涂料两道,然后在防潮层外侧回填底部宽度为 0.5 m 的低渗透性土壤如黏土、灰土等,并逐层夯实,以防地面雨水或其他地表水的渗透。地下室所有的墙体都设上、下两道水平防潮层，一道设在室外地面以上，一道设在地下室地坪的结构中间的位置。地下室的地坪一般借助于混凝土材料防潮，当地下室的防潮要求较高时，应做专门的防潮处理。防潮层通常设在面层与垫层之间，且与墙身水平防潮层在同一水平面上，如图 3-1-19 所示。

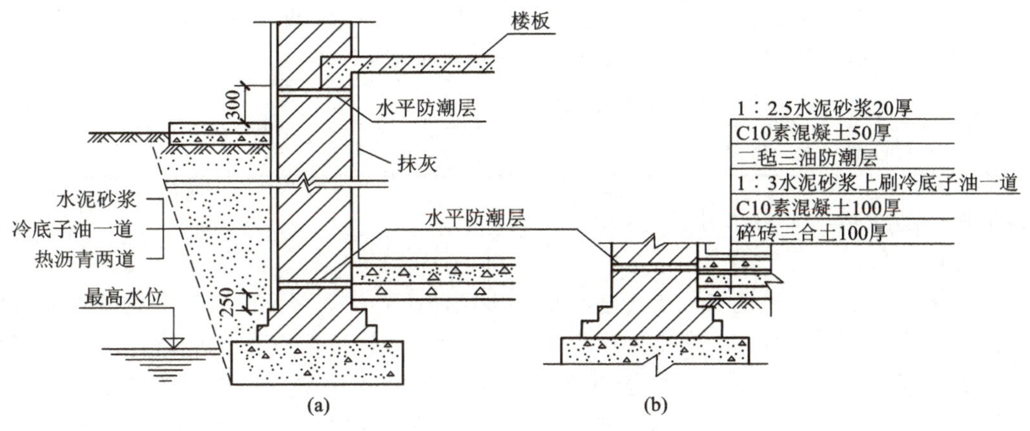

图 3-1-19　地下室的防潮处理

(a) 墙身防潮；(b) 地坪防潮

对钢筋混凝土墙体的地下室外墙，可利用混凝土结构的自防潮功能，不必再做防潮处理，但在外墙穿管、接缝等处，应嵌入密封材料防潮。

3.1.4.4　地下室防水构造

当设计最高水位高于地下室地坪时，地下室的外墙和底板都浸泡在水中，应考虑进行防水处理。根据工程的重要性和使用中对防水的要求，《地下工程防水技术规范》(GB 50108—2008)规定了地下室防水的防水等级和适用范围，详见表 3-1-2 和表 3-1-3。

表 3-1-2　地下工程防水等级标准

防水等级	标准
一级	不允许漏水，结构表面无湿渍
二级	不允许漏水，结构表面可有少量湿渍。 工业与民用建筑：总湿渍面积不应大于总防水面积(包括顶板、墙面、地面)的 1/1000；任意 100 m^2 防水面积上的湿渍不超过 1 处，单个湿渍的最大面积不大于 0.1 m^2。 其他地下工程：总湿渍面积不应大于总防水面积的 6/1000；任意 100 m^2 防水面积上的湿渍最大面积不大于 0.2 m^2
三级	有少量漏水点，不得有线流和漏泥砂。 任意 100 m^2 防水面积上的漏水点数不超过 7 处，单个漏水点的最大漏水量不大于2.5 L/d，单个湿渍的最大面积不大于 0.3 m^2
四级	有漏水点，不得有线流和漏泥砂。 整个工程平均漏水量不大于 2 L/(m^2 · d)，任意 100 m^2 防水面积的平均漏水量不大于4 L/(m^2 · d)

表 3-1-3 不同防水等级的适用范围

防水等级	适用范围
一级	人员长期停留的场所；因有少量湿渍会使物品变质、失效的贮物场所及严重影响设备正常运转和危及工程安全运营的部位；极重要的战备工程
二级	人员经常活动的场所，在有少量湿渍的情况下不会使物品变质、失效的贮物场所及基本不影响设备正常运转和工程安全运营的部位；重要的战备工程
三级	人员临时活动的场所；一般战备工程
四级	对渗漏水无严格要求的工程

常采用的防水措施有以下几种：

(1) 卷材防水

卷材防水是在围护结构的表面上覆盖一层或多层防水卷材。常用的有高聚物改性沥青防水卷材和合成高分子防水卷材等。防水卷材的层数与厚度应根据防水等级和防水卷材的种类确定。

卷材防水属于柔性防水，适用于受振动作用、侵蚀性介质作用或结构有微量变形的地下结构。卷材应从结构底板垫层铺设至墙体防水设防高度的结构基面，在外围形成封闭的防水层。地下室地坪的防水构造是先浇混凝土垫层，厚约 100 mm；再在混凝土垫层上铺设底板防水层，并在防水层上做 40 mm 厚的 C20 细石混凝土保护层，以便于上面浇筑钢筋混凝土地下室底板。底板下的防水卷材必须留出足够长度，以便与墙面垂直防水卷材逐层搭接。

墙体垂直防水层外面用 50 mm 厚聚苯板做保护或砌 120 mm 厚保护墙一道。砌筑保护墙时，先在底部干铺油毡一层，并在转角处及沿墙长度每隔 5～6 m 处断开，断开的缝中填以卷材条等，保护墙与防水层之间的空隙用砌筑砂浆填实，在保护墙外 0.5 m 范围内回填 2∶8 灰土或黏土分层夯实。图 3-1-20 所示为地下室外防水。

(2) 防水混凝土防水

当地下室地坪和墙体均为钢筋混凝土结构时，应采用抗渗性能好的防水混凝土材料。防水混凝土是在普通混凝土的基础上，通过调整配合比或掺外加剂等手段，改善混凝土自身密实性，使其具有抗渗能力。防水混凝土结构厚度不应小于 250 mm，迎水面钢筋保护层厚度不应小于 50 mm。常采用的防水混凝土有普通混凝土和外加剂混凝土，均属于刚性防水。由于防水混凝土的抗渗性随着温度的升高而减小，故防水混凝土的环境温度一般不高于 80 ℃。

普通混凝土主要是采用不同粒径的骨料进行级配，并提高混凝土中水泥砂浆的含量，使砂浆充满于骨料之间，从而堵塞因骨料间不密实而出现的渗水通路，以达到防水目的。外加剂混凝土是在混凝土中掺入防水剂或密实剂，以提高混凝土的抗渗性能，如图 3-1-21 所示。

(3) 水泥砂浆防水

水泥砂浆防水层有普通水泥砂浆、聚合物水泥防水砂浆以及掺外加剂或掺合料的水泥砂浆等类型，可用于主体结构的迎水面或背水面。由于砂浆干缩性大，易开裂渗漏，一般适用于主体结构刚度较大、建筑物变形及面积较小且无侵蚀性或振动性较小的工程，不适用于受连续振动或温度高于 80 ℃的地下工程防水。

水泥砂浆防水层宜采用多层抹压法施工，掺外加剂、掺合料等水泥砂浆防水层的厚度一般为 18～20 mm；聚合物水泥砂浆防水层厚度，单层施工宜为 6～8 mm，双层施工宜为 10～12 mm。施工时水泥砂浆防水层的各层应紧密贴合，每层宜连续施工。

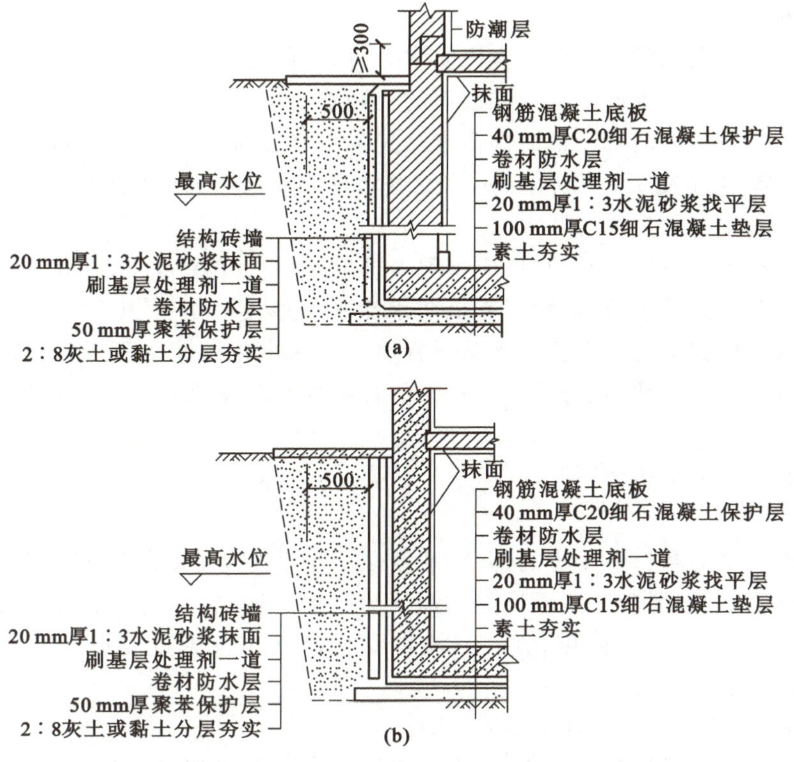

图 3-1-20　地下室外防水

(a) 地下室砖墙体防水做法；(b) 地下室混凝土墙体防水做法

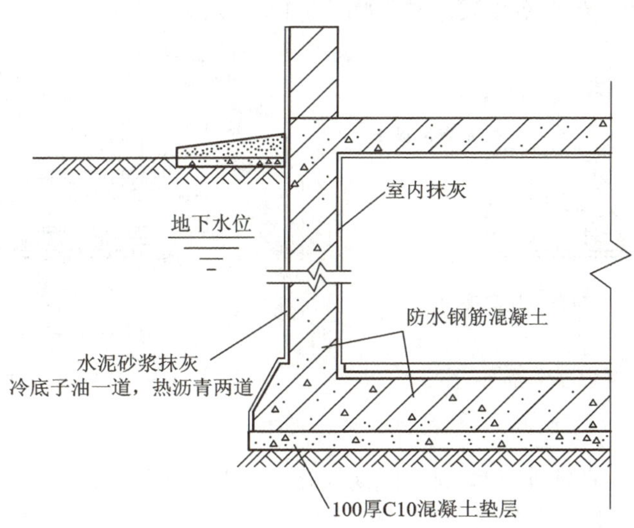

图 3-1-21　防水混凝土防水处理

随着新型高分子合成防水材料的不断涌现，地下室的防水构造也在更新，如我国目前使用的三元乙丙橡胶卷材能充分适应防水基层的伸缩及开裂变形，拉伸强度高，拉断延伸率大，能承受一定的冲击荷载，是耐久性极好的弹性卷材；又如聚氨酯涂膜防水材料有利于形成完整的防水涂层，对建筑物内有管道、转折和高差等特殊部位的防水处理极为有利。

(4) 涂料防水

涂料防水层包括无机防水涂料和有机防水涂料,是在施工现场以刷涂、刮涂、滚涂等方式,将液态涂料在常温下涂敷于地下室结构表面的一种防水方法。

无机防水涂料包括水泥基无机活性防水涂料和水泥基渗透结晶型防水涂料。水泥基无机活性防水涂料的厚度宜为1.5～2.0 mm,水泥基渗透结晶型防水涂料的厚度不小于0.8 mm。无机防水涂料宜用于结构主体的背水面。

有机防水涂料主要包括水乳型、反应型和聚合物水泥防水涂料。它可以形成无接缝的完整防水膜,有较好的延伸性和抗渗性。有机防水涂料的厚度一般为1.2～2.0 mm,涂料层的外侧应做砂浆或砖墙保护层。有机防水涂料宜用于结构主体的迎水面,用于背水面的有机防水涂料应具有较大的抗渗性,且与基层有较强的黏结性。防水涂料可采用外防内涂和外防外涂两种做法。

地下室防水的细部构造如下:

(1) 后浇带

后浇带应设在受力和变形较小的部位,宽度以1 m为宜,间距宜为30～60 m。后浇带可做平直缝或阶梯缝,后浇混凝土区段设附加钢筋与主钢筋连接,采用补偿收缩混凝土浇筑,其强度应不低于两侧混凝土的强度,并在后浇缝结构断面中部附近安设遇水膨胀止水条,如图3-1-22所示。

(2) 穿墙管

地下室管道穿墙应做好防水处理,常用的措施有刚性穿墙管道直接埋入,适用于无变形、无压力水的防潮墙身;刚性穿墙防水套管,适用于有变形、一般防水要求处;柔性穿墙防水套管,适用于有振动、变形、严密防水要求处,如图3-1-23所示。

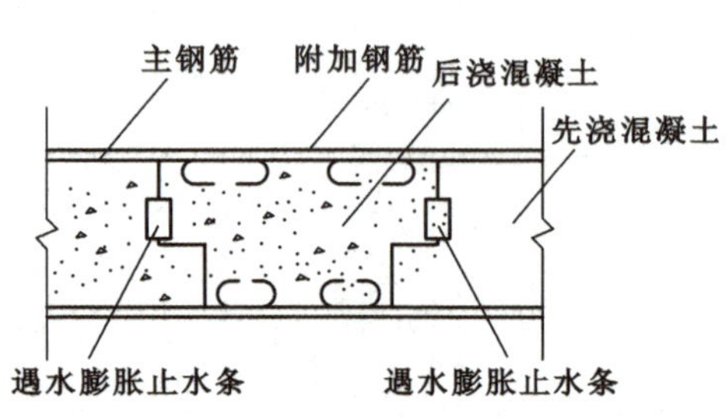

图3-1-22 混凝土后浇带

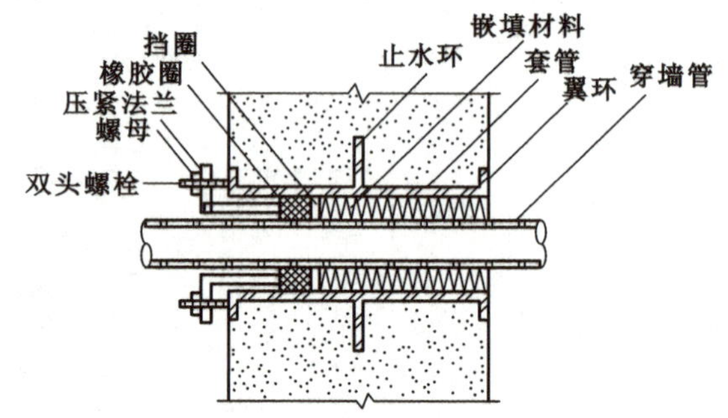

图3-1-23 套管式穿墙构造

(3) 变形缝

地下室变形缝应满足密封防水、适应变形、施工方便、检查容易等要求,其宽度宜为20～30 mm。变形缝的构造形式和材料,要根据工程特点、地基或结构变形情况,以及水压、水质和防水等级确定。

小　　结

1. 基础是建筑物的重要承重构件，由于其所处位置和作用的特殊性，对地基与基础在强度、稳定性、耐久性及经济性等方面提出了一定的要求。

2. 基础的埋置深度是基础设计的重要参数，要综合考虑建筑物自身特点、工程地质条件、水文地质条件、地基冻胀深度及相邻建筑物之间的影响等因素。

3. 基础可以分为刚性基础和柔性基础。刚性基础又称无筋扩展基础，一般用砖石、毛石混凝土、混凝土和三合土等材料建造；柔性基础又称非刚性基础或钢筋混凝土扩展基础，有独立基础、条形基础、十字条形基础、片筏基础和箱形基础等形式。

4. 地下室的防水构造做法，通常有防水混凝土防水、水泥砂浆防水、卷材防水和涂料防水。

思　考　题

1. 地基和基础的概念是什么？二者之间有什么联系？
2. 什么是天然地基？什么是人工地基？
3. 常用的地基加固方法有哪些？
4. 什么是基础的埋深？怎样确定基础埋深？
5. 什么是刚性基础？常用的刚性基础有哪几种形式？
6. 什么是柔性基础？常用的柔性基础有哪几种形式？
7. 什么是刚性角？
8. 地下室的类型有哪些？一般由哪几部分组成？
9. 地下室的防潮构造措施有哪些？
10. 地下室的防水构造措施有哪些？

知识3.2　墙体构造

教学目标

1. 熟悉墙体砌筑方法和构造要点；
2. 掌握实砌墙体的细部构造，并能在实际工程中结合实际情况进行应用；
3. 了解各种隔墙与隔断构造要点，勒脚、墙身防潮层、散水、窗台、过梁等的作用及构造做法。

3.2.1　概述

墙体是建筑的重要组成部分，其耗材、造价、自重和施工期在建筑的各个组成构件中往往占据重要的位置。

3.2.1.1 民用建筑中的墙体作用

(1) 承重作用:墙体承受着自重以及屋顶、楼板(梁)传给它的荷载和风荷载。

(2) 围护作用:墙体遮挡了风、雨、雪的侵袭,防止太阳辐射、噪声干扰及室内热量的散失,起保温、隔热、隔声、防水等作用。

(3) 分隔作用:通过墙体将房屋内部划分为若干个房间和使用空间。

3.2.1.2 墙体的分类

根据墙体在建筑物中的位置、受力情况、材料选用、构造施工方法的不同,可将墙体分为不同类型。

(1) 墙体按所处的位置不同分为外墙和内墙,位于房屋四周边的统称为外墙,它起着挡风、阻雨、保温、隔热等围护作用,又称外围护墙;凡位于建筑内部的墙统称为内墙,它起分隔室内空间,同时起一定的隔声、防火等作用。墙体按布置方向又可以分为纵墙和横墙,沿建筑物长轴方向布置的墙称为纵墙,沿建筑物短轴方向布置的墙称为横墙,外横墙又称山墙。另外,对于一片墙来说,窗与窗、窗与门之间的墙称为窗间墙,窗洞下部的墙称为窗下墙,屋顶上部的墙称为女儿墙等。图 3-2-1 所示为墙的位置和名称。

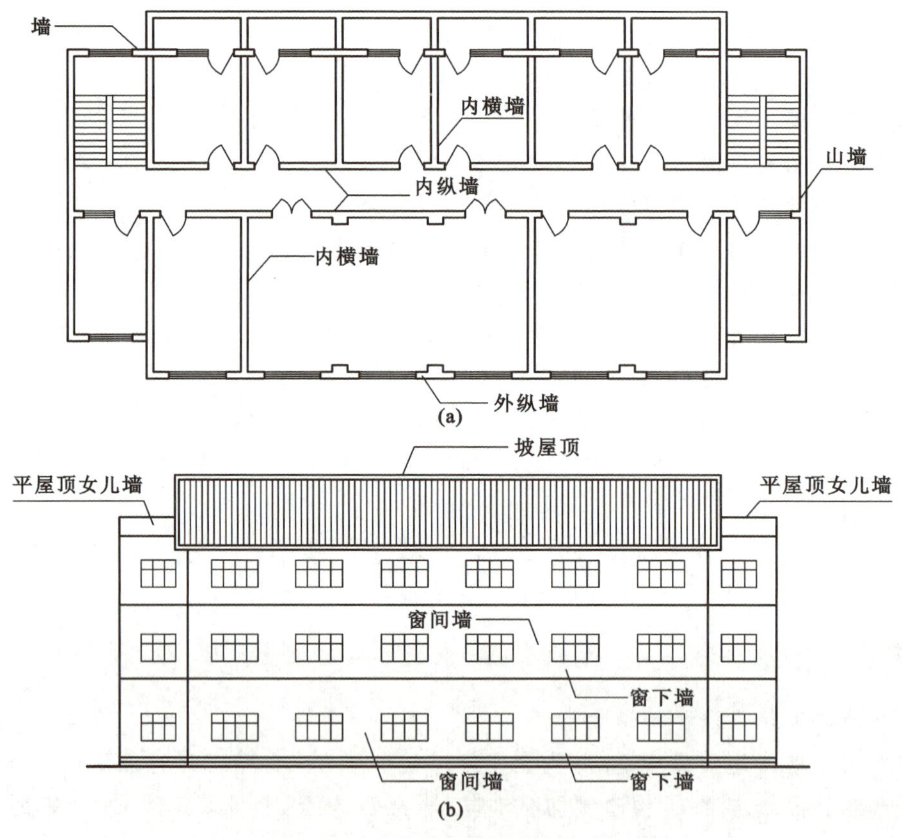

图 3-2-1 墙的位置和名称

(2) 墙体按受力情况不同分为承重墙和非承重墙。凡直接承受楼板(梁)、屋顶等传来荷载的墙称为承重墙,不承受这些外来荷载的墙称为非承重墙。非承重墙又可分为两种:一是自承重墙,不承受外来荷载,仅承受自身重力并将其传至基础;二是隔墙,起分隔房间的作用,不承受外来荷载,并把自身重力传给梁或楼板。

(3) 墙体按所用材料的不同分为砖墙、砌块墙、现浇或预制的钢筋混凝土墙、石块和砂浆砌筑的石墙等。

(4) 墙体按构造形式不同可分为实体墙、空体墙和复合墙三种。实体墙由单一材料组成，如砖墙、砌块墙等。空体墙也是由单一材料组成，可由单一材料砌成内部空腔，也可用具有孔洞的材料建造墙。复合墙由两种以上材料组合而成。

(5) 墙体按施工方法不同可分为块材墙、板筑墙和板材墙三种。块材墙是用砂浆等胶结材料将砖石块材等组砌而成，如砖墙、石墙及各种砌块墙等。板筑墙是在现场立模板，在模板内浇筑材料而成的墙体，如现浇混凝土墙等。板材墙是用预制成墙板的构件，施工时拼装而成的墙，如预制混凝土大板墙、各种轻质条板内隔墙等。

3.2.1.3　墙体的构造要求

(1) 具有足够的承载力和稳定性

墙体除承受自重外，承重墙还要承受屋顶和楼板传来的荷载。墙体要有足够的承载能力，在地震设防区，还应考虑地震作用力对墙体的影响。墙体设计时，要根据荷载及所用材料的性能，通过计算确定墙体的厚度，验算承载力。

墙体的稳定性主要与墙的高厚比有关，高厚比必须控制在允许的限值以内。墙体允许高厚比限值是综合考虑了砂浆强度等级、材料质量、施工水平、横墙间距等因素确定的，在一定的条件下，可以通过提高砂浆强度等级或增设墙墩、在墙内增加钢筋等措施，提高墙体的稳定性。

(2) 具有保温、隔热性能

作为建筑围护结构的外墙，应具有较好的保温、隔热能力，满足建筑热工要求。在冬季寒冷的地区，室外温度远低于室内温度，围护结构要有一定的保温能力，减小室内热量损失。

在夏季炎热的地区，室外空气温度较高，外墙长时间受到阳光照射，要对外墙采取隔热措施，减少室外高温对人们工作和生活的影响。

(3) 满足隔声要求

为减少外界噪声对室内的干扰，墙体应具有良好的隔声性能。墙体在构造设计时，要根据建筑的使用性质，用材料和技术手段控制噪声，如提高墙体的密封性，避免噪声穿透墙体，也可以采用有空气间层或多孔性材料的墙，以提高墙体的减振和吸声能力。

(4) 满足防水、防潮要求

对卫生间、厨房、盥洗室等有水房间及有防水要求的墙体，要具有防水、防潮能力，保证墙体的耐久性。

(5) 满足防火要求

墙体所用材料的燃烧性能和耐火极限要符合《建筑设计防火规范》(GB 50016—2014)的要求，保证墙体具有防火能力。

3.2.2　墙体的细部构造做法

3.2.2.1　墙体的砌筑

砖墙是由砖和砂浆按一定的规律和组砌方式砌筑而成的砌体。

(1) 砖按材料不同，有黏土砖、页岩砖、粉煤灰砖、灰砂砖、炉渣砖等；按形状分有实心砖、多孔砖和空心砖等。标准黏土砖的规格为 240 mm×115 mm×53 mm，包括 10 mm 厚灰缝，其长：宽：厚为 4：2：1。标准砖砌筑墙体时以砖宽度的倍数(115 mm＋10 mm＝125 mm)

为模数，与我国现行《建筑模数协调标准》中的基本模数 M＝100 mm 不协调，这是由于砖尺寸的确定时间要早于模数协调的确定时间。目前常用的是黏土空心砖。常用砌墙砖规格及强度等级见表 3-2-1。

表 3-2-1 常用砌墙砖规格及强度等级

名称	主要规格(mm)	强度等级(MPa)	容积密度(kg/m^3)
普通黏土砖	240×115×53 220×105×43 (土青砖)	MU7.5～MU20	16.00～18.00
黏土空心砖 又称模式砖	190×190×90 240×115×90 240×180×115	MU7.5～MU20	11.00～14.00
炉渣空心砖	400×195×180 400×115×180 400×90×180	MU2.5	12.00
煤矸石半内燃砖	240×115×53 240×120×55	MU10～MU15	16.00～ 17.00
蒸养灰砂砖	240×115×53 240×180×53 400×115×53	MU7.5～MU20	17.00～18.50
粉煤灰砖	240×115×53	MU7.5～MU15	13.28～19.18
页岩砖	240×115×53	MU20～MU30	13.00～16.00

(2) 墙的厚度：砖墙的厚度习惯上以砖长为基数来表示，如半砖墙、一砖墙、一砖半墙等。常用墙厚的尺寸规律如图 3-2-2 所示。

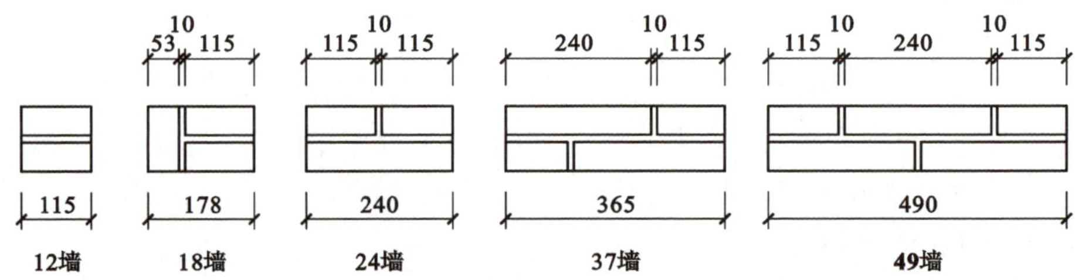

图 3-2-2 墙厚尺寸

(3) 砖墙的组砌方式：在砖墙的组砌形式中，长边平行于墙面砌筑的砖称为顺砖，垂直于墙面砌筑的砖称为丁砖。为了满足墙体的强度及保温、隔声等要求，砌筑时砖缝砂浆应饱满，厚薄均匀，并且应保证砖缝横平竖直、上下错缝、内外搭接，避免形成竖向通缝，影响砖砌体的强度和稳定性。实体砖墙通常采用一顺一丁、三顺一丁、十字式(也称梅花丁)等砌筑方式，如图 3-2-3 所示。

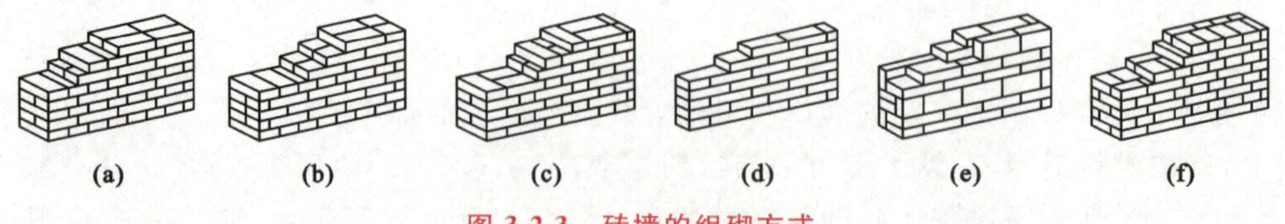

图 3-2-3 砖墙的组砌方式

(a) 240 砖墙，一顺一丁式；(b) 240 砖墙，三顺一丁式；(c) 240 砖墙，十字式；(d) 120 砖墙；(e) 180 砖墙；(f) 370 砖墙

3.2.2.2　墙体的细部构造

砖墙的细部构造包括勒脚、墙身防潮层、散水、明沟、窗台、门窗过梁、圈梁、檐口、门垛和防火墙等。

(1) 勒脚

勒脚是指室内地坪以下、室外地面以上的这段墙体。勒脚的作用是防止外界碰撞和地表水对墙脚的侵蚀,增强建筑物立面美观,所以要求勒脚坚固、防水和美观。勒脚一般采用以下几种构造做法,如图 3-2-4 所示。

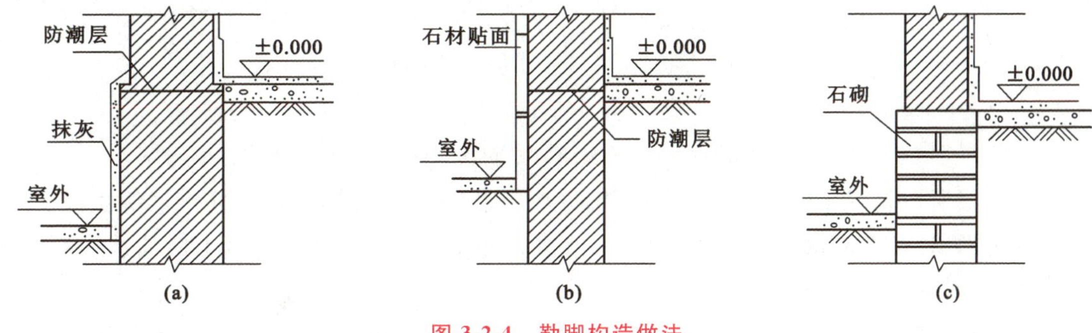

图 3-2-4　勒脚构造做法

① 对一般建筑,可采用 20 mm 厚 1∶3 水泥砂浆抹面,1∶2 水泥白石子或斩假石抹面;

② 标准较高的建筑,可用天然石材或人工石材贴面,如花岗石、水磨石等;

③ 整个勒脚采用强度高、耐久性和防水性好的材料砌筑,如条石、混凝土等。

(2) 墙身防潮层

在墙身中设置防潮层的目的是防止土壤中的水分沿基础墙上升,防止位于勒脚处的地面水渗入墙内,使墙身受潮。因此,必须在内外墙脚部位连续设置防潮层。

防潮层按构造形式分为水平防潮层和垂直防潮层。

① 水平防潮层一般应在室内地面不透水垫层(如混凝土)范围以内,通常在－0.060 m 标高处设置,而且至少要高于室外地坪 150 mm,以防雨水溅湿墙身。当地面垫层为透水材料时(如碎石、炉渣等),水平防潮层的位置应平齐或高于室内地面 60 mm,即在＋0.060 m 处。当两相邻房间之间室内地面有高差时,应在墙身内设置高低两道水平防潮层,并在靠土壤一侧设置垂直防潮层,以避免回填土中的潮气侵入墙身,如图 3-2-5 所示。

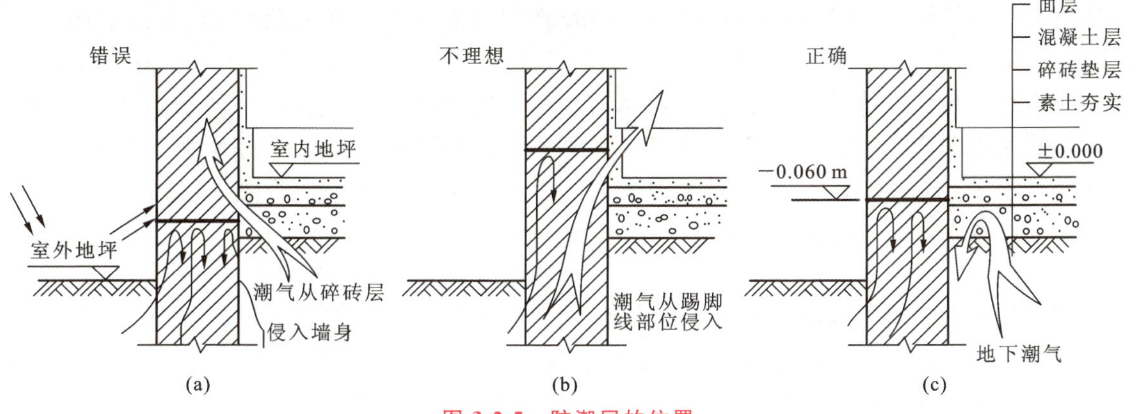

图 3-2-5　防潮层的位置

(a) 防潮层太低;(b) 防潮层太高;(c) 防潮层位置正确

② 垂直防潮层：是在需设垂直防潮层的墙面（靠回填土一侧）先用水泥砂浆抹面，刷冷底子油一道，再刷热沥青两道，如图 3-2-6 所示。

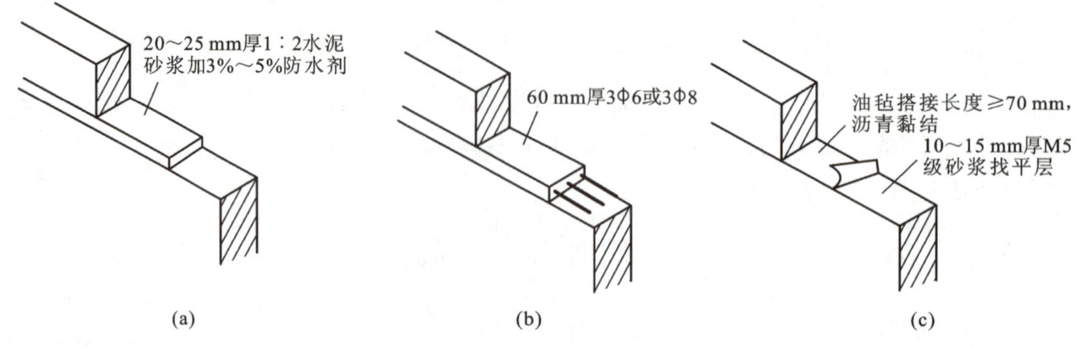

图 3-2-6 墙身垂直防潮层的做法

按防潮层所用材料不同，有油毡防潮层、防水砂浆防潮层、细石混凝土防潮层等做法。

油毡防潮层：是在防潮层部位先抹 20 mm 厚的水泥砂浆找平层，然后干铺油毡一层或用沥青胶粘贴一毡二油。

防水砂浆防潮层：是在防潮层位置抹一层 20 mm 或 30 mm 厚 1∶2 水泥砂浆掺 5%的防水剂配制成的防水砂浆。

细石混凝土防潮层：是在防潮层位置铺设 60 mm 厚 C15 或 C20 细石混凝土，内配 3 ϕ 6 或 3 ϕ 8 钢筋以抗裂。

如果墙角采用不透水的材料（如条石或混凝土等），或设有钢筋混凝土地圈梁时，可以不设防潮层。

（3）散水与明沟

为了防止屋顶落水或地表水侵入勒脚危害基础，必须沿外墙四周设置散水或明沟，将地表水及时排离。

散水是沿建筑物外墙设置的倾斜坡面，坡度一般为 3%～5%。散水可用水泥砂浆、混凝土、砖、块石等材料做面层，其宽度一般为 600～1000 mm。当屋面为自由落水时，散水宽度应比屋檐挑出宽度大 150～200 mm。由于建筑物的沉降与勒脚和散水施工时间的差异，在勒脚与散水交接处应留有缝隙，缝内填粗砂或碎石子，上嵌沥青胶盖缝，以防渗水。散水整体面层纵向距离每隔 6～12 m 做一道伸缩缝，缝内处理与勒脚与散水相交处构造相同，如图3-2-7 所示。

明沟是设置在外墙四周的排水沟，将水有组织地导向集水井，然后流入排水系统。明沟一般用素混凝土现浇，或用砖石铺砌成 180 mm 宽、150 mm 深的沟槽，然后用水泥砂浆抹面。沟底应有不小于 1%的坡度，以保证排水通畅。明沟适用于降雨量较大的南方地区。外墙与明沟之间应设散水，如图 3-2-8 所示。

（4）窗台

窗台是指窗洞口下部的防水和排水构造，同时也是建筑立面重点处理的部位。窗台构造做法分为外窗台和内窗台两个部分。外窗台应设置排水构造，其目的是防止雨水积聚在窗下，侵入墙身和向室内渗透。外窗台应向外形成一定坡度，要求坡度大于 20%。内窗台一般为水平放置，通常结合室内装修做成水泥砂浆抹灰、木板或贴面砖等多种饰面形式。

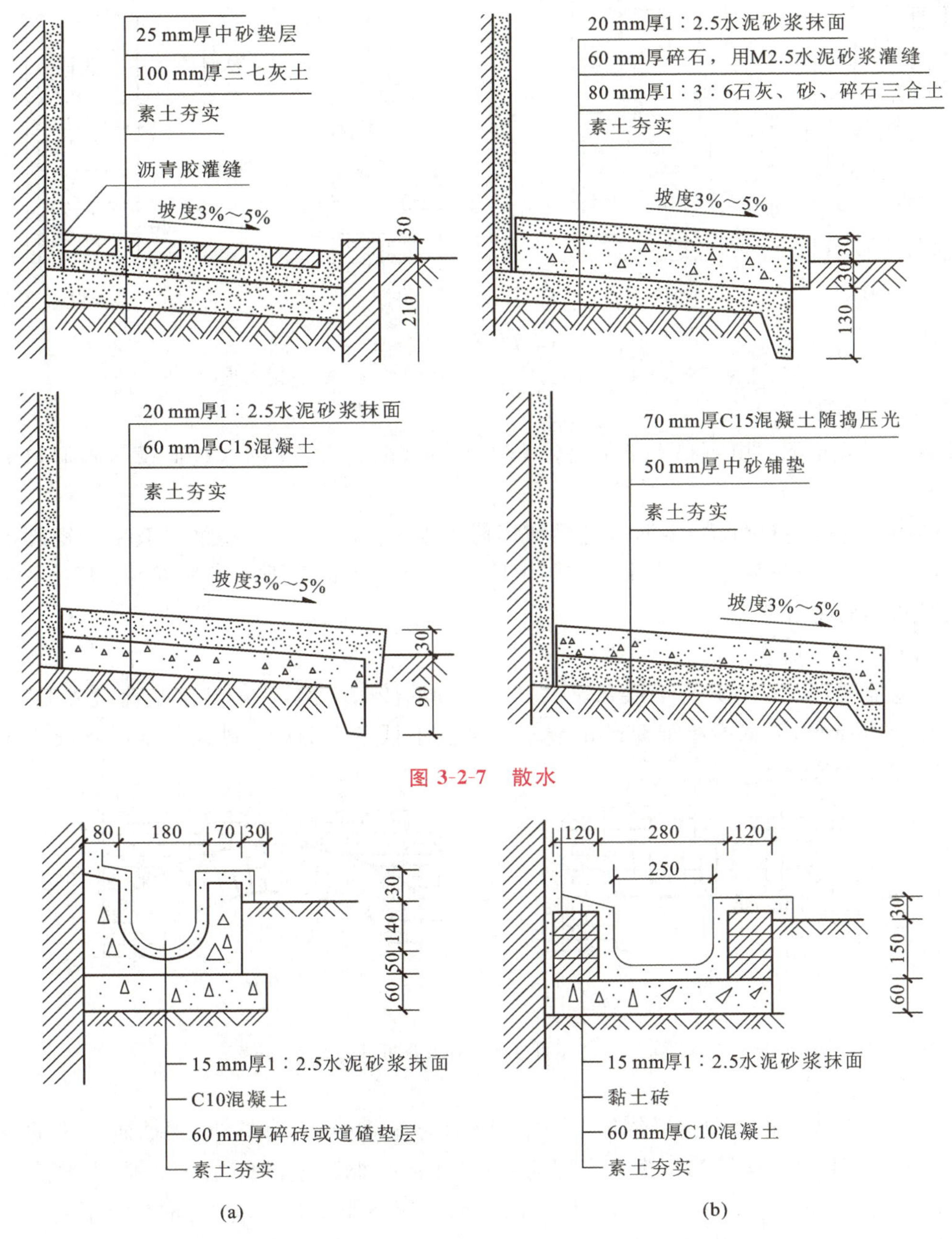

图 3-2-7　散水

图 3-2-8　明沟

(a) 混凝土明沟；(b) 砖砌明沟

窗台又可分为悬挑窗台和非悬挑窗台两种。悬挑窗台常采用顶砌或将一砖侧砌并悬挑 60 mm，也可预制混凝土窗台。窗台表面用 1∶3 水泥砂浆抹面做出坡度，挑砖下缘抹出滴水，以防止雨水沿滴水槽口下落。由于悬挑窗台下部容易积灰，在风雨作用下很容易污染窗台下的墙面，影响建筑物的美观。因此，在当今设计中，大部分建筑物都设计为非悬挑窗台，外墙为贴面砖时墙面易被雨水冲刷干净；处于内墙或阳台等处的窗，不受雨水冲刷，窗台一般为水平，如图 3-2-9 所示。

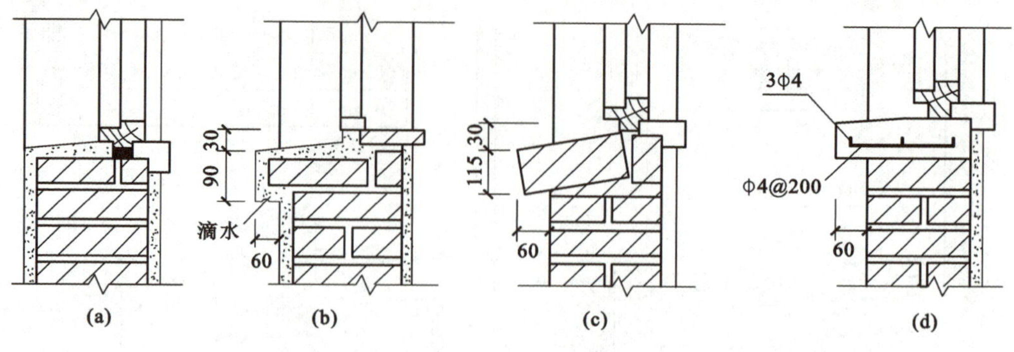

图 3-2-9　窗台的构造

(a) 不悬挑窗台;(b) 滴水槽窗台;(c) 侧砌砖窗台;(d) 预制混凝土窗台

(5) 门窗过梁

过梁是用来支承门窗洞口上部的砌体和楼板传来的荷载,并把这些荷载传给洞口两侧墙体的承重构件。

过梁的形式有砖拱过梁、钢筋砖过梁和钢筋混凝土过梁三种。过梁一般采用钢筋混凝土材料,但在较大振动荷载、可能产生不均匀沉降以及有抗震设防要求的建筑中,不宜采用砖砌平拱过梁和钢筋砖过梁。

① 砖拱过梁

砖拱过梁(图 3-2-10)分为平拱和弧拱。由竖砌的砖做拱圈,一般砂浆灰缝做成上宽下窄,上宽不大于 20 mm,下宽不小于 5 mm,要求砖强度不低于 MU7.5、砂浆强度不能低于 M2.5,砖砌平拱过梁净跨宜小于 1.2 m。

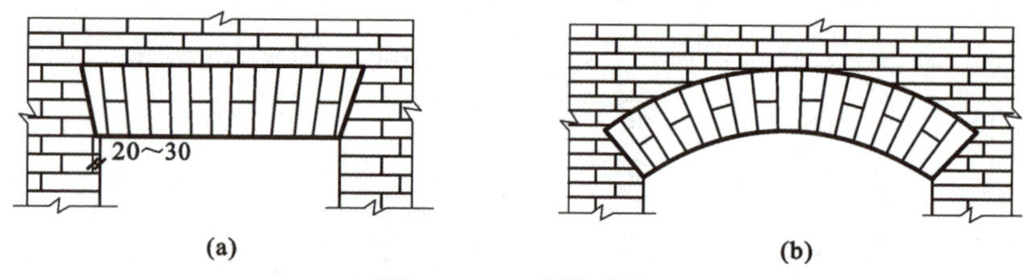

图 3-2-10　砖拱过梁

(a) 平拱过梁;(b) 弧拱过梁

② 钢筋砖过梁

钢筋砖过梁是在砖缝中配置钢筋,形成可以承受荷载的加筋砌体。钢筋砖过梁的用砖应不低于 MU10,砂浆不低于 M5,砌筑高度为 5~7 皮砖。洞口上部应先支木模,上放直径不小于 5 mm 的钢筋,间距不大于 120 mm,伸入两边墙内应不小于 240 mm。钢筋上下应抹不小于 30 mm的砂浆层。这种过梁的最大跨度为 1.5 m,如图 3-2-11 所示。

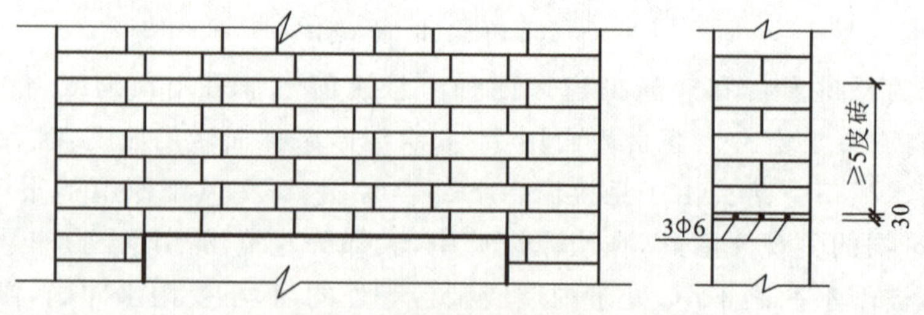

图 3-2-11　钢筋砖过梁构造示意

③ 钢筋混凝土过梁

钢筋混凝土过梁有现浇和预制两种，梁高及配筋由计算确定。为了施工方便，梁高应与砖的皮数相适应，以方便墙体连续砌筑，故常见梁高为 60 mm、120 mm、180 mm、240 mm，即60 mm的整倍数。梁宽一般同墙厚，梁两端支承在墙上的长度不少于 240 mm，以保证足够的承压面积。

过梁断面形式有矩形和 L 形。为简化构造，节约材料，可将过梁与圈梁、悬挑雨篷、窗楣板或遮阳板等结合起来设计。如在南方炎热多雨地区，常从过梁上挑出 300～500 mm 宽的窗楣板，既保护窗户不淋雨，又可遮挡部分直射太阳光，如图 3-2-12 所示。

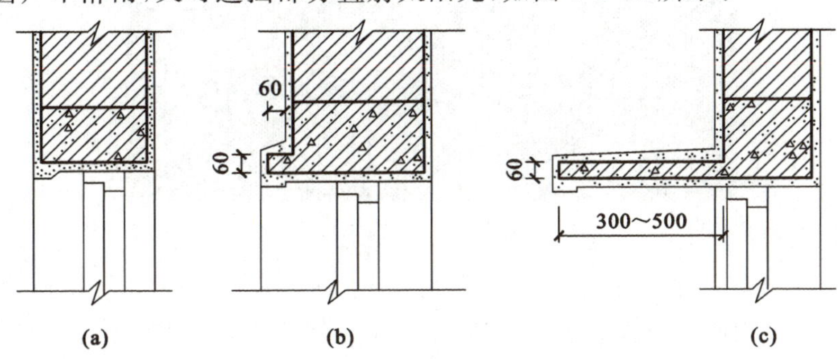

图 3-2-12　钢筋混凝土过梁的形式

(a) 平墙过梁；(b) 带窗套过梁；(c) 带窗楣过梁

3.2.3　墙体的加固

由于墙身承受集中荷载、开设门窗洞口及地震等因素的影响，使墙体的稳定性受到影响，须在墙身采取加固措施，通常采用以下办法。

3.2.3.1　增加壁柱和门垛

当墙体的窗间墙上出现集中荷载，而墙厚又不足以承担其荷载，或当墙体的长度和高度超过一定限度并影响到墙体稳定性时，常在墙身局部适当位置增设凸出墙面的壁柱以提高整体刚度。壁柱凸出墙面的尺寸一般为 120 mm×370 mm、240 mm×370 mm、240 mm×490 mm 或根据结构计算确定。

当在较薄的墙体上开设门洞时，为便于门框的安置和保证墙体的稳定，需在门靠墙转角处或丁字接头墙体的一边设置门垛，门垛出墙面不少于 120 mm，宽度同墙厚，如图3-2-13所示。

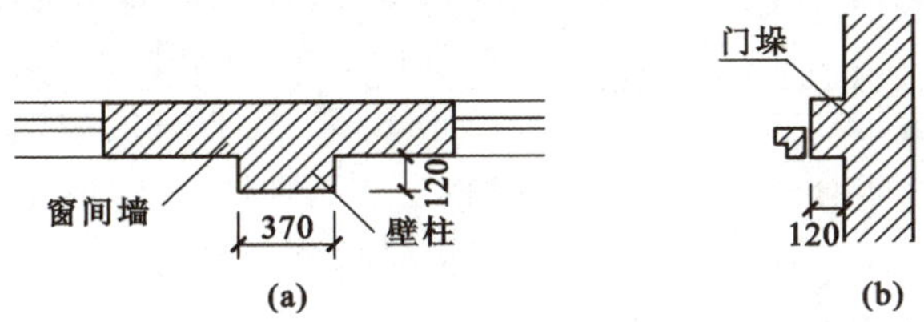

图 3-2-13　墙体的壁柱和门垛

3.2.3.2　设置圈梁

圈梁是沿外墙四周及部分内墙设置在同一水平面上的连续闭合的梁，起着对墙体腰箍的作用。圈梁配合楼板共同作用可提高建筑物的空间刚度及整体性，增加墙体的稳定性，减少由于地基不均匀沉降而引起的墙身开裂。在抗震设防地区，圈梁与构造柱一起形成骨架，可提高抗震能力，如图 3-2-14 所示。

图 3-2-14　圈梁

圈梁有钢筋砖圈梁和钢筋混凝土圈梁两种。钢筋砖圈梁多用于非抗震区，结合钢筋砖过梁沿外墙形成。钢筋混凝土圈梁的宽度同墙厚且不小于 180 mm，高度一般不小于 120 mm。钢筋混凝土外墙圈梁顶一般与楼板持平，铺预制楼板的内承重墙的圈梁一般设在楼板之下。圈梁最好与门窗过梁合一，如图 3-2-15 所示。

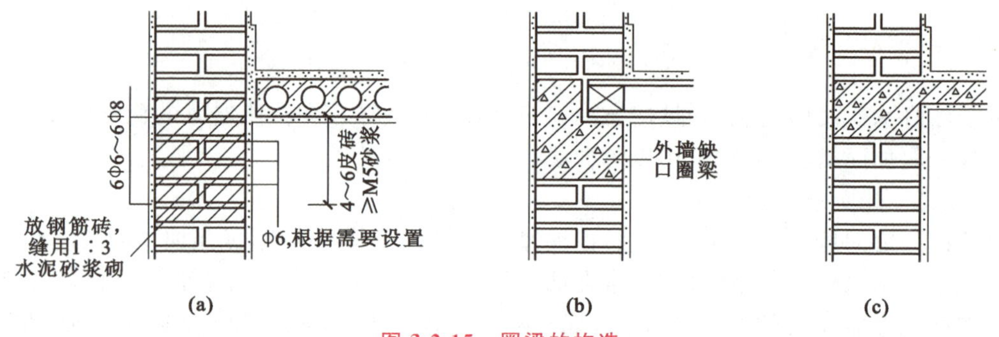

图 3-2-15　圈梁的构造

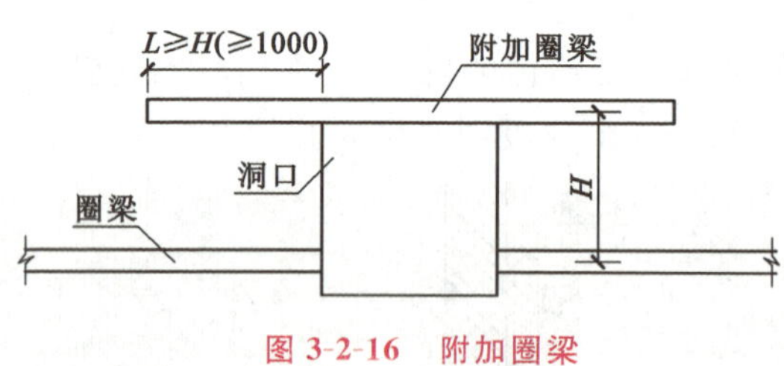

图 3-2-16　附加圈梁

在特殊情况下，当遇有门窗洞口致使圈梁局部截断时，应在洞口上部增设相应截面的附加圈梁，其配筋和混凝土的等级不变。附加圈梁与圈梁搭接长度不应小于其垂直间距的 2 倍，且不得小于 1 m。对有抗震要求的建筑物，圈梁不宜被洞口截断，如图 3-2-16 所示。

圈梁布置的数量与房屋的高度、层数、地基状况和抗震设防烈度有关。当只设置一道圈梁时应使其通过屋盖处，多道设置时应通过相应楼盖处。当屋盖、楼盖与相应窗过梁位置靠近时，可将圈梁通过窗顶兼作过梁。

3.2.3.3　设置构造柱

钢筋混凝土构造柱是从抗震角度考虑设置的，一般设在外墙转角、内外墙交接处、较大洞口两侧及楼梯、电梯间四角等。构造柱必须与圈梁紧密连接形成空间骨架，以增强房屋的整体刚度，提高墙体抵抗变形的能力，并使砖墙在受震开裂后也能“裂而不倒”。构造柱的最小截面尺寸为 240 mm×180 mm；构造柱的最小配筋量是：纵向钢筋 4ϕ12，箍筋 ϕ6，间距不大于 250 mm。构造柱下端应伸入地梁内，无地梁时应伸入底层地坪下 500 mm 处。

为加强构造柱与墙体的连接，构造柱处墙体宜砌成马牙槎，并应沿墙高每隔 500 mm 设 2ϕ6拉结钢筋，每边伸入墙内不小于 1 m，如图 3-2-17 所示。构造柱应当通至女儿墙顶部，并与钢筋混凝土压顶相连，由于女儿墙的上部是自由端而且位于建筑的顶部，在地震时易受破坏，故女儿墙构造柱间距应当加密。

图 3-2-17　圈梁与构造柱

3.2.3.4　设置防火墙

防火墙的作用在于截断火灾区域，防止火灾蔓延。作为防火墙，其耐火极限应不小于 4.0 h。防火墙的最大间距应根据建筑物的耐火等级而定，当耐火等级为一、二级时，其间距为 150 m；三级时为 100 m；四级时为 75 m。防火墙应截断燃烧体或难燃烧体的屋顶，并高出非燃烧体屋顶 400 mm；高出难燃烧体屋面 500 mm，如图 3-2-18 所示。

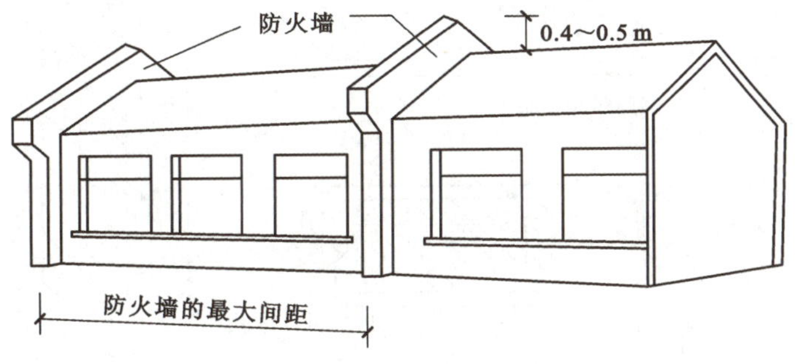

图 3-2-18　防火墙

3.2.4　隔墙与隔断

在建筑中用于分隔室内空间的非承重内墙统称为隔墙。隔墙为非承重墙，其自身质量由楼板或墙下梁承受，因此设计时要求隔墙质量小、厚度薄，便于安装和拆卸，同时根据房间的使用特点，还要具备隔声、防水、防潮和防火等性能，以满足建筑的使用功能。由于隔墙布置灵活，可以适应建筑使用功能的变化，故在现代建筑中应用广泛。

隔墙按构造方式分为块材隔墙、板材隔墙和立筋式隔墙等。

3.2.4.1　普通砖隔墙

普通砖隔墙一般采用半砖隔墙。半砖隔墙的标志尺寸为 120 mm，采用普通砖顺砌而成。当砌筑砂浆为 M2.5 时，墙的高度不宜超过3.6 m，长度不宜超过 5 m；当采用 M5 砂浆砌筑时，高度不宜超过 4 m，长度不宜超过 6 m。高度超过 4 m 时应在门过梁处设通长钢筋混凝土带，长度超过 6 m 时应设砖壁柱。由于墙体轻而薄，稳定性较差，因此构造上要求隔墙与承重墙或柱之间连接牢固，一般沿高度每隔 0.5 m 砌入 2ϕ4 钢筋，还应沿隔墙高度每隔 1.2 m 设一道 30 mm 厚水泥砂浆层，内放 2ϕ6 钢筋。为了保证隔墙不承重，在隔墙顶部与楼板相接处，应将砖斜砌一皮，或留约 30 mm 的空隙塞木楔打紧，然后用砂浆填缝。

隔墙上有门时，需预埋防腐木砖、铁件或将带有木楔的混凝土预制块砌入隔墙中，以便固定门框，如图 3-2-19 所示。

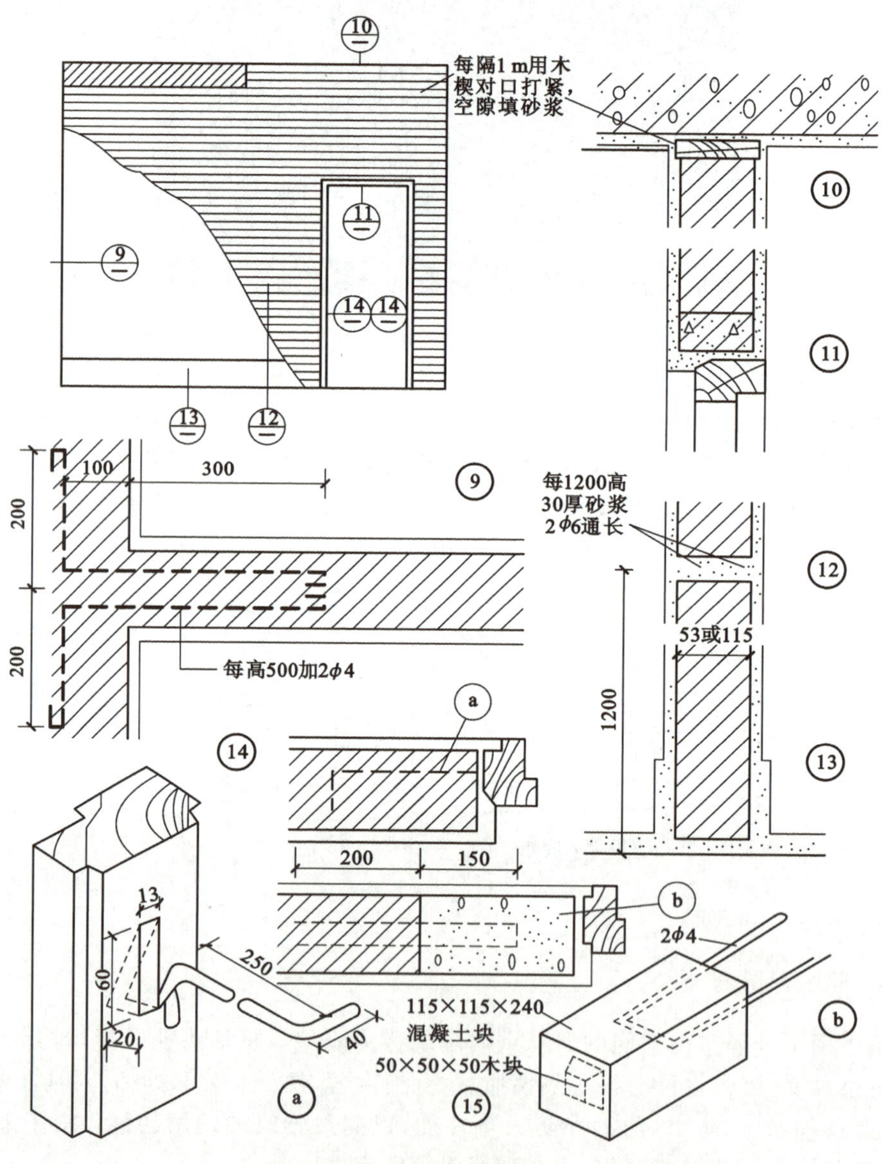

图 3-2-19　普通砖隔墙

半砖隔墙竖固耐久、隔声性能较好，但自重大，湿作业量大，不易拆装。

3.2.4.2　砌块隔墙

为了减小隔墙自重和节约用砖，可采用轻质砌块隔墙。目前常采用加气混凝土砌块、粉煤灰硅酸盐砌块以及水泥炉渣空心砖等砌筑隔墙。

砌块隔墙厚度由砌块尺寸决定，一般为 90～120 mm。砌块墙吸水性强，故在砌筑时应先在墙下部实砌 3～5 皮黏土砖再砌砌块。砌块不够整块时宜用普通黏土砖填补。砌块隔墙的其他加固构造方法同普通砖隔墙，如图 3-2-20 所示。

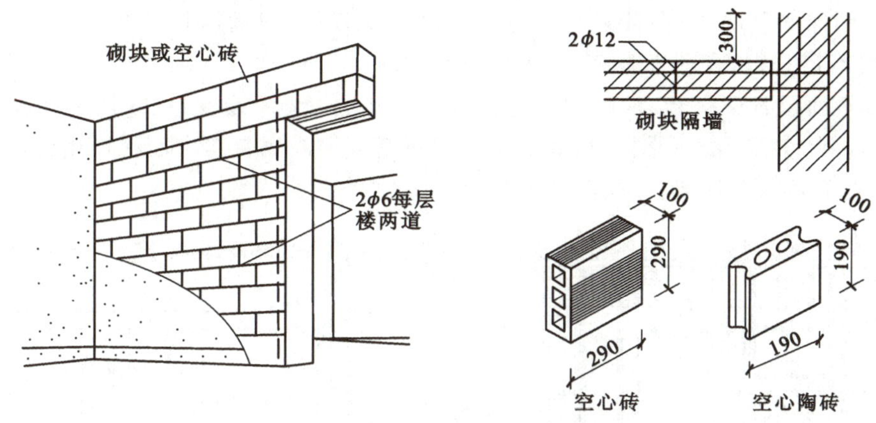

图 3-2-20　砌块隔墙

3.2.4.3　板材隔墙

板材隔墙是指轻质的条板用黏结剂拼合在一起形成的隔墙。由于板材隔墙是用轻质材料制成的大型板材，施工中直接拼装而不依赖骨架，因此它具有自重小、安装方便、施工速度快、工业化程度高的特点。目前多采用条板，如加气混凝土条板、石膏条板、碳化石灰板、石膏珍珠岩板，以及各种复合板。条板厚度大多为 60～100 mm，宽度为 600～1000 mm，长度略小于房间净高。安装时，条板下部先用一对对口木楔顶紧，然后用细石混凝土堵严，板缝用黏结砂浆或黏结剂进行黏结，并用胶泥刮缝，平整后再做表面装修，如图 3-2-21 所示。

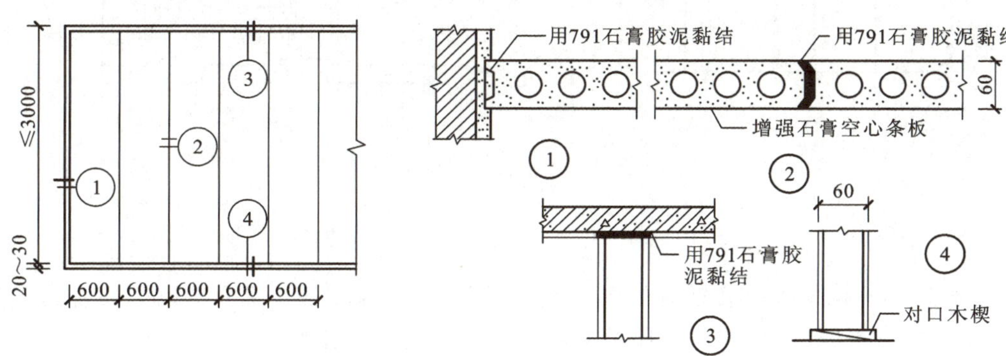

图 3-2-21　板材隔墙

3.2.4.4　立筋式隔墙

立筋式隔墙也称立柱式、骨架式隔墙，是以木材、钢材或其他材料构成骨架，把面层钉结、涂抹或粘贴在骨架上形成的隔墙，所以隔墙由骨架和面层两个部分组成。

(1) 骨架

骨架有木骨架、轻钢骨架、石膏骨架、石棉水泥骨架和铝合金骨架等。骨架由上槛、下槛、墙筋、横撑或斜撑组成。

(2) 面层

骨架的面层有人造板面层和抹灰面层。隔墙的名称是依据不同的面层材料而定的,如板条抹灰隔墙、钢丝网抹灰隔墙和人造板面层骨架隔墙等。

① 板条抹灰隔墙:它是先在木骨架的两侧钉灰板条,然后抹灰。

② 钢丝网抹灰隔墙:即在骨架两侧钉钢丝网或钢板网,然后再做抹灰面层。这种隔墙强度高、抹灰层不宜开裂,有利于防潮、防火和节约木材。

③ 人造板面层骨架隔墙:常用的人造板面层有胶合板、纤维板、石膏板等。胶合板、纤维板以木材为原料,多采用木骨架。石膏板多采用石膏或轻金属骨架。面板可用镀锌螺钉、自攻螺钉或金属夹子固定在骨架上,如图 3-2-22 所示。

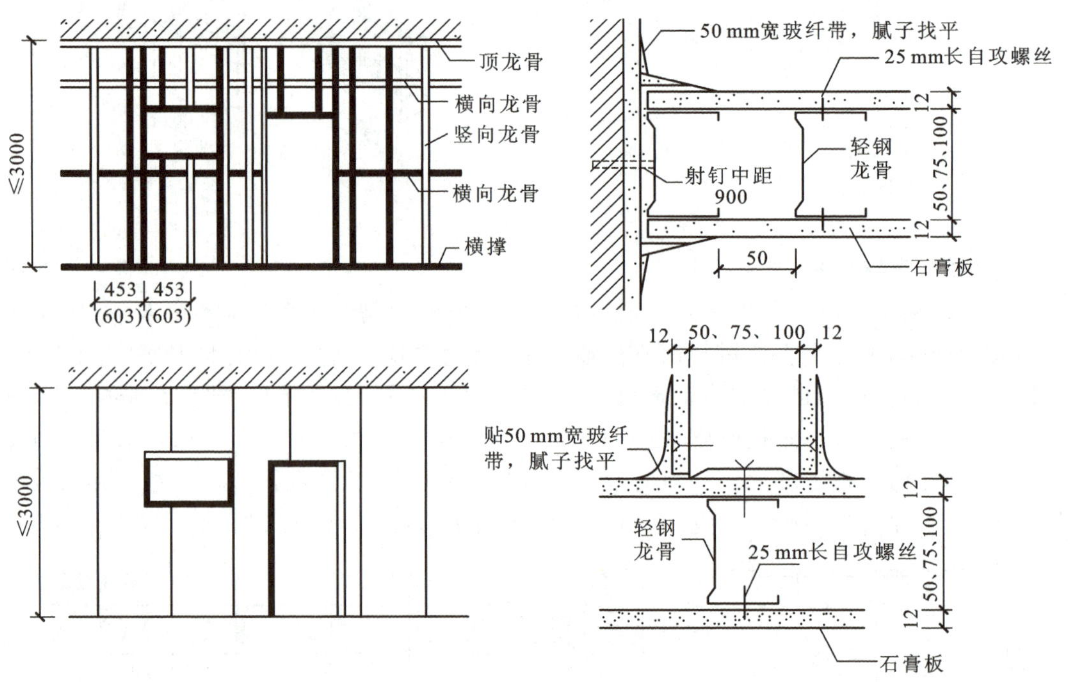

图 3-2-22 人造板面层骨架隔墙

3.2.5 幕墙

幕墙是悬挂于主体结构的轻质外围护墙,犹如悬挂的幕,因而得名幕墙。通常幕墙不承重,但要承受风荷载,并通过连接件将自重和风荷载传到主体结构。

常用的幕墙有玻璃幕墙、金属幕墙、石材幕墙和轻质混凝土挂板等。

3.2.5.1 玻璃幕墙

玻璃幕墙不仅装饰效果好,而且质量小,安装速度快,是墙面装饰的理想形式。玻璃幕墙按构造方式,分为明框玻璃幕墙、隐框玻璃幕墙、点支式玻璃幕墙和全玻璃幕墙等。

明框玻璃幕墙是将玻璃镶嵌在骨架的金属框上,用金属压条卡紧、橡胶条密封,部分幕墙骨架暴露在玻璃外侧，有竖框式、横框式和框格式。在明框玻璃幕墙中，玻璃与金属框接缝处的防水措施，是保证幕墙防风、防雨性能的关键。

隐框玻璃幕墙是用黏结剂将玻璃直接黏结在骨架的外侧，金属骨架全部不显露在玻璃外边。这种玻璃幕墙的装饰效果好，但对玻璃与骨架的黏结技术要求较高。

点支式玻璃幕墙是用金属骨架或玻璃肋构成支撑体系，再将四角开圆孔的玻璃用连接件固定在支撑体系上。支撑体系包括索杆体系和杆件体系。索杆体系主要有钢拉索、钢拉杆和自平衡索桁架形式，杆件体系主要有钢桁架和钢立柱形式。

全玻璃幕墙由玻璃肋和玻璃面板构成，其支撑系统分为悬挂式和支撑式。全玻璃幕墙多用于建筑物的裙楼、橱窗、走廊，并适用于展示室内陈设或游览景观。

3.2.5.2 金属幕墙

金属幕墙由金属骨架和金属板材组成。金属板既是建筑物的围护构件，也是墙体的装饰面层。用于幕墙的金属薄板有铝合金板、不锈钢板、彩色钢板、铜板和铝塑板等。铝板幕墙按其结构形式可分为单层铝板和复合铝板。复合铝板又可分为铝塑复合板、蜂巢复合铝板和饰面铝板等。铝板幕墙以其绝佳的物理特性、快速的加工组装、优越的防火性能、先进的表面处理技术和金光闪闪的金属色，在当今建筑装饰中被广泛地应用，特别是铝板幕墙与玻璃幕墙的完美组合，使建筑物与周围环境更加协调，更显高雅、华贵。

3.2.5.3 石材幕墙(干挂花岗岩)

石材幕墙是由金属构件与石料板材(如花岗石板等)组成的建筑外装饰结构。石材饰面板用金属件悬挂在骨架上，主要有钢销式干挂法、短槽式干挂法和背栓式干挂法等。

石材幕墙具有自然质感好、外观档次高、隔热保温性能好、安装方便等特点，能避免湿贴石板常见的砂浆外溢、石材四周水印、粘贴不牢等弊端，给古朴的建筑穿上一套具有天然艳丽色彩的石材工艺品外衣，会给人一种高贵典雅的豪门气派和回归大自然的感受。

小结

1. 墙体是建筑物空间的垂直分隔构件，起着承重和围护作用。墙体必须满足结构、保温、隔热、节能、隔声、防火以及适应工业化生产的要求。

2. 墙身的细部构造重点在门窗过梁、窗台、勒脚、防潮层、明沟与散水等。

3. 墙体的加固方法有设置圈梁和构造柱。圈梁是沿外墙四周及部分内墙的水平方向设置的连续闭合的梁。圈梁在水平方向将楼板与墙体箍住，构造柱则从竖向加强墙体的连接，与圈梁一起构成空间骨架，提高了建筑物的整体刚度和墙体的延伸性，约束墙体裂缝的扩展。因此，有抗震设防要求的建筑中须设钢筋混凝土构造柱。

4. 隔墙一般是指分隔房间的非承重墙，具有质量小、厚度薄、便于安装和拆卸等性能。隔墙按构造形式分为块材隔墙、板材隔墙和立筋式隔墙等。块材隔墙要求结构上考虑支撑关系；板材隔墙施工安装方便；立筋式隔墙多与室内装修相结合。

思 考 题

1. 简述墙体的功能及作用。
2. 简述墙体的分类方式及类别。
3. 墙体在设计上有哪些要求?
4. 砖墙组砌的要点是什么?
5. 常见勒脚的构造做法有哪些?
6. 墙体中为什么要设水平防潮层? 设在什么位置? 一般有哪些做法? 各有什么优缺点?
7. 试述散水和明沟的作用和一般做法。
8. 窗台构造中应考虑哪些问题?
9. 墙身加固措施有哪些? 有何设计要求?
10. 常见隔墙有哪些? 简述各种隔墙的构造做法。

知识 3.3 楼板层构造

教学目标

1. 了解楼板的类型、特点、要求及选用范围;
2. 掌握现浇钢筋混凝土楼板及其他现浇楼板的类型及构造;
3. 了解装配式混凝土楼板的类型、布置、细部处理及构造;
4. 了解阳台与雨篷的结构类型与构造要求。

楼板层是房屋的重要组成部分。楼板是楼房层与层之间的水平分隔构件,它沿着竖向将建筑物分隔成若干部分。同时,楼板又是承重构件,承受着自重和楼面使用荷载,并将其传给墙(梁)和柱,对墙体起水平支撑作用。

3.3.1 楼板层的构造与设计要求

3.3.1.1 楼板层的组成

楼板层主要由三部分组成:面层、结构层和顶棚,根据使用的实际需要可在楼板层里设置附加层,如图 3-3-1 所示。

(1) 面层又称为楼面,起着保护楼板、承受并传递荷载的作用,同时对室内有很重要的清洁及装饰作用。

(2) 结构层即楼板,是楼层的承重部分。它的主要功能是承受楼板层上的全部荷载并将这些荷载传给墙(梁)或柱;同时还对墙身起水平支撑作用,以加强建筑物的整体刚度。

(3) 顶棚层位于楼板层最下层。它的主要作用是保护楼板、安装灯具、装饰室内、敷设管线等。

(4) 附加层又称功能层,根据楼板层的具体要求而设置。它的主要作用是找平、隔声、隔热、保温、防水、防潮、防腐蚀、防静电等。根据实际需要,附加层有时和面层合二为一,有时又

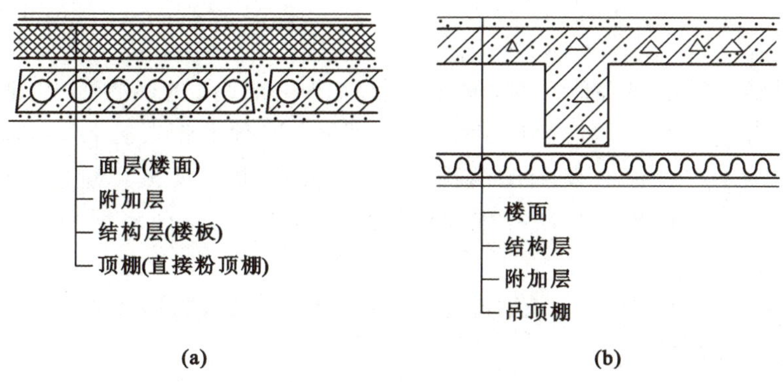

图 3-3-1　楼板的组成

(a) 预制钢筋混凝土楼板层;(b) 现浇钢筋混凝土楼板层

和吊顶合为一体。

3.3.1.2　楼板的设计要求

(1) 强度和刚度要求

强度是指楼板应保证在自重和使用荷载作用下安全可靠,不发生任何破坏。刚度是指楼板在一定荷载作用下不发生过大变形,保证正常使用。

(2) 保温、隔热、防火、防水、隔声等要求

楼板的保温是指楼板应有一定的蓄热性,即地面应有舒适的感觉。当上下层房间设计温度不同时,应在楼板上加设保温层。

有防火要求的楼地面应根据建筑物的等级、对防火的要求等进行设计。建筑物的耐火等级对构件的耐火极限和燃烧性能有一定的要求,如楼板不得采用燃烧体,只有四级耐火建筑的楼板可采用难燃烧体,但其耐火极限不低于 0.25 h。

对于厨房、厕所、卫生间等一些地面潮湿、易积水房间,应处理好楼地面的防水防渗问题。

楼板应具有一定的隔声能力,楼板的隔声量一般在 40～50 dB。提高楼板隔声能力常采用的措施有以下几种:

① 选用空心构件来隔绝空气传声;

② 在楼板面铺设弹性面层,如橡胶、地毡等;

③ 在面层下铺设弹性垫层;

④ 在楼板下设置吊顶棚。

(3) 便于在楼层和地层中敷设各种管线

对管道较多的公共建筑楼板层设计时,应考虑到管道对建筑物层高的影响问题。如当防火规范要求暗敷消防设施时,应敷设在不燃烧的结构层内,使其能满足暗敷管线的要求。

(4) 满足室内装饰的要求

根据房间的使用功能和装饰要求,楼板层的面层常选用不同的面层材料和相应的构造做法,与装修风格档次相适应。

(5) 满足经济要求

一般楼地面占建筑物总造价的 20%～30%,选用楼板时应考虑就地取材和提高装配化程度等问题。

3.3.2　现浇钢筋混凝土楼板

现浇钢筋混凝土楼板是在施工现场通过支模、绑扎钢筋、浇筑混凝土、养护等工序而成型的楼板。它具有整体性好，抗震能力大，便于留孔洞，布置管线方便，可以用作形状不规则或者房间及尺度不符合模数要求的房间中等优点；但也有模板用量大、施工速度慢等缺点。近年来由于工具式模板的采用和现场机械化程度的提高，现浇钢筋混凝土楼板的应用越来越广泛。

现浇钢筋混凝土楼板按受力和传力情况可分为板式楼板、肋形楼板、井字楼板、无梁楼板以及压型钢板组合楼板等。

3.3.2.1　板式楼板

楼板内不设置梁，将板直接搁置在墙上的楼板称为板式楼板。板式楼板底面平整、美观，施工方便，适用于小跨度房间，如走廊、厕所和厨房等。板有单向板与双向板之分。当板的长边与短边之比大于 2 时，称为单向板；当板的长边与短边之比小于 2 时，称为双向板。板式楼板的厚度一般不超过 120 mm，经济跨度在 3000 mm 之内。

3.3.2.2　肋形楼板

肋形楼板是最常见的楼板形式之一，当板为单向板时，称为单向板肋梁楼板；当板为双向板时，称为双向板肋梁楼板。单向板肋梁楼板由板、次梁和主梁组成，其荷载传递路线为板→次梁→主梁→柱(或墙)。主梁沿房间短跨布置，次梁与主梁一般垂直相交，板搁置在次梁上，次梁搁置在主梁上，主梁搁置在墙或柱上。主次梁布置对建筑的使用、造价和美观等有很大影响。单向板肋形梁楼板构造如图 3-3-2 所示。肋形楼板梁、板的经济尺度如表 3-3-1 所列。

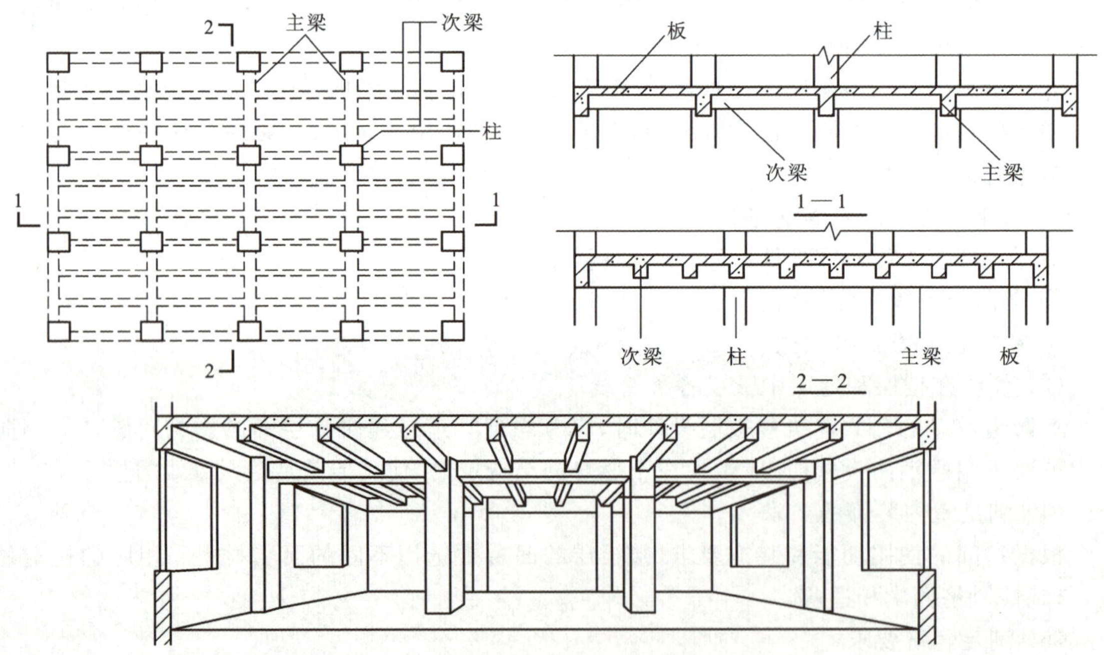

图 3-3-2　单向板肋形梁楼板布置图及透视图

表 3-3-1　肋形楼板梁、板的经济尺度

构件名称	经济尺度		
	跨度 L(m)	梁高、板厚 h(mm)	梁宽 b(mm)
主梁	5～8	$(1/14\sim1/8)L$	$(1/3\sim1/2)h$
次梁	4～6	$(1/18\sim1/12)L$	$(1/3\sim1/2)h$
板	1.5～3	简支板 $\frac{1}{35}L$ 连续板 $\frac{1}{40}L$(60～80 mm)	

3.3.2.3　井式楼板

当双向板肋梁楼板的板跨相同，且两个方向的梁截面也相同时，就形成了井式楼板，如图 3-3-3所示。井式楼板是肋形楼板的一种特殊形式。

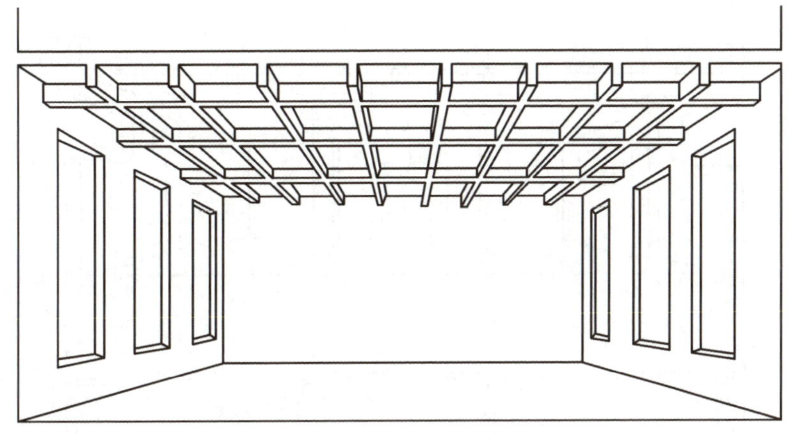

图 3-3-3　井式楼板

井式楼板无主次梁之分，由板和梁组成，荷载传递路线为板→梁→柱(或墙)。井式楼板适用于长宽比不大于 1.5 的矩形平面，板的跨度在 3.5～6 m 之间，梁的跨度可达 20～30 m，梁截面高度不小于梁跨的 1/20～1/15，宽度为梁高的 1/4～1/2，且不少于 120 mm。井式楼板可与墙体正交放置或斜交放置。由于井式楼板可以用于较大的无柱空间，而且楼板底部的井格整齐划一，很有韵律，稍加处理就可形成艺术效果很好的顶棚。

当肋梁间距小于 1.5 m 时，称为密肋楼板。其肋距(梁距)一般为 600 mm×600 mm～1000 mm×1000 mm，肋高为 180～500 mm，楼板的适用跨度为 6～18 m，其肋高一般为跨度的 1/30～1/20。密肋楼板适用于中等或较大跨度的公共建筑，也常被用于筒体结构体系的高层建筑结构，其受力性能介于肋梁楼板和无梁平板楼板之间。与肋梁楼板相比，密肋楼板的结构高度小、数量多、间距密；与无梁平板楼板相比，密肋楼板可节省材料，减小自重，且刚度较大。因此，当楼面荷载较大，而房屋的层高又受到限制时，采用密肋楼板比采用普通肋梁楼板更能满足设计要求。密肋楼板的缺点是施工支模复杂，工作量大，故目前常采用可多次重复使用的定型模壳，如钢模壳、玻璃钢模壳、塑料模壳等，然后配筋浇捣混凝土，可缓解这一矛盾，如图 3-3-4 所示。

为取得平整的楼板板底，密肋间可用加气混凝土块、空心砖、木盒子或其他轻质材料填充，并同时作为肋间的模板，获得最佳的隔热、隔声效果，这种楼板被称为密肋填充块楼板。关于

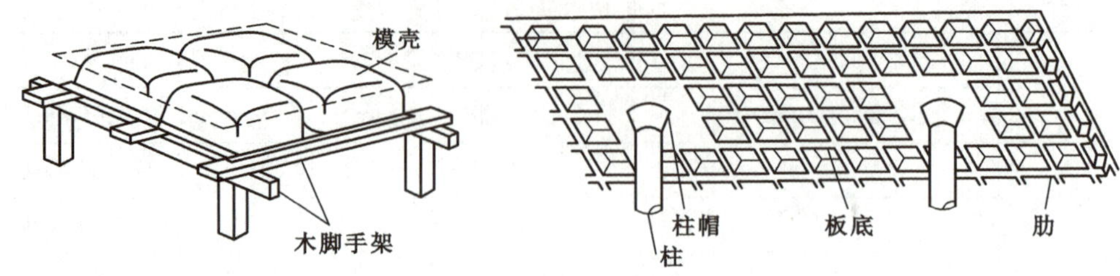

图 3-3-4 密肋楼板支模及板下效果

密肋填充块楼板将在装配整体式钢筋混凝土楼板一节中叙述。

3.3.2.4 无梁楼板

无梁楼板是将等厚的楼板直接支承在柱上，不设主梁和次梁。可分为有柱帽和无柱帽两种。当楼面荷载较小时，可采用无柱帽楼板；当楼面荷载较大时，必须在柱顶加柱帽，如图 3-3-5所示。

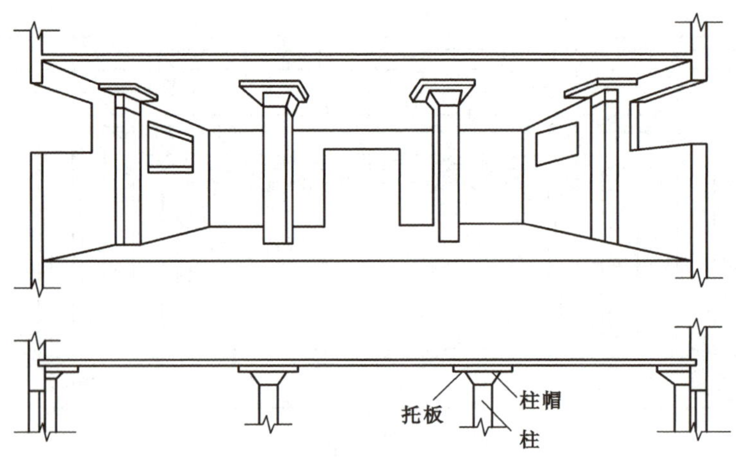

图 3-3-5 无梁楼板构造

无梁楼板的柱可设计成方形、矩形、多边形和圆形；柱帽可根据室内空间要求和柱截面形式进行设计；板的最小厚度不小于 150 mm，且不小于板跨的 1/35～1/32。无梁楼板的柱网一般布置为正方形或矩形，间跨一般不超过 6 m，较适用于非抗震区的多层建筑，如用于商店、书库、仓库、车库等荷载大、空间较大、层高受限制的建筑中。对于板跨大或大面积的楼板、屋顶，为减小板厚控制挠度和避免楼板上出现裂缝，宜采用部分预应力技术施工。无梁楼板具有顶棚平整、净空高度大、采光通风条件较好、施工简便等优点。但楼板较厚，用钢量较大，相对造价较高。

3.3.2.5 压型钢板组合楼板

压型钢板组合楼板是在钢筋混凝土楼板基础上发展起来的，压型钢板起到现浇混凝土的永久模板作用；经过构造处理，可使混凝土、钢衬板共同受力，即混凝土承受剪力，钢衬板承受下部的拉弯应力。因此，压型钢衬板起着模板和受拉钢筋的双重作用。对跨度不大、普通功能房间的楼板可以不放受力钢筋，仅需配置部分构造钢筋即可，但对外露的钢衬板和金属桁架须统一做防火和防腐处理。在公共建筑中，当空间尺度较大、楼面荷载较大时，可根据使用功能和楼板受力情况在板内配置钢筋，再浇筑细石混凝土，板底根据需要设置吊顶或直接喷刷防火涂料，如图 3-3-6 所示。

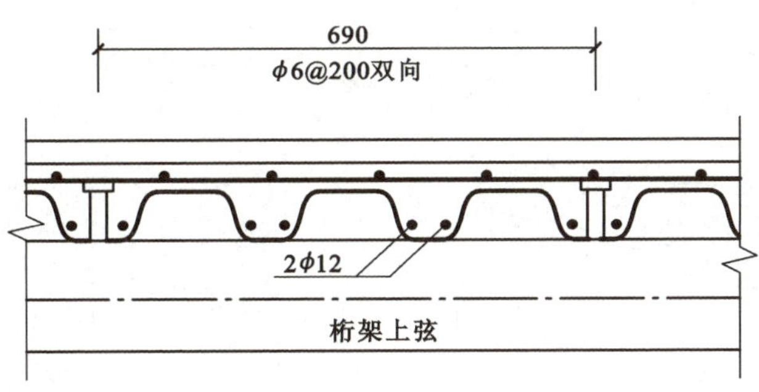

图 3-3-6　波形薄钢板上现浇楼板

压型钢板组合楼板板上的肋条能与混凝土共同工作，可以简化施工程序，加快施工速度，并且具有刚度大、整体性好的优点；同时还可利用压型钢板肋间空间敷设电力或通信管线。此种楼板适用于需有较大空间的高、多层民用建筑及大跨度工业厂房中。利用钢衬板作为楼板的承重构件和底模，既提高了楼板的强度和刚度，又加快了施工进度，是目前大力推广的一种新型楼板。

压型钢板组合楼板由钢梁、压型钢板和现浇混凝土三部分组成。组合楼板的构造根据压型钢板形式分为单层压型钢板组合楼板和双层压型钢板组合楼板两种类型。单层压型钢板组合楼板构造如图 3-3-7 所示；双层压型钢板组合楼板构造如图 3-3-8 所示。图 3-3-8(a)为压型钢板与平钢板组成孔格式组合楼板，这种压型钢板高为 40 mm 和 80 mm。在较高的压型钢衬板中，可形成较宽的空腔，它具有较大的承载力，腔内可放置设备管线。图 3-3-8(b)为双层压型钢板组成孔格式组合楼板，腔内有时可直接做空调管道，用于承载力更大的楼板结构中，其板跨度可达6 m或更大。当楼板底不另做吊顶时，为使楼板底部平整干净，也有使用新型闭口压型钢板做组合楼板的，如图 3-3-9 所示。

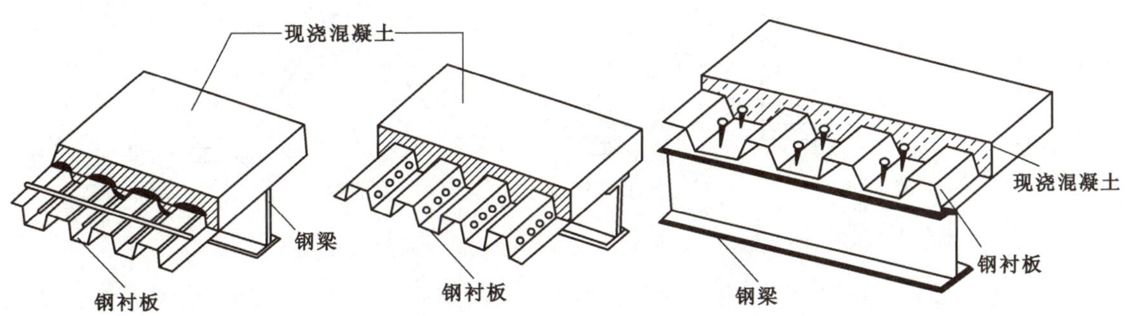

图 3-3-7　单层压型钢板组合楼板

压型钢板之间和钢桁架之间的连接，一般采用焊接、自攻螺栓、膨胀铆钉或压边咬接等方式，如图 3-3-10 所示。

(1) 压型钢板组合楼板结构的优点

① 能充分发挥混凝土和钢材各自材料的力学性能，使混凝土受压，钢材受拉，经济合理，节省材料，尤其对重载结构更为有利；

② 适合于采用强度更大的钢材和混凝土，因而可减小截面尺寸及自重，增大建筑的使用空间，尤其是适用于较差的地基条件和大跨度结构；

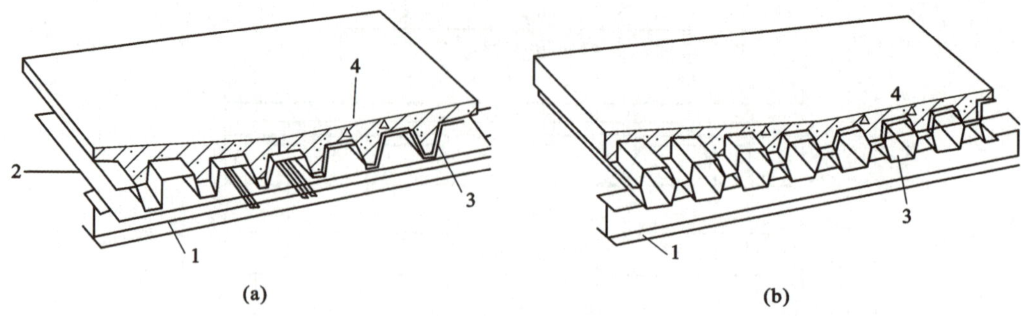

图 3-3-8　双层压型钢板组合楼板

(a) 压型钢板与平钢板组成孔格式组合楼板；(b) 双层压型钢板组成孔格式组合楼板

1—钢梁；2—平板钢；3—压型钢板；4—现浇钢筋混凝土

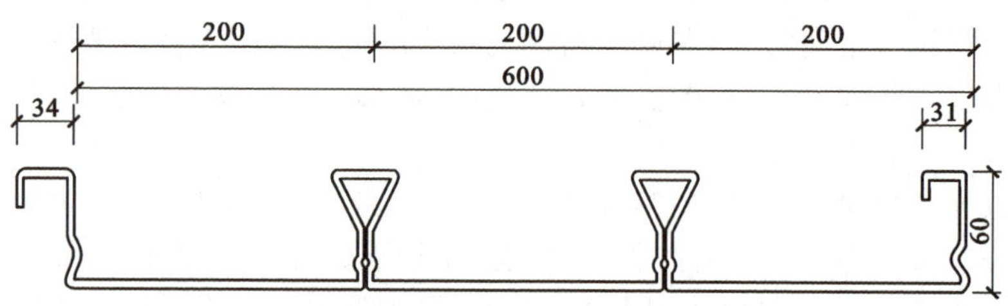

图 3-3-9　闭口压型钢板组合楼板

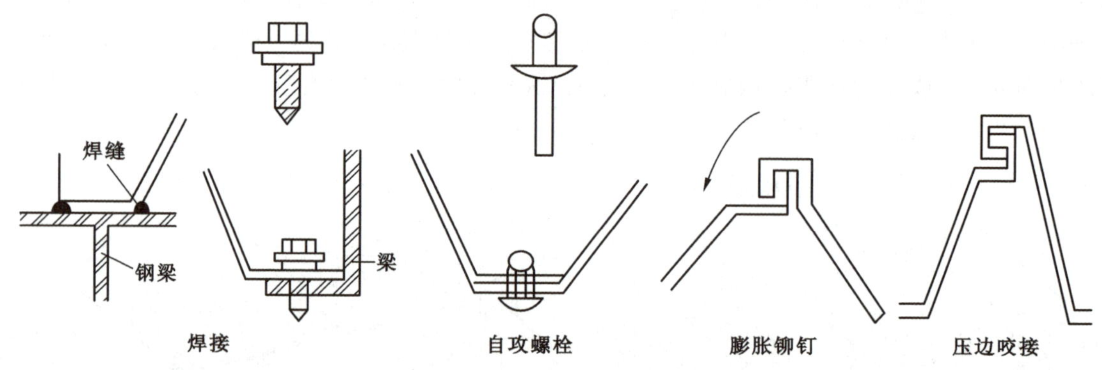

图 3-3-10　压型钢板之间和钢桁架之间的连接

③ 受力变形时，可产生较大应变，吸收能量大，因而塑性、韧性、耐疲劳性、耐冲击性等均好，很适合于抗爆、抗震结构工程的楼盖；

④ 施工中浇筑混凝土时，压型钢板可同时作为永久性模板，方便施工；

⑤ 因有型钢存在，不需要像钢筋混凝土那样为适应各种连接而预埋铁件。

(2) 压型钢板组合楼板结构的缺点

① 不宜长期暴露在空气中，以防钢板和梁生锈，破坏结构的连接性能，尤其是应避免在腐蚀的环境中使用；

② 施工时钢板上不能承受过大的施工荷载；

③ 结构用钢量大，造价较高。

3.3.3　装配式钢筋混凝土楼板

装配式钢筋混凝土楼板是将楼板在预制厂或施工现场预制，然后在施工现场装配而成。这种楼板可节省模板、改善劳动条件、提高劳动生产率、加快施工速度、缩短工期，但楼板的整体性差，板缝嵌固不好时易出现通长裂缝。

预制钢筋混凝土楼板有预应力和非预应力两种。预应力楼板是指在预制过程中预先对构件施加一定的压应力，在使用过程中，当楼板受到拉应力作用时会释放预先施加于上的压力，从而提高楼板的承载能力。预应力楼板相对于非预应力楼板而言，具备抗裂性好、刚度大、成本低等优势。预制钢筋混凝土楼板目前逐渐被现浇钢筋混凝土楼板代替。

3.3.3.1　预制钢筋混凝土楼板类型

常用的预制钢筋混凝土楼板可分为实心平板、槽形板和空心板三种类型。

(1) 实心平板

实心平板上下板面平整，制作简单，宜用于跨度小的走廊板、楼梯平台板、阳台板、管沟盖板等处。板的两端支承在墙或梁上，板厚一般为 50～80 mm，跨度在 2.4 m 以内为宜，由于构件小，对起吊机械要求不高。实心平板的组成如图 3-3-11 所示。

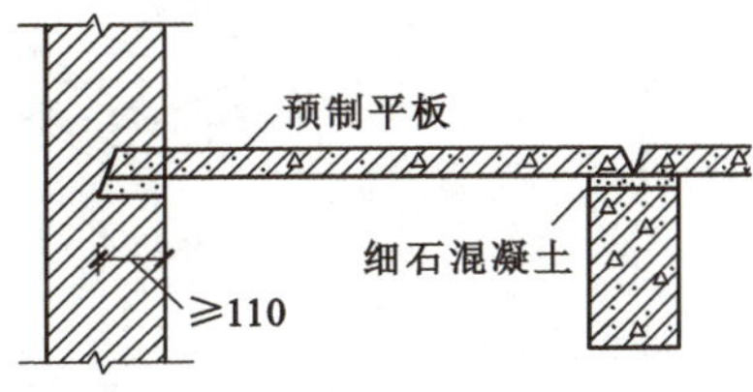

图 3-3-11　实心平板的组成

(2) 槽形板

槽形板由板和边肋组成，如图 3-3-12 所示，是一种梁板结合的构件，即在实心板两侧设纵向边肋，构成槽形截面。它具有自重小、省材料、造价低、便于开孔等优点。槽形板的搁置方式有两种：正槽板和倒槽板。正槽板正向放置，边肋向下。由于板底不平，通常做吊顶遮盖。为避免板端肋被压坏，可在板端伸入墙内部分堵砖填实。倒槽板边肋向上放置，受力不如正槽板合理，但可在槽内填充轻质材料，以解决楼板的隔声和保温隔热问题，而且容易保持顶棚的平整。

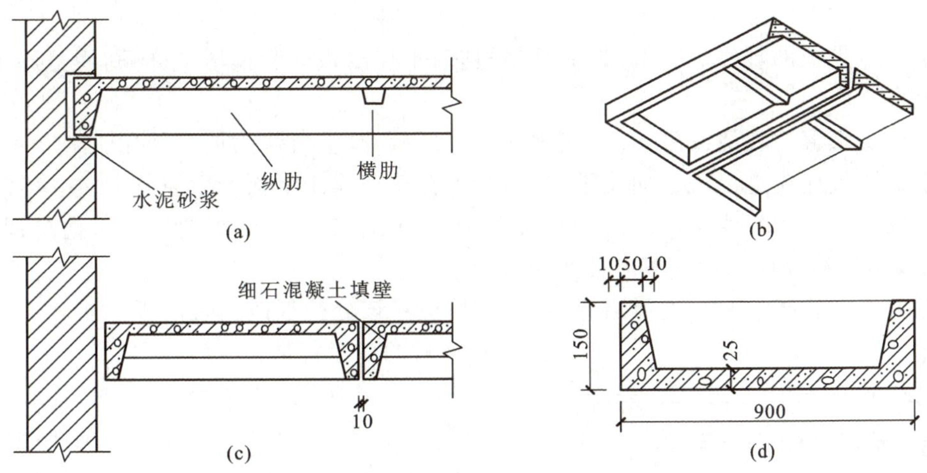

图 3-3-12　槽形板的组成

(a) 槽形板纵剖面；(b) 槽形板底面；(c) 槽形板横剖面；(d) 倒置槽形板横剖面

(3) 空心板

空心板是将平板沿纵向抽空而成，孔洞形状以圆孔板的制作最为广泛。空心板也是一种梁板结合的预制构件，其结构计算理论与槽形板相似，两者材料消耗也相近，但空心板上下板面平整，且隔声效果优于槽形板。空心板的长度为 2.1～7.2 m，板厚有 120 mm、150 mm、180 mm等多种，板宽有 500 mm、600 mm、900 mm、1200 mm 等规格。如图 3-3-13 所示。

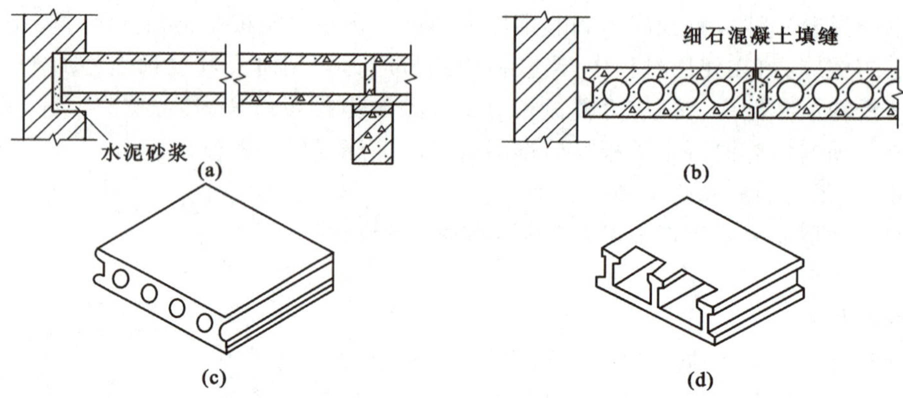

图 3-3-13　空心板的组成

(a) 纵剖面；(b) 横剖面；(c) 剖面形式；(d) 端头形式

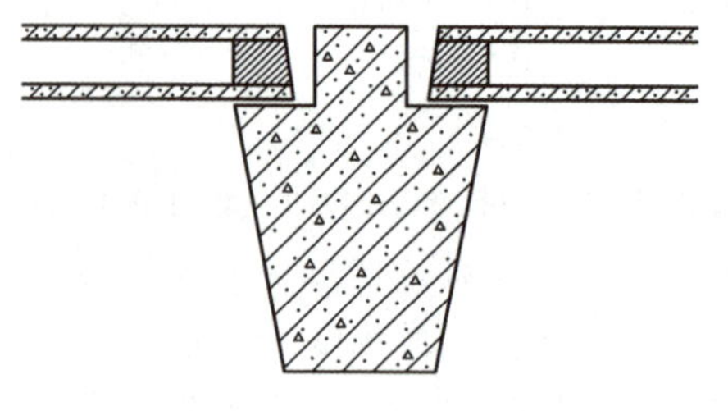

图 3-3-14　板端填塞

空心板板面不能随意开洞。在安装时，空心板孔的两端常用混凝土填塞或在板端的圆孔内填塞 C15 混凝土短圆柱，以免灌注端缝时漏浆及板端被压坏，如图 3-3-14 所示。

3.3.3.2　预制楼板的结构布置和连接构造

(1) 结构布置

在进行楼板结构布置时，应先根据房间开间和进深的尺寸确定构件的支承方式，然后选择板的规格，进行合理的安排。结构布置时应注意以下原则：

① 尽量减少板的规格、类型。板的规格过多，不仅给板的制作增加麻烦，而且施工也较复杂，容易搞错。

② 为减少板缝的现浇混凝土量，应优先选用宽板，窄板可作为调剂使用。

③ 板的布置应避免出现三面支承情况，避免在荷载作用下板产生裂缝。

④ 按支承楼板的墙或梁的净尺寸计算楼板的块数，不够整块数的尺寸可通过调整板缝、墙边挑砖或增加局部现浇板带等办法来解决。

⑤ 遇有上下管线、烟道、通风道穿过楼板时，应将该处楼板改为现浇板。

(2) 板的搁置构造

预制板直接搁置在砖墙或梁上时，均应有足够的支承长度。支承于梁上时其搁置长度不小于 80 mm；支承于墙上时其搁置长度不小于 100 mm，并在梁或墙上坐 M5 水泥砂浆，厚度为 10 mm，以保证板的平稳和传力均匀。如图 3-3-15 所示。

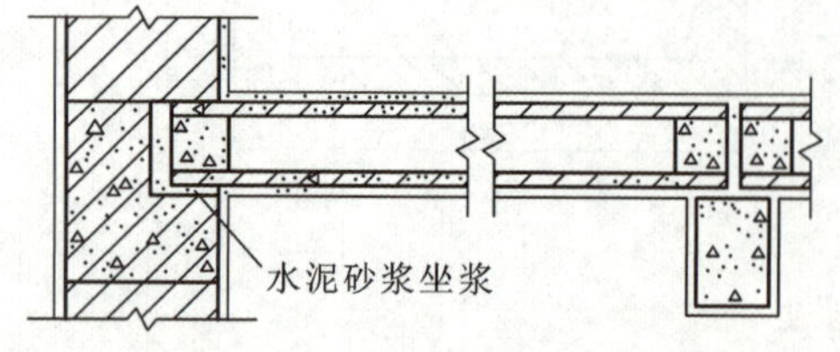

图 3-3-15　空心楼板与墙体搭接

另外，为增加建筑物的整体刚度，板与墙、梁之间或板与板之间常用钢筋拉结，拉结程度随抗震要求和对建筑物整体性要求不同而异，各地均有不同的拉结锚固措施，如图 3-3-16 所示。

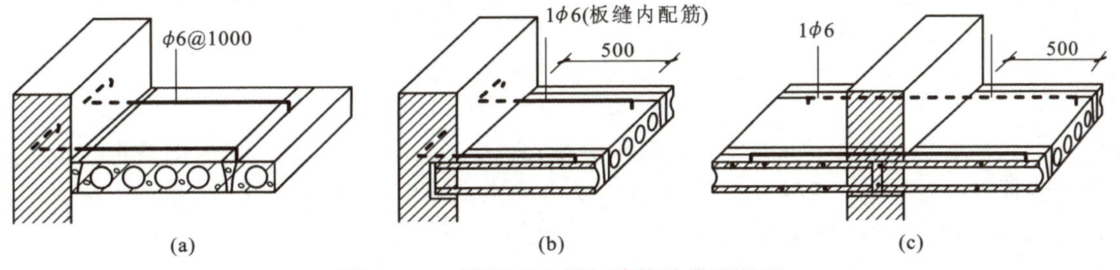

图 3-3-16　预制空心板与墙体的锚固处理

(a) 板侧锚固；(b) 板端锚固；(c) 双侧锚固

(3) 楼板板缝构造

房间内铺设楼板的块数是按墙或梁的净尺寸计算得出的，不够整块数的尺寸称为板缝差，一般可通过调整板缝、局部现浇等办法解决板缝差问题。对整体性要求较高的建筑，可在板缝配筋或用短钢筋与预制板吊钩焊接。板的侧缝下口缝宽一般要求不小于 20 mm，缝内用 C20 细石混凝土现浇；当下口缝宽较大时，用 C20 细石混凝土现浇并在缝中配纵向钢筋。

板缝起着连接相邻两块板协同工作的作用，使楼板成为一个整体。通常处理板缝有下列方法：

① 当缝隙小于 30 mm 时，灌 C20 细石混凝土；当缝隙在 30～120 mm 之间时，可在灌缝的混凝土中加配通长钢筋。如图 3-3-17(a)所示。

② 当缝隙在 120～200 mm 之间时，或板缝较小并留在墙边时，可采用墙体挑砖或者设现浇钢筋混凝土板带，尽量将板带设在墙边或有穿管的部位。如图 3-3-17(b)所示。

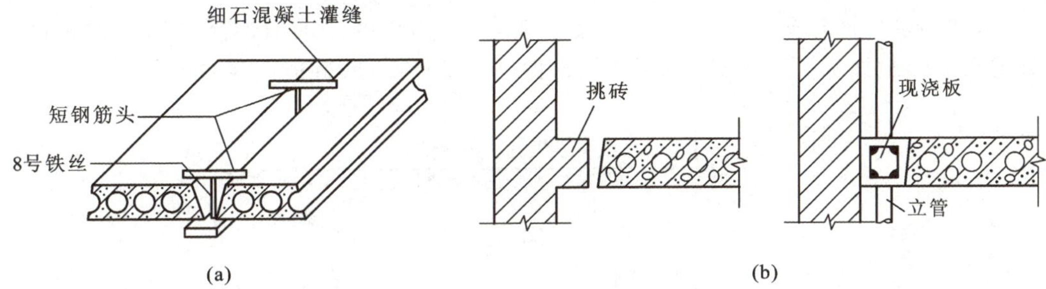

图 3-3-17　楼板板缝构造

(a) 楼板板缝处理；(b) 楼板与墙接缝处理

③ 当缝隙大于 200 mm 时，调整板的规格。

预制空心板板缝通常有 V 形、U 形和凹槽形三种形式，如图 3-3-18 所示，缝内灌水泥砂浆或细石混凝土。其中凹槽形缝受力较好，但灌缝较难，通常多采用 V 形缝。施工中对于板缝的处理直接影响使用过程中室内的观感。板缝下方需贴防裂网格布，以减少板缝的出现。

(4) 楼板上隔墙的处理

预制钢筋混凝土楼板上设置隔墙时，宜采用轻质隔墙，可搁置在楼板的任何位置。若隔墙自重较大时，如采用砖隔墙、砌块隔墙等，应避免将隔墙直接搁置在一块板上，通常将隔墙设置在两块板的接缝处，如图 3-3-19(a)所示；或者将板缝拉开，在板缝内配置钢筋后浇筑 C20 细石

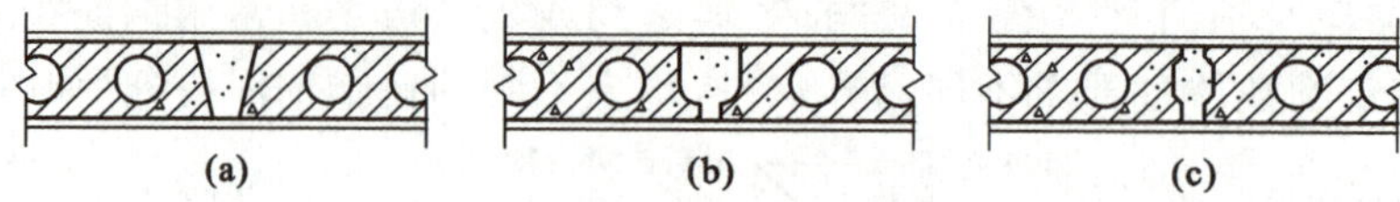

图 3-3-18 预制空心楼板板缝形式

(a) V 形板缝;(b) U 形板缝;(c) 凹槽形板缝

混凝土形成钢筋混凝土小梁,再在其上设置隔墙,如图 3-3-19(b)所示。当采用槽形板或小梁搁板的楼板时,隔墙可直接搁置在板的纵肋或小梁上,如图 3-3-19(c)所示;当隔墙垂直板缝时,可在板面整浇层内加设钢筋,如图 3-3-19(d)所示。

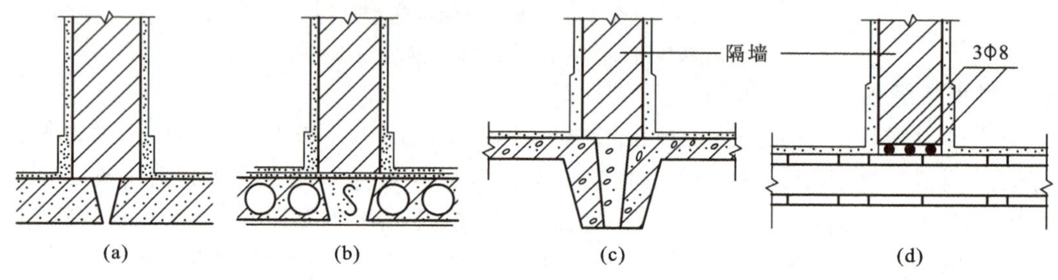

图 3-3-19 隔墙与楼板的关系

(a) 隔墙位置;(b) 墙下加梁;(c) 隔墙支承在肋梁上;(d) 墙下加筋

(5) 楼板层防水构造

在厕所、盥洗室、淋浴室和实验室等用水频繁的房间,地面容易积水,应处理好楼板层的排水和防水。

① 楼面排水

为便于排水,楼面需设 1%~5%的坡度,并设置地漏,将水导入地漏。为防止室内积水外溢,有水房间的楼地面标高应比其他房间或走廊低 20~30 mm;若有水房间楼地面标高与走廊或其他房间楼地面标高相平时,亦可在门口做高出 20~30 mm 的门槛,如图 3-3-20 所示。

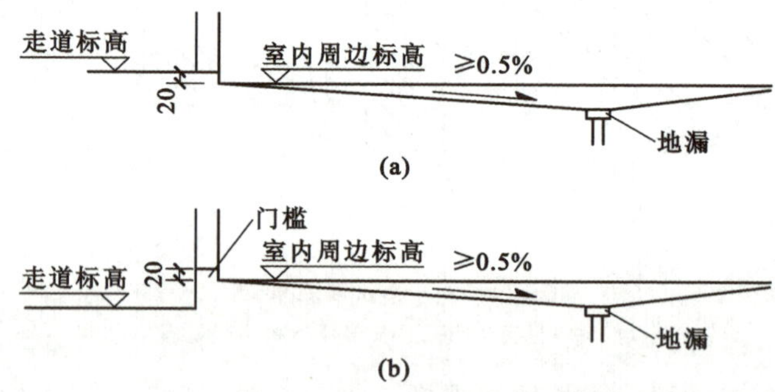

图 3-3-20 有水房间地面排水

② 楼板防水

对有水浸入的楼板应以现浇为主。对防水要求较高的房间,可在楼板与面层之间设置一道防水层,防止水的渗透,常用的有卷材防水、防水砂浆防水或涂料防水层。为防止楼地面水浸入墙身,应将防水层沿墙边向上卷起深入踢脚线内 150~200 mm;在门洞口处,防水层铺出门外至少 250 mm。

通常在有水使用的房间内都设置有上下水管道,而管道四周也是漏水事故多发区域。通常采用两种办法处理：一种是在管道穿过的四周用C20干硬性细石混凝土捣固密实，再以两布两油橡胶酸性沥青防水涂料做密封处理；另一种是对某些暖气、热水管道穿过楼板时，为防止由于温度影响出现胀缩变化导致楼板漏水，常在楼板穿管处设置一个比热水管道直径稍大的套管，以保证热水管道能在管套内自由变形而不至于影响混凝土开裂，套管通常比楼板高出30 mm左右。

对楼板层防水质量要求较高的地方，可在现浇板上面先做一层防水材料，如卷材、防水砂浆或防水涂料，然后再做楼面面层；也有将这些部位的现浇板四周做成上翻约180 mm的凹槽形式，再砌筑分隔墙或做立筋式隔墙，以防水外溢后造成墙角渗水。

针对住宅卫生间上下水管道安装和维修复杂的特点，近年来，已有很多地区在住宅卫生间设计中采用了同层排水系统。同层排水系统主要将排水横管和地漏设置在卫生间现浇楼板的上面，使卫生洁具的所有排水支管不再穿越楼板，只有排水立管穿越楼板。同层排水系统的做法很多，常用的主要有降板排水和后排水方式。

a. 降板排水

降板排水构造方式，需要将卫生间的现浇楼板降低（或局部降低）30～40 cm，在降低的下沉式楼板空间内敷设好各种排水横管和地漏后，再用填充材料将下沉空间填实或加一盖板，其上做卫生间地面铺装，如图3-3-21所示。

图3-3-21　降板排水构造

b. 后（墙）排水

后（墙）排水构造方式，一般根据卫生间形状，将各类卫生洁具的排水横管集中敷设在卫生间一侧专门设置的管道假墙内，通过安装后排水系统的卫生洁具，在不降低楼板的情况下，同样也可以实现同层排水方式。

同层排水方式与传统的隔层排水相比，具有卫生洁具布置灵活、排水噪声对下层干扰较小、发生漏水或检修时不影响下层住户使用、施工方便等特点。同时，由于楼板打孔少，不会降低建筑强度，也可提高防火性能；此外，卫生间也可不另做吊顶，整洁美观，提高了卫生间的净高。

(6) 楼板层隔声

为避免上下楼层之间的相互干扰，楼层应满足一定的隔声要求。声音的传播主要有两种方式：固体传声和空气传声。楼板隔声的重点是减弱固体传声，降低固体的撞击能量。一般可采取以下几种措施：

① 采用弹性面层材料

弹性面层可减弱撞击楼板时产生的声能，减弱楼板的振动，如铺设地毯、橡皮等。这种方法较简单，效果也较好，同时还能美化环境，因此采用得较为广泛。

② 采用弹性垫层材料

这种方式是指在结构层上设置片状、条状和块状的弹性垫层，其上做面层形成浮筑楼板。弹性垫层减弱振动，并增加一空气层以减弱声能的传播。

③ 设置吊顶

通过在楼板下设置吊顶，使撞击楼板产生的振动不能直接传到其他楼层的房间。在楼板顶棚留有空气层，吊顶与楼板采用弹性挂钩连接。对于隔声有更高要求的房间，吊顶的面层可以铺设吸声材料，以加强隔声效果。

3.3.3.3 装配整体式钢筋混凝土楼板

装配整体式钢筋混凝土楼板是将楼板中的部分构件预制后再到施工现场安装，最后整体浇筑剩余部分而形成的楼板。一方面，由于有相当部分是预制的，所以可以大大提高施工速度；另一方面，通过现浇的方式完成楼板的剩余部分的施工可以有效地提高楼板的整体性，因此它兼有现浇和预制楼板的双重优越性。常用的装配整体式钢筋混凝土楼板有叠合楼板和密肋楼板两种。

(1) 预制薄板叠合楼板

为适应城市高层住宅和大开间建筑的发展，楼板一般采用现浇钢筋混凝土结构的形式，以加强建筑物的整体性。但这类现浇楼板需要耗费大量模板，很不经济。近年来推出的预制钢筋混凝土薄板与现浇混凝土面层二者叠合而成的预制装配整体式楼板，较好地解决了上述的问题，被称为预制薄板叠合楼板，简称叠合楼板。预制薄板既是楼板结构的组成部分之一，又是现浇钢筋混凝土叠合层的永久性模板。在预制薄板上现浇的混凝土叠合层中可以按设计需要埋设电源等管线，现浇层内只需配置少量的支座负弯矩钢筋。预制薄板底面平整，可直接喷浆或贴其他装饰材料作为顶棚。

叠合楼板的预制板部分通常采用预应力或非预应力薄板。为了保证预制薄板与叠合层有较好的连接，薄板上表面需做处理，如将薄板表面做刻槽处理，板面露出较规则的三角形结合钢筋等，如图 3-3-22 所示。预应力混凝土薄板内配有刻痕高强钢丝作为预应力钢筋。预制薄板跨度一般为 4～6 m，最大可达到 9 m，板宽为 1.1～1.8 m，板厚通常不小于 50 mm。现浇叠合层厚度一般为 100～120 mm，以大于或等于薄板厚度的两倍为宜。叠合楼板的总厚度一般为 150～250 mm。叠合楼板的预制部分也可采用普通的钢筋混凝土空心板，此时现浇叠合层的厚度较薄，一般为 30～50 mm。

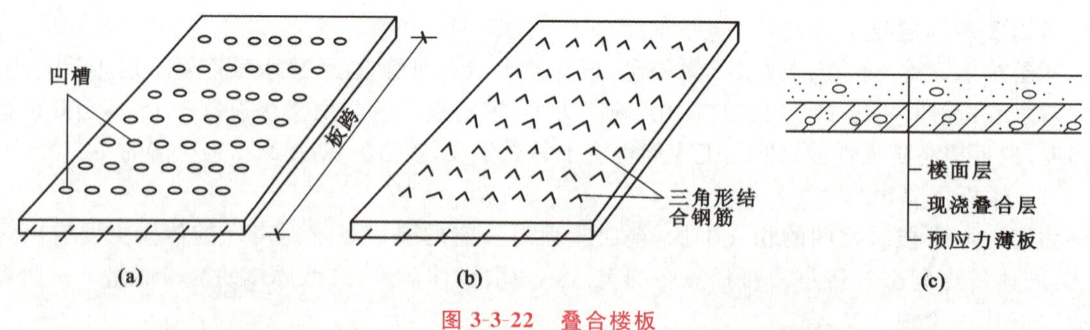

图 3-3-22 叠合楼板

(a) 板面刻槽；(b) 板面露出三角形结合钢筋；(c) 叠合组合薄板

(2) 密肋填充块楼板

密肋填充块楼板板底平整，有较好的隔声、保温、隔热效果，在施工中空心砖还可起到模板作用，也有利于管道的敷设。此种楼板常用于学校、住宅、医院等建筑中。

密肋填充块楼板的密肋有现浇和预制两种。前者是在填充块之间现浇密肋小梁和面板，其填充块有陶土空心砖、轻质块或玻璃钢模壳等，如图 3-3-23(a)和图 3-3-23(b)所示。后者的密肋常见的有预制倒 T 形小梁、带骨架芯板等形式，如图 3-3-23(c)所示。这种楼板利用不同材料的性能，能适应不同跨度和不规整的楼板，并有利于节约模板。缺点是填充块不能重复利用、浪费材料、增加自重、施工复杂，故尽量不采用。

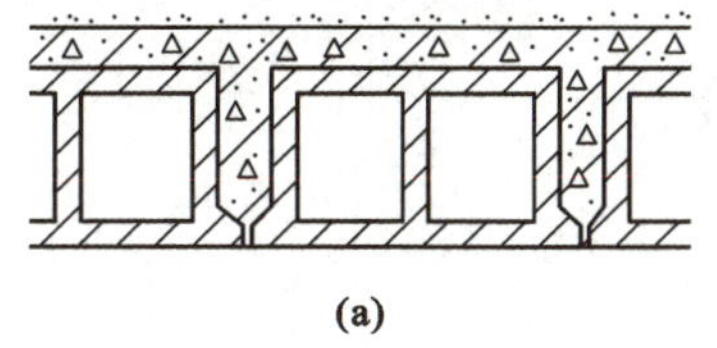

(a)

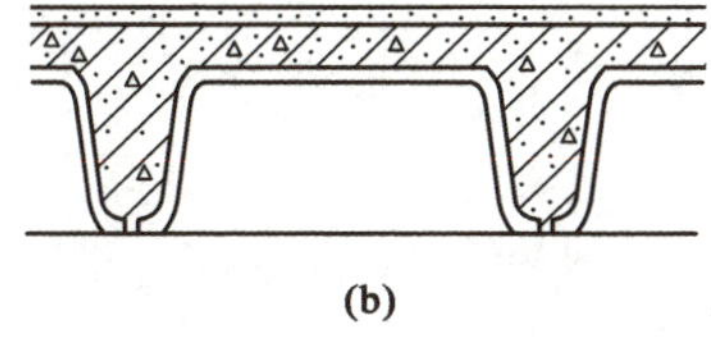

(b)

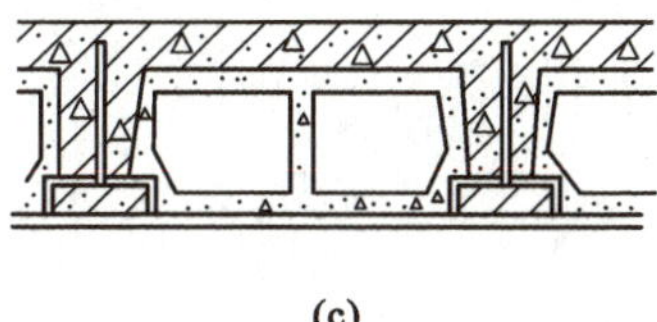

(c)

图 3-3-23　密肋填充块楼板

(a) 空心砖现浇；(b) 玻璃钢模壳现浇；(c) 带骨架芯板填充块

3.3.4　阳台与雨篷

阳台是连接室内的室外平台，给居住在建筑里的人们提供一个舒适的室外活动空间，是多层住宅、高层住宅和旅馆等建筑中不可缺少的一部分。雨篷位于建筑物出入口的上方，用来遮挡雨雪，保护外门免受侵蚀，给人们提供一个从室外到室内的过渡空间，并起到保护门和丰富建筑立面的作用。

3.3.4.1　阳台

(1) 阳台的类型

阳台是楼房建筑中不可缺少的室内外过渡空间。人们可利用阳台晒衣、休息、眺望或从事家务活动。阳台按其与外墙的位置关系可分为凸阳台、凹阳台与半凸半凹阳台，如图 3-3-24 所示。

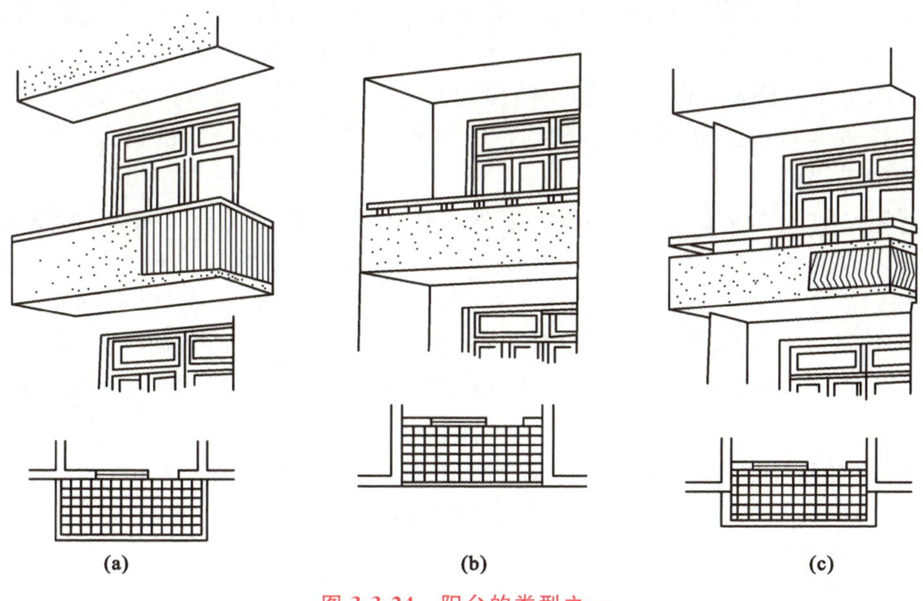

(a)　(b)　(c)

图 3-3-24　阳台的类型之一

(a) 凸阳台；(b) 凹阳台；(c) 半凸半凹阳台

按其在建筑中所处的位置可分为中间阳台和转角阳台，如图 3-3-25 所示。当阳台的长度占有两个或两个以上开间时又称为外廊。按使用功能不同又可分为生活阳台（靠近卧室或客厅）和服务阳台（靠近厨房）。

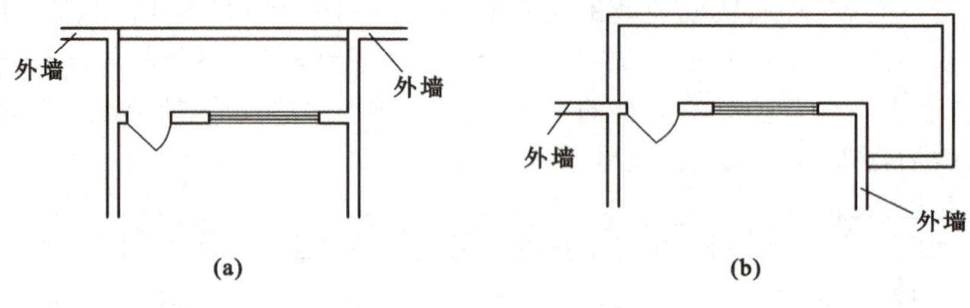

图 3-3-25　阳台的类型之二

(a) 中间阳台；(b) 转角阳台

(2) 阳台的设计要求

① 安全适用。悬挑阳台的挑出长度不宜过大，应保证在荷载作用下不发生倾覆现象。阳台栏杆应防坠落（垂直栏杆间净距不应大于 110 mm）、防攀爬（不设水平栏杆），以免造成恶果。放置花盆处，也应采取防坠落措施。

② 坚固耐久。阳台所用材料和构造措施应经久耐用，承重结构宜采用钢筋混凝土，金属构件应做防锈处理，表面装修应注意色彩的耐久性和抗污染性。

③ 排水顺畅。为防止阳台上的雨水流入室内，设计时要求阳台地面标高低于室内地面标高 20～50 mm，并在阳台的栏杆下设置排水孔，同时阳台地面应设置排水坡度以利于积水的排走。

④ 应考虑适应地区气候特点。如南方地区宜采用有助于空气流通的空透式栏杆，而北方寒冷地区和中高层住宅应采用实体栏杆等。

(3) 阳台的结构布置

凹阳台其实是楼板层的一部分，所以它的承重结构布置可按楼板层的受力分析进行，一般采用搁板式布板方法，如图 3-3-26(a)所示。在寒冷地区采用搁板式阳台可以避免冷桥。

凸阳台的受力构件为悬挑构件，涉及结构受力、倾覆等问题。凸阳台的承重方案大体可分为挑梁式和挑板式两种类型，当出挑长度在 1200 mm 以内时，可采用挑板式；大于 1200 mm 时可采用挑梁式。

挑板式阳台的一种做法是利用楼板从室内向外延伸，即形成挑板式阳台，如图 3-3-26(b)所示。这种阳台构造简单、施工方便，但预制板类型增多，对寒冷地区保温不利。挑板式阳台的另一种做法是将阳台板与墙梁整浇在一起，如图 3-3-26(c)所示。这种形式的阳台底部平整美观而且阳台平面形式可做成半圆形、弧形、梯形、斜三角等各种形状，挑板厚度不小于挑出长度的 1/12，但板的受力复杂，构件类型增多，且阳台地面与室内地面标高相同，不利于排水。

挑梁式阳台的做法通常是从横墙内向外伸出挑梁，其上搁置预制楼板。阳台荷载通过挑梁传给纵横墙，由压在挑梁上的墙体和楼板来抵抗阳台的倾覆力矩。为防止挑梁端部外露而影响美观，可在挑梁端头设置边梁，既可以遮挡挑梁头，又可以承受阳台栏杆重力，还可以加强阳台的整体性，挑梁式阳台应用较广泛，如图 3-3-26(d)所示。

(4) 阳台的细部构造

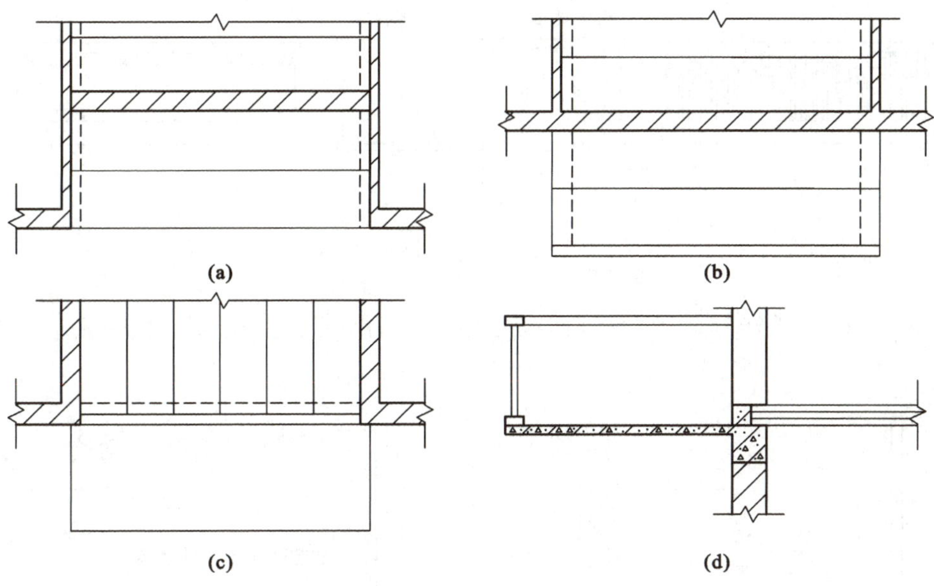

图 3-3-26　阳台结构承重类型

(a) 墙承式阳台;(b) 挑板式阳台;(c) 压梁式阳台(墙梁悬挑);(d) 挑梁式阳台(楼板悬挑)

① 栏杆和扶手

栏杆是在阳台外围设置的垂直构件,其作用有两个方面:一方面是承担人们推倚的侧向力,以保证人的安全;另一方面是对建筑物起装饰作用。因而栏杆的构造要求是坚固和美观。栏杆的高度应高于人体的重心,一般不宜低于 1.05 m,高层建筑不应低于 1.1 m,但不宜超过1.2 m。栏杆离地面 0.10 m 高度内不应留空以便于阳台底板的排水和避免物品由阳台板边缘坠落。

栏杆高度是指从楼地面或屋面至栏杆扶手顶面垂直高度,如底部有宽度大于或等于 0.22 m,且高度小于或等于 0.45 m 的可踏部位,应从可踏部位顶面起计算,如图 3-3-27 所示。

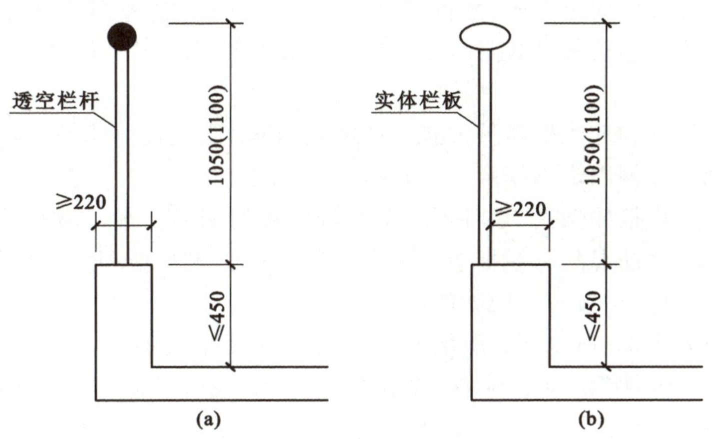

图 3-3-27　阳台栏杆高度计算

住宅、托儿所、幼儿园、中小学及少年儿童等活动场所的栏杆必须采用防止少年儿童攀登的构造,一般不宜做水平栏杆。当采用垂直杆件做栏杆时,杆件净距不应大于 0.11 m。当阳台采用玻璃栏板时,必须采用安全玻璃,如钢化玻璃或夹层玻璃。

栏杆形式有三种,即空花栏杆、实心栏板以及组合式栏杆,如图 3-3-28 所示。

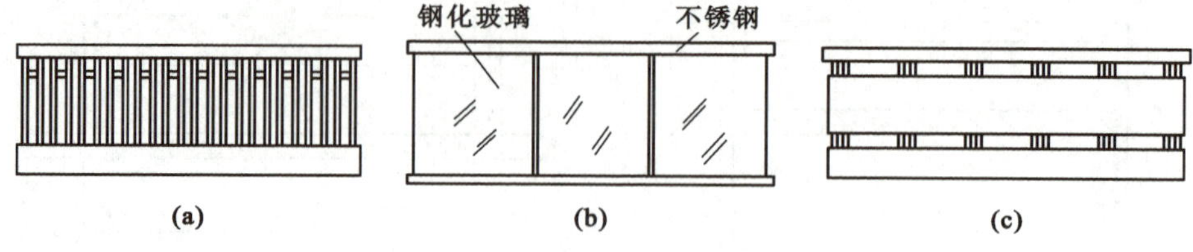

图 3-3-28 阳台栏杆形式

(a) 空花栏杆；(b) 实心栏板；(c) 组合式栏杆

按材料不同，又可分为金属栏杆、砖砌栏板、钢筋混凝土栏杆(板)及钢化玻璃栏板，如图 3-3-29所示。

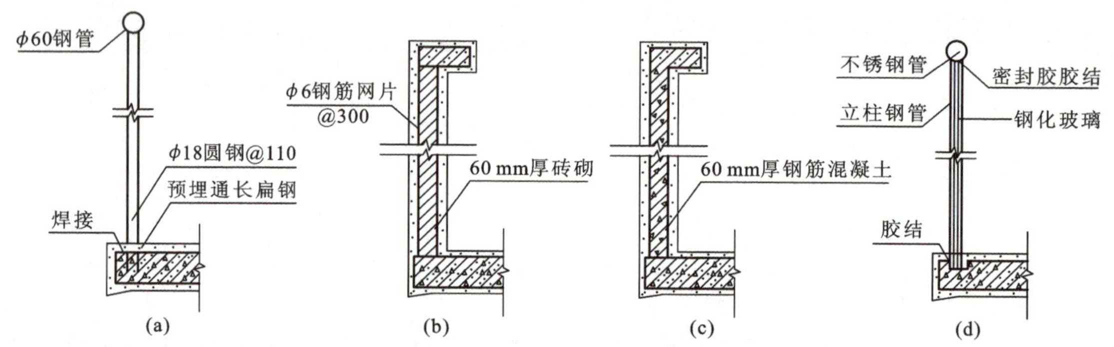

图 3-3-29 阳台栏板与扶手构造

(a) 金属栏杆；(b) 砖砌栏板；(c) 钢筋混凝土栏板；(d) 钢化玻璃栏板

金属栏杆多为圆钢和方钢，它们与阳台板中预埋的通长扁钢焊牢或直接插入阳台板的预留孔内。钢栏杆自重小，造型轻巧，但易锈蚀。金属栏杆与阳台板的固定连接一般采用预埋钢板焊接方式。铝合金栏杆的安装方式，可通过金属连接件或固定件，一端与预埋铁件电焊，或直接用膨胀螺栓将连接件固定于阳台结构层中；另一端则可通过螺栓与铝合金型材固定。铝合金栏杆安装所选用的连接件、固定件，除不锈钢外，均应经防腐处理，并在与铝型材接触面加设塑料或橡胶垫层。

砖栏板通常采用立砌和顺砌两种方式。砖栏板自重大，抗震性能差，为确保安全，常在栏杆中配置通长钢筋或外侧固定钢筋网，并采用现浇扶手。

现浇钢筋混凝土栏板的做法，是将预埋于阳台底板的钢筋扶起，按设计要求绑扎好，整浇混凝土栏板及扶手。钢筋混凝土栏板造型丰富，可虚可实，耐久性和整体性好，自重比砖栏板的小。因此，钢筋混凝土栏板应用较为广泛。

玻璃栏板一般采用 10 mm 厚的钢化玻璃，上下与不锈钢扶手和面梁用密封胶固结。

阳台扶手有金属和钢筋混凝土两种。金属扶手一般为钢管与金属栏杆焊接。钢筋混凝土扶手用途广泛，形式多样，有不带花台、带花台、带花池等。一般直接用作栏杆压顶，宽度有80 mm、120 mm、160 mm。当扶手上需放置花盆时，须在外侧设保护栏杆，一般高 180～200 mm。

阳台栏杆与扶手细部构造主要包括栏杆与扶手的连接、栏杆与面梁(或称止水带)的连接、栏杆与墙体的连接等。

栏杆与扶手的连接方式有焊接、现浇等方式。

栏杆与面梁或阳台板的连接方式有焊接、榫接坐浆、现浇等，如图 3-3-30 所示。为了阳台排水和防止物品由阳台板边缘坠落，栏杆和阳台板的连接处须制作挡水带。

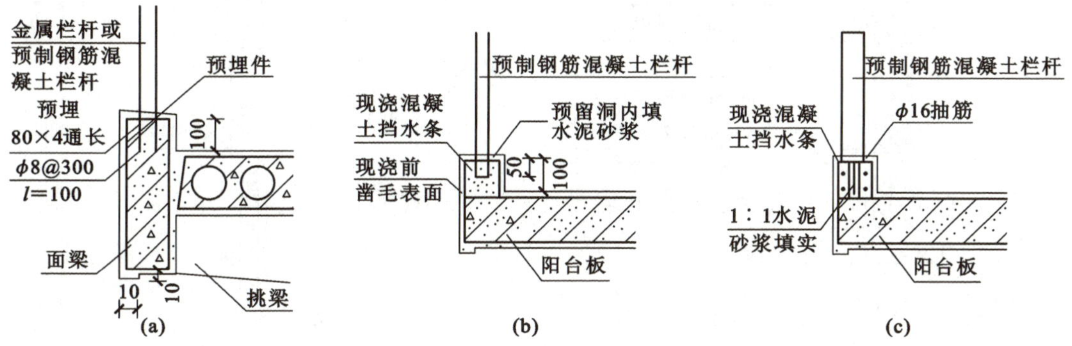

图 3-3-30　栏杆与面梁或阳台板的连接

栏杆与墙的连接一般可在墙体上留 240 mm×180 mm×120 mm 的孔洞，将压顶伸入洞内进行铆固。采用栏板时将栏板的上下肋伸入洞内，或在栏杆上预留钢筋伸入洞内再用细石混凝土填实。

② 阳台的排水与保温

由于阳台为室外构件，需采取措施保证地面排水通畅。阳台地面一般低于室内地面 30 mm以上，防止雨水倒灌室内。阳台排水有外排水和内排水两种，外排水是在阳台外侧设置泄水管将水排出，泄水管为 ϕ40 镀锌铁管或塑料管，外挑长度不小于 80 mm，以防雨水溅到下层阳台，如图 3-3-31(a)所示。内排水适用于高层和高标准建筑，即在阳台内侧设置排水立管和地漏，将雨水直接排入地下管网，保证建筑物立面美观，如图 3-3-31(b)所示。

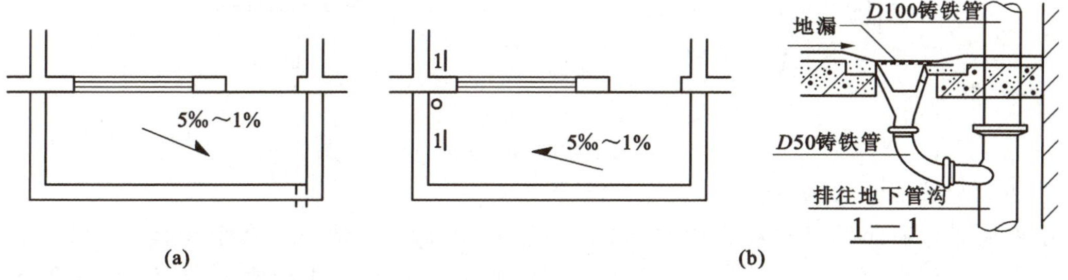

图 3-3-31　阳台排水构造

(a) 外排水；(b) 内排水

寒冷地区居住建筑宜采用封闭阳台，以阻挡冷风直灌室内。为通风排气，封闭阳台应有一定数量的可开启窗，栏杆做成实体式，高度可按窗台处理。阳台栏板保温构造如图3-3-32所示。

钢筋混凝土阳台板导热系数大，嵌入墙内可形成冷桥，在严寒地区应尽量避免。可设置分离式阳台，即将阳台与主体结构分开，如将阳台板支承在两侧独立的侧墙上或柱梁组成的独立框架上等。阳台板的保温构造如图 3-3-33 所示。

3.3.4.2　雨篷

雨篷通常位于建筑物出入口的上方，起到遮挡雨水、保护门和丰富建筑立面的作用。多为钢筋混凝土悬挑构件，悬挑长度一般为 1.0～1.5 m。当采用其他结构形式，如轻钢构件上铺夹层玻璃等，其出挑长度可以更大。为防止雨篷产生倾覆，通常将雨篷与出入口上部的过梁或圈梁现浇在一起。大型雨篷下常加立柱形成门廊。建筑物中常用的有钢筋混凝土雨篷、钢结

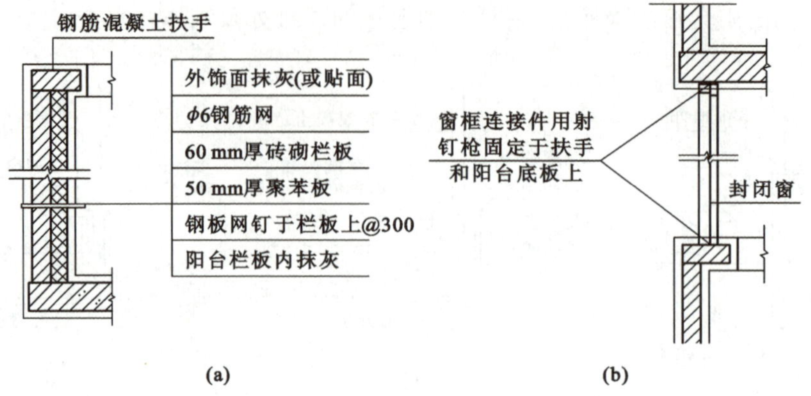

图 3-3-32　阳台栏板保温构造

(a) 阳台栏板保温;(b) 封闭窗构造

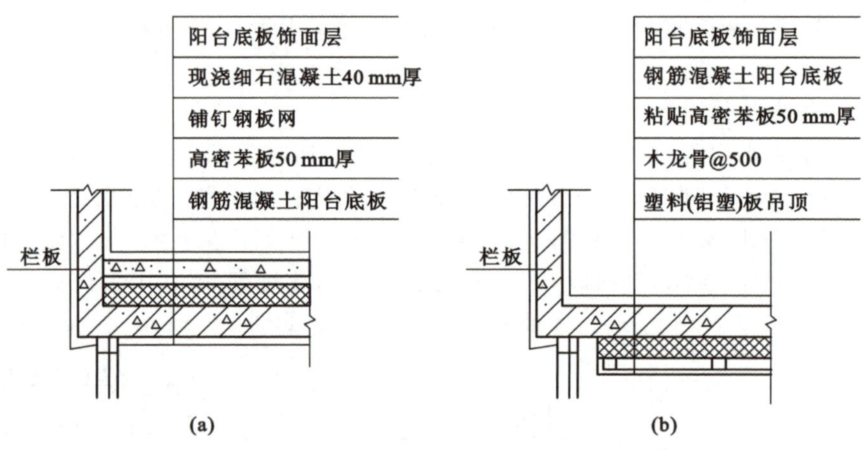

图 3-3-33　阳台板的保温构造

(a) 板上保温;(b) 板下保温

构雨篷和钢与玻璃组合雨篷。

雨篷可采用有组织排水和自由排水的形式,如图 3-3-34 所示。有组织排水雨篷,沿板四周用砖砌或现浇混凝土做凸檐挡水,雨水由水舌排出;无组织排水雨篷上的雨水沿雨篷边缘自由落下。

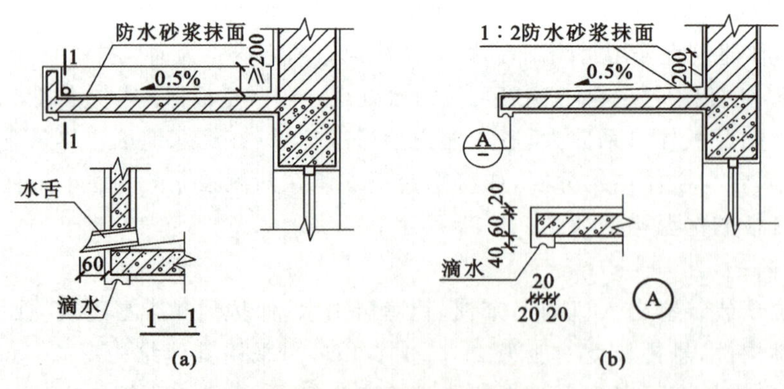

图 3-3-34　雨篷排水方式

(a) 有组织排水;(b) 自由排水

雨篷在构造上须解决好两个问题：一是防倾覆，保证雨篷梁上有足够的压重；二是板面上要做好排水和防水。通常沿板四周用砖砌或现浇混凝土做凸檐挡水，板面用防水砂浆抹面，并向排水口做出 1% 的坡度，如图 3-3-35 所示。

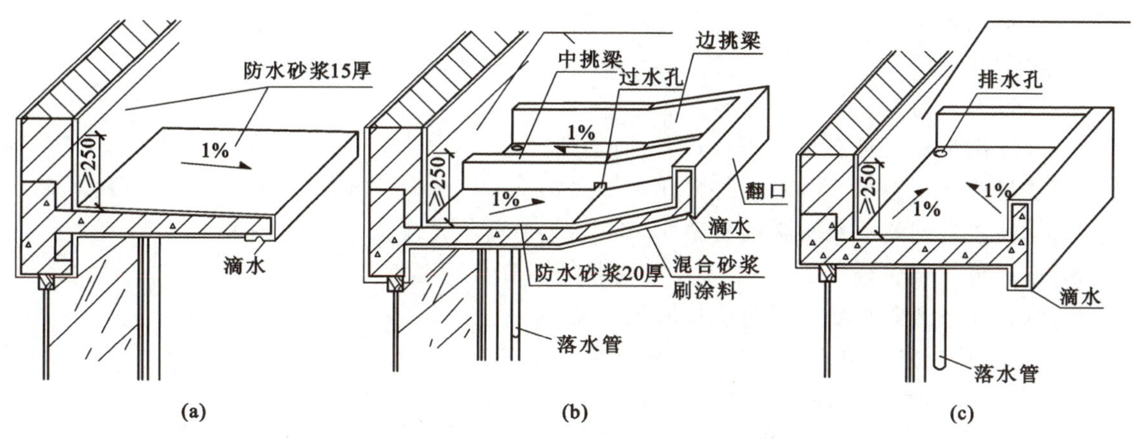

图 3-3-35　雨篷构造

(a) 悬板式雨篷；(b) 梁板式雨篷；(c) 上、下翻梁板式雨篷

钢筋混凝土雨篷有悬板式和梁板式两种。

雨篷挑出较小时常采用悬板式，雨篷板的挑出长度为 1～1.5 m，板根部厚度不小于挑出长度的 1/12，雨篷宽度比门洞每边宽 250 mm。顶面做防水砂浆抹面，并设排水坡度。为防止雨水沿墙边渗透，应将防水砂浆沿墙身抹至墙面上至少 200 mm 处，形成泛水。小尺度雨篷多用于次要出入口。

当雨篷挑出尺寸较大时，一般做成梁板式，梁从雨篷两侧的横墙或室内梁直接挑出。为使雨篷板底平整，可将梁上翻或在板下做吊顶处理。为防止雨篷倾覆，常将雨篷与入口处过梁整浇在一起。

梁板式雨篷多用在宽度较大的入口处，悬挑梁从建筑物的柱上或梁上挑出，为使板底平整，多做成倒梁式。

除了传统的钢筋混凝土雨篷外，近年来在工程中也出现了造型轻巧、富有时代感的钢结构雨篷。其支撑系统有的用钢柱，有的与钢筋混凝土柱相连，或采用悬拉索结构。

小　结

1. 楼板层是建筑物中的水平分隔构件，并承受着自重和楼面使用荷载，由面层、结构层和顶棚等部分组成，应满足强度、刚度、隔声、防火、防水和防潮等要求。

2. 钢筋混凝土楼板有预制装配式、现浇整体式和装配整体式等类型，不同形式的楼板具有不同的结构特点和构造特征。

3. 阳台是建筑物中室内外的过渡空间，有凸阳台、凹阳台、半凸半凹和转角阳台等形式。

4. 雨篷的构造要保证雨篷的稳定，并做好排水防水。

思　考　题

1. 楼板有哪些类型？其基本组成是什么？各组成部分有何作用？
2. 作图说明楼板层的基本构造层次。
3. 现浇钢筋混凝土楼板有哪些类型？各有什么特点？
4. 试述现浇肋形楼板的布置原则。
5. 简述压型钢板组合楼板的构造要点。
6. 常用的预制钢筋混凝土板有哪几种形式？
7. 简述预制钢筋混凝土楼板搁置在墙或梁上时的构造要点。
8. 当隔墙搁置在楼板上时，有哪些构造措施保证楼板的可靠性？
9. 如何处理预制钢筋混凝土楼板的板缝差？
10. 压型钢板组合楼板有何特点？构造要求如何？
11. 装配整体式钢筋混凝土楼板有何特点？
12. 什么是叠合楼板？有何优点？
13. 楼板层的防水措施有哪些？
14. 阳台有哪些类型？阳台板的结构布置形式有哪些？
15. 阳台栏杆有哪些形式？各有何特点？
16. 阳台有哪几种排水方式？
17. 简述不同类型雨篷的构造要点。
18. 有水房间的楼地层如何防水？

知识 3.4　饰面层装修构造

教学目标

1. 了解装修面层的具体部位、组成、分类及要求；
2. 根据装饰工程施工图，掌握地面、墙面和顶棚的做法及适用范围。

一栋建筑在结构主体完成之后，为了满足人们的使用要求，还需要对结构表面、内外墙面、楼地面、顶棚等有关部位进行一系列的加工处理，即进行装修。可以说，结构主体完成之后的工作都是装修工程涉及的范围，主要作用是：保护结构，改善环境条件，满足房屋的使用功能要求和美观要求。其规模虽不及主体工程宏大，但它关系到工程质量标准和人们的生产、生活和工作环境的优劣，是建筑物不可缺少的有机组成部分。

建筑物主要装修部位有内墙面、地面及顶棚三大部分。各部分饰面种类很多，均附着于结构基层表面起美观保护作用。本节主要介绍一般民用建筑普通饰面装修。

3.4.1　楼地面装修构造

楼板层和地层的面层都称为楼地面。楼地面装修主要是指楼盖层和地坪层的面层。面层包括下面的找平层。楼地面的名称是以面层的材料和做法来命名的，如面层为水磨石，则该地面就称为水磨石地面；面层为木材，则称为木地面。

当房间有特殊要求时可加设相应的附加层，如防水层、防潮层、隔声层、隔热层等，如图 3-4-1所示。

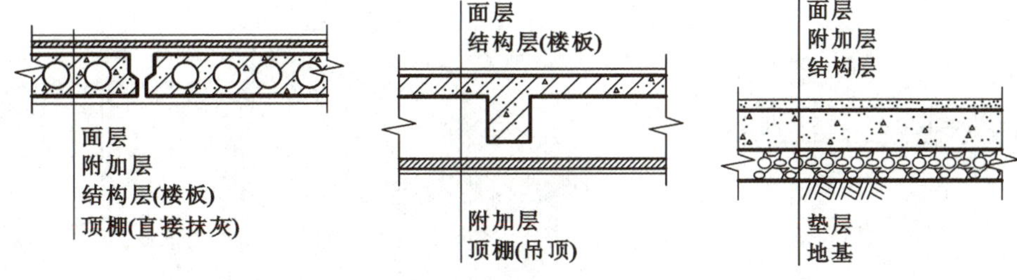

图 3-4-1　楼地层的组成

(1) 面层(又称地面)：是人、家具、设备直接接触的部分，起着保护垫层和对室内的装饰作用，应满足耐磨、平整、易清洁、不起灰和防水等要求。

(2) 垫层：是地坪的结构层，一般起传递荷载和找平作用。通常采用 60～100 mm 厚的 C10 混凝土，也可用三合土、灰土、碎砖等来做垫层。

(3) 基层：一般为土壤层。当土壤条件较好或地层上荷载不大时，可采用原土夯实或填土分层夯实。当地层上荷载较大或土壤条件较差时，需对土壤进行换土或夯入砾石、碎砖等，以提高承载力，如 150 mm 厚 2∶8 灰土，或 100～150 mm 厚三合土等。

(4) 附加层：是为满足房屋特殊使用要求而设置的构造层次，如防潮层、隔声层、防水层、保温层等。

隔声：通过面层铺设软质材料、中层架空和底部做吊顶来达到隔声的目的。

底层防潮：设防潮层和保温层，以及采用架空的做法，以减少底层的潮气。

楼层防水：地面降低，面层用不透水的材料，楼板用现浇整体板，预制板上加铺防水材料。

保温：通过面层选软质材料、中层填充松散材料和利用吊顶上部空间铺设保温材料等方法，解决房间的保温问题。

地面按其材料和做法可分为四大类型，即整体地面、块料地面、塑料地面和木地面。居住建筑平面布置如图 3-4-2 所示，不同功能的房间，地面的做法不一样。

3.4.1.1　整体地面

(1) 水泥砂浆地面

水泥砂浆地面通常用于对地面要求不高的房间或进行二次装饰的商品房的地面。

水泥砂浆地面：即在混凝土垫层或结构层上抹水泥砂浆。一般有单层和双层两种做法。单层做法只抹一层 20～25 mm 厚 1∶2 或 1∶2.5 水泥砂浆；双层做法是增加一层 10～20 mm 厚 1∶3 水泥砂浆找平层，表面只抹 5～10 mm 厚 1∶2 水泥砂浆。双层做法虽增加了工序，但不易开裂。

(2) 水磨石地面

水磨石地面一般分两层施工。在刚性垫层或结构层上用 10～20 mm 厚的 1∶3 水泥砂浆找平，用嵌条(玻璃、塑料或金属条，并用 1∶1 水泥砂浆固定)把地面分成若干小块，尺寸为 1000 mm 左右，面铺 10～15 mm 厚 1∶(1.5～2)的水泥白石子，待面层达到一定承载力后加

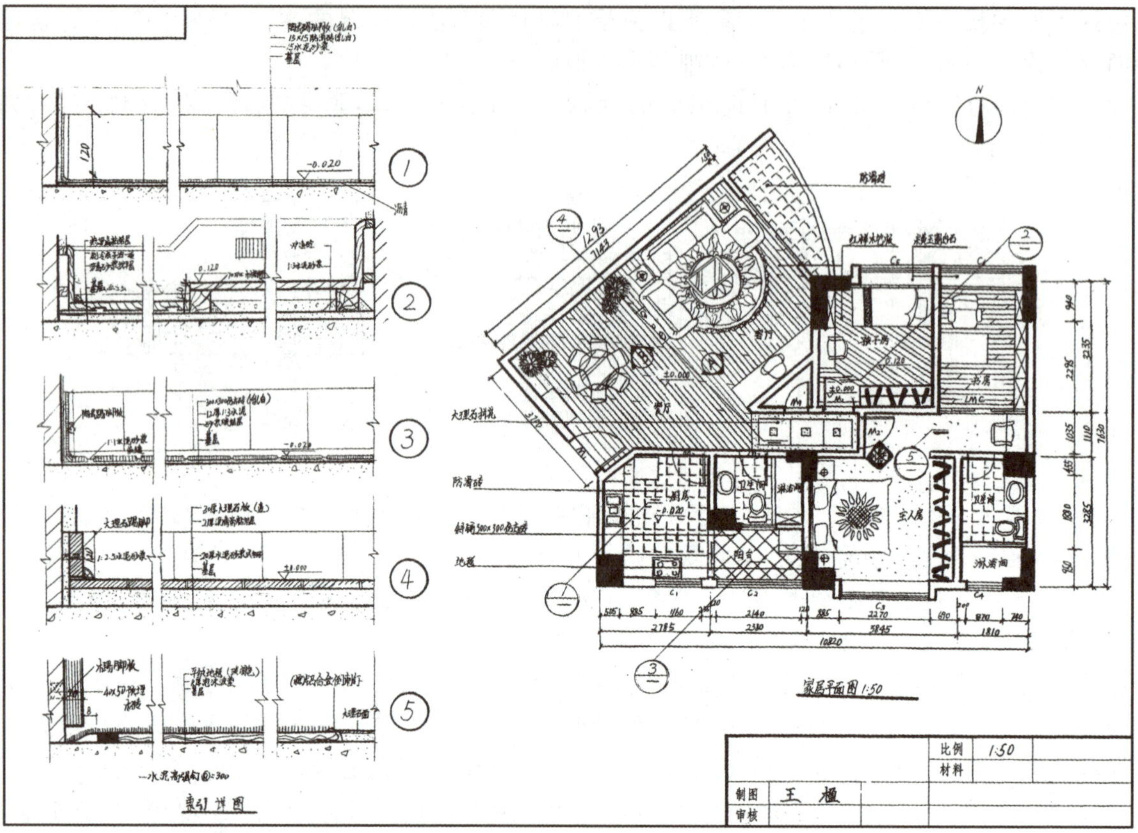

图 3-4-2　居住建筑平面布置

水用磨石机磨光、打蜡即成。如果将普通水泥换成白水泥，并掺入不同颜料做成各种彩色地面，谓之美术水磨石地面(图 3-4-3)，但造价较普通水磨石高约 4 倍。

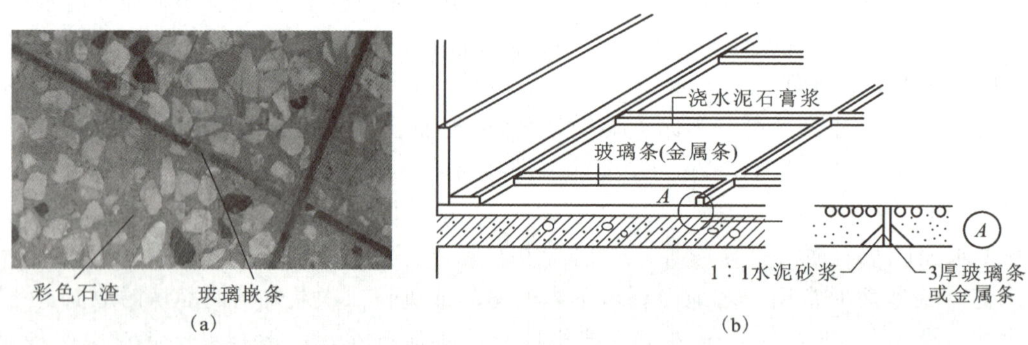

图 3-4-3　水磨石地面

水磨石地面具有良好的耐磨性、耐久性、防水防火性，并具有质地美观、表面光洁、不起尘、易清洁等优点。通常应用于居住建筑的浴室、厨房、厕所和公共建筑的门厅、走道及主要房间地面、墙裙等。

3.4.1.2　块料地面

块料地面是把地面材料加工成块(板)状，然后借助胶结材料贴或铺砌在结构层上。胶结材料既起胶结作用又起找平作用，也有先做找平层再做胶结层的。常用胶结材料有水泥砂浆、沥青玛琋脂等，也有用细砂和细炉渣做胶结层的。块料地面种类很多，常用的有黏土砖、水泥砖、大理石、缸砖、陶瓷锦砖、陶瓷地砖等。

(1) 黏土砖和水泥制品块地面

黏土砖和水泥制品块地面常用在室外，具体做法是：干铺一层 20～40 mm 细砂或细炉渣，用砂浆灌缝；或者用 12～20 mm 厚 1∶3 水泥砂浆或 1∶1 水泥砂浆嵌缝，如图 3-4-4 所示。

图 3-4-4　黏土砖和水泥制品块地面

(2) 缸砖、陶瓷锦砖和陶瓷地砖地面

缸砖、陶瓷锦砖和陶瓷地砖的共同特点是细密光洁、耐磨、吸水率低、不变色，它们的构造做法相似。先用 15～20 mm 厚 1∶3 的水泥砂浆找平，再用 5～8 mm 厚 1∶1 的水泥砂浆或水泥胶(水泥∶108 胶∶水＝1∶0.1∶0.2)粘贴，最后用素水泥浆擦缝。陶瓷锦砖在整张铺贴后，用滚筒压平，使水泥砂浆挤入缝隙，待水泥砂浆硬化后，用草酸或水洗去牛皮纸，然后用白水泥擦缝，如图 3-4-5 所示。

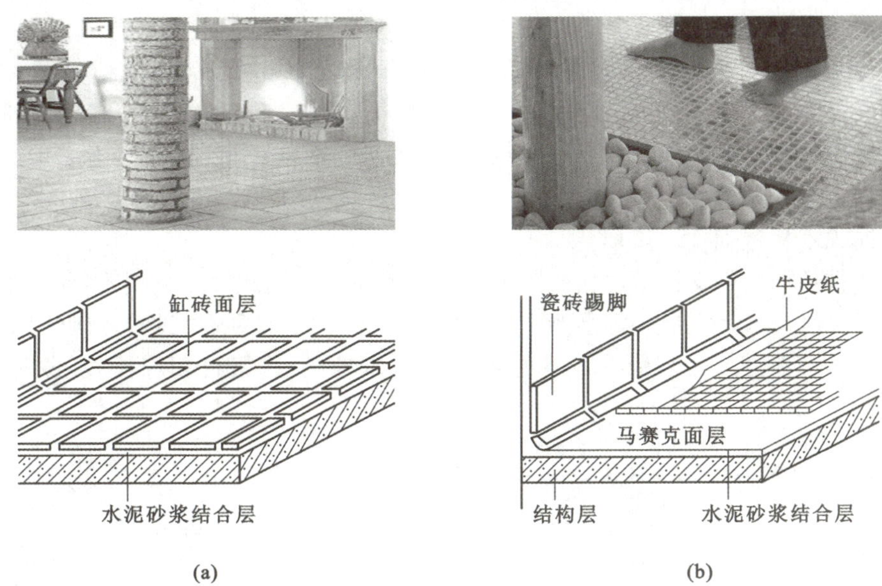

图 3-4-5　缸砖或陶瓷砖及陶瓷锦砖地面

(a) 缸砖或陶瓷砖地面；(b) 陶瓷锦砖地面

3.4.1.3　塑料地面

塑料地面包括一切以有机物质为主所制成的地面覆盖材料。塑料地面装饰效果好，色彩鲜艳，施工简单，有一定弹性，脚感舒适。但它有易老化、受压后产生凹陷、不耐高热、硬物刻画易留痕等缺点。

(1) 聚氯乙烯塑料地面(图 3-4-6)

聚氯乙烯塑料地面有块材和卷材之分,用黏结剂黏结(如氯丁橡胶黏结剂、聚醋酸乙烯黏结剂、环氧树脂黏结剂等)。

图 3-4-6　塑料地面

(2) 涂料地面

涂料地面和涂布无缝地面的区别在于:前者以涂刷方法施工,涂层较薄;而涂布地面以刮涂方式施工,涂层较厚。

3.4.1.4　木楼地面

木楼地面弹性好、不起灰、导热系数小,但造价高,是一种高级楼地面装修。木楼地面按构造形式分有空铺式和实铺式两种;按材料分有实木地面和复合木地面两种,实木地面又分为普通木地板、硬木条形地板和硬木拼花地板等。

(1) 实铺式木楼地面

实铺式木楼地面有铺钉式和粘贴式两种做法。铺钉式就是将木搁栅搁置在混凝土垫层或钢筋混凝土楼板上的水泥砂浆或细石混凝土找平层上,在搁栅上铺钉木地板。板材可采用双层或单层做法。粘贴式就是在找平层上用专用黏结剂黏结木板材,板材多为实木。此种做法省去搁栅,更加节约、方便和经济。实铺式木楼地面做法见图 3-4-7。

(2) 空铺式木楼地面

空铺式木楼地面是将支撑木地板的搁栅架空搁置在地垄墙或墙上挑砖上,使地板下面有足够的空间满足通风要求。空铺式木楼地面所用的板材多为复合板材。这种木地板精度高,特别耐磨,阻燃性、耐污性好,保温、隔热及观感方面与实木媲美,价格也相应便宜,做法如图 3-4-8 所示。

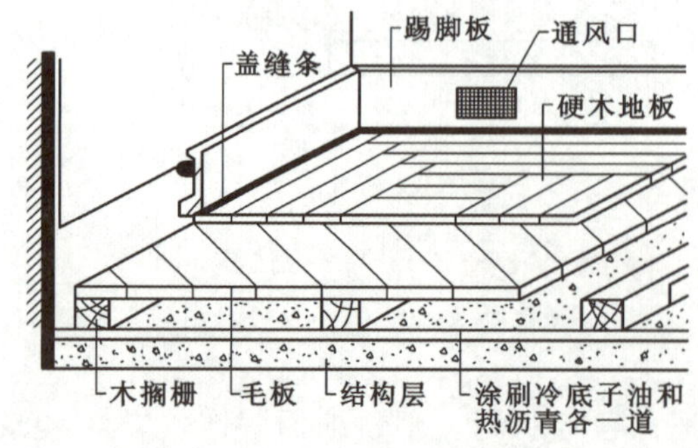

图 3-4-7　实铺式木楼地面

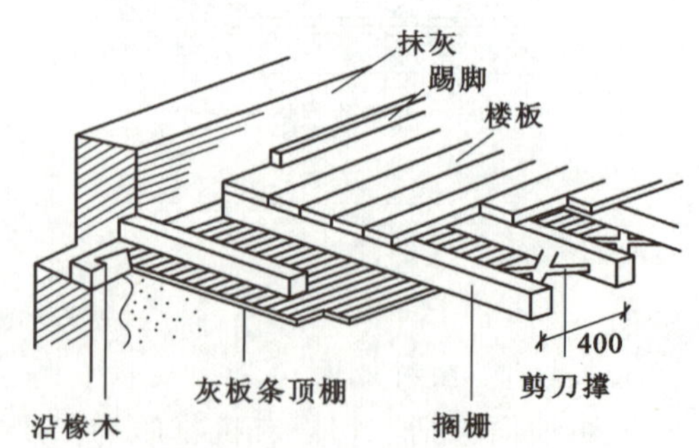

图 3-4-8　空铺式木楼地面

3.4.2　墙面装修构造

墙面装修是建筑装修中的重要内容，它对提高建筑的艺术效果、美化环境起着很重要的作用，还具有保护墙体的功能和改善墙体热工性能的作用。墙体表面的饰面装修因其位置不同有外墙面装修和内墙面装修两大类型。又因其饰面材料和做法不同，外墙面装修可分为抹灰类、贴面类和涂料类；内墙面装修则分为抹灰类、涂料类、贴面类和裱糊类。

居住建筑室内立面图见图 3-4-9，不同功能的房间，墙面的装修风格不同；装修的材料不同，墙面的做法亦不相同。

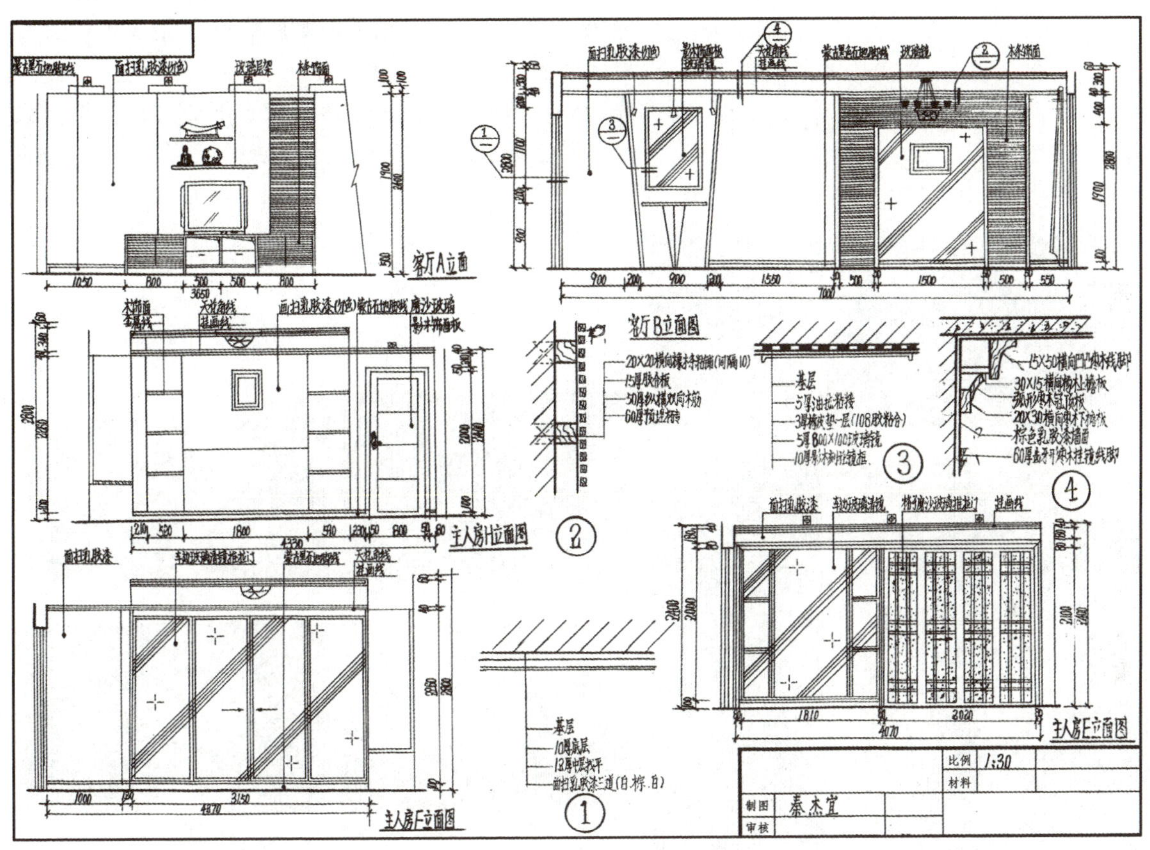

图 3-4-9　居住建筑室内立面图

3.4.2.1　抹灰类墙面装修

抹灰是我国传统的饰面做法，它是用砂浆涂抹在房屋结构表面上的一种装修工程，其材料来源广泛、施工简便、造价低，通过工艺的改变可以获得多种装饰效果，因此在建筑墙体装饰中应用广泛。

为保证抹灰质量，应做到表面平整、黏结牢固、色彩均匀、不开裂，施工时须分层操作。高级抹灰一般分三层，即底灰（层）、中灰（层）和面灰（层）（图3-4-10）。普通抹灰通常为两层。分层操作是为了加强拉结，避免开裂，防止脱落。

外墙面抹灰一般为 20～25 mm 厚，内墙面抹灰一般为 15～20 mm 厚。

高级抹灰适用于大型公共建筑物、纪念性建筑物、高级住宅、宾馆以及有特殊要求的建筑物。普通抹灰一般用于普通住宅、办公楼、学校等。

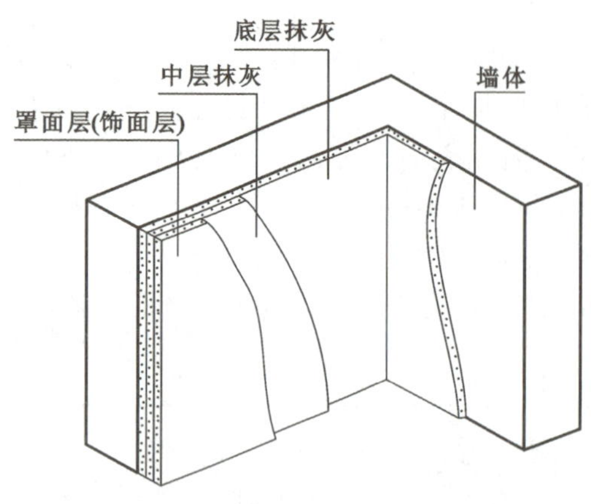

图 3-4-10　墙体抹灰饰面构造层次

一般抹灰常用的有石灰砂浆抹灰、水泥砂浆抹灰、混合砂浆抹灰、纸筋石灰浆抹灰、麻刀石灰浆抹灰，常规做法见图 3-4-11。

装饰抹灰按面层材料的不同可分为：石渣类（水刷石、水磨石、干粘石、斩假石），水泥、石灰类（拉条灰、拉毛灰、洒毛灰、假面砖、仿石）和聚合物水泥砂浆（喷涂、滚涂、弹涂）等。常见装饰抹灰饰面做法如图 3-4-12 所示。石渣类饰面材料是装饰抹灰中使用较多的一类，以水泥为胶结材料，以石渣为骨料做成水泥石渣作为抹灰面层，然后用水洗、斧剁、水磨等方法除去表面水泥浆皮，或者在水泥砂浆面上甩粘小粒径石渣，使饰面显露出石渣的颜色、质感，具有丰富的装饰效果。

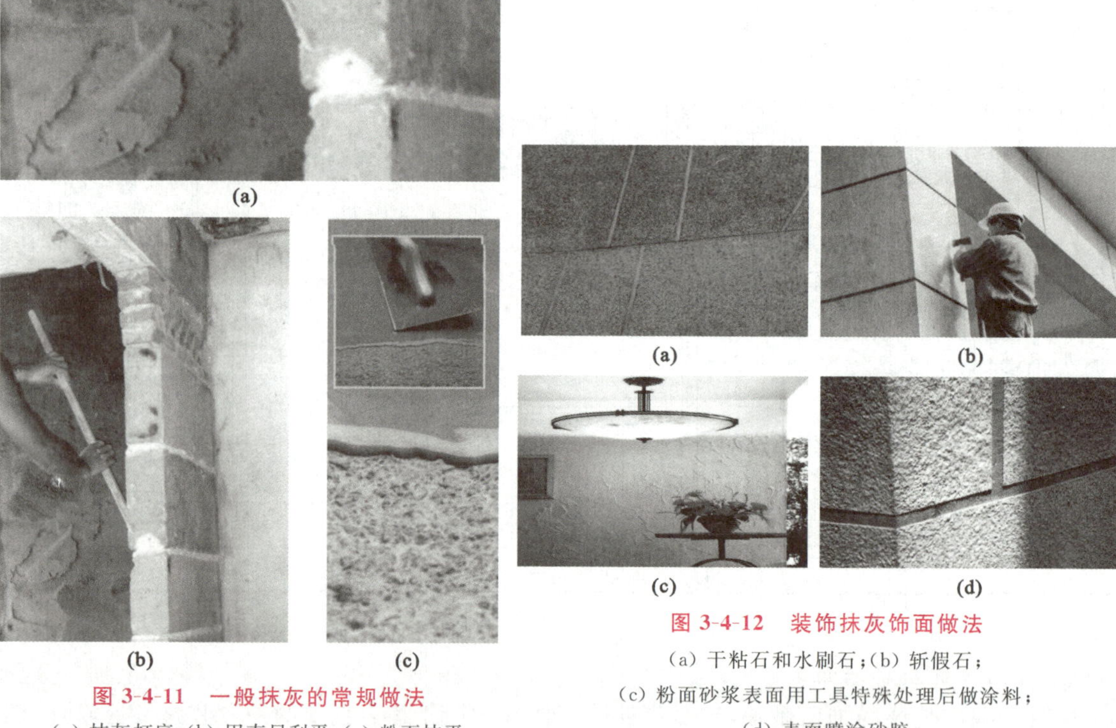

图 3-4-11　一般抹灰的常规做法

(a) 抹灰打底；(b) 用直尺刮平；(c) 粉面抹平

图 3-4-12　装饰抹灰饰面做法

(a) 干粘石和水刷石；(b) 斩假石；

(c) 粉面砂浆表面用工具特殊处理后做涂料；

(d) 表面喷涂砂胶

3.4.2.2　涂刷类墙面装修

涂刷类墙面装修是利用各种涂料刷在基层表面或在抹灰饰面的面层上喷、刷涂料涂层而形成饰面层。

建筑涂料的种类很多，按成膜物质可分为有机涂料和无机高分子涂料两类，可以采用刷涂、滚涂和喷涂的方式进行施工。常见有大白粉、油漆、乳胶漆及其他油性和水性涂料。

涂刷类做法一般要求墙面基层应干燥，必须待涂料干燥后再进行下一道涂料的施工，否则容易出现开裂、皱皮等质量问题。由于这种做法造价比较低、施工方便、装饰效果容易随业主的需要改变，故广泛用于建筑中。

3.4.2.3　贴面类墙面装修

贴面类墙面装修主要适用于人造面砖和天然块材墙面，主要有粘贴和贴挂两类做法。

(1) 粘贴做法如图 3-4-13 和图 3-4-14 所示。

(2) 贴挂类饰面的安装：可在墙柱表面拴挂钢筋网，将板材用钢丝绑扎，拴结在钢筋网上，并在板材与墙体的夹缝内灌以水泥砂浆，称之为拴挂法(图3-4-15)。还可采用连接件挂接法，即通过连接件、扒钉等零件与墙体连接。另外，还有采用聚酯砂浆或树脂胶黏结板材的固定连接方式。

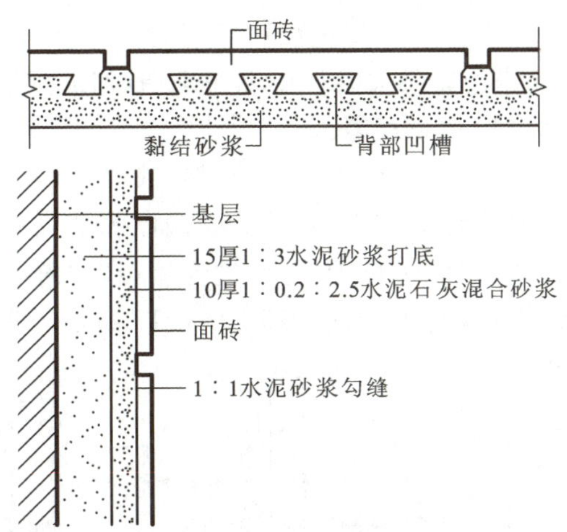

图 3-4-13　面砖构造示意

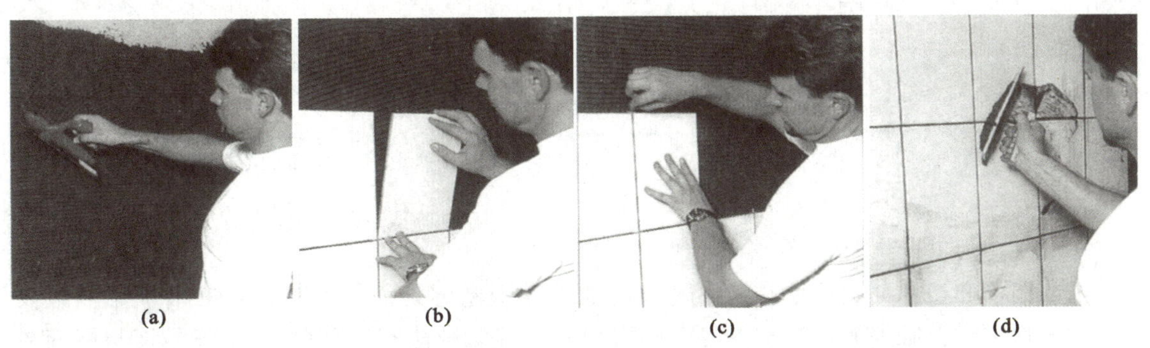

图 3-4-14　贴面砖工艺

(a) 用合适的齿型刮板将胶浆涂抹于工作面，使之均匀分布成条齿状，每次 1.2 m 左右；(b) 将瓷砖揉压于上；(c) 使用合适的砖缝，食指调节砖缝间距；(d) 铺贴完成 24 小时以后，方可踏入及填缝

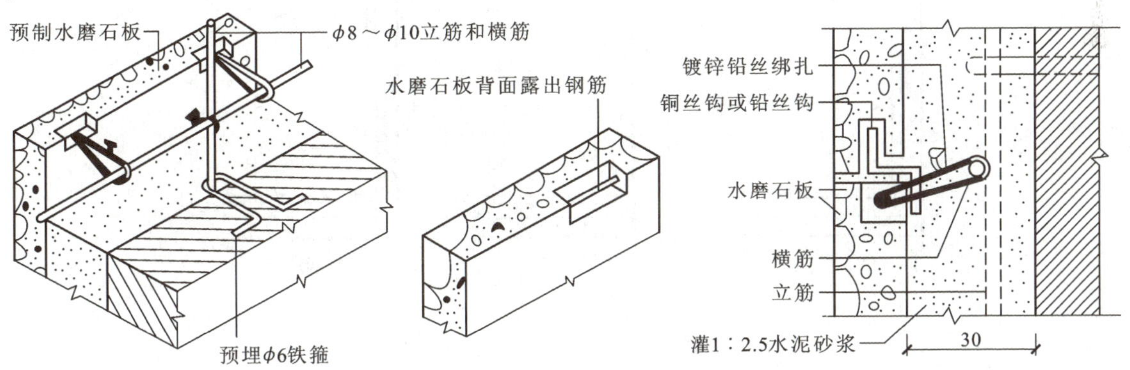

图 3-4-15　石材拴挂法

3.4.2.4　裱糊类墙面装修

裱糊类墙面装修是将基层打磨平整后，用黏结剂把壁纸、玻璃纤维布、天然织物等饰面材料粘牢的做法。这种装修方法价格适中，装饰效果也不错，还方便更换，但施工时要注意接缝饰面材料的图案和纹理，并要保证基层不能潮湿。

3.4.2.5　清水砖墙面饰面装修

凡在墙体外表面不做任何外加饰面的墙体称为清水墙；反之，称为浑水墙。

为防止灰缝不饱满而可能引起的空气渗透和雨水渗入，需对砖缝进行勾缝处理。一般用1∶1水泥砂浆勾缝。也可在砌墙时用砌筑砂浆勾缝，称为原浆勾缝。勾缝形式有平缝、平凹缝、斜缝、弧形缝等。

3.4.2.6　特殊部位的墙面装修

在内墙抹灰中，对易受到碰撞的部位如门厅、走道的墙面，以及有防潮、防水要求如厨房、浴厕的墙面，为保护墙身，做成墙裙；对内墙阳角、门洞转角等处做成护角。墙裙和护角高度为2 m左右，如图3-4-16和图3-4-17所示。根据要求护角也可用其他材料如木材制作。

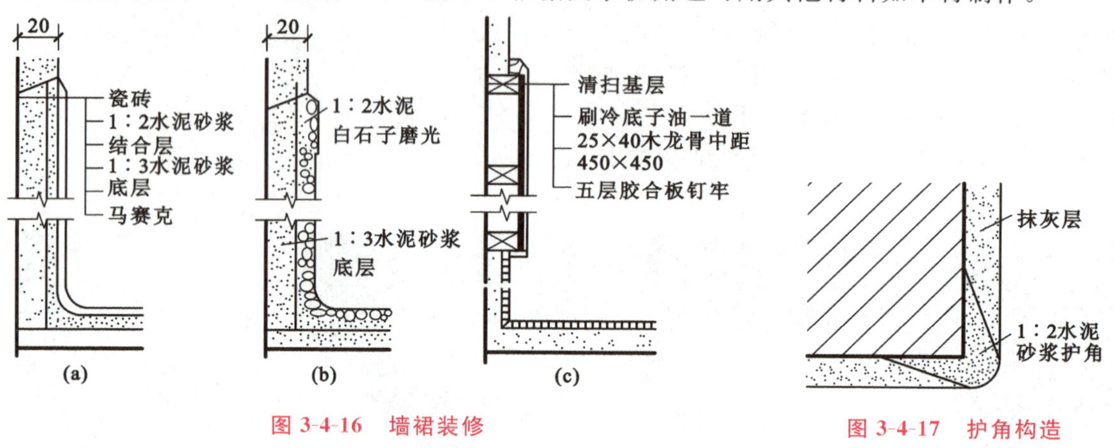

图3-4-16　墙裙装修

(a) 瓷砖墙裙；(b) 水磨石墙裙；(c) 木墙裙

图3-4-17　护角构造

在内墙面和楼地面交接处常做成踢脚线，其目的是遮盖地面与墙面的接缝，保护墙身以及防止擦洗地面时弄脏墙面。其材料与楼地面相同。常见做法有三种(图3-4-18)，即与墙面粉刷相平、凸出、凹进，踢脚线高120～150 mm。为了增加室内美观，在内墙面和顶棚交接处，可做成各种外装饰线，如图3-4-19所示。

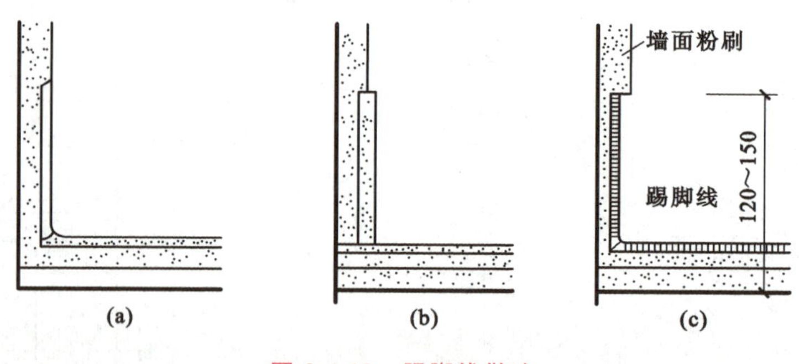

图3-4-18　踢脚线做法

(a) 与墙平齐；(b) 凸出墙面；(c) 凹入墙面

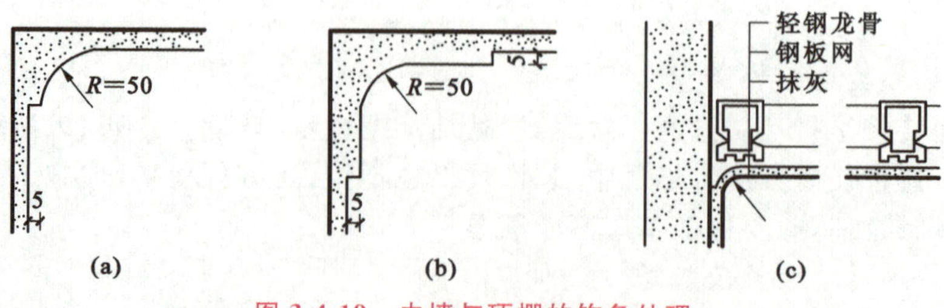

图3-4-19　内墙与顶棚的饰角处理

3.4.3　顶棚装修构造

顶棚同墙面、楼地面一样，是建筑物主要装修部位之一。

3.4.3.1　顶棚类型

(1) 直接顶棚

直接顶棚包括一般楼板板底和屋面板底直接喷刷、抹灰、贴面。

(2) 吊顶

在较大空间和装饰要求高的房间中，因建筑声学、保温隔热、清洁卫生、管道敷设、室内美观等特殊要求，常用顶棚把屋架、梁板等结构构件及设备遮盖起来，形成一个完整的表面。由于顶棚是采用悬吊方式支承于屋顶结构层或楼盖层的梁板之下，所以称之为吊顶。吊顶的构造设计应从上述多方面进行综合考虑。

图 3-4-20 所示是居住建筑室内顶棚布置形式之一。

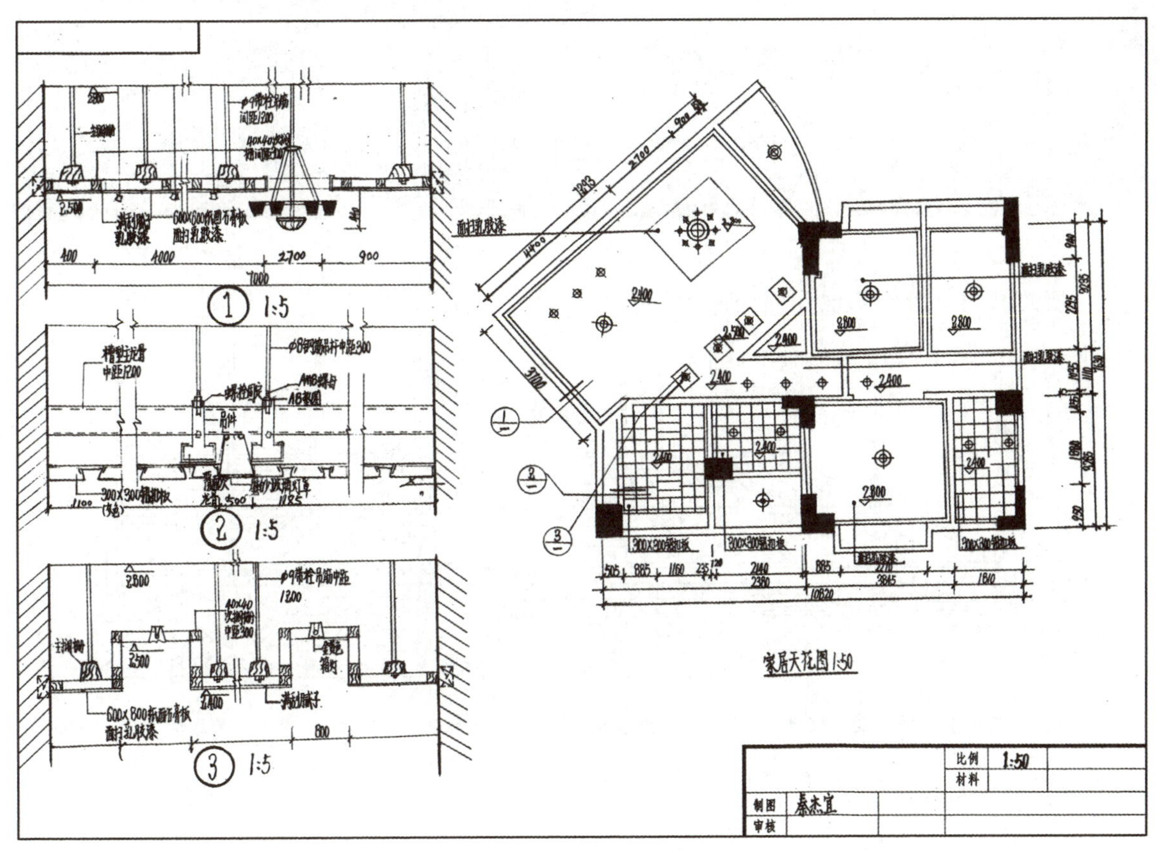

图 3-4-20　居住建筑室内顶棚布置图

3.4.3.2　顶棚构造

(1) 直接式顶棚(图 3-4-21)

直接式顶棚包括直接喷刷涂料顶棚、直接抹灰顶棚和直接贴面顶棚三种做法。

① 直接喷刷涂料顶棚

当要求不高或楼板地面平整时，可在板底嵌缝后喷(刷)石灰浆或涂料两道。

② 直接抹灰顶棚

对底板不够平整或要求稍高的房间，可采用板底抹灰，常用的有：纸筋石灰浆顶棚、混合砂浆顶棚、水泥砂浆顶棚、麻刀石灰浆顶棚、石膏灰浆顶棚。

③ 直接贴面顶棚

对某些装修标准较高或有保温吸声要求的房间，可在板底直接粘贴装饰吸声板、石膏板、塑胶板等。

(2) 吊顶(图 3-4-22)

吊顶按设置的位置不同分为屋架下吊顶和混凝土楼板下吊顶；按结构层材料分有木骨架吊顶和金属骨架吊顶。

图 3-4-21　直接式顶棚

图 3-4-22　吊顶

吊顶的结构一般由基层和面层两大部分组成，如图 3-4-23 所示。

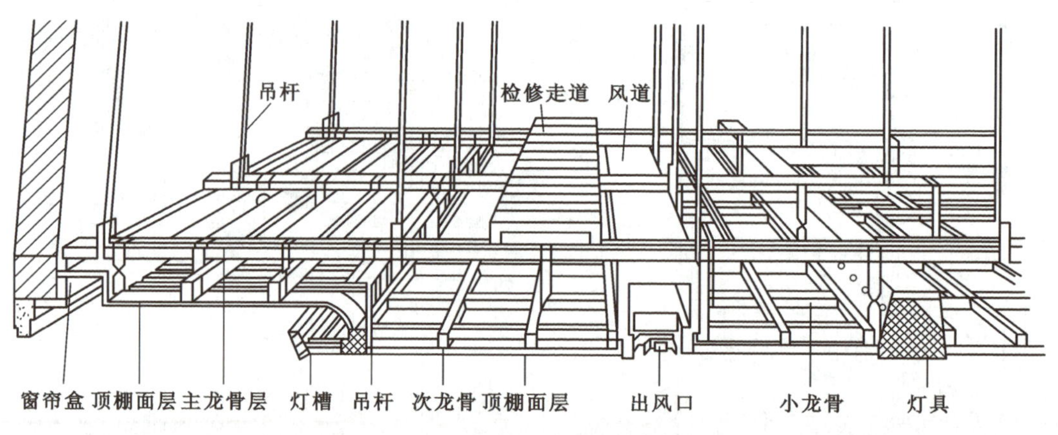

图 3-4-23　吊顶组成

① 基层

基层承受吊顶的荷载，并通过吊筋传给屋顶或楼板承重结构。基层由吊筋、龙骨组成。吊顶龙骨分为主龙骨与次龙骨，主龙骨为吊顶的承重构件，次龙骨则是吊顶的基层，如图 3-4-24 所示。

主龙骨通过吊筋或吊件固定在屋顶(或楼板)结构上，如图 3-4-25 所示，其断面大小视其材料品种、是否上人(吊顶承受人的荷载)和面层构造做法等因素而定。主龙骨断面比次龙骨大，间距通常为 1 m 左右。悬吊主龙骨的吊筋为 8～10 mm 的钢筋，间距也是 1 m 左右。次龙骨间距视面层材料而定，间距不宜太大，一般为 300～500 mm。刚度大的面层不易翘曲变形，

图 3-4-24　吊顶基层构造

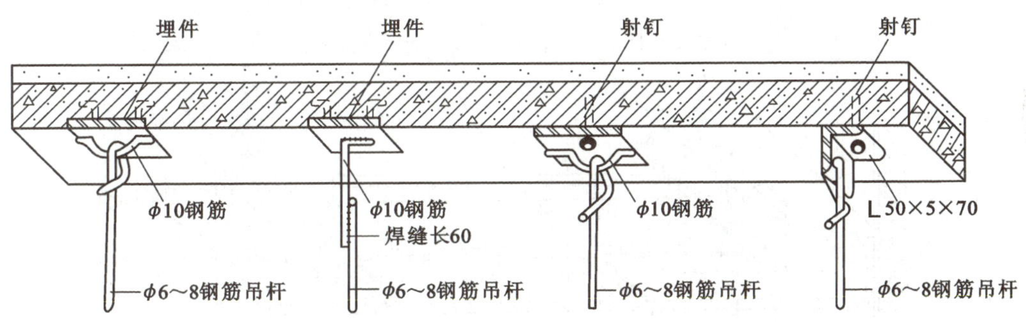

图 3-4-25　吊筋与楼板连接构造

可允许扩大至 600 mm。

② 面层

吊顶面层分为抹灰面层和板材面层两大类。抹灰面层为湿作业施工，费工费时。板材面层既可加快施工速度，又容易保证施工质量，如图 3-4-26 所示。吊顶面层板材的类型很多，一般可分为植物性板材（如胶合板、纤维板、木工板等）、矿物性板材（如石膏板、矿棉板等）、金属板材（如铝合金板、金属微孔吸声板等）等几种，具体构造详见图 3-4-27 和图 3-4-28。

(a)

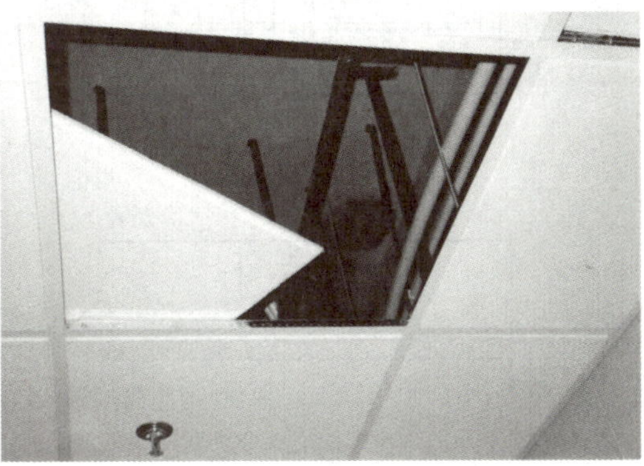

(b)

图 3-4-26　吊顶面层构造

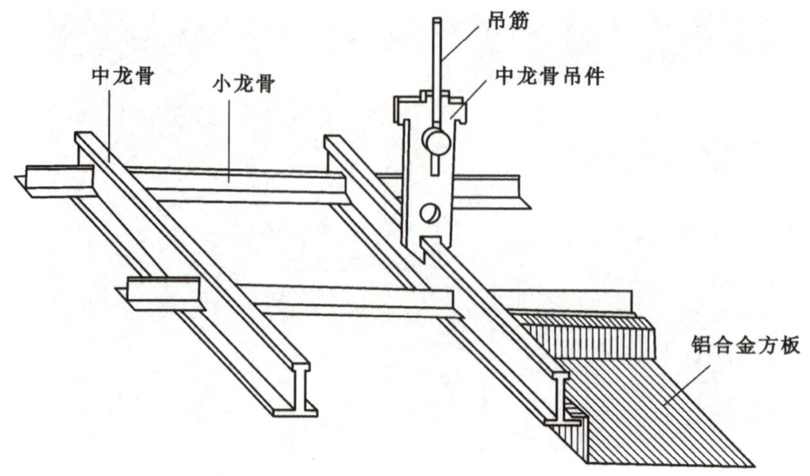

图 3-4-27　铝合金龙骨铝合金方板吊顶构造示意

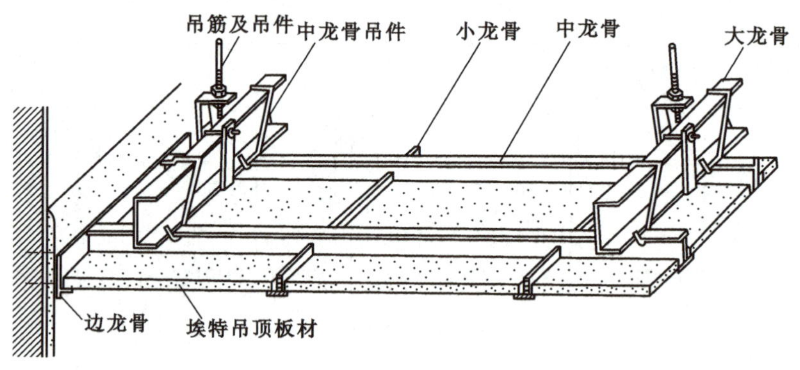

图 3-4-28　T 形轻钢龙骨小型板材吊顶构造示意

③ 吊顶面板与骨架之间连接方式

吊顶面板与骨架之间连接方式有钉接、搁置、粘贴、卡入和吊挂等方式，见图 3-4-29。

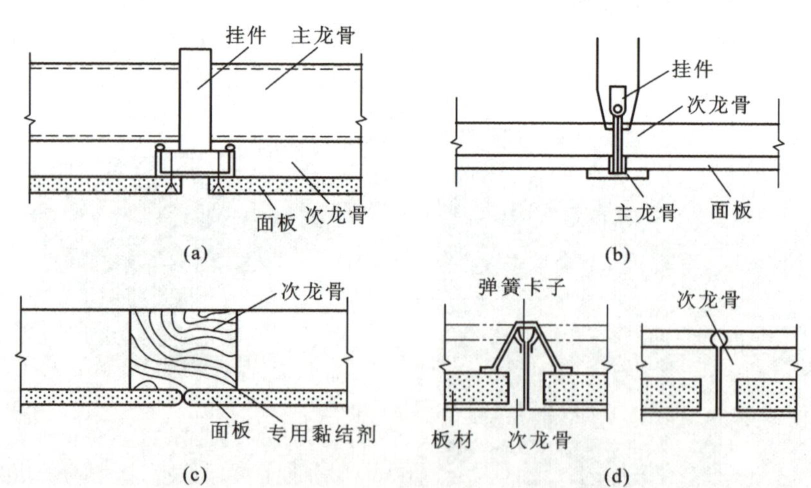

图 3-4-29　吊顶面板与骨架之间的连接方式

(a) 钉接；(b) 搁置；(c) 粘贴；(d) 卡入

小　　结

1. 地坪是建筑物底层与土壤接触的水平构件，一般由面层、垫层和基层组成，在一定的条件下地坪应做防潮处理。

2. 楼地面是楼板层和地层的面层，按材料和构造方法分为整体地面、块材地面、塑料地面和木地面。

3. 墙体饰面层起着保护墙体、改善墙体功能和增加装饰效果的作用，按施工方式有抹灰类、涂料类、贴面类和裱糊类。

4. 顶棚有直接式顶棚和悬吊式顶棚（又称吊顶），在建筑内部空间中起着显著的装饰作用。

思　考　题

1. 地坪是怎样防潮的？
2. 简述水磨石地面的构造要点。
3. 简述木地板地面的构造要点。
4. 墙面装修的作用是什么？一般的墙面装修有哪几种基本类型？
5. 墙面抹灰一般由哪几个层次组成？各层次的作用是什么？
6. 分别叙述抹灰类、涂料类、贴面类和裱糊类的构造要点。
7. 悬吊式顶棚中吊筋与楼板的固定方法有哪些？

知识 3.5　门与窗构造

教学目标

1. 了解门窗的形式与尺寸；
2. 了解门窗的节能措施；
3. 熟悉金属窗、塑钢窗的构造；
4. 熟悉遮阳的基本措施并能进行遮阳设计；
5. 了解其他类型门、窗的构造特点，以及门、窗材料的发展趋势。

门和窗都是建筑中的围护构件。门在建筑中的作用主要是交通、疏散、联系，并兼有采光、通风之用；窗的作用主要是采光和通风。另外，门窗的形状、尺度、排列组合方式以及材料选择等，皆对建筑物的立面效果影响很大。门窗还要有一定的保温、隔声、防雨、防火、防风沙等能力，在构造上，应满足开启灵活、关闭紧密、坚固耐久、便于擦洗、符合模数等方面的要求。实际工程中，门窗的制作生产已具有标准化、规格化和商品化的特点，各地都有标准图可供设计者选用。

门窗构造要满足以下几个方面的要求：

(1) 保证交通安全、采光通风合理，做到经济、美观、开启灵活、便于维修和清洗等。

(2) 有足够的强度，坚固耐用，能抵抗风雨侵蚀。

(3) 外墙上的门窗要满足建筑节能要求。

3.5.1 概述

3.5.1.1 门窗的类型及特点

(1) 按开启方式分类

门按开启方式分通常有：平开门、弹簧门、推拉门、折叠门、转门等，如图 3-5-1 所示。

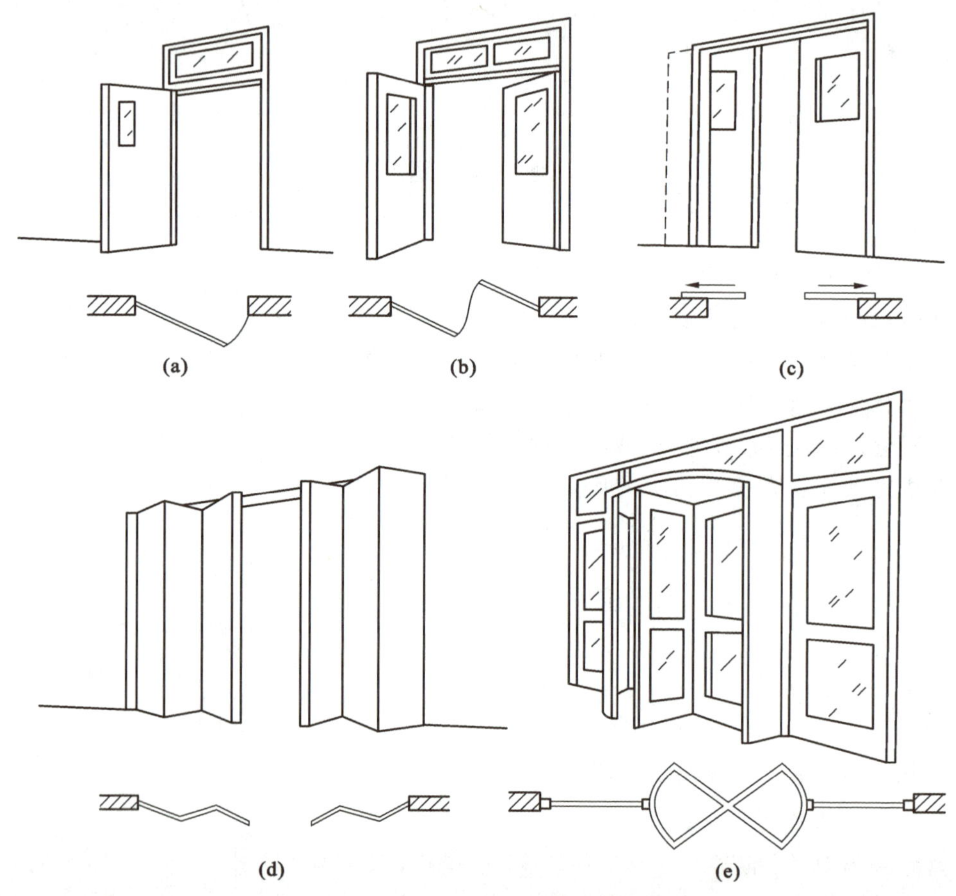

图 3-5-1 门的类型

(a) 平开门；(b) 弹簧门；(c) 推拉门；(d) 折叠门；(e) 转门

① 平开门。平开门是水平开启的门，它的铰链装于门扇的一侧与门框相连，使门扇绕铰链轴转动。平开门具有构造简单、开启灵活、制作安装和维修方便等特点。分单扇、双扇和多扇，内开和外开等形式，是一般建筑中使用最广泛的门。

② 弹簧门。弹簧门与平开门的区别在于侧边用弹簧铰链或下边用地弹簧代替普通铰链，开启后能自动关闭。单向弹簧门常用于有自关要求的房门，如卫生间的门、纱门等。双向弹簧门多用于人流出入频繁或有自动关闭要求的公共场所，如公共建筑门厅的门等。双向弹簧门扇上一般要安装玻璃，供出入的人们相互观察，以免碰撞。但在幼儿园等儿童用建筑中不宜采

用。弹簧门使用方便，美观大方，但密闭性较差，一般在公共场所广泛使用。

③ 推拉门。门扇沿上下设置轨道左右滑行，有单扇和双扇两种。推拉门开启时不占空间，受力合理，不易变形，但构造复杂，制造精度要求高，在关闭时难于严密。可用于尺寸较大的门洞。在民用建筑中，一般采用轻便推拉门分隔内部空间；在工业建筑中，用作仓库和车间大门。

④ 折叠门。门扇可拼合、折叠推移到洞口的一侧或两侧，占房间的使用面积小。简单的折叠门只在侧边安装铰链，复杂的还要在门的上边或下边装导轨及转动五金配件。折叠门构造较复杂，一般用作分隔室内空间。

⑤ 转门。转门是三扇或四扇门扇用同一竖轴组合成夹角相等，在弧形门套内水平旋转的门。它对防止内外空气对流有一定的作用，常作为人员进出频繁，且有采暖或空调设备的公共建筑的外门。在转门的两旁还应设平开门或弹簧门。转门构造复杂，造价较高。

此外，门的形式还有上翻门、卷帘门、升降门等，一般适用于门洞口较大、有特殊要求的房间，如车库的门等。

窗按其开启方式，其形式主要有：固定窗、平开窗、推拉窗、旋窗、立转窗等，如图3-5-2所示。

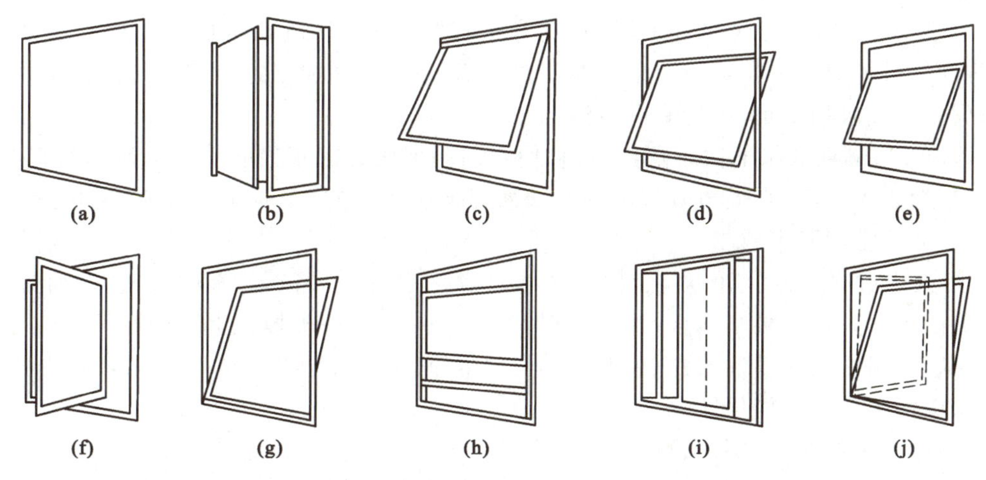

图 3-5-2　窗的类型

(a) 固定窗；(b) 平开窗；(c) 上旋窗；(d) 中旋窗；(e) 下滑旋窗；
(f) 立转窗；(g) 下旋窗；(h) 垂直推拉窗；(i) 水平推拉窗；(j) 下旋平开窗

① 平开窗。平开窗有内开和外开之分，构造简单，制作、安装、维修、开启等都比较方便，在一般建筑中应用最广泛。

② 旋窗。旋窗按旋转轴的位置不同，分为上旋窗、中旋窗和下旋窗三种。上旋窗和中旋窗向外开，防雨效果好，且有利于通风，开启较为方便；下旋窗不能防雨，开启时占据较多的室内空间，多与上旋窗组成双层窗用于有特殊要求的房间。

③ 立转窗。立转窗是指窗扇可以沿竖轴转动的窗。竖轴可设在窗扇中心，也可以略偏于窗扇一侧。立转窗的开启大小及方向可随风向调整，通风效果较好。

④ 推拉窗。推拉窗分水平推拉和垂直推拉两种。水平推拉窗需要在窗扇上、下设轨槽，垂直推拉窗要有滑轮及平衡措施。推拉窗开启时不占据室内外空间，窗扇和玻璃的尺寸可以较大，但推拉窗不能全部同时开启，通风效果受到影响。铝合金窗和塑钢窗比较适用推拉窗。

⑤ 固定窗。固定窗是不能开启的窗，仅做采光和通视之用，玻璃尺寸大小较灵活。

(2) 按门窗的材料分类

依照生产门窗用的材料不同，主要可分为木门窗、钢门窗、铝合金门窗及塑钢门窗等类型。

木门窗加工制作方便，价格较低，曾经得到广泛应用，但木材耗量大，防火能力差。

钢门窗强度高，防火好，挡光少，在建筑上应用很广，但钢门窗保温较差，易锈蚀。

铝合金门窗美观，有良好的装饰性和密闭性，但成本较高，保温差(铝合金门窗若经喷塑处理保温效果可改善)。

塑钢门窗同时具有木材的保温性和铝材的装饰性，是近年来为节约木材和有色金属而发展起来的新品种，国内已有相当数量的生产。但在目前，它的成本较高，耐久性还有待进一步完善。

另外，还有全玻璃门，主要用于标准较高的公共建筑中的主要入口，它具有简洁、美观、视线无阻挡等特点。

(3) 按门窗的使用功能分类

门可分为：普通门、保温门、隔声门、防火门、防护门、防盗门以及其他特殊要求的门。下面只简单地介绍其中的三种。

① 保温门：门扇采用双面钉木拼板，内充玻璃毡，在玻璃毡和木板之间铺一层 200 号油纸，以防潮气进入棉毡影响保温效果。在门扇下部，下冒头的底面安装橡皮条或设门槛密封，故可减少室外气候的影响，保持室内恒温。

② 隔声门：隔声效果取决于隔声材料、门框与门扇间的密闭程度等。材料容积密度越大、越密实，接缝密闭越严，则隔声效果越好。如采用玻璃间距为 80～100 mm 的不同厚度的双层玻璃隔声，有一定的隔声效果。

③ 防火门：按防火规范的规定设置，要求具有一定的耐火极限，关闭紧密，开启方便等特点。常见的方法是在钢板或木板门或木框外包 5 mm 厚的石棉板或 26 号镀锌铁皮。门扇铁皮及石棉板门扇的两侧设泄气孔，用低熔点焊料焊牢，以防止火灾时木材碳化释放大量的气体使门扇胀破而失去防火作用。

窗可分为：单层窗、双层窗、百叶窗、纱窗等。

3.5.1.2 门窗的数量和尺寸

(1) 门的数量与尺寸

门是人们进出房间和联系室内外的通道口，兼有采光和通风的作用。一幢建筑或一个房间要开几个门，位置如何确定，每个建筑物门的总宽度是多少，一般由交通疏散要求和规范来确定。一般规定：公共建筑安全出入口的数量应不少于两个，但房间面积在 60 m^2 以下，人数不超过 50 人时，可只设一个出入口。对于人员密集的剧院、电影院、礼堂、体育馆等公共场所，观众厅的疏散门，一般按百人取 0.65～1.00 m 宽，当人员较多时，可适当递增。

对于学校、商店、办公楼等民用建筑的门，可按表 3-5-1 的规定选取。高层建筑中每个外门的净宽按建筑物用途不同其净宽不同，如医院的为 1.3 m，居住建筑的为 1.1 m，其他建筑的为1.2 m等。确定门的最小宽度与高度应考虑到通风、采光及搬运家具、设备等要求，并使一般人能正常通行。单扇门宽按不同的使用要求可为 700～1000 mm 宽，双扇门宽度为 1200～1800 mm，宽 2 m 以上则为三扇或四扇门。无亮子时，门洞高 2100～2400 mm；设亮子时，亮子高度一般为 300～900 mm，可视需要变动。在门的标准图集中规定有各种尺寸的门类型供选用。

表 3-5-1　门的宽度指标

层数	耐火等级		
	一、二级	三级	四级
	宽度指标(m/100 人)		
一、二层	0.65	0.80	1.00
三层	0.80	1.00	
三层以上	1.00	1.25	

(2) 窗的数量与尺寸

窗的尺寸主要依据房间的采光通风、墙体结构和建筑造型等要求来确定。常用的窗洞口宽度有 600 mm、900 mm、1200 mm、1500 mm、1800 mm、2100 mm 等，窗洞口高度为 1500～2100 mm。对一般民用建筑用窗各地均有通用图，各类窗的高度与宽度尺寸通常采用扩大模数 3M 数列作为洞口的标志尺寸，需要时按所需类型及尺度大小直接选用。

3.5.1.3　门窗的保温、隔热

(1) 玻璃的保温、隔热方法

适用于门窗的玻璃种类较多，主要有普通平板玻璃、吸热平板玻璃、压花玻璃、夹丝玻璃、钢化玻璃、镀膜玻璃等。普通平板玻璃的窗玻璃厚度仅有 5～10 mm，同其他构件相比，玻璃的总传热系数最大，通过玻璃进出室内外的热能也最多。从窗玻璃进入室内的太阳辐射热被地板等吸收之后，将成为热源，尤其是在冬季起到了自然采暖的重要作用。另外，热能还会通过窗玻璃而散失。为了提高玻璃的保温隔热性，一般都采用双层中空玻璃，如图 3-5-3所示。中空玻璃是用双层玻璃和密封条形成 4～12 mm的空腔，内部充满干燥空气或惰性气体，中空玻璃具有表面不结露、隔热、隔声等特点，目前被广泛采用。在热散失上，双层中空玻璃比单层透明玻璃可减少大约 1/2 的热散失。另外，如果在双层中空玻璃的内侧镀上低辐射薄膜，还能进一步提高隔热性。

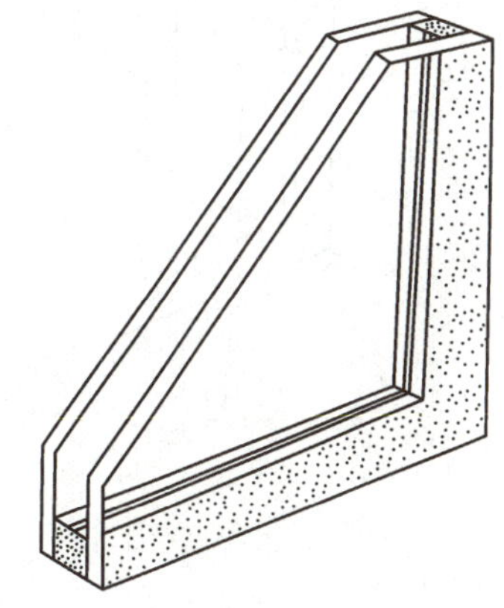

图 3-5-3　双层中空玻璃

(2) 门窗框的保温隔热方法

为了提高门窗整体的保温隔热性，不仅要控制玻璃部分的总传热系数，还要注意门窗框的隔热性。铝窗框的气密性很好，但由于铝材的热导率大，铝窗框部分的热损失较大，容易产生结露。木框的隔热性很好，具有铝合金框所没有的独特的温暖感及在室内过着温暖生活的心理效果。但木框的耐久性、气密性差。近年来，在一些地区采用工程塑料加钢骨架组合成塑钢窗框也取得不错的效果，如图 3-5-4 所示。

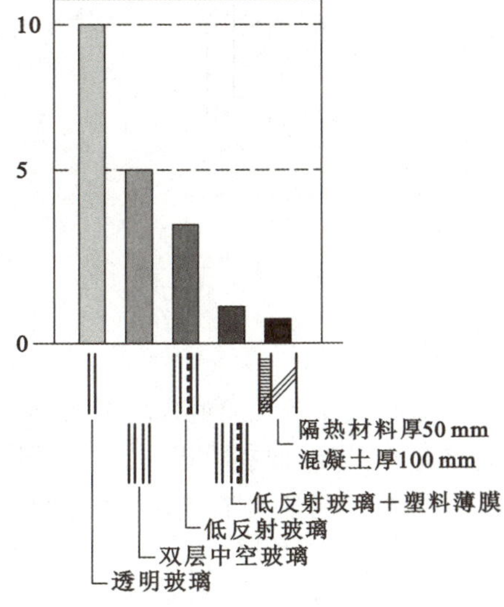

图 3-5-4　玻璃的种类和隔热性能

3.5.2 窗的构造

窗作为外围护构件的一部分，其尺度一般根据房间的采光、通风、结构形式及建筑造型等因素决定，同时应符合模数制要求。

3.5.2.1 窗的构造设计要求

(1) 窗的选型首先应考虑安全性、方便使用和易于做清洁。高层建筑从安全角度考虑，一般可选用推拉窗、上旋窗或下旋窗。平开窗原则上不宜使用外开窗，如图3-5-5所示。若设计必须选用平开窗外开时，应使用质量可靠的五金件(一般为不锈钢材料)。当设计的窗户为单扇平开窗外开时，为便于擦窗，应选用长脚铰链或平移式铰链，如图 3-5-6 所示。

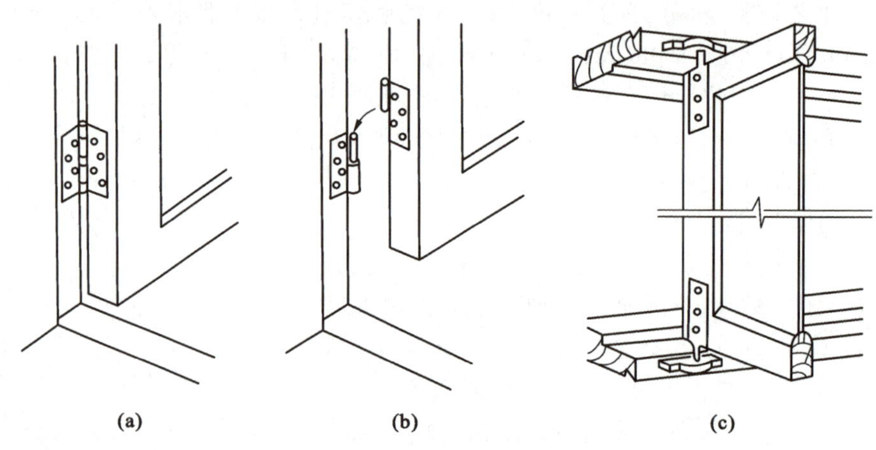

图 3-5-5 平开窗铰链形式

(a) 平开窗铰链；(b) 抽心铰链；(c) 转轴

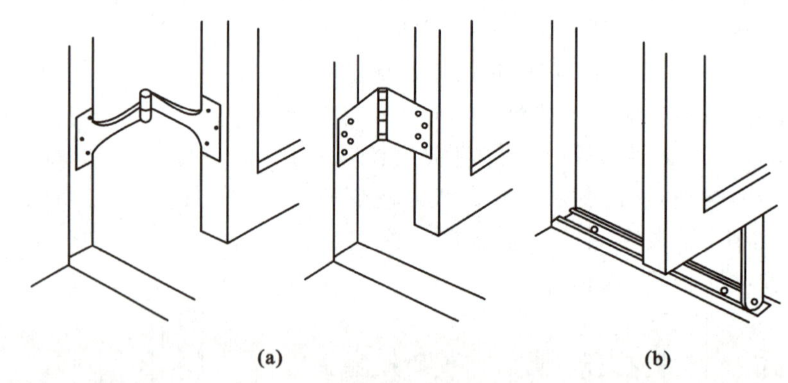

图 3-5-6 单扇平开窗铰链形式

(a) 长脚铰链；(b) 平移式铰链

(2) 底层开设的窗户均要有防护安全措施；面向走廊或公共部位开窗(如厨房、卫生间)一般应考虑内开窗，或在不影响人行走的情况下宜外开窗，并应考虑防护安全措施及私密性要求。

(3) 在建筑外窗考虑设置纱窗时(以防蚊蝇入侵室内)，窗框料的选型应有纱窗安装的位置。

(4) 窗台高度一般不宜低于 900 mm。当窗台过高或上部开启时，要考虑开启方便，必要时增设开闭措施。当窗台低于 800 mm，窗外又无阳台或平台时，须有防护安全措施。外窗台要做好防水构造，一般内窗台应比外窗台高出 20 mm。

(5) 楼梯间外窗位置应考虑楼层圈梁的走向，当不能避让时，应增设附加圈梁，并保证一定的搭接长度。

(6) 在卫生间、盥洗室设置的窗户或窗户间的距离较近时，为避免相互视线干扰，可采取配置磨砂玻璃或压花玻璃。磨砂玻璃的毛面应面向室内。

3.5.2.2　木窗的组成与构造

(1) 木窗的组成

平开木窗一般由窗框、窗扇和五金及附件等组成。由于窗户的材料和其所安装的墙体材料的不同，其构造做法也是不相同的。在窗框与墙体的连接处，有时设置窗帘盒、窗台板和贴脸等，如图 3-5-7 所示。

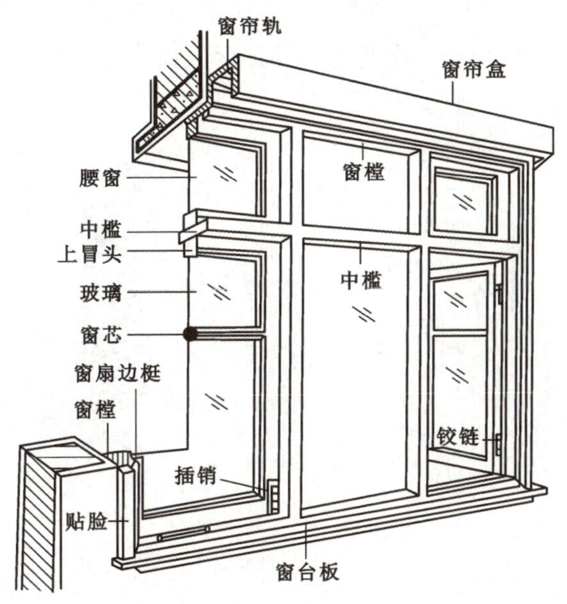

图 3-5-7　平开窗各部分组成

窗的尺度主要取决于房间的采光、通风、构造做法和建筑造型等要求，并要符合现行《建筑模数协调标准》的规定。为使窗坚固耐久，一般平开木窗的窗扇高度为 800～1200 mm，宽度不宜大于 500 mm，上下悬窗的窗扇高度为 300～600 mm，中悬窗的窗扇高不宜大于 1200 mm，宽度不宜大于 1000 mm；推拉窗高宽均不宜大于 1500 mm。

(2) 窗框

窗框又称窗樘，一般由上框、下框、中横框、中竖框和边梃组成，是窗扇与墙体的连系构件。窗框的断面形状与窗扇的层数、厚度、开启方式、洞口大小和承受风压力的大小有关。

窗框在墙中的位置有立中、内平和外平，如图 3-5-8 所示。窗框立中是一种普遍应用的形式；窗框内平时，为防止窗框与内墙表面的接缝开裂，应做贴脸；窗框外平多用于厚度较薄的板材类外墙。在施工时，一般是先安装窗框，再安装窗扇和五金件。窗框安装时，凡与砖墙或混凝土柱接触的木件、预埋砖等，均应进行防腐蚀处理。

与木门的安装类似，木窗框的安装有立口和塞口两种方式。塞口时，应对窗框与墙体间的缝隙做密封处理，如图 3-5-9 所示。

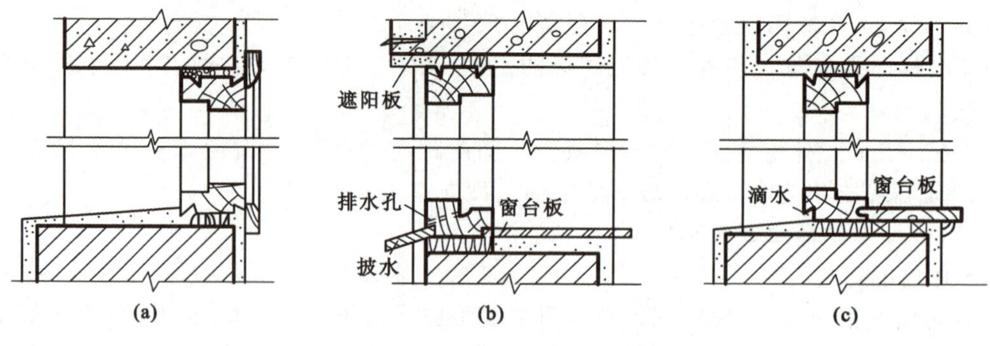

图 3-5-8　窗框在墙洞中的位置

(a) 窗框内平;(b) 窗框外平;(c) 窗框立中

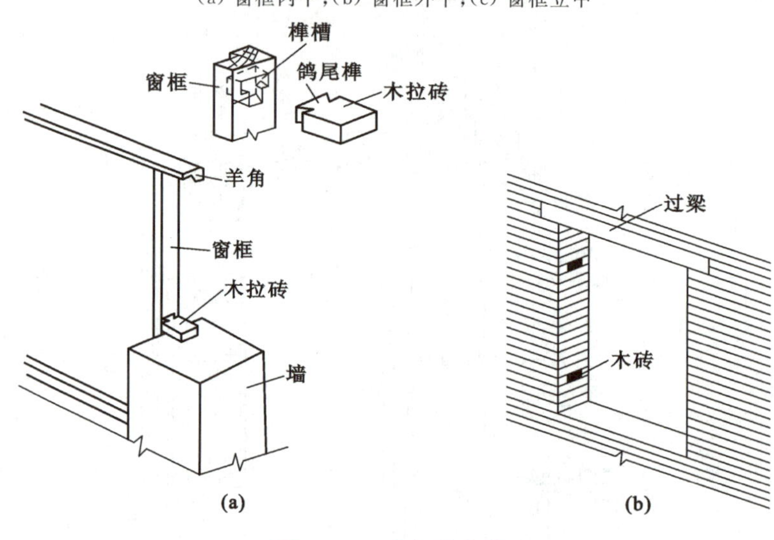

图 3-5-9　窗框的安装

(a) 立口;(b) 塞口

① 立口

立口安装是在墙砌至窗台高度时先安装窗框并进行临时固定,然后再砌墙。为加强窗框与墙间的连接,一般应将上框和下框由边框向外伸出 120～200 mm,并沿窗高每侧每隔 500 mm高度设木拉砖砌入墙中。立口安装窗框与墙的连接较为紧密,但施工不便,而且窗框在施工过程中容易受损。

② 塞口

塞口安装是在砌墙时先留出窗洞,之后再安装窗框。为了加强窗框与墙的连接,砌墙时需在窗洞口两侧每隔 500～600 mm 高预埋木砖(每侧不少于两块),用长钉或螺钉将窗框固定在木砖上。后立口安装窗框施工比较方便,但窗框与墙体之间需要留有较大的安装空隙,对密封不利。

窗框断面形式和尺寸:窗框在构造上有裁口及背槽处理,裁口亦有单裁口和双裁口之分,如图 3-5-10 所示。

(3) 窗框与墙的接缝处理

墙与窗框结合应解决密封问题。木窗框的两侧设外角灰口,以增强框与抹灰的结合与密封;框与墙间可填塞松软型弹性材料,增强密封程度,如防风毛毡、麻丝等,如图 3-5-11 所示。

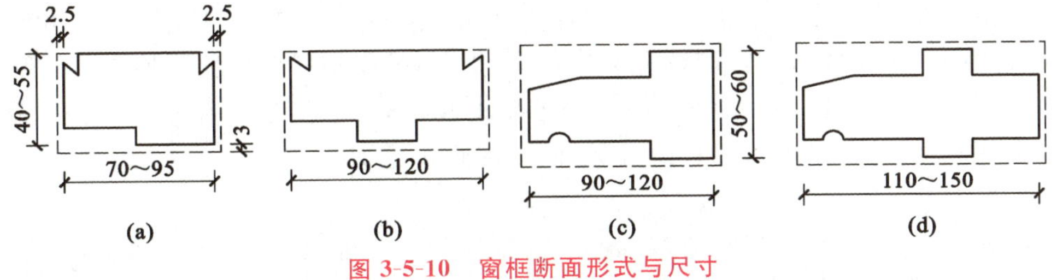

图 3-5-10　窗框断面形式与尺寸

(a) 单层窗窗樘;(b) 双层窗窗樘;(c) 单层外开窗中横档;(d) 双层窗中横档

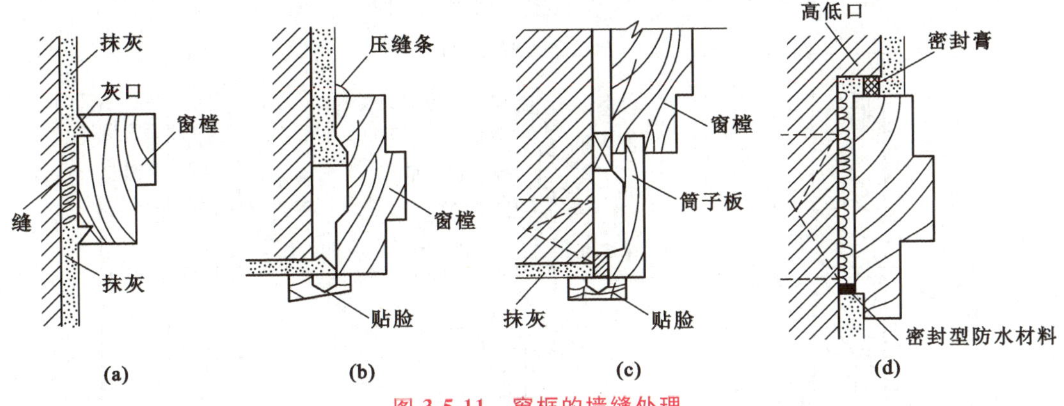

图 3-5-11　窗框的墙缝处理

(a) 平口抹灰;(b) 贴脸;(c) 筒子板和贴脸;(d) 高低口,缝内填弹性密封材料

(4) 窗扇及窗用五金配件(图 3-5-12)

常见的木窗扇有玻璃扇和纱窗扇,玻璃扇应用最广泛。窗扇的上下冒头、边梃和窗芯均设有裁口,以便安装玻璃或窗纱。裁口深度约 10 mm,一般设在外侧。玻璃窗的下冒头由于要承受窗扇重量,可适当加大。

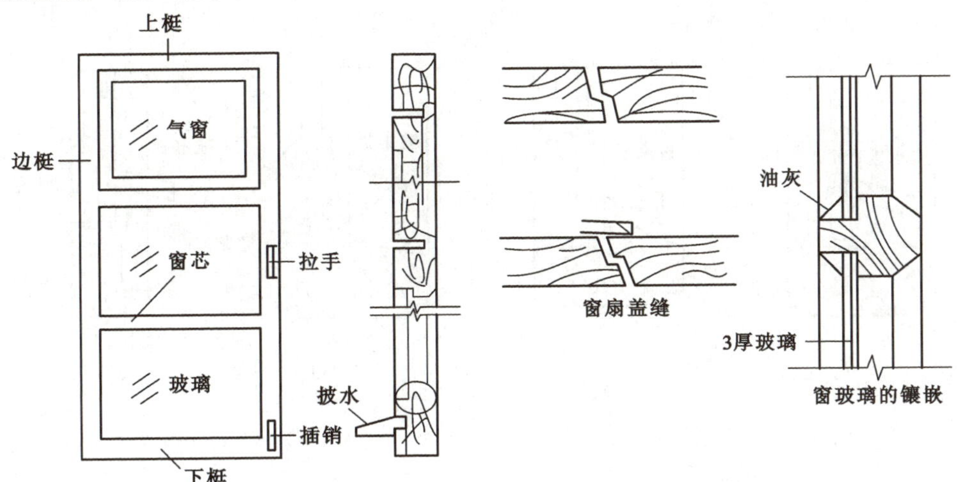

图 3-5-12　平开窗窗扇的构造

玻璃的选择及安装:常用的建筑玻璃有普通平板玻璃、磨砂玻璃、压花玻璃、夹层玻璃、吸热玻璃、中空玻璃、钢化玻璃等,普通窗多用平板玻璃。若需遮挡视线,则选用磨砂玻璃或压花玻璃。其他玻璃用于特殊要求的建筑中。玻璃的安装常用油灰或木压条嵌固。对于不受雨水侵蚀的窗扇玻璃,可用小木压条镶嵌。

窗用五金配件：平开木窗常用五金配件有合页（铰链）、插销、撑钩、拉手、铁三角等。采用品种由窗的大小和装修要求而定。铰链又称合页、折页，是窗扇和窗框的连接件。插销是木窗扇关闭后的定位五金零件。拉手是方便开关窗扇的把手，一般安装在窗扇中梃的中部位置。窗的合页多用双轴合页，窗扇可以自由摘下，便于维修和擦拭。

（5）窗的防水构造

窗扇向室外开启，窗框裁口在外侧，窗扇开启时不占空间，不影响室内活动，利于家具布置，防水性较好。但擦窗及维修不方便，开启扇常受日光、雨雪侵蚀，易腐烂，同时玻璃破碎时有伤人的危险。为了有利于防水，中横框常加披水（图 3-5-13）。

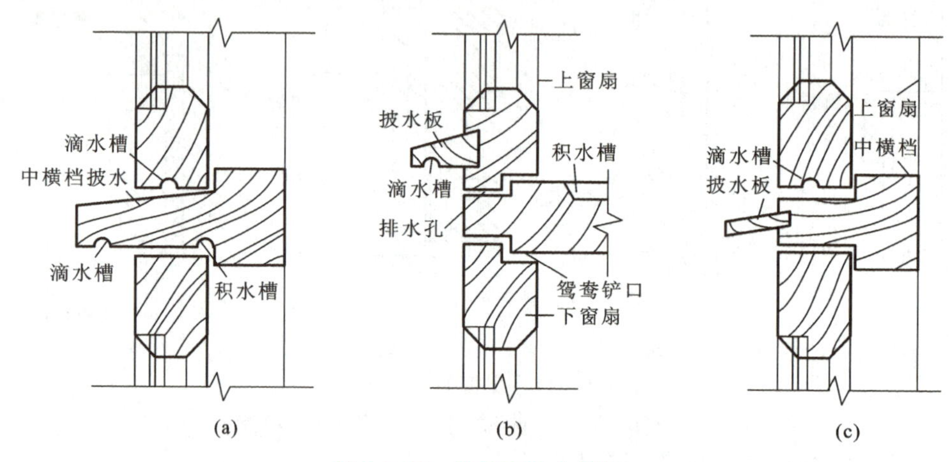

图 3-5-13　外开窗防水措施

（a）外开窗中横档披水；（b）外开窗上窗扇做披水板，中横档做积水槽排水孔；（c）外开窗中横档加披水板

窗框裁口在内侧，窗扇向室内开启，擦窗安全、方便，窗扇受气候影响小。但开启时占据室内空间，影响家具布置和使用，防水性差，因此需在窗扇的下冒头上做披水，窗框的下框设排水孔等特殊处理，如图 3-5-14 所示。

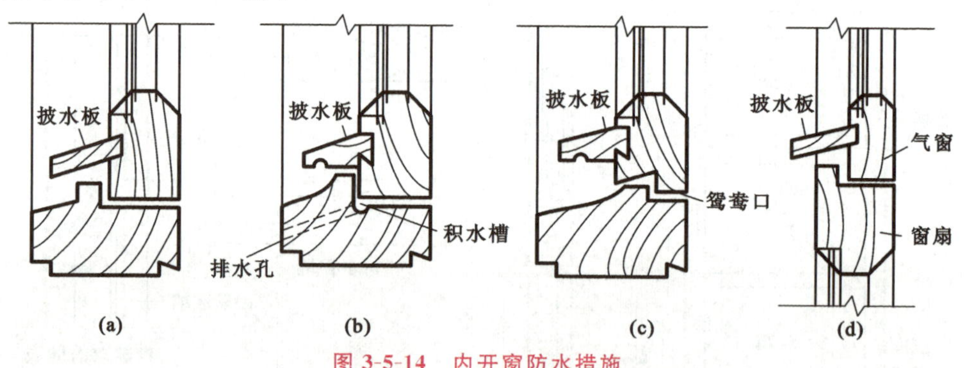

图 3-5-14　内开窗防水措施

（a）内开窗扇加披水板；（b）内开窗加披水板及排水孔；（c）内开窗嵌鸳鸯口并加披水板；（d）内开小气窗加披水板

3.5.2.3　金属门窗的组成与构造

（1）铝合金门窗

铝合金门窗是表面处理过的铝材经下料、打孔、铣槽、攻丝等加工，制作成门窗框料的构件，然后与连接件、密封件、开闭五金件一起组合装配成门窗。铝合金门窗具有耐大气腐蚀的特点，在使用中不需要经常维护。铝合金还具有美观大方、密封性能好、质量小等优点；缺点是保温性能差。

铝合金门窗框应采用塞口的方式安装，其装入洞口应横平竖直，外框与洞口应弹性连接牢固，不得将门窗外框直接埋入墙体。这样做一方面是保证建筑物在一般振动、沉降和热胀冷缩等因素引起的互相撞击、挤压时，不致使窗损坏；另一方面，使外框不直接与混凝土、水泥砂浆接触，避免碱对铝型材的腐蚀，对延长使用寿命有利。铝合金窗框与墙体的缝隙填塞，应按设计要求处理。一般多采用矿棉条或玻璃棉毡条分层填塞，缝隙外表留 5～8 mm 深的槽口，填嵌密封材料。这样做主要是为防止窗框四周形成冷热交换区产生结露，影响建筑物的保温、隔声、防风沙等功能，同时也能避免砖和砂浆中的碱性物质对窗框的腐蚀。铝合金窗的开启方式多采用水平推拉式。

为了便于铝合金的安装，一般在窗框外侧用螺钉固定钢质锚固件，安装时与洞口四周墙中的预埋铁件焊接或锚固在一起，玻璃是嵌固在铝合金窗框的凹槽内，并加密封条。图 3-5-15 是推拉式铝合金窗的构造举例。

（2）塑料门窗

塑料门窗是以聚氯乙烯、改性聚氯乙烯或其他树脂为主要原料，轻质碳酸钙为填料，添加适量助剂和改性剂，经挤压机挤成各种截面的空腹门窗异型材，再根据不同的品种规格选用不同截面异型材料组装而成。由于塑料的变形大、刚度小，一般在型材内腔加入钢或铝等，以增加抗弯能力。

塑料门窗线条清晰、挺拔，造型美观，表面光洁细腻，不但具有良好的装饰性，而且有良好的隔热性和密封性。其气密性为木窗的 3 倍，铝窗的 1.5 倍；热损耗为金属窗的 1/1000；隔声效果比铝窗高 30 dB 以上。同时，塑料本身具有耐腐蚀等功能，不用涂涂料，可节约施工时间及费用。因此，塑料门窗在国外发展很快，在建筑上得到大量应用。

塑料窗按其型材尺寸分 50、60、80、90 和 100 系列，各系列的型号为型材断面的标志宽度。塑料窗开启方式分为平开窗、推拉窗、旋转窗及固定窗；塑料窗按窗扇结构方式分单玻、双玻、三玻、百叶窗和气窗。塑料窗的构造与铝合金窗类似，其安装节点如图 3-5-16 所示。

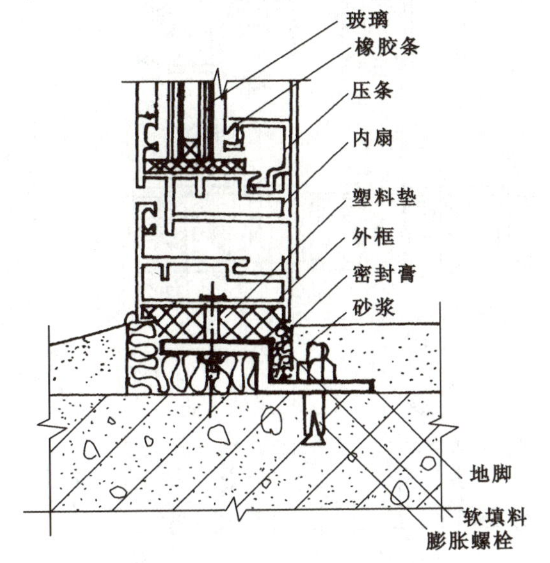

图 3-5-15　铝合金门窗安装节点及缝隙处理示意

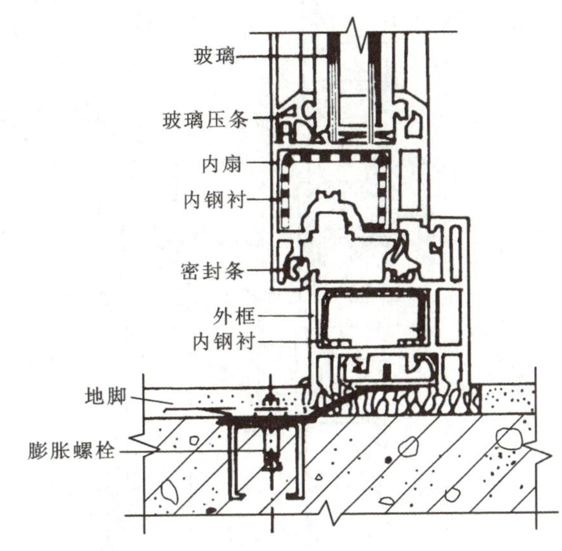

图 3-5-16　塑料门窗安装节点及缝隙处理示意

（3）塑钢门窗

塑钢门窗是以改性硬质聚氯乙烯为主要原料，加一定比例的稳定剂、着色剂、填充剂、紫外线吸收剂等附加剂，经挤压机挤压成型为各种断面的中空异型材，经切割后，在其内腔衬以型钢加强筋，用热熔焊机焊接成门窗框扇，配装上橡胶密封条、压条五金件等附件而制成的门窗。它具有以下优点：强度好、耐冲击；保温隔热，节约能源；隔声好；气密性和水密性好；耐腐蚀性强；防火；耐老化，使用寿命长；连接件固定可采用焊接、膨胀螺栓或射钉等方法。

（4）钢窗

钢窗与木窗相比具有强度大、刚度大，耐久、耐火性能好，外形美观以及便于实现工业化生产等特点。另外，钢窗的透光系数大，与同样大小洞口的木窗相比，其透光面积增加；但钢窗易受化学介质的腐蚀，其加工精度和观感稍差，隔热保温性能差。目前，钢窗在民用建筑中的使用逐渐减少，但在工业建筑中仍占据很大的市场。该产品在我国生产已实现标准化、工厂化，在各地均有钢窗的标准图供选用。钢窗有如下两类：

①实腹式钢窗。实腹式钢窗所用的热轧型钢有 25 mm、32 mm、40 mm 三种系列，肋厚 2.5～4.5 mm，适用于风荷载不超过 0.7 kN/m^2 的地区。部分实腹式钢窗的料型与规格见图3-5-17。

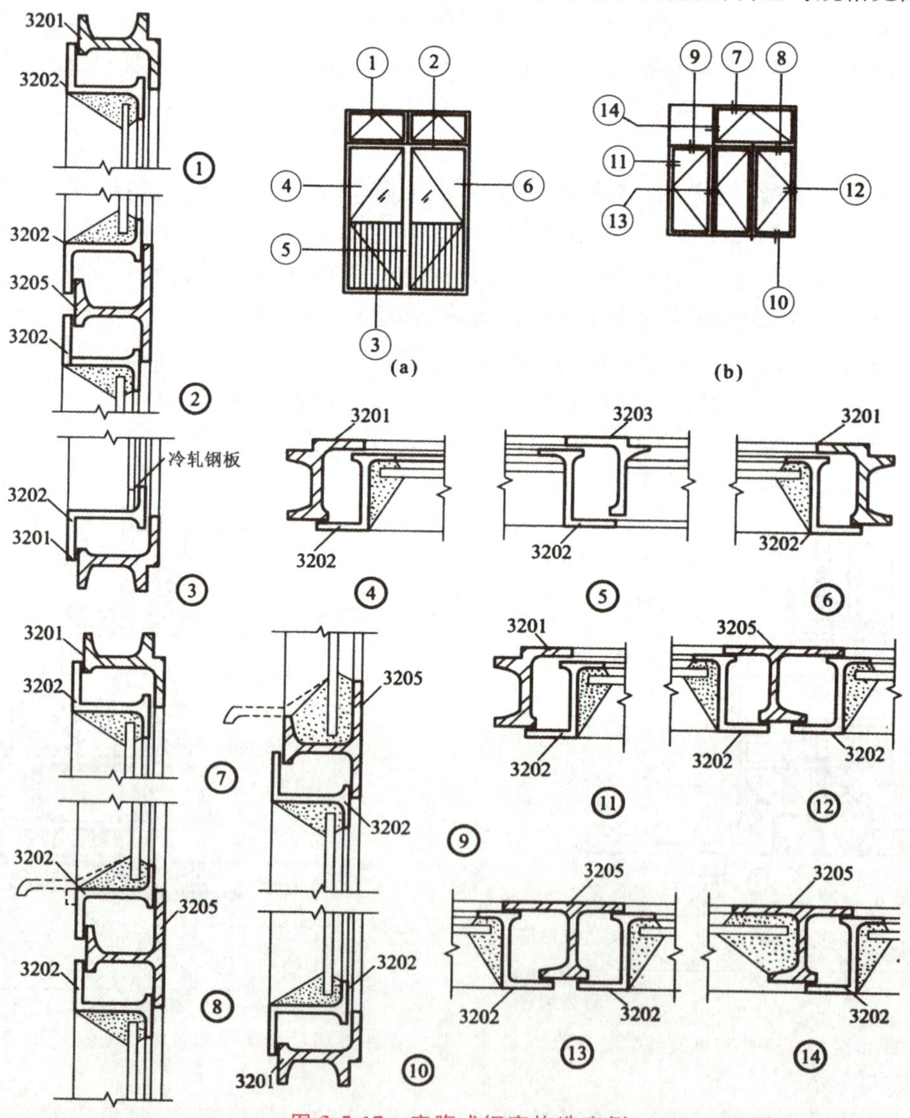

图 3-5-17 实腹式钢窗构造实例

②空腹式钢窗。空腹式钢窗所用材料是 1.5～2.5 mm 厚的普通低碳钢带经冷轧而成的薄壁型钢材；与实腹式钢窗相比，节省材料，质量小，但耐腐蚀性差，如图 3-5-18 所示。为了使用、运输方便，通常将钢窗在工厂制作成标准化的单元，即组成一樘窗的最小基本单元，设计者可以根据需要，直接选用基本钢窗，或用这些基本钢窗组合出所需大小不一和形式不同的窗。为了不使基本钢窗产生过大的变形而影响使用，每扇窗的高度不宜过大。一般高度不大于 1200 mm，宽度为 400～600 mm。大面积的钢窗可用若干基本单元进行组合。

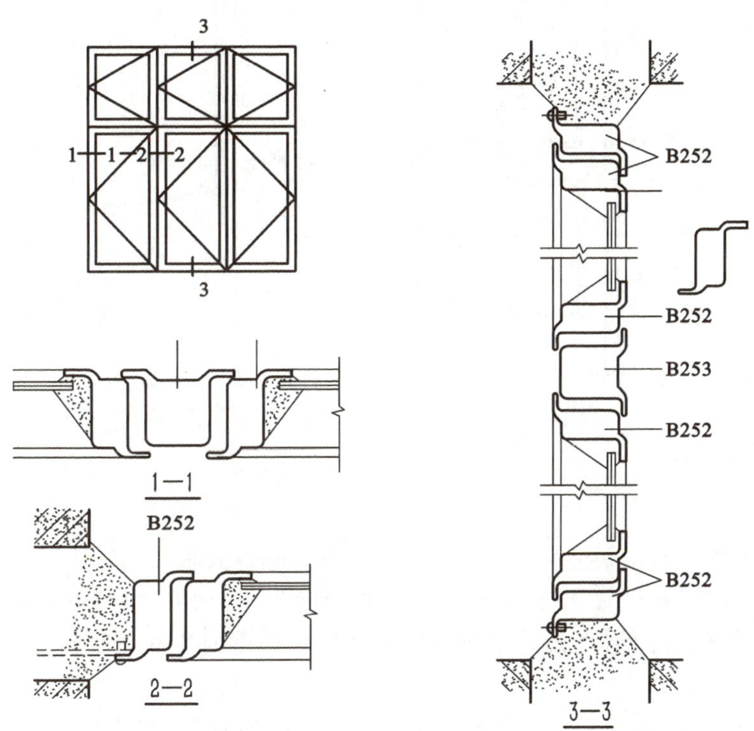

图 3-5-18　空腹式钢窗构造实例

3.5.3　门的构造

3.5.3.1　门的构造组成

一般门的构造主要由门框、门扇、亮窗、五金和其他附件组成。门框由上槛、中槛和边框等组成，多扇门还有中竖框，其主要作用是固定门扇和腰窗并与门洞相联系。门扇按其所镶嵌的材料分有玻璃扇，金属、塑料、木质板扇，百叶扇，纱扇等各种类型。为了通风采光，可在门的上部设腰窗（俗称上亮子），开启方式有固定、平开及上、中、下悬等形式。五金零件常见的有铰链、门锁、插销、拉手、停门器等。木门的构造组成如图 3-5-19 所示。

3.5.3.2　门的选用与构造要求

（1）用于防风或保温，一般公共建筑经常出入的西北方向的门，通常设置双道门或门斗。外门（或第一道门）一般宜外开方向，里门（或第二道门）宜为双向弹簧门或电动推拉门，两道门之间应保持一定间距，以避免门扇开启引起碰撞或妨碍他人行走。

（2）用于疏散的楼梯间防火门，应采用单向弹簧门，并向疏散方向开启。防火门分为甲、乙、丙三级，其耐火极限：甲级应为 1.2 h；乙级应为 0.9 h；丙级应为 0.6 h。一般根据设计要

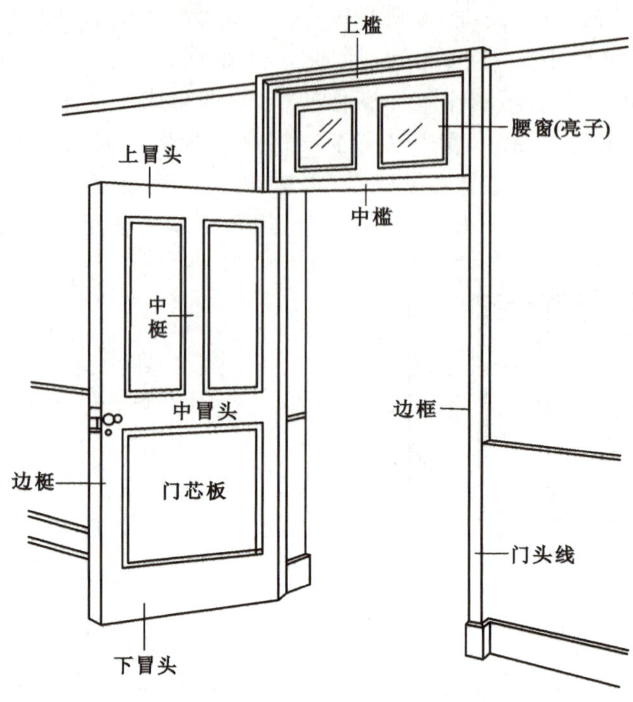

图 3-5-19　平开木门和各部分名称

求选用。

(3) 体育场馆用于运动员经常出入的门,门扇净高不得低于 2200 mm。

(4) 幼托建筑中不宜设置弹簧门,以避免碰撞事故发生。其他建筑设置弹簧门时,应在可视部分安装透明玻璃。此外,在公共场所和幼托建筑中选用的各种门型,其玻璃均应采用钢化玻璃。

(5) 平面布置时,两个相邻并经常开启的门,应避免开启时互相碰撞。

(6) 经常出入的外门宜设置雨篷,在雨篷下应设灯具并防止门扇开启时碰坏。

(7) 住宅建筑内门的位置和开启方向要考虑家具搬运和布置。

(8) 旋转门、电动门和尺度较大的门,在其附近应另设普通门。

(9) 推拉门应有防脱轨安全措施,作为外门还应考虑防盗安全。

(10) 变形缝处不得利用门框盖缝,而且门扇开启时不得跨缝。

3.5.3.3　平开木门构造

(1) 门框的断面形状和尺寸

门框的断面形式与门的类型和层数有关,同时应利于门的安装,并具有一定的密闭性,因此门框要设裁口,裁口可分为单裁口和双裁口。单裁口用于单层门,双裁口用于双层门或弹簧门。门框断面尺寸主要按材料的强度和接榫的需要确定,一般多为经验尺寸。门框的断面形状与窗框相似,但由于门受到的各种冲撞荷载比窗大,故门框的断面尺寸较窗框要大,如普通住宅的单扇门的门框约为 60 mm×90 mm,双扇门为 60 mm×100 mm 等。其断面形状和尺寸如图 3-5-20 所示。

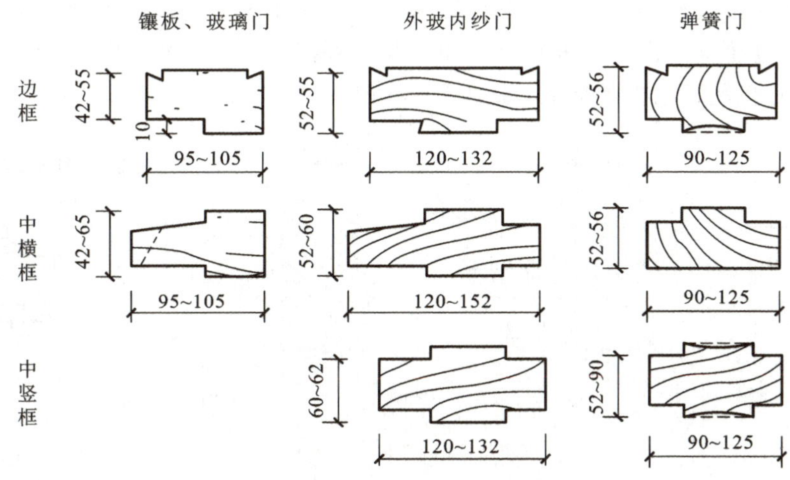

图 3-5-20　门框断面形式和尺寸

(2) 门框的安装

门框的安装方式有立口(立樘子)和塞口(塞樘子)两种,如图 3-5-21 所示。

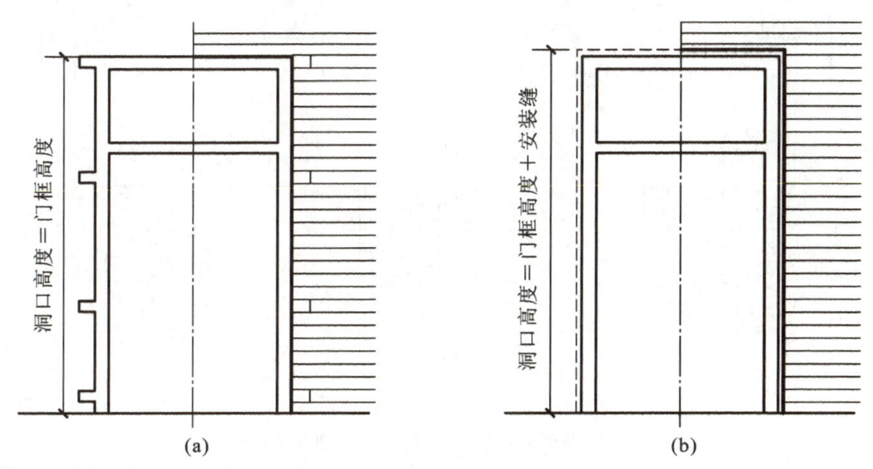

图 3-5-21　门的安装方法

(a) 立口(立樘子);(b) 塞口(塞樘子)

施工时先将门框立好,后砌墙体,称为立口,门框与墙面接缝处用贴脸盖缝收头。立口的优点是门框与墙体结合紧密、牢固;缺点是施工中安装门框和砌墙相互影响,若施工组织不当,会影响施工进度且门框易变形。

塞口则是在砌墙时先留出洞口,以后再安装门框,这种安装门窗做法可适应各种墙体;为便于安装,预留洞口应比门框外缘尺寸多出 20～30 mm。门框两侧砖墙上每隔 500～600 mm 预埋木砖或预留缺口,以便用圆钉或水泥砂浆将门框固定,当遇钢筋混凝土柱时用膨胀螺栓固定门框。门框与墙间的缝隙需用沥青麻丝嵌填。

(3) 门框与墙的关系

门框在墙洞中的位置要根据房间的使用要求、墙身的材料及墙体的厚度确定,常有门框内平、门框居中和门框外平三种情况,如图 3-5-22 所示。一般情况下多在开门方向一边,与抹灰面平齐,这样可使门的开启角度最大。但对较大尺寸的门,为安装牢固,多居中设置。门框与墙间的缝隙常用木条盖缝，称门头线，俗称贴脸板。门框的墙缝处理应填塞密实，以满足防风、挡雨、保温、隔声等要求。由于门框靠墙一面易受潮变形，故常在该面开 1～2 道背槽，以免产生翘曲变形，同时也利于门框的嵌固，如图 3-5-23 所示。

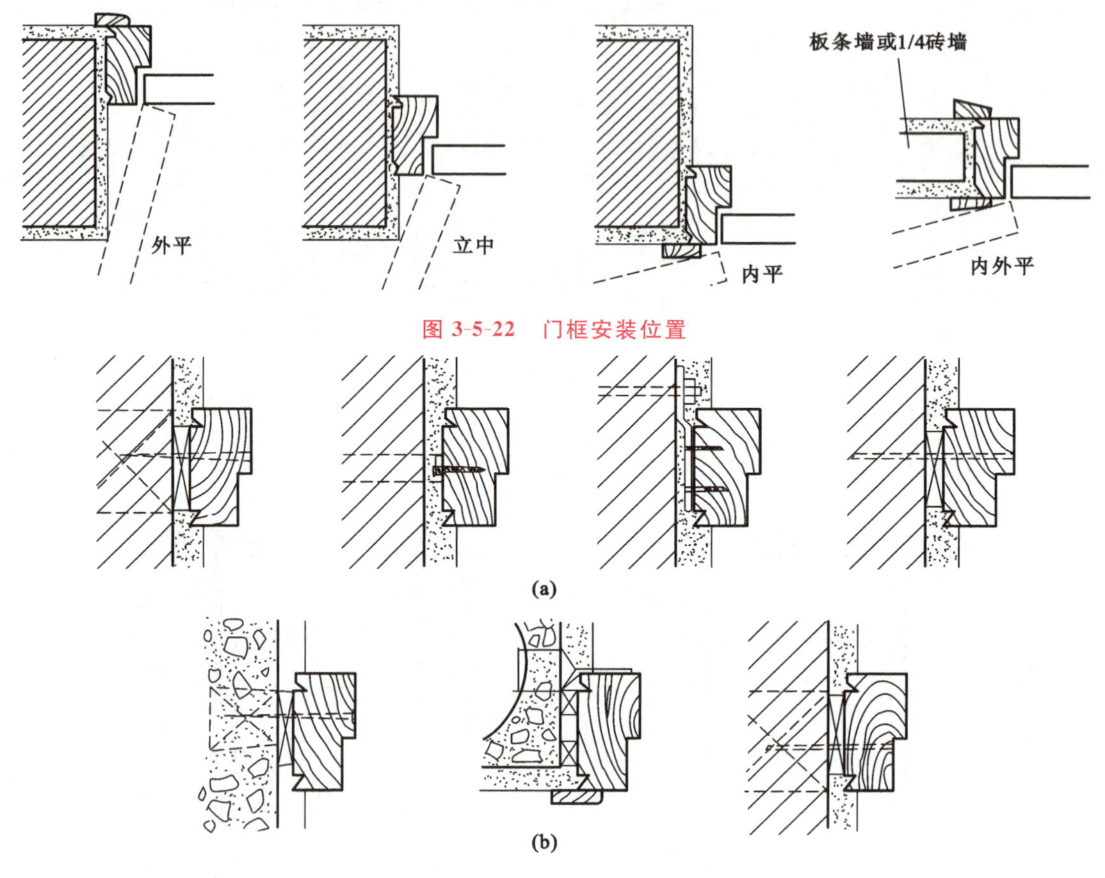

图 3-5-22　门框安装位置

图 3-5-23　门框与墙体的连接

(a) 门框与砖墙连接；(b) 门框与其他墙体连接

(4) 常用门扇构造

常用的木门门扇有镶板门（包括玻璃门、纱门）和夹板门。

① 镶板门、镶玻璃门

镶板门是广泛使用的一种门，门扇是由骨架和门芯板组成。骨架由边梃、上冒头、中冒头（可做数根）和下冒头组成。门芯板一般采用 10～12 mm 厚的木板拼成，也可采用胶合板、硬质纤维板、塑料面板、玻璃和塑料纱等。当采用玻璃时，即为玻璃门，可以是半玻门或全玻门。若门芯板换成塑料纱（或铁纱），即为纱门，由于纱门轻，门扇骨架用料可少些，镶板门如图 3-5-24 所示。

门芯板的拼接方式有四种，分别为平缝胶合、木键拼缝、高低缝和企口缝。工程中常用的为高低缝和企口缝。门芯板在边梃与冒头中的镶嵌方式有暗槽、单面槽以及双边压条等三种。其中，暗槽结合最牢，工程中用得较多，其他两种方法比较省料和简单，多用于玻璃、纱网及百叶的安装。

镶板门门扇骨架的厚度一般为 40～45 mm，纱门的厚度可薄一些，多为 30～35 mm。上

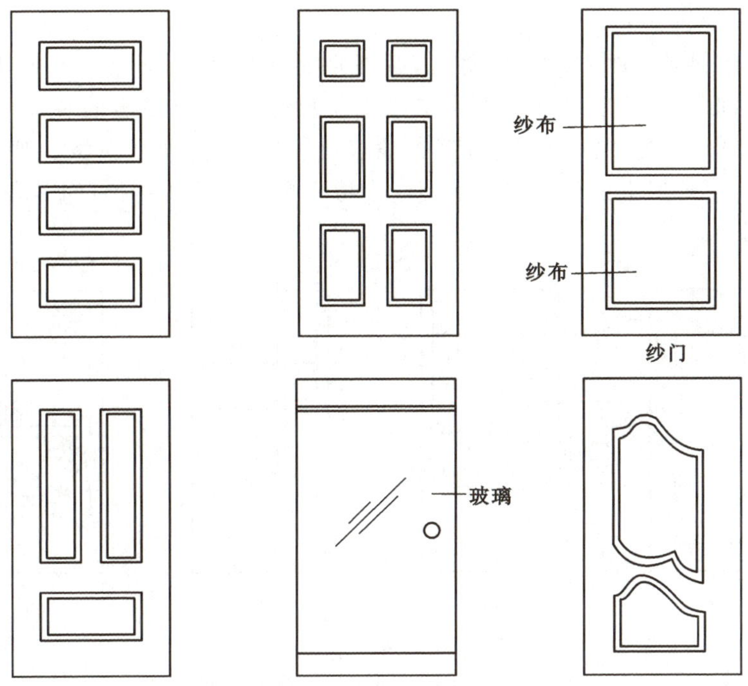

图 3-5-24　镶板门

冒头、中冒头和边梃的宽度一般为 75～120 mm，下冒头的宽度习惯上同踢脚高度，一般为 200 mm左右，较大的下冒头对减小门扇变形和保护门芯板不被行人撞坏有较大的作用。中冒头为了便于开槽装锁，其宽度可适当增加，以弥补开槽对中冒头材料的削弱。半玻璃镶板门的具体构造如图3-5-25所示。

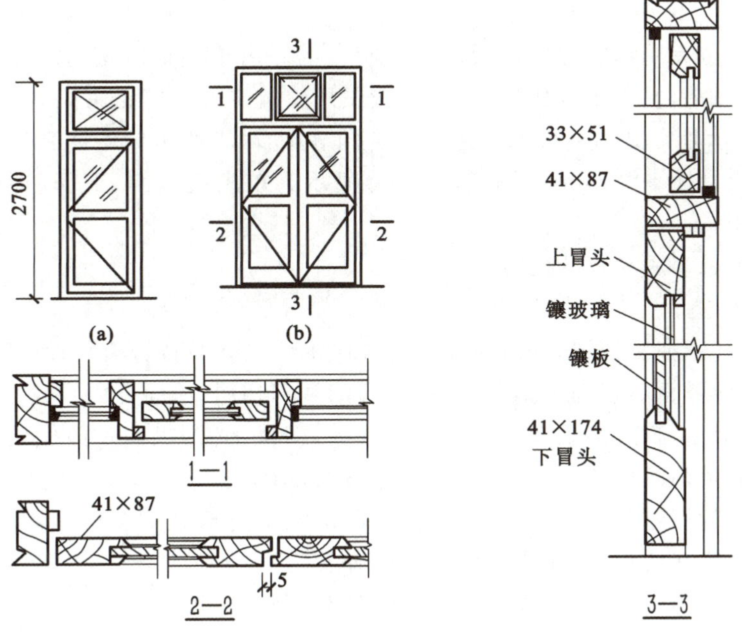

图 3-5-25　半玻璃镶板门构造

(a) 单扇；(b) 双扇

② 夹板门

夹板门是用断面较小的方木做成骨架，两面粘贴面板而成，如图 3-5-26 所示。门扇面板可用胶合板、塑料面板和硬质纤维板等。胶合板有天然木纹，有一定的装饰效果，表面可涂刷聚氨酯等油漆。纤维板的表面一般先涂底色漆，然后刷聚氨酯漆或清漆。塑料面板有各种装饰性图案和色彩，可根据室内设计要求选用。面板不再是骨架的负担，而是和骨架形成一个整体，共同抵抗变形。

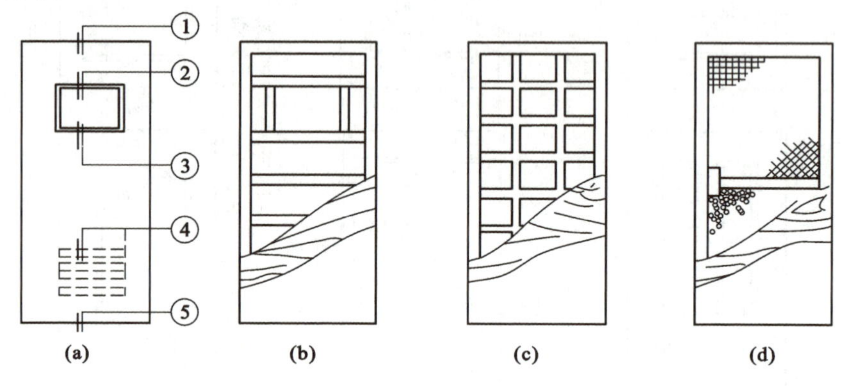

图 3-5-26 夹板门

(a) 门扇外观；(b) 水平骨架；(c) 双向骨架；(d) 格状骨架

夹板门的形式可以是全夹板门、带玻璃或带百叶夹板门，一般在玻璃或百叶处，做一个木框，用压条镶嵌。夹板门的骨架一般用厚约 30 mm、宽 30～60 mm 的木料做边框，中间的肋条用厚约 30 mm、宽 10～25 mm 的木条，可以是单向排列、双向排列或密肋形式，间距一般为 200～400 mm，安门锁处需另加上锁木。为使门扇内通风干燥，避免因内外温湿度差产生变形，在骨架上需设通气孔。另外，门扇的四周用 15～20 mm 厚的木条镶边，以取得整齐美观的效果。

为节约木材，也有用蜂窝形浸塑纸来代替肋条的。由于夹板门构造简单，可利用小料、短料，自重小，外形简洁，便于工业化生产，在一般民用建筑工地中广泛用作建筑的内门。

图 3-5-27 所示是常见的夹板门构造实例。图 3-5-27(a)所示为医院建筑中常用的大小扇夹板门，大扇的上部镶一块玻璃。图 3-5-27(b)所示为单扇夹板门，下部装百叶，多用于卫生间，腰窗为中悬窗。

3.5.3.4 其他形式的门构造

(1) 弹簧门构造

弹簧门是指利用弹簧铰链，开启后能自动关闭的门。弹簧铰链有单面弹簧、双面弹簧和地弹簧等形式。单面弹簧门多为单扇，与普通平开门基本相同(单面开启)，只是铰链不同。双向弹簧门通常都为双扇门，其门扇在双向可自由开关，门框不需裁口，一般做成与门扇侧边对应的弧形对缝，为避免两门扇相互碰撞，又不使缝过大，通常上下冒头做平缝，两扇门的中缝做圆弧形，其弧面半径为门厚的 1～1.2 倍。地弹簧门的构造与双扇弹簧门基本相同，只是铰轴的位置不同，地弹簧装在地板上，多用于较厚重的弹簧门。

弹簧门的构造如图 3-5-28 所示。弹簧门的开启一般都比较频繁，对门扇的强度和刚度要求比较高，门扇一般要用硬木，用料尺寸应比普通镶板门大一些。弹簧门门扇的厚度一般为 42～50 mm，上冒头、中冒头和边梃的宽度一般为 100～120 mm，下冒头的宽度一般为 200～300 mm。

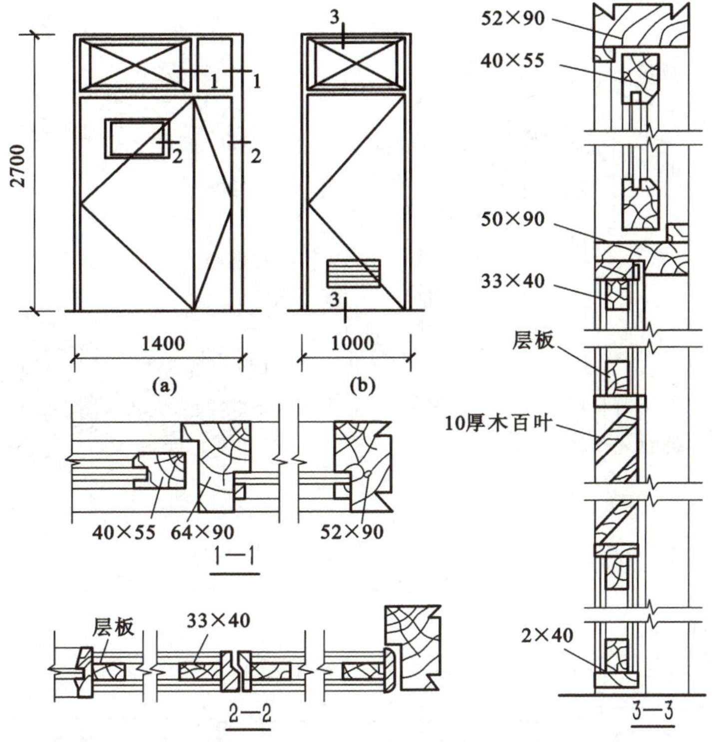

图 3-5-27　夹板门构造

(a) 大小扇夹板门；(b) 单扇夹板门

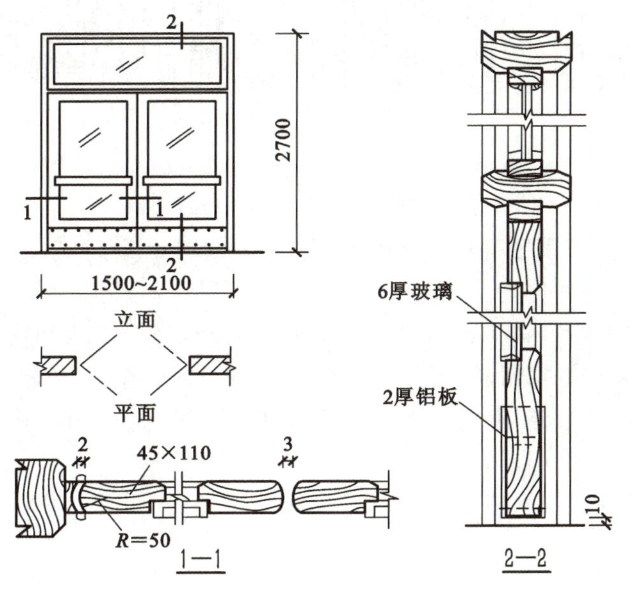

图 3-5-28　弹簧门构造

(2) 推拉门构造

推拉门由门扇、门轨、地槽、滑轮及门框组成。门扇可采用钢木门、钢板门、空腹薄壁钢门等，每个门扇宽度不大于 1.8 m。推拉门的支撑方式分为上挂式和下滑式两种，当门扇高度小于 4 m 时，用上挂式，即门扇通过滑轮挂在门洞上方导轨上。当门扇高度大于 4 m 时，多用下滑式,如图 3-5-29 所示。

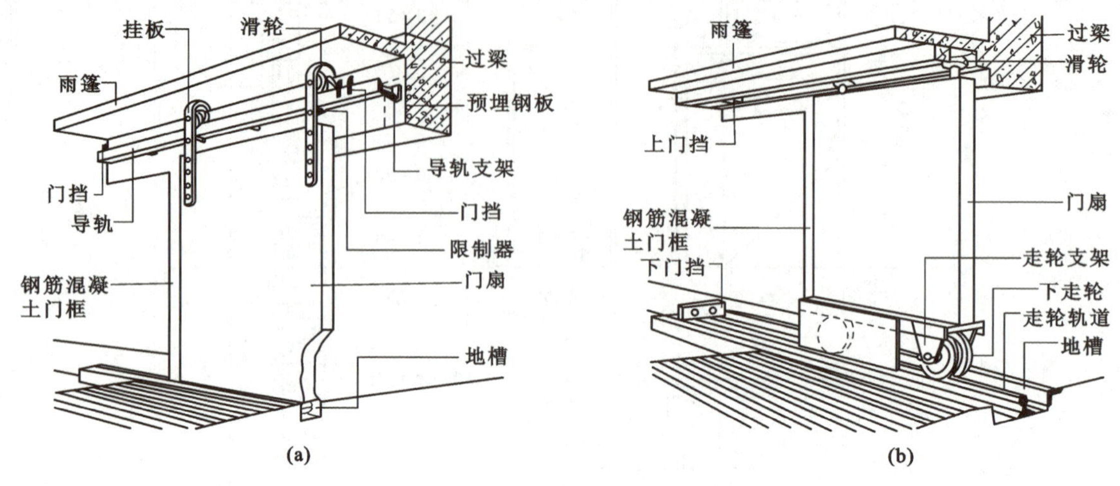

图 3-5-29 推拉门

(a) 上挂式;(b) 下滑式

(3) 折叠门构造

折叠门一般有侧挂式折叠门、侧悬式折叠门和中悬式折叠门,如图 3-5-30 所示。

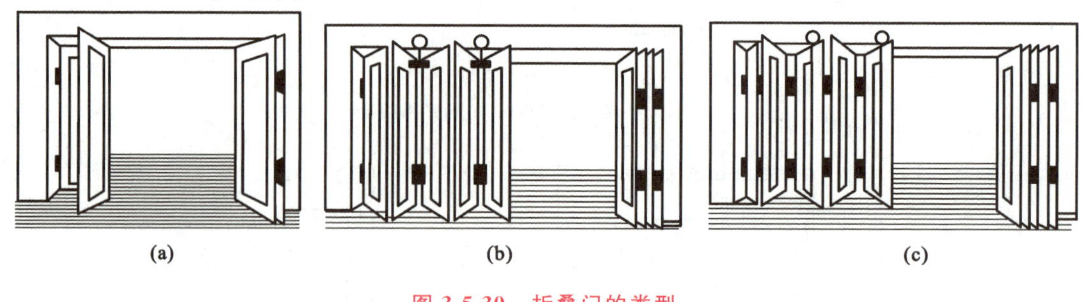

图 3-5-30 折叠门的类型

(a) 侧挂式;(b) 侧悬式;(c) 中悬式

侧挂式折叠门是在平开门扇的边侧用普通铰链再悬挂一个门扇,不设轨道,适用于较小尺寸的门洞。

侧悬式和中悬式折叠门除在各门扇侧边安装铰链外,每个门扇都用滑轮铰链与门洞上边的轨道相连,下部安装有地槽滑轮,可适用于较大的洞口。侧悬式折叠门的滑轮铰链安装在门扇上部的侧边,每个滑轮铰链同时连接两个门扇;中悬式折叠门的滑轮铰链安装在门扇的中部,每个滑轮铰链连接一个门扇。

空腹薄壁钢侧悬折叠门构造如图 3-5-31 所示。

(4) 卷帘门构造

卷帘门按性能分为普通型卷帘门、防火型卷帘门、防风型卷帘门等;按门扇结构有帘板卷帘门和通花卷帘门。卷帘门门扇是由一块块的连锁金属片条或木板条组成,分页片式和空格式。卷帘门开启时不占室内空间,但制作较复杂、造价较高,适用于开启频率较低的商场、车库、车间等大尺寸门洞口。卷帘门可用电动或人力操作开启,对电动开启的卷帘门,应考虑停电时手动开启的备用措施。帘板卷帘门构造如图 3-5-32 所示。

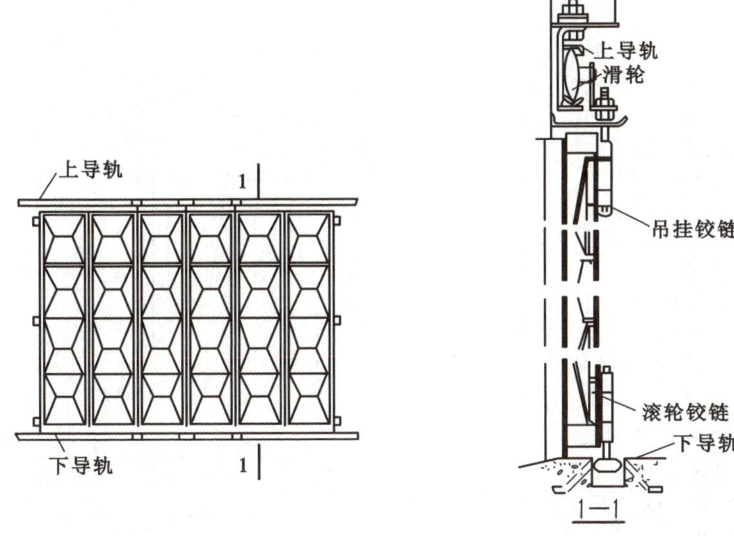

图 3-5-31　空腹薄壁钢侧悬折叠门构造

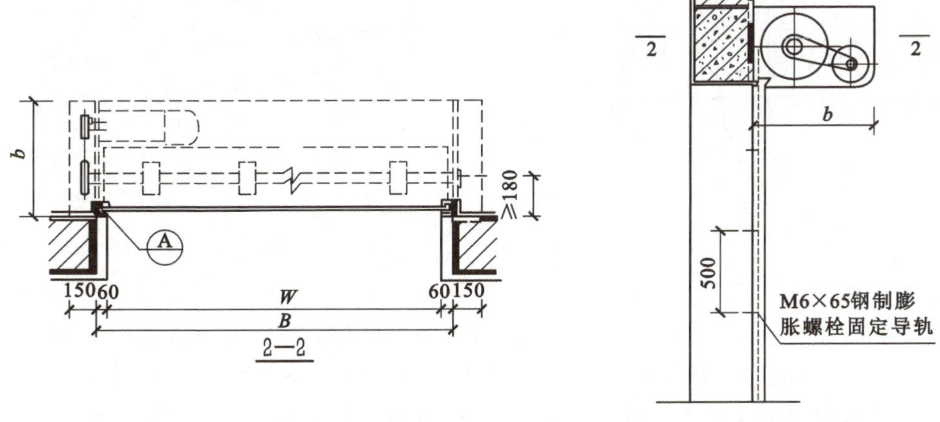

图 3-5-32　帘板卷帘门构造

3.5.4　门窗遮阳

3.5.4.1　遮阳的作用

遮阳是为防止直射阳光照入室内以减少太阳辐射热，避免夏季室内过热以节省能耗，或产生眩光，以及保护室内物品不受阳光照射而采取的一种措施。

用于遮阳的方法很多，例如，在窗口悬挂窗帘、设置百叶窗、门窗构件自身的遮光性、窗扇开启方式的调节变化、窗前绿化、雨篷、挑阳台、外廊及墙面花格等都可以达到一定的遮阳效果。

在窗前设置遮阳板进行遮阳，对采光、通风都会带来不利影响。因此，设计遮阳设施时应对采光、通风、日照、经济、美观等作全面考虑，以达到功能、技术和艺术的统一。

3.5.4.2　遮阳板的基本形式

遮阳板按其形状和效果而言，可分为水平遮阳、垂直遮阳、混合遮阳及挡板遮阳四种基本形式，如图 3-5-33 所示。

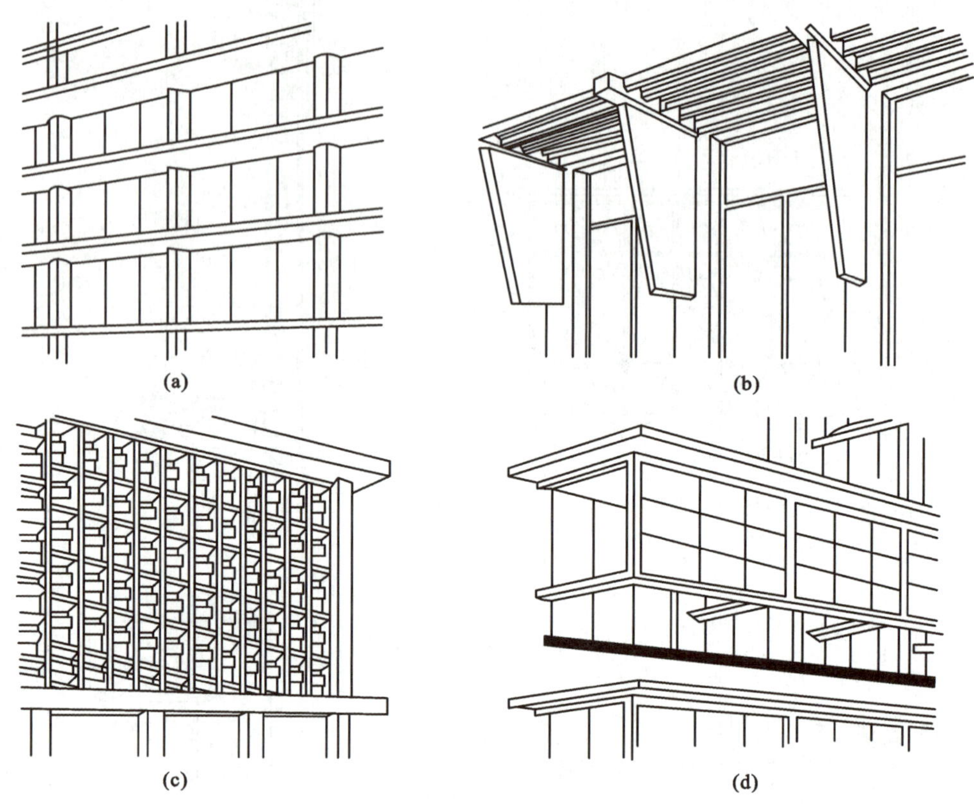

图 3-5-33　遮阳板基本形式

(a) 水平遮阳；(b) 垂直遮阳；(c) 混合遮阳；(d) 挡板遮阳

(1) 水平遮阳

在窗口上方设置一定宽度的水平方向的遮阳板，能够遮挡高度角较大时从窗口上方照射下来的阳光，适用于南向及其附近朝向的窗口或北回归线以南低纬度地区之北向及其附近的窗口。水平遮阳板可做成实心板也可做成栅格板或百叶板，较高大的窗口可在不同高度设置双层或多层水平遮阳板，以减小板的出挑宽度。

(2) 垂直遮阳

在窗口两侧设置垂直方向的遮阳板，能够遮挡高度角较小和从窗口两侧斜射过来的阳光。根据光线的来向和具体处理的不同，垂直遮阳板可以垂直于墙面，也可以与墙面形成一定的垂直夹角，主要适用于偏东偏西的南向或北向窗口。

(3) 混合遮阳

混合遮阳是以上两种遮阳板的综合，能够遮挡从窗口左右两侧及前上方射来的阳光，遮阳效果比较均匀，主要适用于南向、东南向及西南向的窗口。

(4) 挡板遮阳

在窗口前方离窗口一定距离设置与窗户平行方向的垂直挡板，可以有效地遮挡高度角较小的正射窗口的阳光，主要适用于东、西向及其附近的窗口。为有利于通风，避免遮挡视线和风，可以将挡板遮阳做成格栅式或百叶式挡板。

根据以上四种基本形式，能够组合演变成各种形式的遮阳板，这些遮阳板可以做成固定的，也可以做成活动的。后者可以灵活调节，遮阳、通风、采光效果更好，但构造较复杂，需经常维护；固定式遮阳板则坚固、耐用，较为经济。设计时应根据不同的使用要求、不同的纬度地区及建筑造型等进行选用。

小　结

1. 门、窗是房屋的围护结构，是建筑物的重要组成部分。

2. 门按其开启方式有平开门（镶板门、夹板门）、推拉门、卷帘门、弹簧门、折叠门、转门等类型。平开门是最常见的一种。

3. 窗按其开启方式有平开窗、固定窗、悬窗、推拉窗等。

4. 金属门窗有铝合金门窗、塑料门窗、塑钢门窗、钢门窗等。

5. 平开门由门框、门扇等组成。木门扇有镶板门和夹板门两种构造。

6. 门窗框在墙中的位置有外平、居中、内平三种；施工方式有塞口和立口；与墙的连接用防腐木砖、射钉或膨胀螺栓。

7. 遮阳能有效地避免阳光直接射入室内，防止局部过热和产生眩光。

思　考　题

1. 门窗的构造要求有哪些？
2. 按开启方式，门窗的类型有哪些？各有什么特点？
3. 什么是双层玻璃扇？在什么情况下要用双层玻璃窗？
4. 简述木门的组成、门框和门扇的组成。
5. 确定门的尺寸应考虑哪些因素？常用门扇的类型有哪些？
6. 防火门、保温门与普通门的主要区别有哪些？
7. 折叠门有哪几种形式？各有什么特点？
8. 简述木窗的组成、窗框和窗扇的组成。
9. 简述钢门窗的优缺点、空腹式钢窗与实腹式钢窗的区别以及优缺点。
10. 简述铝合金门窗的安装要点。
11. 建筑遮阳板的形式有哪几种？各有什么特点？
12. 简述遮阳板的构造要点。

任务4 屋顶平面及节点大样详图设计

情景导入

党的二十大报告指出，推动绿色发展，深入推进环境污染防治。坚持精准治污、科学治污、依法治污，持续深入打好蓝天、碧水、净土保卫战。提升环境基础设施建设水平，推进城乡人居环境整治。本任务的思政目标是落实学生遵守环境保护、践行节能降污的态度。

屋顶是建筑物最上层的覆盖构件，它具有围护作用和装饰作用。为防御自然界的风雨雪，屋顶的防水、排水及保温隔热是屋顶构造设计应满足的最基本的要求。社会的进步和发展，对屋顶提出了更高的要求，如在屋顶上开辟园林绿化改造生态环境的要求，利用屋顶安装太阳能集热器的节能型建筑，要求处于超高层建筑的消防和疏散，需要在屋顶设置直升机停机坪的要求等。

现浇屋顶及卷材防水等在施工时会给环境带来污染，因而在屋顶构造设计中应采取措施，在新型材料的选择应用及构造层设计中都要考虑到降低环境的污染，例如采用覆土种植，对大气有治理污染的作用，同时起到防水、保温隔热等作用。

人们住在顶层的困扰，就是下雨漏水和屋顶保温的问题，你来设计一款可以降低环境污染、防水及隔热保温效果好的屋顶吧。

住在楼房顶层的人们，最害怕的就是下雨漏水，当工人们去维修时，想过为什么会发生这种现象吗？是房顶排水不畅积水了，还是防水层施工不当？也可能是防水层老化，或结构层变化引起防水层开裂等原因。

在屋顶平面图（图 4-0-1）里面，要读懂的内容有：

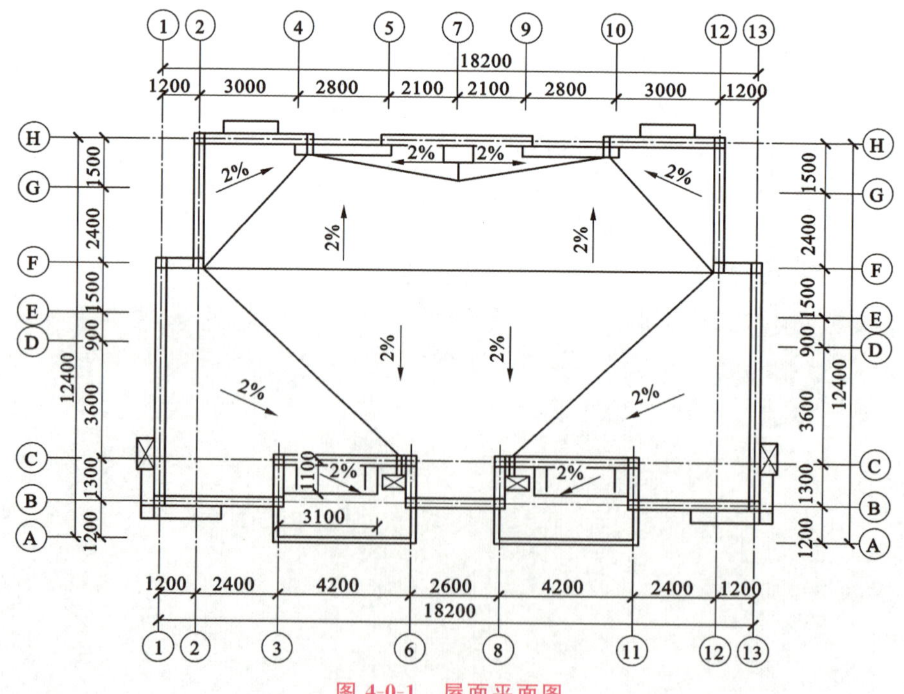

图 4-0-1 屋面平面图

(1) 屋顶类型。

(2) 屋面排水坡度及排水方式。

一套实际的施工图纸还应该有屋顶节点大样图。在节点大样图里,应该读懂的内容有:屋面防水层的做法、泛水做法、雨水口节点做法、屋顶保温隔热层的做法等。要掌握这些内容,应该学习的内容有:屋顶的类型、屋顶排水设计、平屋顶构造、坡屋顶构造、屋面的保温与隔热等内容。

一、目的要求

通过本设计的学习,掌握:① 屋面排水系统的组织和排水做法;② 屋面防水的构造层次及做法。

二、设计条件

根据住宅平面图(图 3-0-2)完成该教学楼屋顶平面的构造设计。

本次设计中要求住宅楼中的三个楼梯间都上屋顶,女儿墙高 1200 mm 或 1500 mm。

三、设计内容及深度

本设计用 2 号绘图纸,手工绘制完成下列内容:

(1) 屋顶平面图(1∶100)

① 设计屋面排水系统,表示出排水分区、排水方向、排水坡度。

② 标注上人屋面室内外标高、建筑层数等,标注尺寸(总尺寸、轴线尺寸及平面布置尺寸)。

③ 进行屋顶平面环境布置(如考虑屋面种植)。

④ 若采用刚性防水屋面,还需要画出屋面分格缝。

⑤ 标注屋顶各部位的尺度、做法(可引自当地的标准图集),在屋顶相关位置引出屋面详图出处。

(2) 屋面详图 2～3 个(1∶10～1∶20)

详图可选择泛水构造、雨水口构造、屋面出入口构造以及与蓄水或种植屋面相关的构造节点。

图纸标题栏样式如下:

<table>
<tr><td colspan="3">学校名称</td><td>图号</td><td></td></tr>
<tr><td colspan="3">房屋建筑构造课程任务四</td><td>比例</td><td></td></tr>
<tr><td>班级</td><td></td><td rowspan="3">屋顶详图</td><td>日期</td><td></td></tr>
<tr><td>姓名</td><td></td><td>成绩</td><td></td></tr>
<tr><td>学号</td><td></td><td>教师</td><td></td></tr>
</table>

注:各列宽度从左到右依次为 15 mm、30 mm、95 mm、15 mm、25 mm,各行高度为 8 mm。

四、设计参考资料

(1) 卷材防水屋面挑檐做法,如图 4-0-2 所示。

(2) 卷材防水屋面外排水做法,如图 4-0-3 所示。

(3) 雨水口做法,如图 4-0-4 所示。

(4) 蓄水覆土种植屋面做法,如图 4-0-5 所示。

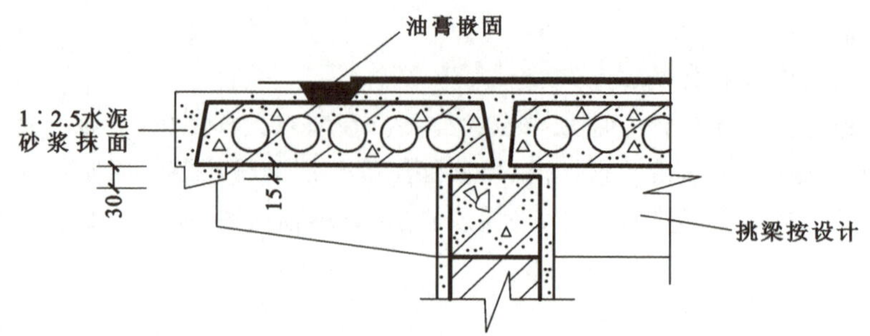

图 4-0-2 挑檐做法

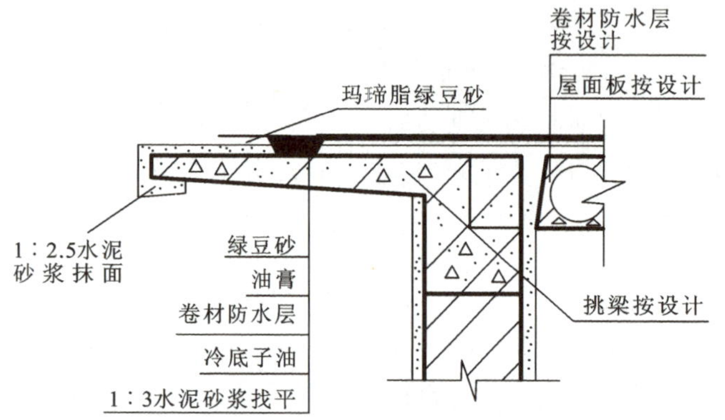

图 4-0-3 外排水做法

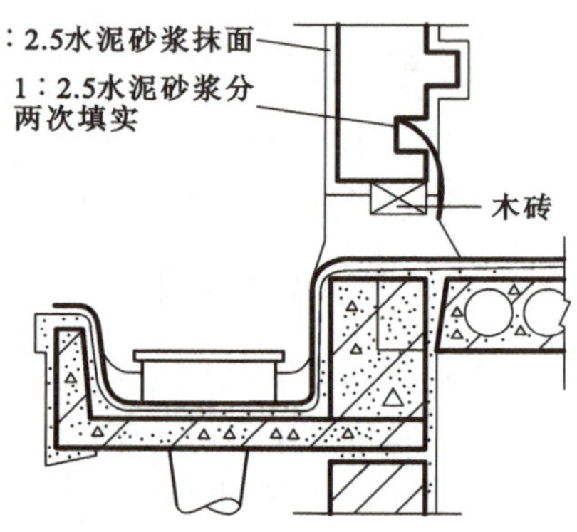

图 4-0-4 雨水口做法

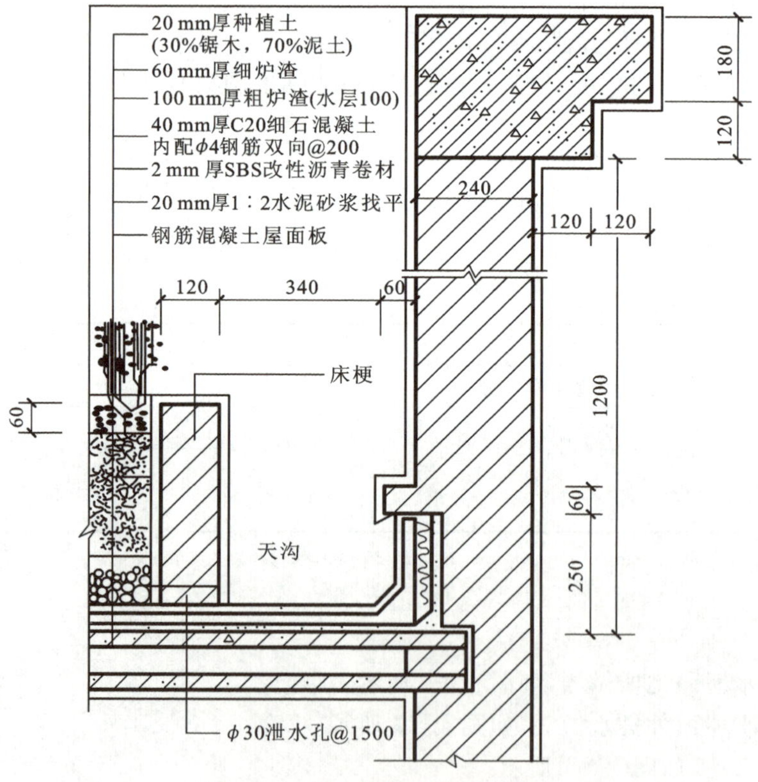

图 4-0-5 蓄水覆土种植屋面做法

五、设计方法和步骤

(1) 结合中学教学楼的基本特点和使用要求，对屋面进行环境布置，可以考虑种植或蓄水屋面及供师生员工休憩的活动场所。

(2) 根据屋面的汇水面积、落水管的间距和建筑物的进深等确定屋面的排水方式、排水分区以及落水管的数量和位置。

(3) 依据以上的考虑，大致画出屋顶平面布置图和排水组织示意。

(4) 根据屋面防水等级和设防要求，并结合屋面环境布置的具体情况，确定屋面防水设计的大致方案，包括屋面的基本设防要求和屋面防水材料的选择。

(5)在屋面防水大致方案确定的基础之上，进行屋面节点详图的详细设计。

(6) 统一、协调、完善上述各个步骤的成果，优化设计方案。

知识 4.1　屋顶构造概述

教学目标

1. 掌握屋顶的形式；
2. 了解通常屋顶的排水设计。

4.1.1　屋顶的类型和构造要求

屋顶是建筑物最上层的围护结构，其主要作用是抵御自然界风、雨、雪、太阳辐射、气温变化等不利因素的影响，保证房间有一个良好的使用环境；承受屋顶自重、风雪荷载以及施工和检修屋面的各种荷载；同时，屋顶是决定建筑轮廓形式的重要部分，对建筑形象起着突出的作用。

4.1.1.1　屋顶的形式

屋顶的形式主要与房屋的使用功能、屋面材料、结构形式、经济及建筑造型要求等有关，并且随地域、民族、宗教、时代和科学技术水平的不同而千差万别，但归纳起来大致可分为平屋顶、坡屋顶和曲面屋顶三大类。

(1) 平屋顶

为排除屋顶的雨水，屋顶必须有一定的坡度，通常将坡度小于 5% 的屋顶称为平屋顶。一般常用坡度为 2%～3%，上人屋顶通常为 1%～2%，如图 4-1-1 所示。

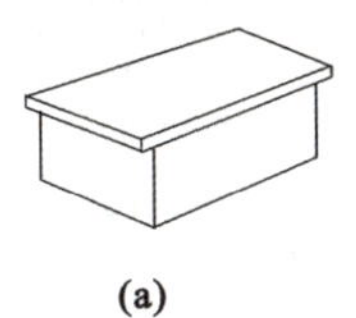
(a)

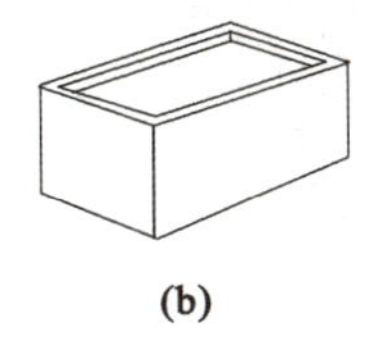
(b)

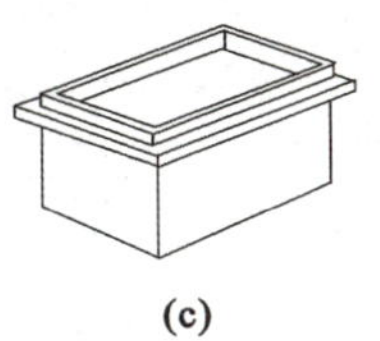
(c)

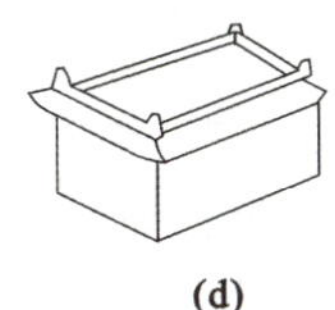
(d)

图 4-1-1　平屋顶

(a) 挑檐；(b) 女儿墙；(c) 挑檐女儿墙；(d) 叠顶

(2) 坡屋顶

坡屋顶是指坡度在10%以上的屋顶。它是我国传统的建筑屋顶形式，在民用建筑中应用非常广泛。现代城市建筑中，某些建筑为满足景观或建筑风格的要求也常采用各种形式的坡屋顶，如图 4-1-2 所示。

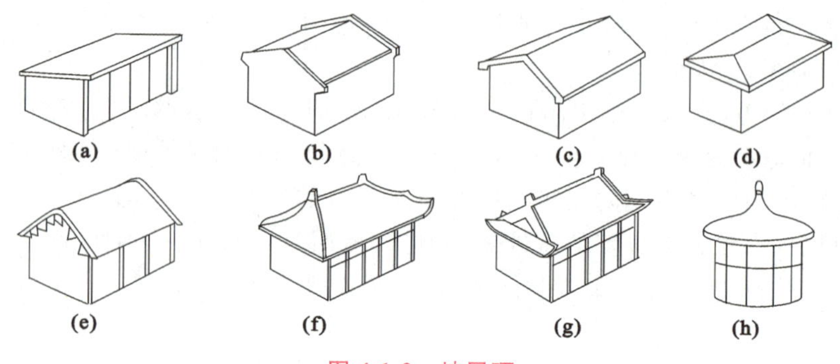

图 4-1-2　坡屋顶

(a) 单坡；(b) 硬山两坡；(c) 悬山坡；(d) 回坡；(e) 卷棚；(f) 庑殿；(g) 歇山；(h) 圆攒尖

(3) 其他形式的屋顶

随着建筑科学技术的发展，出现了许多新型结构的屋顶，如图 4-1-3 所示。

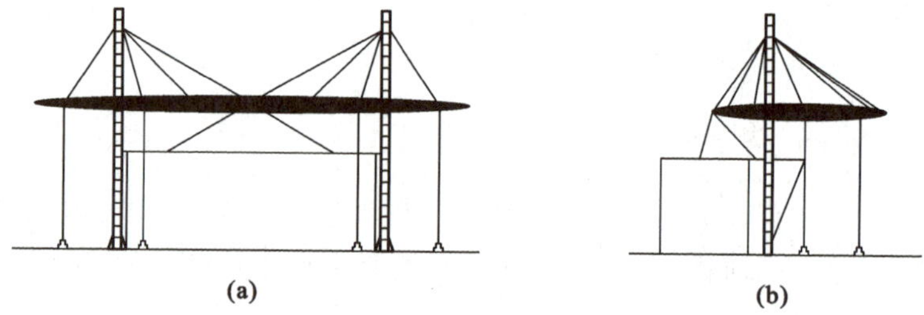

图 4-1-3　其他形式屋顶

4.1.1.2　屋顶的设计要求

屋顶设计应从功能出发，满足以下几个方面的要求：

(1) 防水要求

屋面工程防水设计应遵循“合理设防、防排结合、因地制宜、综合治理”的原则，根据建筑物的性质、重要程度、使用功能及防水层合理使用年限，结合工程特点、地区自然条件等，按不同等级进行设防。《屋面工程技术规范》(GB 50345—2012)对防水等级的划分和设防要求有着明确规定，见表 4-1-1。

表 4-1-1　屋面防水等级和设防要求

防水等级	建筑类别	设防要求
Ⅰ级	重要建筑和高层建筑	两道防水设防
Ⅱ级	一般建筑	一道防水设防

(2) 热工要求

我国按建筑气候区划为7个区域，对建筑的保温隔热的构造设计都有相应的设计要求。不同地区采暖居住建筑和对夏季隔热有要求的建筑，其屋顶构造的最小传热阻应按《民用建筑热工设计规范》(GB 50176—2016)和《夏热冬冷地区居住建筑节能设计标准》(JGJ 134—2010)确定。

（3）结构要求

屋顶结构应具有足够的强度来承受屋顶的积水、积雪、积灰及其他设备荷载和自重；结构应具有一定刚度，以保证结构的变形不影响屋顶的正常使用。

（4）艺术要求

屋顶作为建筑的第五立面，在设计中备受重视。屋顶的建筑造型应考虑整个建筑体形的协调美观，屋顶的细部处理也应满足美观要求。

总之，屋顶设计时应综合考虑上述各项要求，协调好它们之间的关系，以期最大限度地发挥屋顶的综合效益。

屋面工程设计的主要内容有：

（1）根据建筑物的重要性确定屋面防水等级和设防要求。

（2）进行屋面排水系统的设计，即屋面排水方式的选择，坡度、坡向、坡面的确定，排水设施的设置等。

（3）选择屋面防水构造方案，合理选择防水材料、保温隔热材料，使其主要物理性能满足建筑物所在地的气候条件，并应符合环境保护要求。

（4）进行屋面工程的细部构造设计。

4.1.2　屋顶排水设计

为了迅速排除屋顶雨水，保证水流畅通，首先要选择合理的屋顶坡度、恰当的排水方式，再进行周密的排水设计。

4.1.2.1　屋顶坡度选择

（1）屋顶坡度的表示方法

常见的屋顶坡度表示方法有斜率比、百分比和角度三种，见表 4-1-2。斜率比法以屋顶高度与坡面的水平投影之比表示；百分比法以屋顶高度与坡面的水平投影长度的百分比表示；角度法是以坡面与水平面所构成的夹角表示。斜率比法多用于坡屋顶；百分比法多用于平屋顶；角度法在实际工程中较少采用。

表 4-1-2　屋顶坡度的表示方法

屋顶类型	平屋顶	坡屋顶	
常用排水坡度	<5%，即 2%～3%	一般大于 10%	
屋顶坡度表示方法	H L 百分比法	H L 斜率比法	2(屋面坡度符号) 1 θ 角度法
应用情况	普遍	普遍	较少采用，θ 多为 26°34′

（2）影响屋顶坡度大小的因素

屋顶坡度的确定与屋顶防水材料、地区降雨量大小、屋顶结构形式、建筑造型要求以及经济条件等因素有关。对于一般民用建筑主要由以下几个方面的因素来确定。

① 防水材料

防水材料的性能及其尺寸大小直接影响屋顶坡度。防水材料的防水性能越好，屋顶的坡度可越小。对于尺寸小的屋顶防水材料，屋顶接缝越多，漏水的可能性会越大，其坡度应大一些，以便迅速排出雨水，减少漏水的机会。构造处理的方法根据不同情况应有所区别。而卷材屋顶和混凝土防水屋顶，防水性能好，基本上是整体的防水层，因此坡度可以小一些。

② 地区降雨量的大小

降雨量的大小对屋顶防水有直接影响，降雨量大，漏水的可能性大，屋顶坡度应适当增加。我国南方地区年降雨量和每小时最大降雨量都高于北方地区，因此即使采用同样的屋顶防水材料，一般南方地区的屋顶坡度都要大于北方地区。

③ 形成屋顶排水坡度的方法

形成屋顶排水坡度常用的方法有材料找坡和结构找坡。

a. 材料找坡

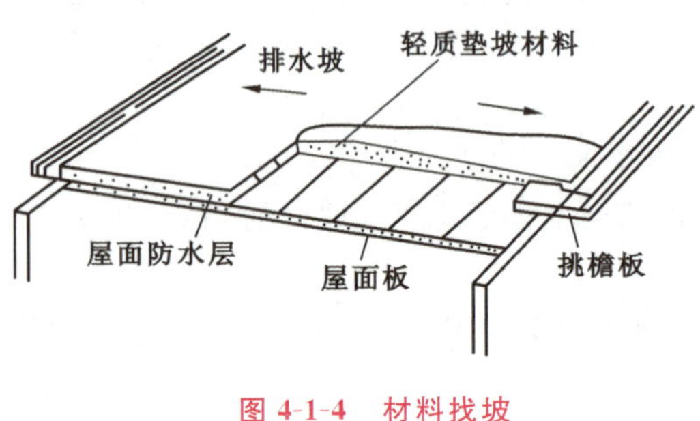

图 4-1-4　材料找坡

材料找坡如图 4-1-4 所示，是指屋顶结构层的屋顶楼板水平搁置，再利用轻质材料垫置坡度，因而材料找坡又称垫置坡度。常用找坡材料有水泥炉渣、石灰炉渣等，找坡材料最薄处以不小于30 mm厚为宜。这种做法可获得平整的室内顶棚，空间完整，但找坡材料增加了屋顶荷载，且材料用量和人工费增多。当屋顶坡度不大或需设保温层时广泛采用这种做法。

b. 结构找坡

结构找坡是指将屋顶楼板倾斜搁置在下部的墙体或屋顶梁及屋架上的一种做法，因而结构找坡又称搁置坡度。这种做法无须在屋顶上另加找坡层，具有构造简单、施工方便、节省人工和材料、减小屋顶自重的优点，但室内顶棚面是倾斜的，空间不够完整。因此，结构找坡常用于设有吊顶棚或室内美观要求不高的建筑工程中。

4.1.2.2　屋顶排水方式

屋顶排水方式分为无组织排水和有组织排水两大类。

(1) 无组织排水

无组织排水又称自由落水，是指屋顶雨水直接从檐口落到室外地面的一种排水方式。这种做法具有构造简单、造价低廉的优点，但屋顶雨水自由落下会溅湿墙面，外墙墙脚常被飞溅的雨水侵蚀，影响到外墙的坚固耐久性，并可能影响人行道的交通。无组织排水方式主要适用于少雨地区或一般低层建筑，不宜用于临街建筑和高度较高的建筑。

(2) 有组织排水

有组织排水是指屋顶雨水通过排水系统的天沟、雨水口、雨水管等，有组织地将雨水排至地面或地下管沟的一种排水方式。这种排水方式构造较复杂，造价相对较高，但是减少了雨水对建筑物的不利影响，因而在建筑工程中应用广泛。

有组织排水方案由于具体条件不同，可分为外排水和内排水两种类型。外排水是指雨水管装在建筑外墙以外的一种排水方案，其构造简单，雨水管不进入室内，有利于室内美观和减少渗漏，尤其适用于湿陷性黄土地区，可以避免水落管渗漏造成地基沉陷，南方地区多优先采用。

① 挑檐沟外排水

屋顶雨水汇集到悬挑在墙外的檐沟内，再由水落管排下。当建筑物出现高低屋顶时，可先将高处屋顶的雨水排至低处屋顶，然后从低处屋顶的挑檐沟引入地下。采用挑檐沟外排水方案[图 4-1-5(a)]时，水流路线的水平距离不应超过 24 m，以免造成屋顶渗漏。

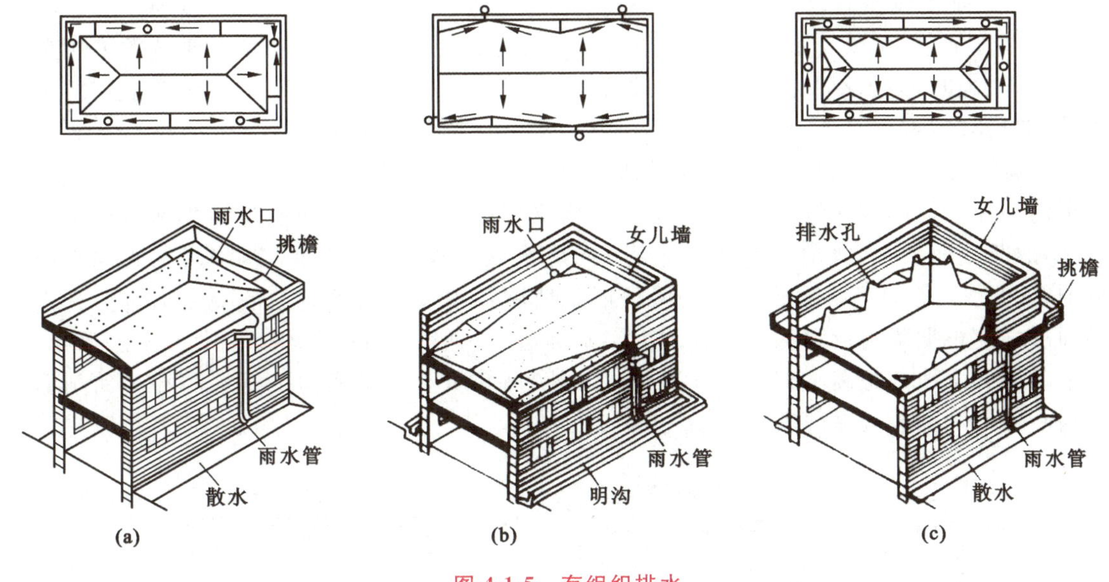

图 4-1-5　有组织排水

(a) 挑檐沟外排水；(b) 女儿墙外排水；(c) 女儿墙挑檐沟外排水

② 女儿墙外排水

当建筑造型不希望出现挑檐时，通常将外墙升起封住屋顶，高于屋顶的这部分外墙称为女儿墙。此方案如图 4-1-5(b)所示，特点是屋顶雨水在屋顶汇集需穿过女儿墙流入室外的雨水管。

③ 女儿墙挑檐沟外排水

女儿墙挑檐沟外排水方案如图 4-1-5(c)所示，特点是在屋顶檐口部位既有女儿墙，又有挑檐沟。上人屋顶、蓄水屋顶常采用这种形式，利用女儿墙作为围护，利用挑檐沟汇集雨水。

④ 暗管外排水

明装雨水管对建筑立面的美观有所影响，故在一些重要的公共建筑中，常采用暗装雨水管的方式，即将雨水管隐藏在装饰柱或空心墙中，装饰柱子可成为建筑立面构图中的竖向线条等。

⑤ 内排水

有些情况采用外排水不一定恰当，如高层建筑不宜采用外排水，因为维修室外雨水管既不方便也不安全；又如严寒地区的建筑不宜采用外排水，因为低温会使室外雨水管中的雨水冻结；再如某些屋顶宽度较大的建筑，无法完全依靠外排水排出屋顶雨水，自然要采用内排水方案，还有好多建筑为达到立面效果采用内排水，如水立方等。

4.1.2.3　屋顶排水组织设计

屋顶排水组织设计就是把屋顶划分成若干个排水区，将各区的雨水分别引向各雨水管，使排水线路短捷，雨水管负荷均匀，排水顺畅。因此屋顶须有适当的排水坡度，设置必要的天沟、雨水管和雨水口，并合理地确定这些排水装置的规格、数量和位置，最后将它们标绘在屋顶平面图上，这一系列的工作就是屋顶排水组织设计。

(1) 划分排水区域

划分排水区域的目的是便于均匀地布置雨水管。排水区域的大小一般按一个雨水口负担

200 m^2 屋顶面积的雨水考虑，屋顶面积按水平投影面积计算。

（2）确定排水坡面的数目

一般情况下，平屋顶的屋顶深度小于 12 m 时，可采用单坡排水，或临街建筑常采用单坡排水；进深较大时，为了不使水流的路线过长，宜采用双坡排水。坡屋顶则应结合造型要求选择单坡、双坡或四坡排水。

（3）确定天沟断面大小和天沟纵坡的坡度值

天沟即屋顶上的排水沟，位于外檐边的天沟又称檐沟。天沟的功能是汇集和迅速排除屋顶雨水，故其断面大小应恰当，沟底沿长度方向应设纵向排水坡，简称天沟纵坡。天沟纵坡的坡度通常为 0.5%～1%。无论是在平屋顶还是坡屋顶中大多采用钢筋混凝土天沟。天沟的净断面尺寸应根据降雨量和汇水面积的大小来确定。一般建筑的天沟净宽不应小于200 mm，天沟上口至分水线的距离不应小于 120 mm。图 4-1-6 所示是挑檐沟外排水的平面和剖面图中天沟断面尺寸和天沟纵坡坡度。

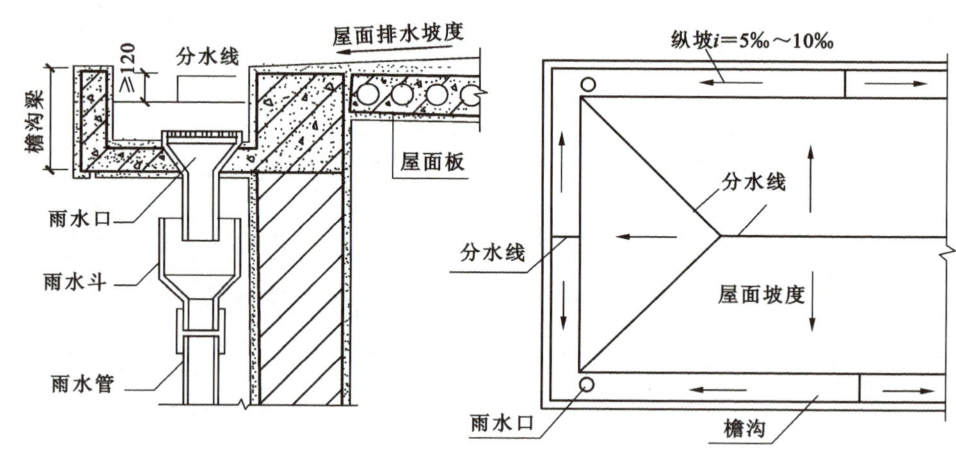

图 4-1-6　挑檐沟外排水构造

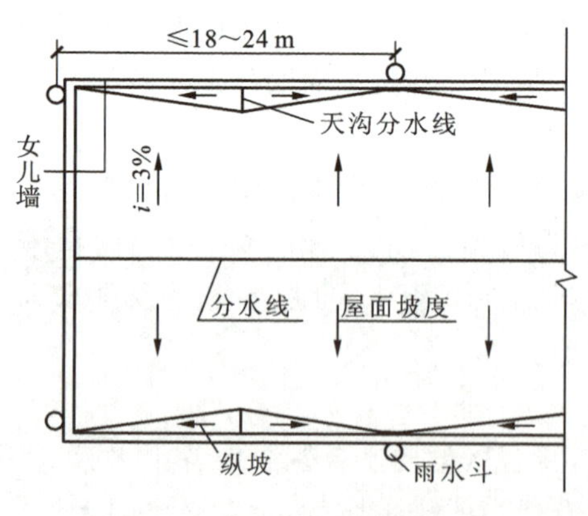

图 4-1-7　雨水口间距

（4）雨水管的规格及间距

雨水管根据材料分为铸铁、塑料、镀锌铁皮、石棉水泥、PVC 和陶土等多种，应根据建筑物的耐久等级加以选择。最常采用的是塑料雨水管，其管径有 50 mm、75 mm、100 mm、125 mm、150 mm、200 mm 等几种规格。一般民用建筑常用 75～100 mm的雨水管，面积小于 25 m^2 的露台和阳台可选用直径 50 mm 的雨水管。雨水管的数量与雨水口相等，雨水管的最大间距应同时予以控制。雨水管的间距过大，会导致天沟纵坡过长，沟内垫坡材料加厚，使天沟的容积减小，大雨时雨水易溢向屋顶引起渗漏或从檐沟外侧涌出，一般情况下雨水口间距为18 m，最大间距不宜超过 24 m。考虑上述各事项后，即可较为顺利地绘制屋顶平面图。图4-1-7所示是女儿墙外排水时雨水口的间距。

小　　结

1. 屋顶是建筑物最上部的构件,对屋顶的设计要求是坚固耐久、排水通畅、防漏可靠、保温和隔热性能达标、造型美观、室内视觉舒畅,同时还要求自重小、构造简单、施工方便和造价低廉。

2. 根据屋面坡度的大小可分为平屋顶和坡屋顶。通常将坡度小于5%的屋顶称为平屋顶。将坡度在10%以上的屋顶称为坡屋顶。

3. 常见的屋顶坡度表示方法有斜率比、百分比和角度三种。斜率比法以屋顶高度与坡面的水平投影之比表示;百分比法以屋顶高度与坡面的水平投影长度的百分比表示;角度法是以坡面与水平面所构成的夹角表示。斜率比法多用于坡屋顶;百分比法多用于平屋顶;角度法在实际工程中较少采用。

4. 屋顶排水方式分为有组织排水和无组织排水。有组织排水方式又分为外排水和内排水。有组织排水就是屋顶雨水通过排水系统的天沟、雨水口、雨水管等,有组织地将雨水排至地面或地下管沟的一种排水方式。凡不需要设置天沟、雨水口、雨水管的,雨水自然经屋檐排出外墙自由落下的称为无组织排水。对降雨量大的地区,多层和高层建筑应采用有组织排水。

5. 屋顶排水组织设计就是把屋顶划分成若干个排水区,将各区的雨水分别引向各雨水管,使排水线路短捷、雨水管负荷均匀、排水顺畅。

思 考 题

1. 屋顶有哪几种形式?
2. 屋顶的设计要求有哪些?
3. 屋顶的排水方式有哪些? 各有何特点?

知识 4.2　平屋顶构造

教学目标

1. 掌握柔性防水屋面的构造要求;
2. 掌握刚性防水屋面的构造要求。

屋顶防水根据防水材料的不同,分为柔性防水屋顶、刚性防水屋顶、涂膜防水屋顶等。

4.2.1　柔性防水屋顶

4.2.1.1　防水材料

柔性防水屋顶是利用防水卷材与黏结剂结合,形成连续致密的构造层来防水的一种屋顶。

卷材防水屋顶由于其防水层具有一定的延伸性和适应变形的能力，被称作柔性防水屋顶。卷材防水屋顶较能适应温度、振动、不均匀沉陷等因素的变化作用，整体性好，不易渗漏，但施工操作较为复杂，技术要求较高。

(1) 防水卷材的类型

防水卷材主要有沥青类防水卷材、高聚物改性沥青类防水卷材、合成高分子类防水卷材等。

① 沥青类防水卷材：是用原纸、纤维织物、纤维毡等胎体材料浸涂沥青，表面撒布粉状、粒状或片状材料后制成的可卷曲片状材料，传统上用得最多的是纸胎石油沥青油毡。纸胎石油沥青油毡是将纸胎在热沥青中渗透浸泡两次后制成。沥青油毡防水屋顶的防水层容易产生起鼓、沥青流淌和油毡开裂等问题，从而导致防水质量下降和使用寿命缩短，近年来在实际工程中已较少采用。

② 高聚物改性沥青类防水卷材：是以高分子聚合物改性沥青为涂盖层，纤维织物或纤维毡为胎体，粉状、粒状、片状或薄膜材料为覆面材料制成的可卷曲片状防水材料，如 SBS 改性沥青油毡、再生胶改性沥青聚酯油毡、铝箔塑胶聚酯油毡、丁苯橡胶改性沥青油毡等。

③ 合成高分子类防水卷材：凡以各种合成橡胶、合成树脂或两者的混合物为主要原料，加入适量化学辅助剂和填充料加工制成的弹性或弹塑性卷材，均称为高分子防水卷材。常见的有三元乙丙橡胶防水卷材、氯化聚乙烯防水卷材、聚氯乙烯防水卷材、氯丁橡胶防水卷材、聚乙烯橡胶防水卷材等。高分子防水卷材具有质量小、适用温度范围大(－20～80 ℃)、耐候性好、抗拉强度大(2～18.2 MPa)、延伸率大(大于 45%)等优点，近年来已越来越多地用于各种防水工程中。

(2) 卷材的粘合剂

用于沥青卷材的粘合剂主要有冷底子油、沥青胶和溶剂型胶粘剂等。

① 冷底子油：是将沥青稀释溶解在煤油、轻柴油或汽油中制成，涂刷在水泥砂浆或混凝土基层面作打底用。

② 沥青胶：又称为玛琋脂(mastic)，是在沥青中加入填充料如滑石粉、云母粉、石棉粉、粉煤灰等加工制成。沥青胶分为冷、热两种，每种又均有石油沥青胶及煤沥青胶两类。石油沥青胶适于黏结石油沥青类卷材，煤沥青胶则适于黏结煤沥青类卷材。

③ 溶剂型胶粘剂：用于高聚物改性沥青防水卷材和高分子防水卷材的粘合剂，主要为与卷材配套使用的各种溶剂型胶粘剂。如适用于改性沥青类卷材的 RA-86 型氯丁胶黏结剂、SBS 改性沥青黏结剂等；三元乙丙橡胶卷材所用的聚氨酯底胶基层处理剂、CX-404 氯丁橡胶粘合剂；氯化聚乙烯胶卷材所用的 LYX-603 胶粘剂等。

4.2.1.2 柔性防水屋顶的构造

卷材防水屋顶具有多层次构造的特点，其构造组成分为基本层次和辅助层次两类。卷材防水屋顶的基本构造层次按其作用分别为：结构层、找平层、结合层、防水层、保护层等。卷材防水屋顶的构造如图 4-2-1(a)所示。

(1) 结构层：多为刚度大、变形小的各类钢筋混凝土屋顶板。

(2) 找平层：卷材防水层要求铺贴在坚固而平整的基层上，以防止卷材凹陷或断裂。在松软材料及预制屋顶板上铺设卷材以前，须先做找平层。找平层一般采用 1∶3 水泥砂浆或1∶8 沥青砂浆，整体混凝土结构可以做较薄的找平层(15～20 mm)，表面平整度较差的装配式结构或在散料上宜做较厚的找平层(20～30 mm)。为防止找平层变形开裂而使卷材防水层破坏，

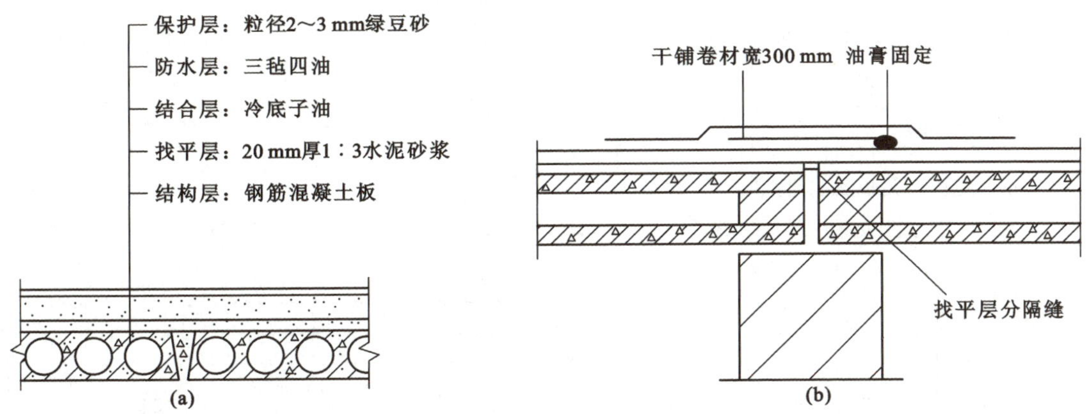

图 4-2-1　卷材防水屋面构造

在找平层中留设分格缝。分格缝的宽度一般为 20 mm，纵横间距不大于 6 m，屋顶板为预制装配式时，分格缝应设在预制板的端缝处。分格缝上面应覆盖一层 200～300 mm 宽的附加卷材，用黏结剂单边点贴[图 4-2-1(b)]，使分格缝处的卷材有较大的伸缩余地，避免开裂。

(3) 结合层：结合层的作用是在卷材与基层间形成一层胶质薄膜，使卷材与基层胶结牢固。沥青类卷材通常用冷底子油(一般的质量配合比为 40%的石油沥青及 60%的煤油或轻柴油，或者 30%的石油沥青及 70%的汽油)作结合层，高分子卷材则多用配套基层处理剂，也有采用冷底子油或稀释乳化沥青作结合层的。如第一层沥青胶浇涂时，除注意黏结的牢固度外，还要注意避免防水层在太阳辐射下由于内部空气或湿气使其膨胀形成鼓泡。为了使油毡防水层与基层之间有一个能使蒸汽扩散的场所，常将第一层沥青层采用点状(俗称花油法)或条状粘贴，如图 4-2-2 所示。

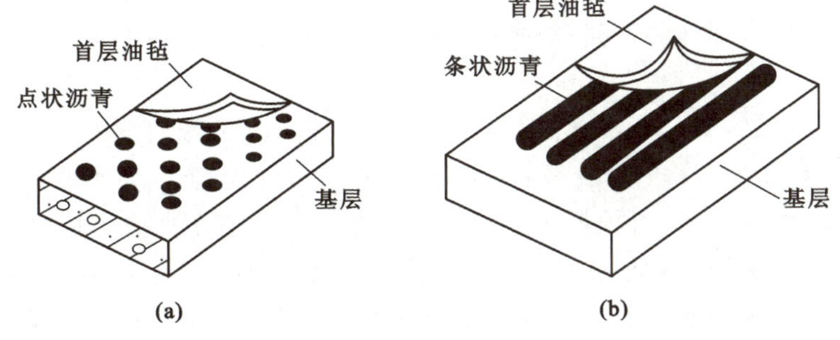

图 4-2-2　首层油毡的粘贴

(4) 防水层：沥青卷材防水层是由多层卷材和黏结剂交替粘合形成。交替进行至防水层所需层数为止，最后一层卷材面上也需刷一层黏结剂。非永久性的简易建筑屋顶防水层采用两层卷材和三层黏结剂，一般民用建筑应做三层沥青卷材四层黏结剂。

当屋顶坡度小于 3%时，沥青卷材宜平行于屋脊，从檐口到屋脊层层向上铺贴，如图 4-2-3 (a)所示。屋顶坡度在 3%～15%时，卷材可平行或垂直于屋脊铺贴。当屋顶坡度大于 15%或屋顶受震动时，卷材应垂直于屋脊铺贴，如图 4-2-3 (b)所示。铺贴油毡时应采用搭接方法，一般由檐口到屋脊层层向上铺设，上下搭接 80～120 mm，左右搭接 100～150 mm，多层铺法的上下卷材层的接缝应错开，如图 4-2-3 (c)和图 4-2-3 (d)所示。用逐层搭接半张的铺设方法如图 4-2-3 (e)所示，该法施工较为方便。黏结剂用沥青玛𤧛脂的厚度应控制在 1～1.5 mm ，过

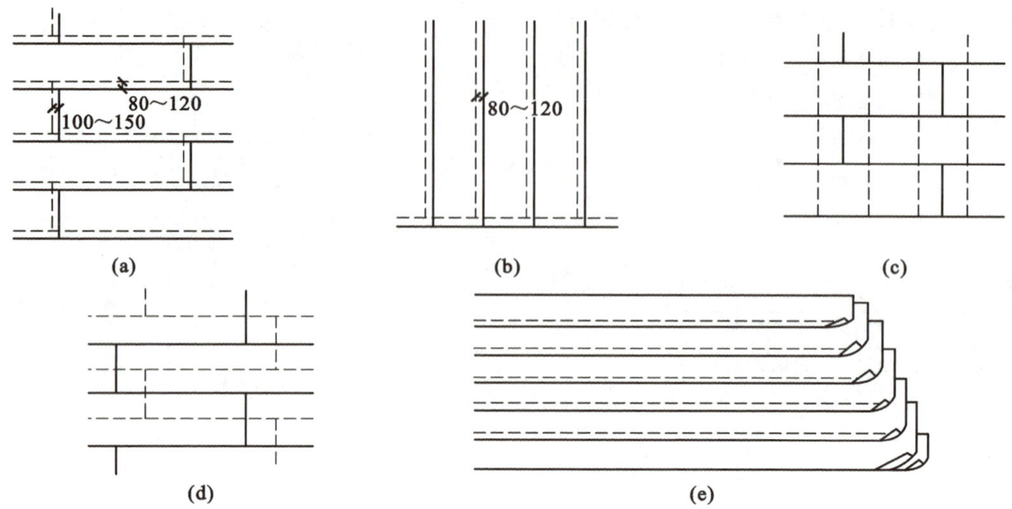

图 4-2-3　卷材铺贴方向

(a) 平行屋脊铺设；(b) 垂直屋脊铺设；(c) 底层垂直、面层平行屋脊铺设；
(d) 双层平行屋脊铺设；(e) 层叠搭接半张平行屋脊铺设

厚易使沥青产生凝聚现象而致龟裂。

(5) 高聚物改性沥青防水层：高聚物改性沥青防水卷材的铺贴方法有冷粘法及热熔法两种。

冷粘法是用胶粘剂将卷材粘贴在找平层上，或利用某些卷材的自粘性进行铺贴。冷粘法铺贴卷材时应注意平整顺直，搭接尺寸准确，不扭曲，卷材下面的空气应予排除并将卷材辊压黏结牢固。

热熔法施工是用火焰加热器将卷材均匀加热至表面光亮发黑，然后立即滚铺卷材使之平展并辊压牢实。

高分子卷材防水层，如三元乙丙卷材是一种常用的高分子橡胶防水卷材，先在找平层(基层)上涂刮基层处理剂如 CX-404 胶等，要求薄而均匀，待处理剂干燥不粘手后即可铺贴卷材。卷材铺设方向类同沥青卷材，可根据不同屋顶坡度平行或垂直于屋脊方向铺贴，并按水流方向搭接。铺贴时卷材应保持自然松弛状态，不能拉得过紧。卷材的长边应保持搭接 50 mm，短边保持搭接 70 mm。卷材铺好后立即用工具辊压密实，搭接部位用胶粘剂均匀涂刷粘牢。

(6) 保护层：设置保护层使卷材不致因光照和气候等的作用而迅速老化，防止沥青类卷材的沥青过热流淌或受到暴雨的冲刷。保护层的构造做法根据屋顶的使用情况而定。不上人屋顶的构造做法如图 4-2-4(a)所示，沥青防水屋顶一般在防水层撒粒径 3～5 mm 的小石子作为保护层，称为绿豆砂或豆石保护层；为防止暴风雨的冲刷使砂粒流失而裸露，可使用粒径为 15～25 mm 的小石子并增加厚度至 30～100 mm，该做法还可使太阳辐射温度明显下降，对提高卷材防水屋顶的使用寿命有利，但是增大了屋顶的自重。高分子卷材如三元乙丙橡胶防水屋顶通常是在卷材面上涂刷水溶型或溶剂型的浅色保护着色剂，如氯丁银粉胶等。上人屋顶的构造做法如图 4-2-4 (b)所示，既是保护层又是楼面面层。要求保护层平整耐磨，一般可在防水层上浇筑 30～40 mm 厚的细石混凝土面层，每 2 m 左右设一分格缝，保护层分格缝应尽量与找平层分格缝错开，缝内用防水油膏嵌封；也可用砂填层或水泥砂浆铺预制混凝土块或大阶

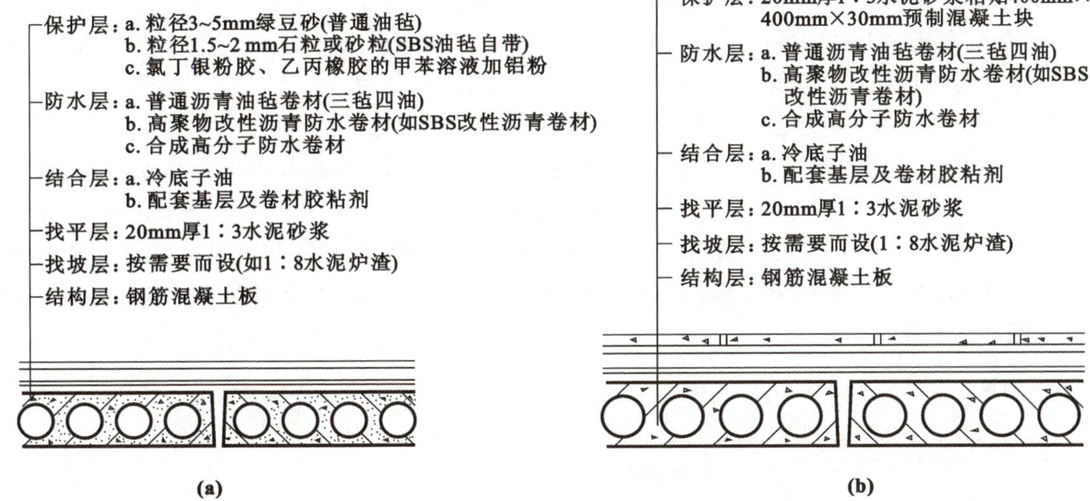

图 4-2-4　柔性防水屋面构造组成

(a) 不上人屋顶；(b) 上人屋顶

砖；还可将预制板或大阶砖架空铺设以利通风。上人屋顶做屋顶花园时，水池、花台等构造均应在屋顶保护层上设置。

(7) 找坡层：为确保防水性，减少雨水在屋顶的滞留时间，结构层水平时可用材料找坡形成所需的屋顶排水坡度。找坡的材料可结合辅助构造层次设置。

(8) 辅助构造层：是为了满足房屋的使用要求，或提高屋顶的性能而补充设置的构造层，如保温层是为防止冬季室内过冷，隔热层是为防止室内过热，隔蒸汽层是为防止潮气侵入屋顶保温层等。

4.2.1.3　柔性防水屋顶的细部构造组成

为保证柔性防水屋顶的防水性能，对可能造成的防水薄弱环节采取加强措施，主要包括屋顶上的泛水、天沟、雨水口、檐口、变形缝等处的细部构造。

(1) 泛水构造：泛水指屋顶上沿所有垂直面所设的防水构造。突出于屋顶之上的女儿墙、烟囱、楼梯间、变形缝、检修孔、立管等的壁面与屋顶的交接处是最容易漏水的地方，必须将屋顶防水层延伸到这些垂直面上，形成垂直铺设的防水层，称为泛水。在屋顶与垂直面交接处的水泥砂浆找平层应抹成直径不小于 150 mm 的圆弧形或 45°斜面，上刷卷材黏结剂。屋顶的卷材防水层继续铺至垂直面上，在弧线处使卷材铺贴牢实，以免卷材架空或折断，直至泛水高度不小于 250 mm 处形成卷材泛水，其上再加铺一层附加卷材。做好泛水上口的卷材收头固定，防止卷材在垂直墙面上下滑动渗水。可在垂直墙中预留凹槽或凿出通长凹槽，将卷材的收头压入槽内，用防水压条钉压后再用密封材料嵌填封严，外抹水泥砂浆保护。凹槽上部的墙体则用防水砂浆抹面。柔性防水泛水构造如图 4-2-5 所示，分别用不同的处理方法，通常

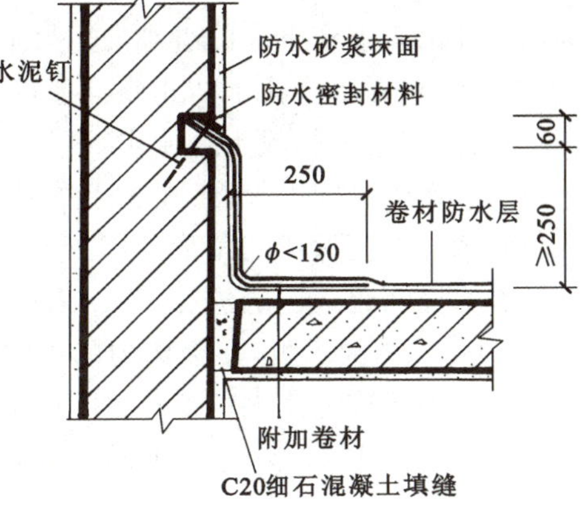

图 4-2-5　泛水构造

有钉木条、压镀锌铁皮、嵌砂浆、嵌油膏、压砖块、压混凝土和盖镀锌铁皮等处理方式。除盖镀锌铁皮外，一般在泛水上口均挑出 1/4 砖，抹水泥砂浆斜口和滴水，施工均较复杂，用新的防水胶结材料把卷材直接粘贴在抹灰层上，也是有效的一种泛水处理方法。

(2) 挑檐口构造：分为无组织排水和有组织排水两种做法。

无组织排水挑檐口不宜直接采用屋顶楼板外悬挑，其原因是温度变化会导致较大变形，使檐口抹灰砂浆开裂，一般采用与圈梁整浇的混凝土挑板。在檐口 800 mm 范围内的卷材应采取满贴法，为防止卷材收头处粘贴不牢而出现漏水，应在混凝土檐口上用细石混凝土或水泥砂浆先做一凹槽，然后将卷材贴在槽内，将卷材收头用水泥钉钉牢，上面用防水油膏嵌填，挑檐口构造如图 4-2-6 所示。

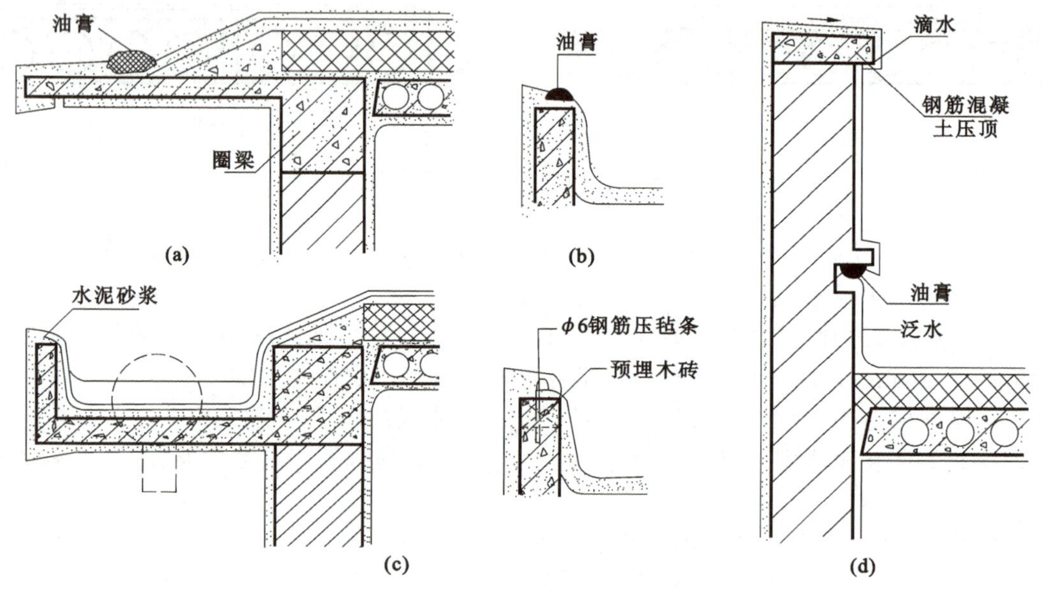

图 4-2-6 卷材收头处理

(a) 无组织排水檐口；(b) 卷材防水材料收头处理；(c) 挑檐沟外排水檐口构造；(d) 女儿墙外排水檐口构造

有组织排水挑檐口常常将檐沟布置在出挑部位，现浇钢筋混凝土檐沟板可与圈梁连成整体，如图 4-2-6 所示。沟内转角部位的找平层应做成圆弧形或 45°斜面。檐沟加铺 1～2 层附加卷材。当屋顶坡度大于或等于 1∶5 时，应将檐沟板靠屋顶板一侧的沟壁外侧做成斜面，以免接缝处出现上窄下宽的缝隙，这种缝隙容易使填缝材料不密实，温度变化引起变形时极易脱落，以致檐口漏水。为了防止檐沟壁面上的卷材下滑，通常在檐沟边缘用水泥钉钉压条或用钢筋压卷材，将卷材的收头处压牢，再用油膏或砂浆盖缝。

(3) 有组织排水天沟：屋顶上的排水沟称为天沟，有两种设置方式，一种是利用屋顶倾斜坡面的低洼部位做成三角形断面天沟，另一种是用专门的槽形板做成矩形天沟。采用女儿墙外排水的民用建筑一般进深不大，采用三角形天沟的较为普遍。沿天沟长向需用轻质材料垫成 0.5%～1%的纵坡，使天沟内的雨水迅速排入雨水口。

多雨地区或跨度大的房屋，为了增加天沟的汇水量，常采用断面为矩形的天沟，即用钢筋混凝土预制天沟板取代屋顶板，天沟内也需设纵向排水坡，防水层应铺到高处的墙上形成泛水。

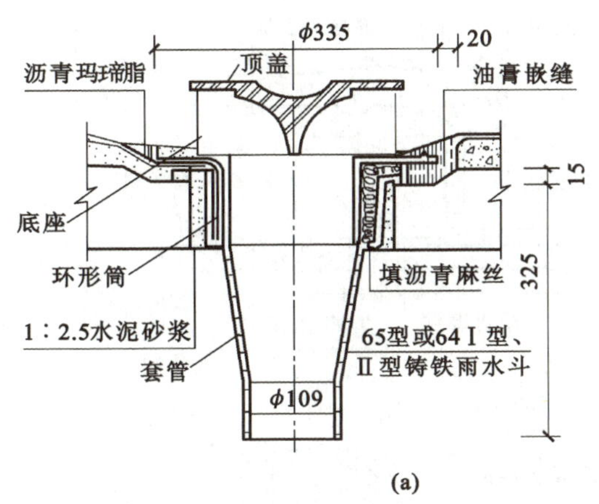

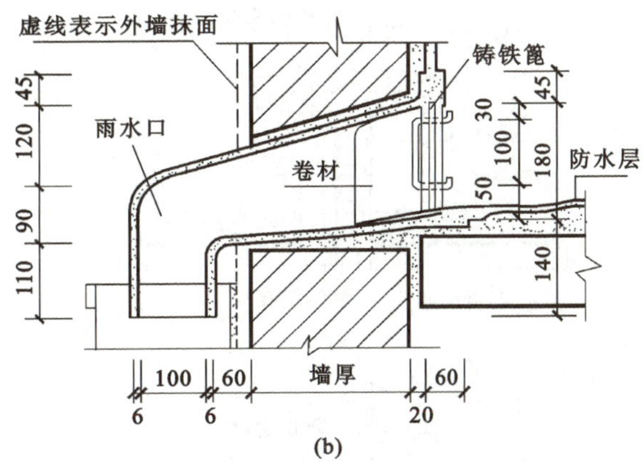

图 4-2-7　雨水口构造

(a) 直管式；(b) 弯管式

(4) 雨水口构造：如图 4-2-7 所示，雨水口是用来将屋顶雨水排至雨水管而在檐口处或檐沟内开设的洞口。为使排水通畅，不易堵塞和渗漏，雨水口处应尽可能比屋顶或檐沟面低一些，有垫坡层或保温层的屋顶，可在雨水口直径 500 mm 周围内减薄，形成漏斗形，使之排水通畅、避免积水。有组织外排水最常用的有檐沟及女儿墙雨水口两种形式，雨水口通常分为直管式[图 4-2-7(a)]和弯管式[图 4-2-7(b)]两类。直管式适用于中间天沟、挑檐沟和女儿墙内排水天沟；弯管式适用于女儿墙外排水天沟。雨水口的材质过去多为铸铁，管壁较厚，强度较高，但易生锈。近年来塑料雨水口越来越多地得到运用，它具有质轻、不易锈蚀、色彩丰富等优点。

民用建筑常用的雨水口由套管、环形筒、顶盖底座和顶盖几部分组成，如图 4-2-7(a)所示。套管呈漏斗形，安装在天沟底板或屋顶板上，用水泥砂浆埋嵌牢固。各层卷材(包括附加卷材)均粘贴在套管内壁上，表面涂防水油膏，再用环形筒嵌入套管，将卷材压紧，嵌入的深度至少为 100 mm。环形筒与底座的接缝等薄弱环节须用油膏嵌封。顶盖底座有隔栅，起遮挡杂物的作用。汇水面积不大的一般民用建筑，可选用较简单的铁丝罩雨水口。上人屋顶可选择铁篦雨水口，如图 4-2-8 所示。

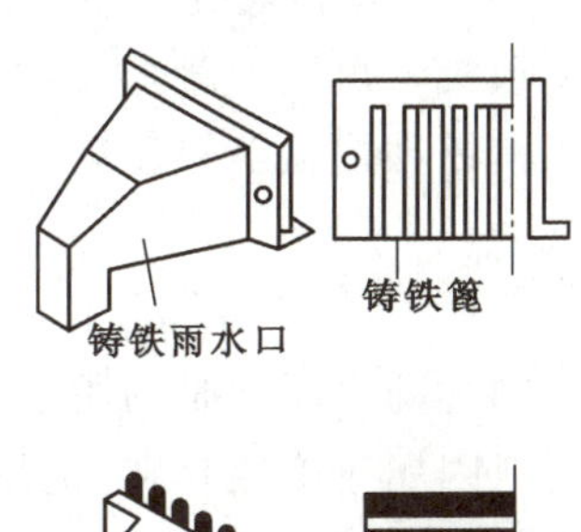

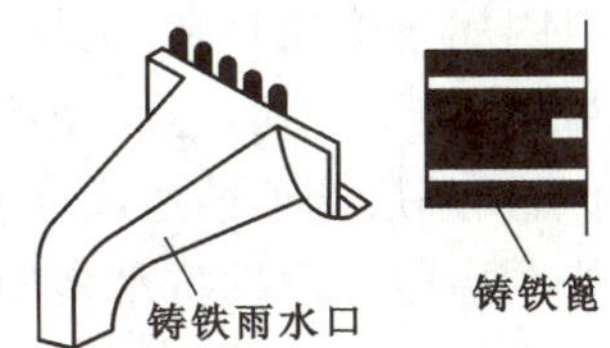

图 4-2-8　雨水口组成

弯管式雨水口呈 90°弯曲状，由弯曲套管和铁篦两部分组成。弯曲套管置于女儿墙预留孔洞中，屋顶防水层及泛水的卷材应铺贴到套管内壁四周，铺入深度不少于100 mm，套管口用铸铁篦遮盖，以防污物堵塞水口。

(5) 屋顶变形缝构造：屋顶变形缝的构造处理原则是既不能影响屋顶的变形，又要防止雨水从变形缝处渗入室内。根据变形缝的不同情况，分为等高屋顶变形缝和高低屋顶变形缝两种。等高屋顶变形缝的做法是在缝两边的屋顶板上砌筑矮墙，以挡住屋顶雨水。矮墙的高度不小于 250 mm，半砖墙厚。屋顶卷材防水层与矮墙面的连接处理类同于泛水构造，缝内嵌填沥青麻丝。矮墙顶部可用镀锌铁皮盖缝，如图 4-2-9 (a)所示；也可铺一层卷材后用混凝土盖板压顶，如图 4-2-9(b)所示。高低屋顶变形缝则是在低侧屋顶板上砌筑矮墙。当变形缝宽度较小时，可用镀锌铁皮盖缝并固定在高侧墙上，如图 4-2-9(c)所示；也可以从高侧墙上悬挑钢

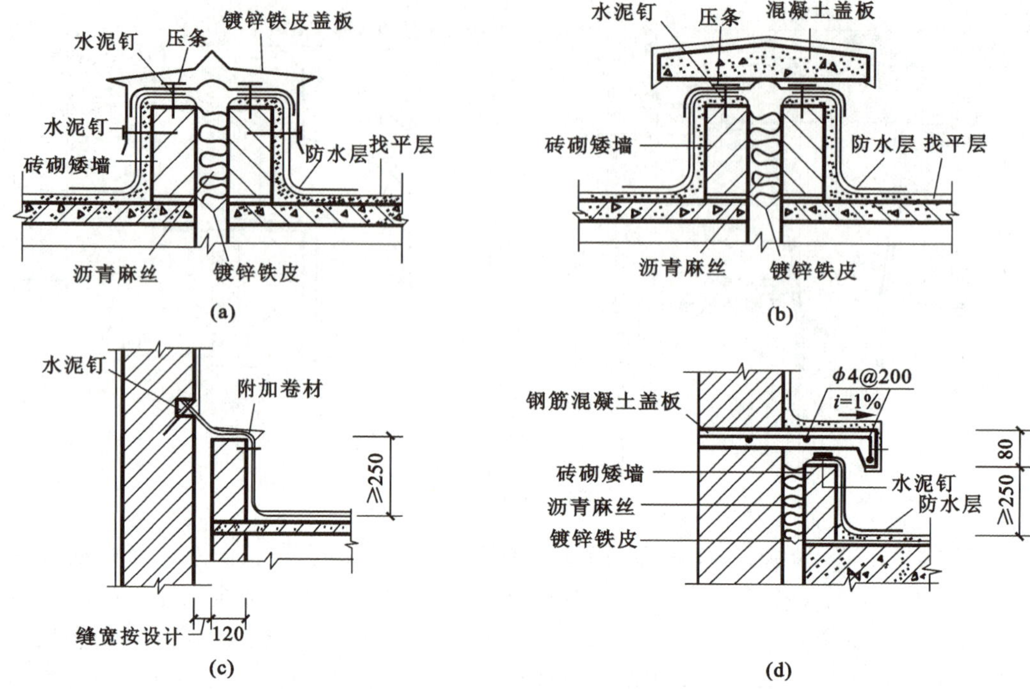

图 4-2-9 屋顶变形缝防水构造处理

筋混凝土板盖缝，如图 4-2-9(d)所示。

(6) 屋顶检修孔构造：不上人屋顶须设屋顶检修孔。检修孔四周的孔壁可用砖立砌，在现浇屋顶板时可用混凝土上翻制成，其高度一般为 300 mm，壁外侧的防水层应做成泛水并将卷材用镀锌铁皮盖缝钉压牢固。

4.2.2 刚性防水屋顶

刚性防水屋顶是利用刚性防水材料，形成连续致密的构造层来防水的一种屋顶。刚性防水材料因属于脆性材料，抗拉强度较低，因而称为刚性防水屋顶。刚性防水屋顶的主要优点是构造简单，施工方便，造价经济和维修较为方便。其主要缺点是对温度变化和结构变形较为敏感，对屋顶基层变形的适应性较差，施工技术要求较高，较易产生裂缝而渗漏水，要采取防止渗漏的构造措施。刚性防水多用于日温差较小的我国南方地区和防水等级为Ⅲ级的屋顶防水，也可用作防水等级为Ⅰ、Ⅱ级的屋顶多道设防中的一道防水层；刚性防水屋顶一般不适用于保温、高温、有振动、基础有较大不均匀沉降的建筑。

4.2.2.1 刚性防水屋顶的材料

刚性防水屋顶的材料是以防水砂浆抹面或密实混凝土浇捣而成的刚性防水材料。普通水泥砂浆和混凝土在施工时，当用水量超过水泥水凝过程所需的用水量时，多余的水在混凝土硬化过程中，逐渐蒸发形成许多空隙和互相连贯的毛细管网；另外，过多的水分在砂石骨料表面形成一层游离的水，相互之间也会形成毛细通道。这些毛细通道常会引起表面开裂和屋顶渗水。因此普通的水泥砂浆和混凝土是不能作为刚性屋顶防水层的，通常采用的几种防水措施为：

(1) 增加防水剂。由化学原料配制的防水剂，通常为憎水性物质、无机盐或不溶解的肥皂，如硅酸钠(水玻璃)类、氯化物或金属皂类制成的防水粉或浆。掺入砂浆或混凝土后，能与之生成不溶性物质，填塞毛细孔道，形成憎水性壁膜，以提高其密实性。

(2) 采用微膨胀。在普通水泥中掺入少量的矾土水泥和二水石粉等所配置的细石混凝土，在混凝土结硬时产生微膨胀效应，抵消混凝土的原有收缩性，以提高抗裂性。

(3) 提高密实性。控制水灰比，加强浇筑时的振捣，均可提高砂浆和混凝土的密实性。细石混凝土屋顶在初凝前表面用铁滚碾压，使余水压出，初凝后加少量干水泥，待收水后用铁板压平、表面打毛，然后盖席浇水养护，从而提高了面层密实性和避免了表面的龟裂。

4.2.2.2　刚性防水屋顶的构造

刚性防水屋顶的基本构造组成按其作用分别为：结构层、找平层、隔离层、防水层，如图4-2-10所示。

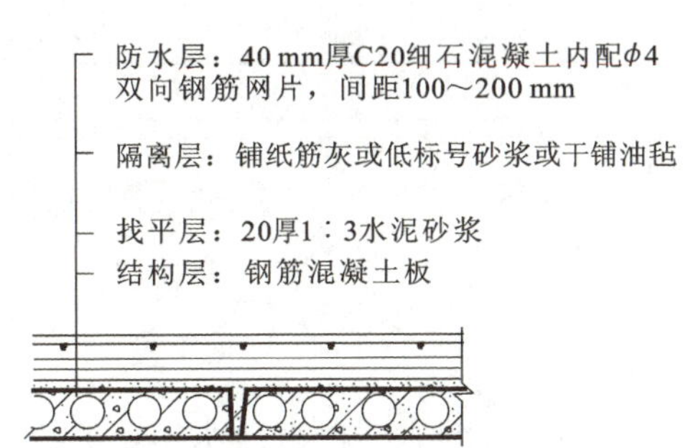

图 4-2-10　刚性防水屋面构造层次

(1) 结构层：多为刚度大、变形小的各类钢筋混凝土屋顶板。

(2) 找平层：当结构层为预制钢筋混凝土板时，其上应用 1∶3 水泥砂浆做找平层，厚度为 20 mm。若结构层为整体现浇混凝土板时则可不设找平层。

(3) 隔离层：隔离层的作用是减少结构变形对防水层的不利影响，结构层在荷载作用下产生挠曲变形，在温度变化作用下产生胀缩变形。由于结构层较防水层厚，刚度相应也较大，当结构产生上述变形时容易将刚度较小的防水层拉裂。因此在结构层上找平后设一隔离层与防水层脱开。隔离层可采用铺纸筋灰、低标号砂浆，或薄砂层上干铺一层油毡等做法。

(4) 防水层：常采用不低于 C20 的防水细石混凝土整体现浇而成，其厚度不小于40 mm，并应配置直径为 4～6.5 mm、间距为 100～200 mm 的双向钢筋网片，提高其抗裂和应变的能力。由于裂缝易在面层出现，钢筋宜置于中层偏上，使上面有 15 mm 厚的保护层。

4.2.2.3　刚性防水屋顶的细部构造组成

与卷材防水屋顶一样，刚性防水屋顶也需要处理好泛水、天沟、檐口、雨水口等细部构造，另外还应做好防水层的分格缝构造。

(1) 分格缝(分仓缝)构造：装配式结构屋顶板的支承端、屋顶转折处、刚性防水层与立墙的交接处，应与板缝对齐。分格缝的纵横间距不宜大于 6 m。在横墙承重的民用建筑中，分格缝的设置位置如图 4-2-11 所示，屋脊是屋顶转折的界线，故此处应设一纵向分格缝；横向分格缝每开间设一道，并与装配式屋顶板的板缝对齐；沿女儿墙四周的刚性防水层与女儿墙之间也应设分隔缝。其他突出屋顶的结构物四周都应设置分格缝。

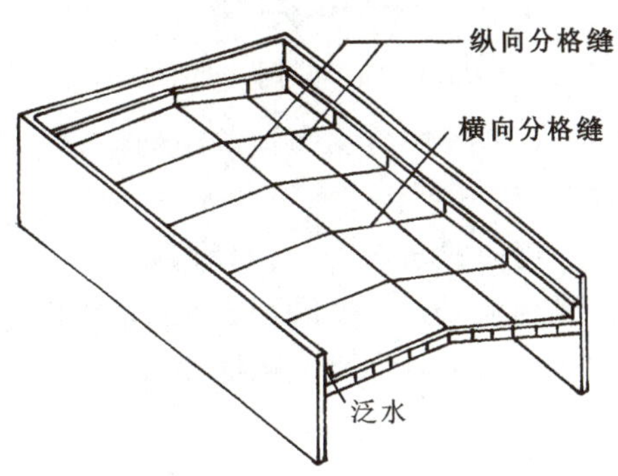

图 4-2-11　屋面分格缝的位置

设置分隔缝的作用在于：一是大面积的整体现浇混凝土防水层受气温影响产生的温度变形较大，容易导致混凝土开裂。设置一定数量的分格缝将单块混凝土防水层的面积减小，从而减少其伸缩变形，可有效地防止和限制裂缝的产生。二是在荷载作用下屋顶板会产生挠曲变形、支承端翘起，易引起混凝土防水层开裂，如在这些部位预留分格缝就可避免防水层开裂。三是刚性防水层与女儿墙的变形不一致，所以刚性防水层不能紧贴在女儿墙上，它们之间应做柔性封缝处理，以防女儿墙或刚性防水层开裂引起渗漏。

分格缝的做法如图 4-2-12 所示。防水层内的钢筋在分格缝处应断开；屋顶板缝用浸过沥青的木丝板等密封材料嵌填，缝口用油膏等嵌填；缝口表面用防水卷材铺贴盖缝，卷材的宽度为 200～300 mm。

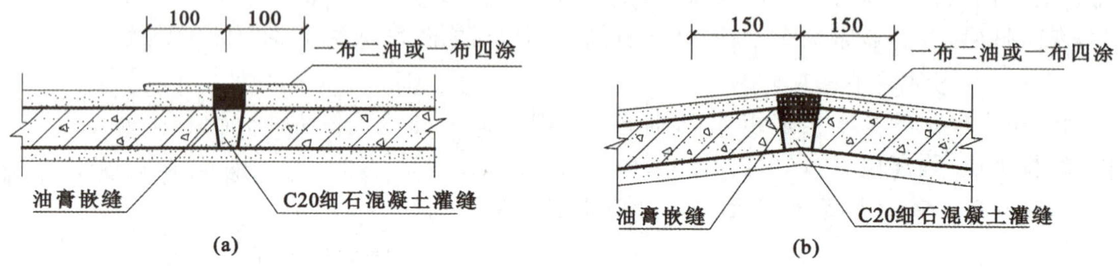

图 4-2-12　分格缝的做法

(a) 平缝；(b) 凸缝

(2) 泛水构造：刚性防水屋顶的泛水构造要点与卷材屋顶相同的地方是，泛水应有足够高度，一般不小于 250 mm；泛水应嵌入立墙上的凹槽内并用压条及水泥钉固定。不同的地方是，刚性防水层与屋顶突出物（女儿墙、烟囱等）间须留分格缝，另铺贴附加卷材盖缝形成泛水。

女儿墙与刚性防水层间留有分格缝，为使混凝土防水层在收缩和温度变形时不受女儿墙的影响，防止开裂，在分格缝内嵌入油膏，如图 4-2-13 所示，缝外用附加卷材铺贴至泛水所需高度并做好压缝收头处理，防止雨水渗进缝内。

(3) 变形缝分为高低屋顶变形缝和横向变形缝两种情况。图 4-2-14 所示为高低屋顶变形缝构造，类同卷材屋顶变形缝泛水。

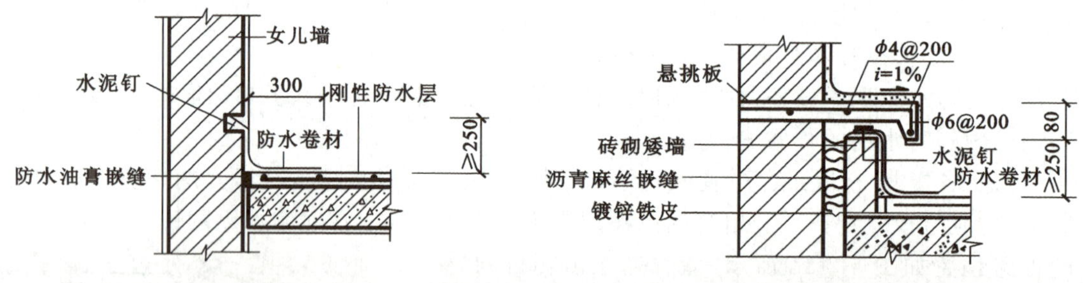

图 4-2-13　刚性防水屋面女儿墙泛水构造

图 4-2-14　高低屋顶变形缝构造

(4) 刚性防水屋顶常用的檐口形式有自由落水檐口、挑檐沟外排水檐口、女儿墙外排水檐口、坡檐口等。

当挑檐较短时，可将混凝土防水层直接悬挑出去形成挑檐口，如图 4-2-15 (a)所示。当所需挑檐较长时，为了保证悬挑结构的强度，应采用与屋顶圈梁连为一体的悬臂板形成挑檐，如图 4-2-15 (b)所示。在挑檐板与屋顶板上做找平层和隔离层后浇筑混凝土防水层，檐口处注意做好滴水。

挑檐口采用有组织排水方式时，常将檐部做成排水檐沟板的形式。檐沟板的断面为槽形并与屋顶圈梁连成整体，如图 4-2-16(a)所示。沟内设纵向排水坡，防水层挑入沟内并做滴水，

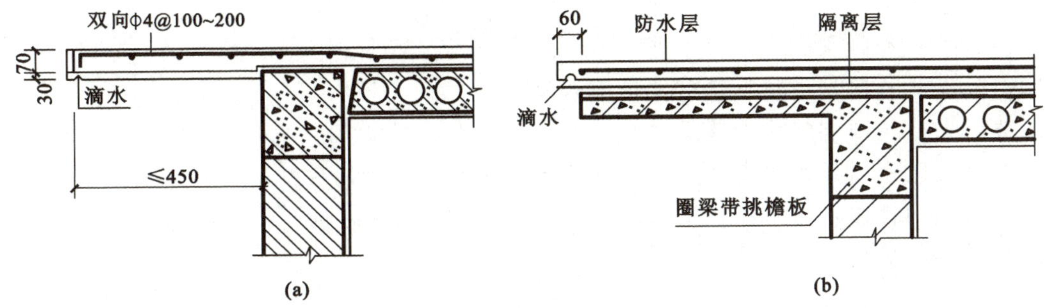

图 4-2-15　刚性防水屋面自由落水檐口构造

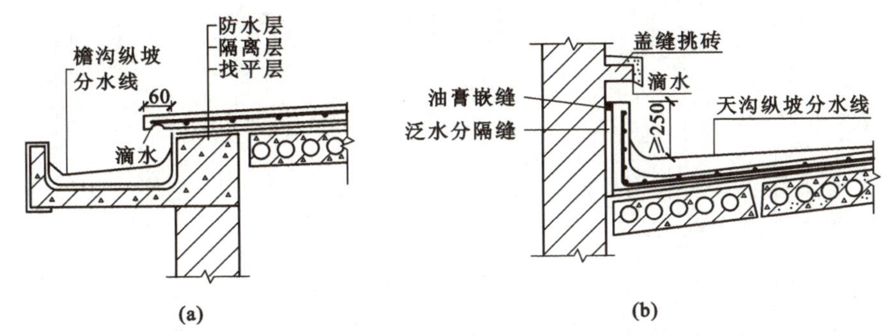

图 4-2-16　刚性防水屋顶排水构造

(a) 挑檐口外排水构造；(b) 女儿墙外排水构造

以防止爬水。

在跨度不大的平屋顶中，当采用女儿墙外排水时，常利用倾斜的屋顶板与女儿墙间的夹角做成三角形断面天沟，如图 4-2-16(b)所示，防水层端部类同泛水构造。天沟内也需设纵向排水坡。

通常有两种雨水口，分别是直管式和弯管式。直管式适用于中间天沟、挑檐沟；弯管式适用于女儿墙外排水天沟。为防止接缝处渗漏，局部还应加铺防水层，同时用油膏嵌缝密实。

小　　结

1. 柔性防水屋顶是利用防水卷材与黏结剂结合，形成连续致密的构造层来防水的一种屋顶。柔性防水屋顶的构造是多层次的，按作用分别为：结构层、找平层、结合层、防水层、保护层、找坡层、辅助层等。

2. 刚性防水屋顶的材料是以防水砂浆抹面或密实混凝土浇捣而成的刚性防水材料。刚性防水屋顶的基本构造组成按其作用分别为：结构层、找平层、隔离层、防水层等。

3. 无论是柔性防水屋顶还是刚性防水屋顶，对可能造成的防水薄弱环节，应采取加强措施。这些部位主要包括屋顶上的泛水、天沟、雨水口、檐口、变形缝等处的细部构造。

思　考　题

1. 什么是卷材防水屋顶？目前常用的卷材有哪些？
2. 卷材防水屋顶有哪些构造层次？在构造上有哪些要求？
3. 什么是泛水？泛水的高度是多少？泛水收头做法有哪几种？
4. 什么是刚性防水屋顶？常用的刚性屋顶防水材料有哪些？
5. 什么是分格缝？分格缝的作用是什么？

知识 4.3　坡屋顶构造

教学目标

1. 掌握坡屋顶的承重结构类型；
2. 掌握坡屋顶的构造要求。

4.3.1　坡屋顶的承重结构

坡屋顶根据承重部分不同，主要有传统的木构架屋顶、钢筋混凝土屋架屋顶、钢结构屋架屋顶以及近年发展起来的膜结构屋顶。

4.3.1.1　承重结构类型

坡屋顶中常用的承重结构有横墙承重、屋架承重和梁架承重，如图 4-3-1 所示。

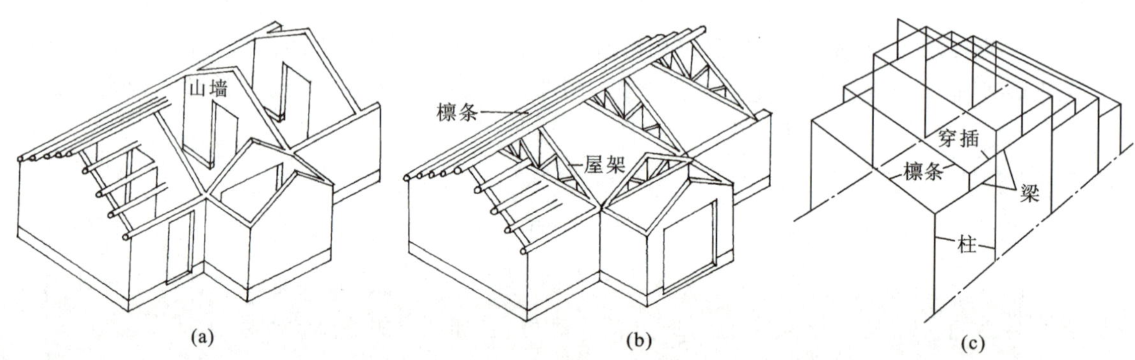

图 4-3-1　坡屋顶承重结构类型

(a) 横墙承重；(b) 屋架承重；(c) 梁架承重

(1) 横墙承重

横墙承重是屋顶根据所要求的坡度，将横墙上部砌成三角形，在墙上直接搁置承重构件(如檩条)来承受屋顶荷载的结构方式。横墙承重构造简单、施工方便、节约材料，有利于屋顶的防火和隔声，适用于开间为 4.5 m 以内、尺寸较小的房间，如住宅、宿舍、旅馆客房等建筑。

(2) 屋架承重

屋架承重是由一组杆件在同一平面内互相结合成整体构件屋架，其上搁置承重构件(如檩条)来承受屋顶荷载的结构方式。这种承重方式可以形成较大的内部空间,多用于要求有较大空间的建筑,如食堂、教学楼等。

(3) 梁架承重

梁架承重是我国的传统结构形式,用木材做主要材料的柱与梁形成的梁架承重体系,是一个整体承重骨架,墙体只起围护和分隔的作用。

4.3.1.2　承重结构构件

坡屋顶的承重结构构件主要有屋架和檩条两种。

(1) 屋架

屋架一般多为三角形,由上弦、下弦及垂直腹杆和斜腹杆组成,根据材料不同有木屋架、钢屋架及钢筋混凝土屋架等,如图4-3-2所示。木屋架适应跨度不超过12 m的房屋结构,大跨度的空间应采用钢筋混凝土屋架或钢屋架。

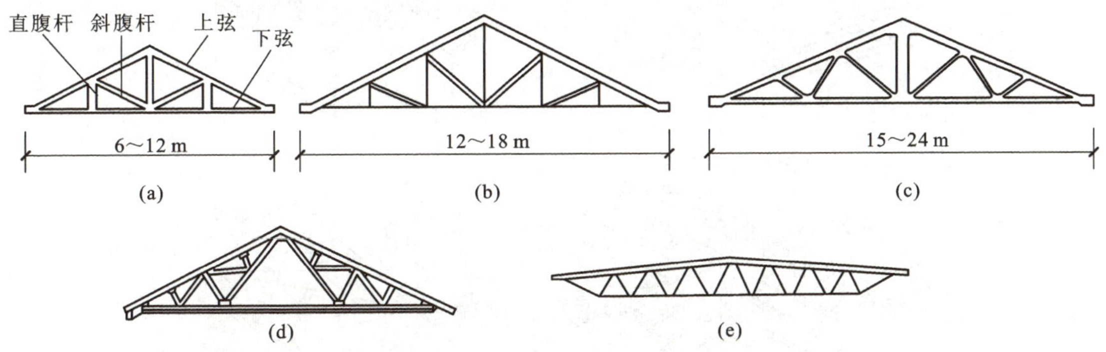

图4-3-2　常用的屋架形式

(a) 木屋架;(b) 钢木屋架;(c) 预应力钢筋混凝土屋架;(d) 芬式钢屋架;(e) 梭形轻钢屋架

(2) 檩条

檩条根据材料不同可分为木檩条、钢檩条及钢筋混凝土檩条,一般与屋架种类相同。檩条的形式如图4-3-3所示,木檩条有矩形和圆形(即原木),方木檩条一般为(75～100)mm×(100～180)mm,原木檩条的梢径一般为100 mm左右,跨度一般在4 m以内。钢筋混凝土檩条有矩形、L形和T形等,跨度可达6 m;钢檩条有型钢或轻型钢檩条。檩条的断面大小与檩条的间距、屋面板的薄厚以及椽子的截面密切相关,由结构计算确定。

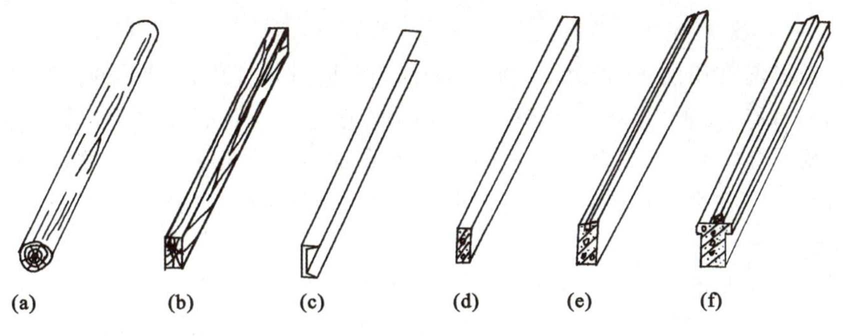

图4-3-3　檩条种类

(a) 圆木檩条;(b) 方木檩条;(c) 槽钢檩条;(d)、(e)、(f) 混凝土檩条

(3) 承重结构布置

坡屋顶承重结构布置如图 4-3-4 所示，主要是屋架和檩条的布置。双坡屋顶根据开间尺寸等间距布置。四坡屋顶尽端的三个斜面呈 45°相交，采用半屋架一端支承在外墙上，另一端支承在尽端全屋架上，如图 4-3-4(a)所示。屋顶 T 形相交处的结构布置有两种：一是把插入屋顶的檩条搁在与其垂直的屋顶檩条上，如图 4-3-4 (b)所示；二是用斜梁或半屋架，斜梁或半屋架的一端支承在转角的墙上，另一端支承在屋架上，如图 4-3-4 (c)所示。屋顶转角处，利用半屋架支承在对角屋架上，如图 4-3-4(d)所示。

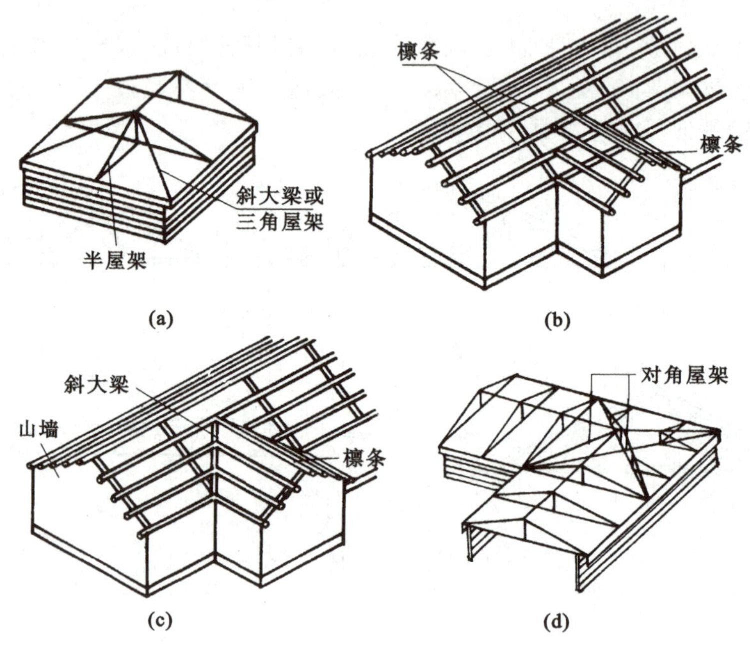

图 4-3-4　屋顶造型变化时的异形屋架

(a) 四坡顶的屋架；(b) T 形交接处屋顶之一；(c) T 形交接处屋顶之二；(d) 转角屋顶

4.3.2　坡屋顶的构造

坡屋顶是在承重结构上设置保温、防水等构造层。一般是利用各种瓦材，如平瓦、波形瓦、小青瓦、金属瓦、彩色压型钢板等作为屋顶防水材料。

4.3.2.1　平瓦屋顶构造

平瓦屋顶是目前常用的一种形式。平瓦外形是根据排水要求而设计的。瓦的规格尺寸为(380～420)mm×(230～250)mm×(20～25)mm，瓦的两边及上下留有槽口以便瓦的搭接，瓦的背面有凸缘及小孔，用以挂瓦及穿铁丝固定。屋脊部位需专用的脊瓦盖缝。平瓦屋顶根据用材不同和构造不同有冷摊瓦屋顶、木望板平瓦屋顶和钢筋混凝土挂瓦板平瓦屋顶等做法。

(1) 冷摊瓦屋顶

冷摊瓦屋顶是在檩条上钉椽条，在椽条上钉挂瓦条并直接挂瓦，如图 4-3-5 所示。木椽截面尺寸一般为 40 mm×60 mm 或 50 mm×50 mm，其间距为 400 mm 左右。挂瓦条截面尺寸一般为 30 mm×30 mm，中距 300～400 mm。该屋顶构造简单，但雨雪易从瓦缝中飘入室内，保温效果差，通常用于南方地区质量要求不高的建筑。

（2）木望板平瓦屋顶

木望板平瓦屋顶如图 4-3-6 所示，是在檩条上铺钉 15～20 mm 厚的木望板（亦称屋顶板），木望板可采取密铺法或稀铺法（望板间留 20 mm 左右宽的缝），在木望板上铺设保温材料，平行于屋脊方向铺卷材，再设置截面 10 mm×30 mm、中距 500 mm 的顺水条，然后在顺水条上面设挂瓦条并挂瓦，挂瓦条的截面和间距与冷摊瓦屋顶相同。木望板平瓦屋顶的防水、保温、隔热效果较好，但耗用木材多、造价高，多用于质量要求较高的建筑中。

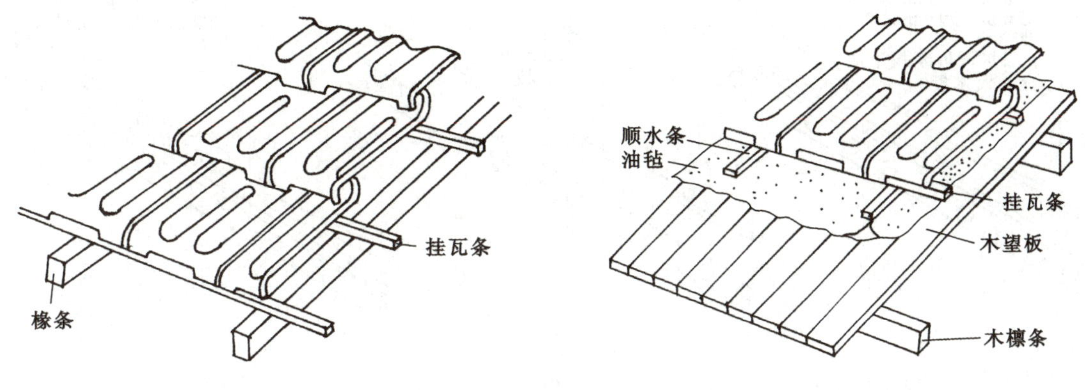

图 4-3-5　冷摊瓦屋面　　图 4-3-6　木望板平瓦屋面

（3）钢筋混凝土挂瓦板平瓦屋顶

钢筋混凝土挂瓦板平瓦屋顶如图 4-3-7 所示。其挂瓦板为预应力或非预应力混凝土构件，是将檩条、望板、挂瓦板三个构件的功能结合为一体。钢筋混凝土挂瓦板基本截面形式有单 T 形、双 T 形、F 形，在肋根部留泄水孔，以便排出由瓦面渗漏下的雨水。挂瓦板与山墙或屋架的构造连接采用水泥砂浆坐浆，预埋钢筋套接。

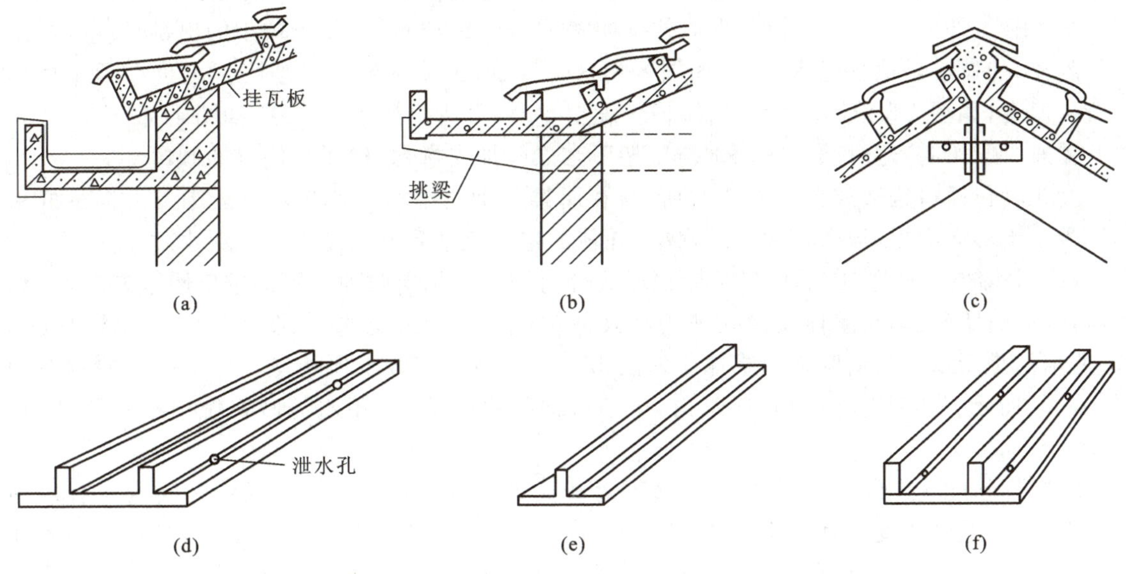

图 4-3-7　钢筋混凝土挂瓦板平瓦屋顶

(a) 挂瓦板屋顶的剖面之一；(b) 挂瓦板屋顶的剖面之二；(c) 挂瓦板屋顶的剖面之三；(d)双肋板；(e) 单肋板；(f) F 板

(4) 钢筋混凝土板瓦屋顶

钢筋混凝土板瓦屋顶如图 4-3-8 所示，是在预制钢筋混凝土空心板或现浇平板上面盖瓦，以满足防火或造型等的需要。具体做法：一是在找平层上铺油毡一层，用压毡条钉在嵌在板缝内的木楔上，再钉挂瓦条挂瓦；或者是在屋顶板上直接粉刷防水水泥砂浆并贴瓦。在仿古建筑中也常常采用钢筋混凝土板瓦屋顶。

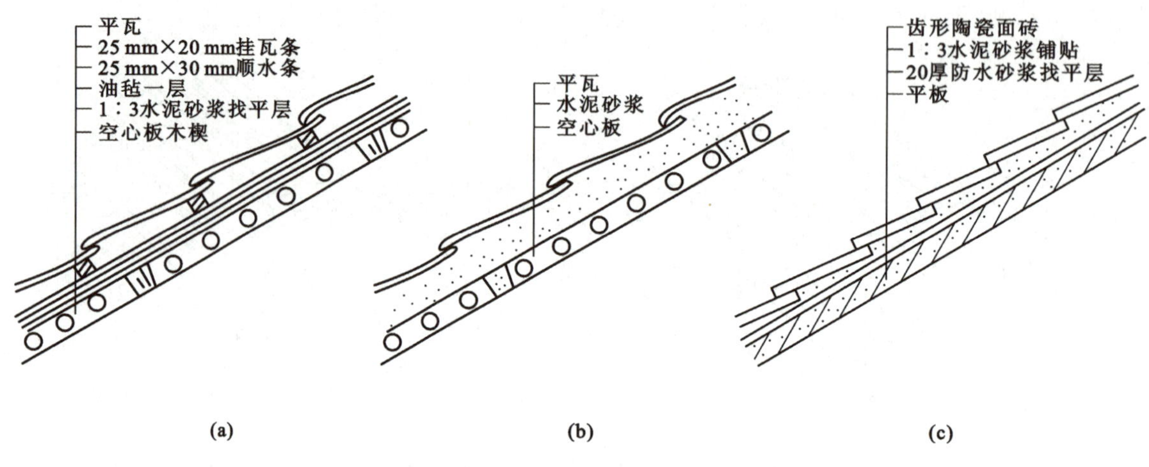

图 4-3-8 钢筋混凝土板瓦屋顶

(a) 木条挂瓦；(b) 砂浆贴瓦；(c) 砂浆贴面砖

4.3.2.2 平瓦屋顶细部构造

平瓦屋顶细部构造包括檐口、天沟、屋脊等部位的细部处理。

(1) 纵墙檐口构造：纵墙檐口根据造型要求做成挑檐或封檐。纵墙檐口的几种构造方式如图 4-3-9 所示，砖挑檐是在檐口处将砖逐皮外挑，每皮挑出 1/4 砖，挑出总长度不大于墙厚的 1/2，如图 4-3-9 (a)所示。椽条直接外挑如图 4-3-9 (b)所示，适用于较小的出挑长度。当出挑长度较大时，应采取挑檐木出挑，如图 4-3-9(c)所示，挑檐木置于屋架下。也可在承重横墙中置挑檐木，如图 4-3-9(d)所示。当挑檐长度更大时，可将挑檐木往下移，如图 4-3-9 (e)所示，离开屋架一段距离，这时须在挑檐木与屋架下弦之间加支撑木，以防止挑檐的倾覆。

女儿墙包檐口构造如图 4-3-9 (f)所示，在屋架与女儿墙相接处必须设天沟。天沟最好采用混凝土槽形天沟板，沟内铺油毡防水层，并将油毡一直铺到女儿墙上形成泛水。

(2) 山墙檐口构造：山墙檐口按屋顶形式分为硬山与悬山两种。硬山檐口构造如图4-3-10所示，是将山墙升起，与屋顶交接处采用砂浆粘贴小青瓦做成泛水，见图 4-3-10(a)；图 4-3-10(b)所示则是用水泥石灰麻刀砂浆抹成的泛水。女儿墙顶应做压顶处理。悬山檐口的构造如图 4-3-11 所示，先将檩条外挑形成悬山，檩条端部钉木封檐板，用水泥砂浆做出披水线，将瓦封固。

(3) 天沟和斜沟构造：在等高跨或高低跨相交处形成天沟和斜沟。天沟和斜沟应有足够的断面面积，上口宽度不宜小于 300～500 mm，一般用镀锌铁皮铺于基层上，镀锌铁皮伸入瓦片下面至少 150 mm。高低跨和包檐天沟若采用镀锌铁皮防水层时，延伸至立墙(女儿墙)上形成泛水。

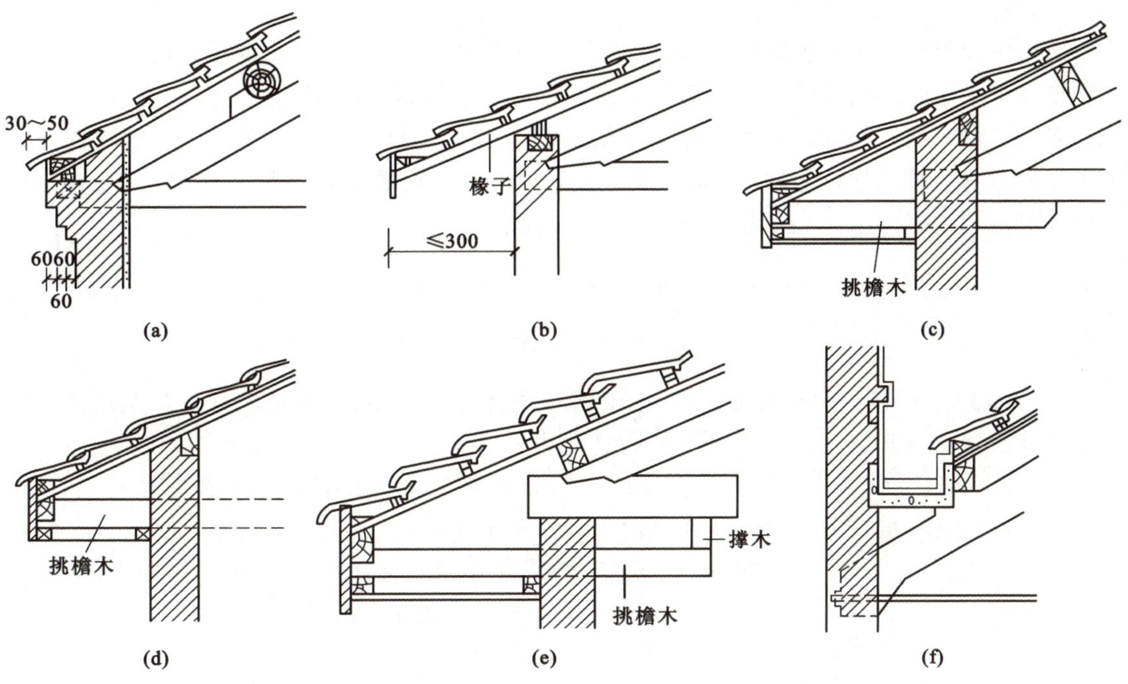

图 4-3-9　纵墙檐口构造

(a) 砖砌挑檐；(b) 椽条外挑；(c) 挑檐木置于屋架下；(d) 挑檐木置于承重横墙中；(e) 挑檐木下移；(f) 女儿墙包檐口

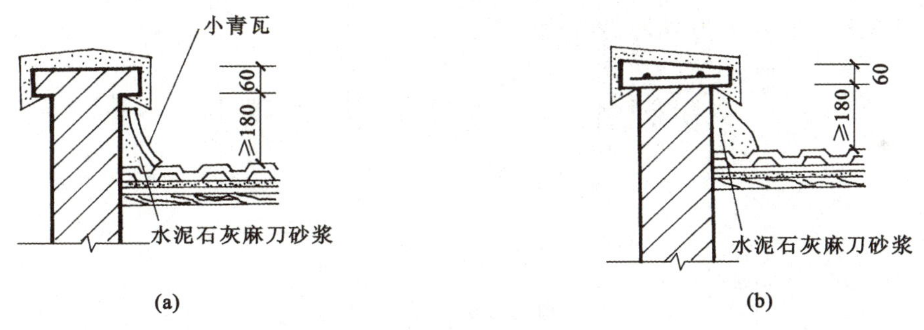

图 4-3-10　坡屋顶泛水构造

(a) 小青瓦泛水；(b) 水泥石灰麻刀砂浆泛水

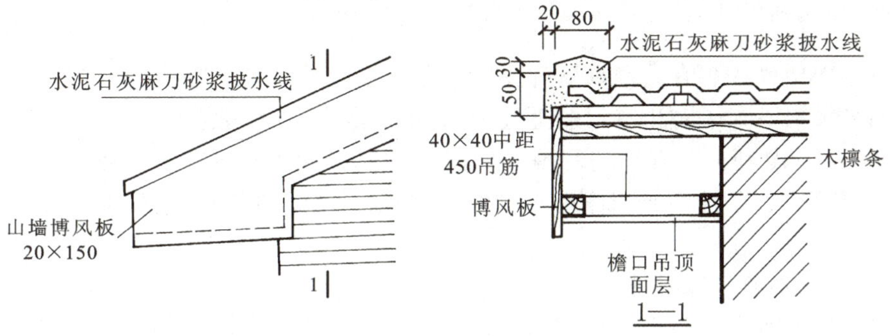

图 4-3-11　悬山檐口的构造

4.3.2.3　彩色压型钢板屋顶构造

彩色压型钢板屋顶简称彩板屋顶，是近十多年来在大跨度建筑中广泛采用的高效能屋顶，它不仅自重小、强度大，且施工安装方便。彩板的连接主要采用螺栓连接，不受季节气候的影响。彩板色彩绚丽，质感好，大大增强了建筑的艺术效果。彩板除用于平直坡面的屋顶外，还可根据造型与结构的形式需要，在曲面屋顶上使用。根据彩色压型钢板的功能构造分为单层彩色压型钢板和保温夹心彩色压型钢板。

小　　结

1. 坡屋顶根据承重部分不同，主要有传统的木构架屋顶、钢筋混凝土屋架屋顶、钢结构屋架屋顶以及近年发展起来的膜结构屋顶。

2. 坡屋顶的承重结构构件主要有屋架和檩条两种。檩条之上支承屋面材料的构造层是屋面的基层。常用坡屋顶的面层材料有平瓦、波形瓦和金属板瓦等。

3. 坡屋顶的檐口、山墙、天沟、烟囱、檐沟等与屋面接触部位是排水和防水构造的关键，要保证屋面的排水坡度，檐沟的纵坡坡度要保证不小于1%。

思　考　题

1. 什么是坡屋顶？其承重结构有哪几种？

2. 绘制几种平瓦屋面檐口的典型构造图。

知识 4.4　屋顶保温与隔热

教学目标

掌握屋顶的保温和隔热措施。

屋顶属于建筑的外围护部分，不但要有遮风挡雨的功能，而且要有保温与隔热的功能。

4.4.1　屋顶的保温

在北方寒冷地区或装有空调设备的建筑中冬季室内采暖时，室内温度高于室外，热量通过围护结构向外散失。为了防止室内热量过多、过快地散失，须在围护结构中设置保温层以提高屋顶的热阻，使室内有一个舒适的环境。保温层的材料和构造方案是根据使用要求、气候条件、屋顶的结构形式、防水处理方法、材料种类、施工条件、整体造价等因素，经综合考虑后确定的。

4.4.1.1　屋顶的保温材料

保温材料应具有吸水率小、导热系数较小和一定强度的性能。屋顶保温材料一般为轻质多孔材料，分为松散料、现场浇筑的混合料和板块料三大类。

(1) 松散料保温材料

松散料保温材料一般有膨胀蛭石[粒径为 3～15 mm，堆积密度应小于 300 kg/m^3，导热系数应小于 0.14W/(m·K)]、膨胀珍珠岩、矿棉、炉渣和矿渣(粒径为 5～40 mm)之类的工业废料等。松散料保温层可与找坡层结合处理。

(2) 现场浇筑的混合料保温材料

现浇轻质混凝土保温层一般为轻骨料，如炉渣、矿渣、陶粒、蛭石、珍珠岩与石灰或水泥胶结的轻质混凝土或泡沫混凝土。现场浇筑的混合料保温层可与找坡层结合处理。

(3) 板块料保温材料

板块料保温材料一般有加气混凝土板、泡沫混凝土板、膨胀珍珠岩板、膨胀蛭石板、矿棉板、岩棉板、泡沫塑料板、木丝板、刨花板、甘蔗板等。其中最常用的是加气混凝土板和泡沫混凝土板。泡沫塑料板价格较贵，只在高级工程中采用。植物纤维板只有在通风条件良好、不易腐烂的情况下才比较适宜采用。

4.4.1.2　屋顶保温层的位置

(1) 保温层设在防水层的上面

保温层设在防水层的上面也称“倒铺法”。优点是防水层受到保温层的保护，保护防水层不受阳光和室外气候以及自然界的各种因素的直接影响，耐久性增强。而对保温层则有一定的要求，应选用吸湿性小和耐气候性强的材料，如聚苯乙烯泡沫塑料板、聚氨酯泡沫塑料板等，加气混凝土板和泡沫混凝土板因吸湿性强，故不宜选用。保温层需加强保护，应选择有一定荷载的大粒径石子或混凝土做保护层，保证保温层不因下雨而“漂浮”。

(2) 保温层与结构层融为一体

加气钢筋混凝土屋顶板既能承载又能保温，构造简单，施工方便，节省造价，但承载力小，耐久性差，可适用于标准较低的不上人屋顶中。

(3) 保温层设在防水层的下面

保温层设在防水层的下面是目前广泛采用的一种形式。图 4-4-1 的屋顶保温构造就是此种形式。

4.4.1.3　屋顶的保温构造

屋顶的保温构造有多个层次，如图 4-4-1 所示。

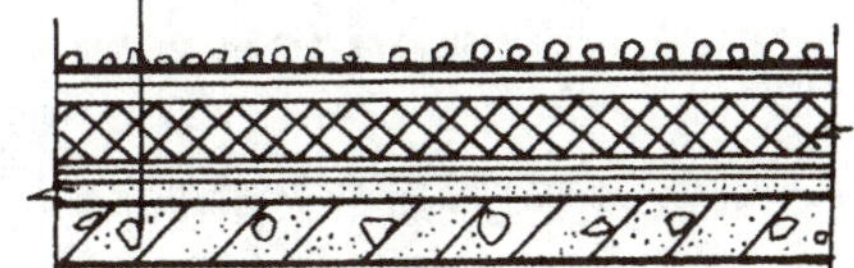

图 4-4-1　油毡平屋顶保温构造做法

(1) 结构层：多为整体刚度好、变形小的各类钢筋混凝土屋顶板。

(2) 找平层：通常采用 20 mm 厚 1∶3 的水泥砂浆。

(3) 结合层：在加强整体性的同时扩散隔汽层隔绝的水蒸气，常将冷底子涂成油点状或条状的通气道。

(4) 隔汽层：是为了隔绝穿过结构层的室内水蒸气，常用沥青卷材。从热工原理中知道，建筑物室内外的空气中都含有一定量的水蒸气，当室内外温差不相等时，水蒸气就会从室内高温的一侧透过结构层向低温的一侧渗透。水蒸气进入保温层达到临界值凝结为水，而水的导热系数比空气大得多，一旦多孔隙的保温材料中浸入了水，即会降低其保温效果。因此保温层下面应设隔汽层。

(5) 保温层：起保温作用，若用散状材料可同时起找坡作用。保温层厚度根据热工计算确定。

(6) 透气层：用于扩散保温层中的湿气，如图 4-4-2 所示。一般保温材料中含有水分，遇热后转化为蒸汽，体积大为膨胀，造成卷材防水层起鼓甚至开裂，故在保温层上铺设透气层，其做法一是在散状保温层上加一砾石或陶粒透气层，如图 4-4-2(b)所示；或在保温层上部或中间做透气通道，如图 4-4-2 (c)所示；如保温层为现浇或块状材料，可在保温层上做槽，槽深者可在槽内填以粗质玻璃纤维或炉渣之类，既可保温又可透气，如图 4-4-2(a)所示；在保温层中设透气层也要做通风口，一般在檐口、屋脊或中间需设通风口，如图 4-4-2 (d)所示。二是保温层上设架空通风透气层。透气层扩大成为一个有一定空间的架空通气间层，可带走穿过顶棚和保温层的蒸汽以及保温层散发出来的水蒸气防止屋顶深部水的凝结。在夏季还可以作为隔热降温层通过空气流动带走屋顶传下来的热量。保温层上设置空气间层，无论平屋顶或坡屋顶均可采用。坡屋顶的保温层一般做在顶棚层上面，有些用散料，较为经济但不方便。近来多采用松质纤维板或纤维毯成品铺在顶棚的上面。为了使用上部空间，也有把保温层设置在斜屋顶的底层的，通风口还是设在檐口及屋脊。隔汽层和保温层可共用通风口。

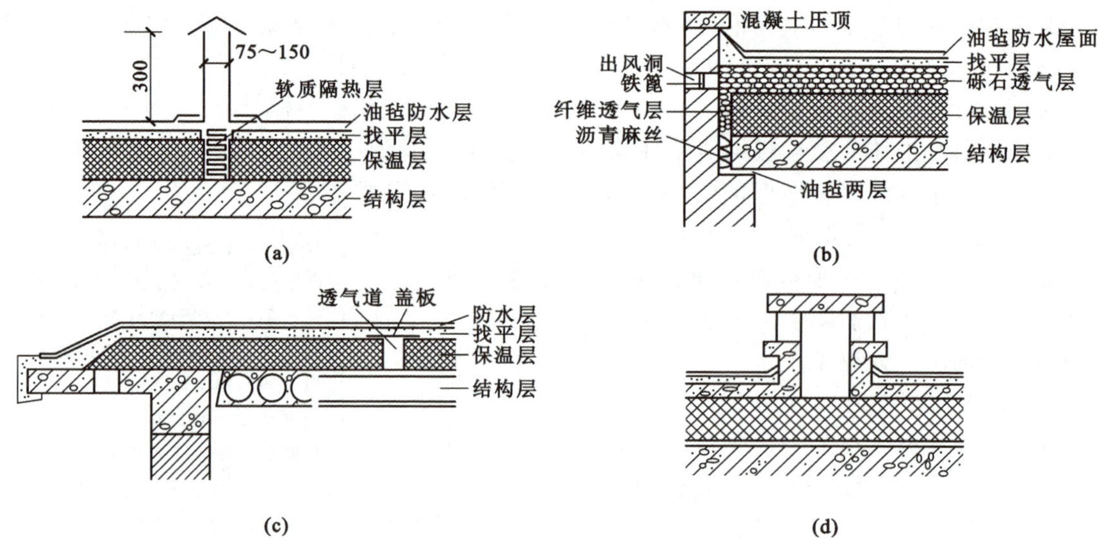

图 4-4-2　透气层构造做法

(a) 保温层设透气槽(内填软质保温材料)及镀锌铁皮通风口；(b) 砾石透气层及女儿墙出风口；(c) 保温层设透气道及檐下出风口；(d) 中间通风口

(7) 找平层：通常采用 20～30 mm 厚 1∶3 水泥砂浆。

(8) 结合层：冷底子油、沥青胶和溶剂型胶粘剂等。

(9) 防水层：沥青类卷材、高聚物改性沥青类防水卷材和合成高分子类防水卷材等。

(10) 保护层：绿豆砂、氯丁银粉胶等。

4.4.2　屋顶的隔热

南方炎热地区，在夏季太阳辐射和室外气温的综合作用下，将从屋顶传入室内大量热量，影响室内的热环境。为创造人们生活和工作的舒适室内条件，应采取适当的构造措施解决屋顶的降温和隔热问题。

屋顶隔热降温的主要目的是减少热量对屋顶表面的直接作用。所采用的方法包括反射隔热降温屋顶、间层通风隔热降温屋顶、蓄水隔热降温屋顶、种植隔热降温屋顶、蓄水种植隔热降温屋顶等。

4.4.2.1　反射隔热降温屋顶

利用表面材料的颜色和光洁度对热辐射的反射作用，对平屋顶的隔热降温有一定的效果，图 4-4-3 所示为表面不同材料对热辐射的反射程度。如屋顶采用淡色砾石铺面或用石灰水刷白对反射降温都有一定的效果。如果在通风屋顶中的基层加一层铝箔，则可利用其第二次反射作用，对屋顶的隔热效果将有进一步的改善，图 4-4-4 所示为铝箔的反射作用。

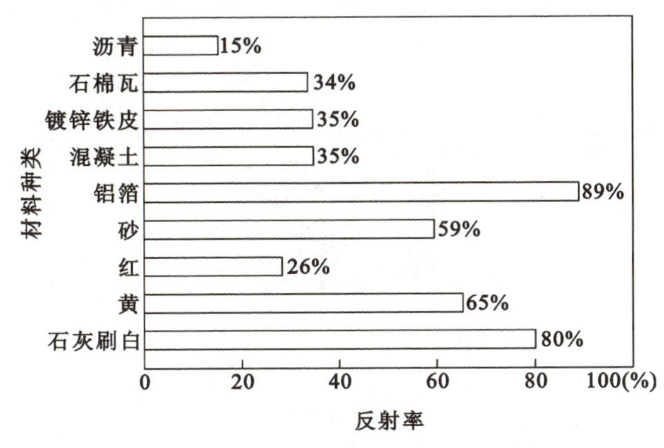

图 4-4-3　不同材料对热辐射的反射程度

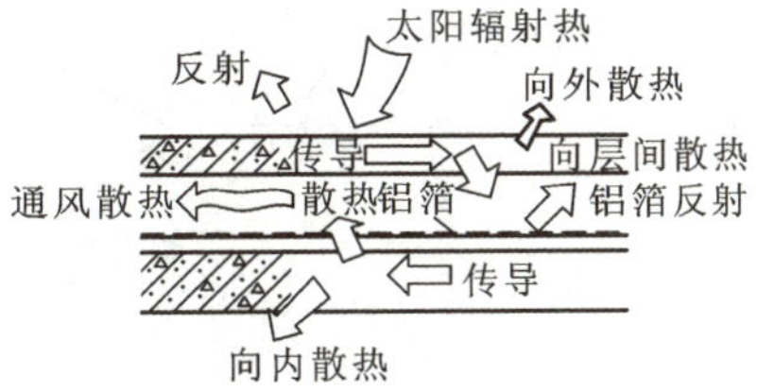

图 4-4-4　铝箔反射作用示意

4.4.2.2　间层通风隔热降温屋顶

间层通风隔热降温就是在屋顶设置架空通风间层，使其上层表面遮挡阳光辐射，同时利用风压和热压作用把间层中的热空气不断带走，使通过屋顶板传入室内的热量大为减少，从而达到隔热降温的目的。通风间层的设置通常有两种方式：一种是在屋顶上做架空通风隔热间层；另一种是利用吊顶棚内的空间做通风间层。

(1) 架空通风隔热降温间层

架空通风隔热降温间层设于屋顶防水层上，同时也起到了保护防水层的作用。架空层一方面利用架空的面层遮挡直射阳光，另一方面架空层内被加热的空气与室外冷空气产生对流，将间层内的热量源源不断地排走，从而达到降低室内温度的目的。架空通风层通常用砖、瓦、混凝土等材料及制品制作架空构件，如图 4-4-5 所示。架空通风层应满足如下要求：

① 架空层的支承方式。架空层的支承方式可以做成墙式，也可以做成柱墩式。当架空层的通风口能正对当地夏季主导风向时，形成巷道式的、流速很快的对流风，墙式支承可以提高架空层的通风效果。但当通风孔不能朝向夏季主导风向时，最好改墙式为柱墩支承架空板方式，如图 4-4-5 (d)所示。这种方式与风向无关，因此对流风速要慢得多，通风效果较弱。

② 架空层的面板形式。架空层的面板形式一是混凝土平面形式面板[图 4-4-5 (a)]或预制的大阶砖[图 4-4-5 (b)]；二是用水泥砂浆嵌固的弧形大瓦[图 4-4-5(c)]，也可嵌成双层瓦，增加通风效果。

③ 架空层的净空高度。架空层的净空高度应随屋顶宽度和坡度的大小而变化，屋顶宽度和坡度越大，净空越高，但不宜超过 360 mm，否则架空层内的风速将反而变小，影响降温效果。架空层的净空高度一般以 180～240 mm 为宜。屋顶宽度大于 10m 时，应在屋脊处设置通风桥以改善通风效果。

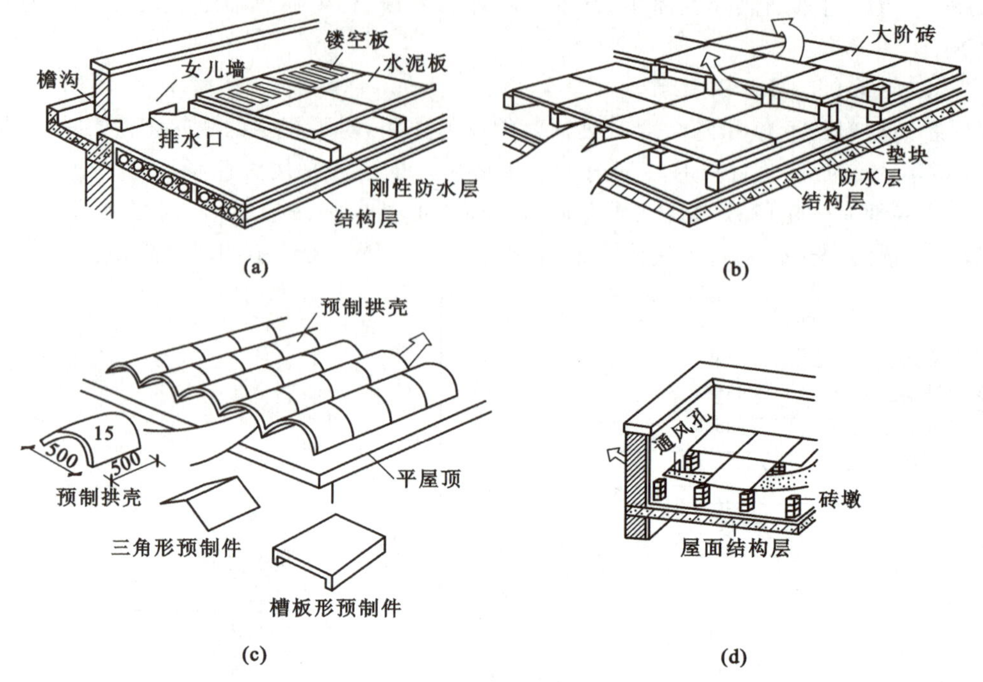

图 4-4-5　各种做法的架空隔热屋面

(a) 预制混凝土板；(b) 预制大阶砖；(c) 预制拱壳；(d) 柱墩支承架空板

④ 架空层的通风孔。为保证架空层内的空气流通顺畅，其周边应留设一定数量的通风孔。将通风孔留设在对着风向的女儿墙上，如果在女儿墙上开孔不利于建筑立面造型，也可以在离女儿墙 500 mm 宽的范围内不铺架空板，让架空板周边开敞，以利空气对流。

(2) 顶棚通风隔热降温

利用顶棚与屋顶间的空间做通风隔热层可以起到与架空通风层同样的作用。图 4-4-6 是常见的顶棚通风隔热屋顶构造示意图。顶棚通风隔热降温应满足下述要求：

① 顶棚通风层的净空高度。顶棚通风层的净空高度应根据通风孔自身需要的高度、屋顶梁及屋架等结构的高度、设备管道占用的空间高度及供检修用的空间高度等各综合因素加以确定。仅做通风隔热用的空间净高一般为 500 mm 左右。

② 顶棚通风层的通风孔。为确保顶棚内的空气能迅速对流，应设一定数量的通风孔。平屋顶的通风孔通常开设在外墙上，如图 4-4-6 (a)所示。坡屋顶的通风孔常设在山墙上部，如图 4-4-6 (c)所示；檐口外墙处，如图 4-4-6(f)所示；挑檐顶棚处，如图 4-4-6(g)所示。有的地方用空心屋顶板的孔洞作为通风散热的通道，其进风孔设在檐口处，屋脊处设通风桥，如图 4-4-6 (b)所示。也可在屋顶设置双层屋顶板而形成通风隔热层，如图 4-4-6(d)所示，其中上层屋顶板用来铺设防水层，下层屋顶板则用作通风顶棚，通风层的四周仍需设通风孔。屋顶跨度较大时还可以在屋顶上开设天窗作为出气孔，以加强顶棚层内的通风，进气孔可根据具体情况设在顶棚或外墙上，如图 4-4-6(e)所示。

③ 通风孔的构造。为防止雨水飘进，特别是无挑檐遮挡的外墙通风孔和天窗通风口应主要解决飘雨问题。当通风孔较小(≤300 mm×300 mm)时，只要将混凝土花格靠外墙的内边缘安装，利用较厚的外墙洞口即可挡住飘雨。当通风孔尺寸较大时，可以在洞口处设百叶窗或

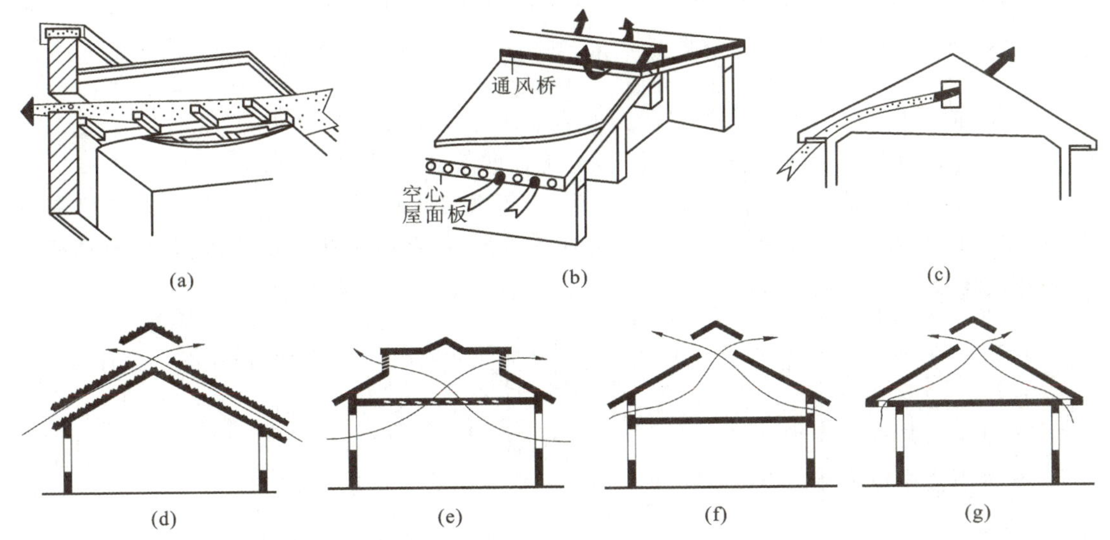

图 4-4-6　各种形式的顶棚通风隔热屋面

(a) 外墙通风孔；(b) 屋脊设通风桥；(c) 山墙上部通风孔；
(d) 设双层顶板；(e) 进气孔；(f) 檐口外墙通风孔；(g) 挑檐顶棚处通风孔

挡雨片。

4.4.2.3　蓄水隔热降温屋顶

蓄水隔热降温屋顶利用平屋顶所蓄积的水层来达到屋顶隔热降温的目的。蓄水层的水面能反射阳光，减少阳光辐射对屋顶的热作用；蓄水层能吸收大量的热，部分水由液体蒸发为气体，从而将热量散发到空气中，减少了屋顶吸收的热能，起到隔热降温的作用。若在水层中养一些水浮莲之类的水生植物，利用植物吸收阳光进行光合作用和植物叶片遮蔽阳光的特点，其隔热降温的效果将会更加理想。蓄水层在冬季还有一定的保温作用。同时水体长期将防水层淹没，使混凝土防水层处于水的养护下，减少由于环境条件变化引起的开裂和防止混凝土的碳化；使诸如沥青和嵌缝胶泥之类的防水材料在水层的保护下推迟老化过程，延长使用年限。

4.4.2.4　种植隔热降温屋顶

种植隔热降温屋顶是在平屋顶上种植植物，借助栽培介质隔热及植物吸收阳光进行光合作用和遮挡阳光的双重功效来达到降温隔热的目的。

4.4.2.5　蓄水种植隔热降温屋顶

蓄水种植隔热降温屋顶是将一般种植屋顶与蓄水屋顶结合起来，从而形成一种新型的隔热降温屋顶。将屋顶用床埂分为若干种植床，直接种植介质，同时蓄水、栽培各种水中植物。

蓄水种植屋顶连通整个层面的蓄水层，弥补了一般种植屋顶隔热不完整、对人工补水依赖性强等缺点，又兼具蓄水屋顶和一般种植屋顶的优点，隔热效果更佳，但相对来说造价也较高。

种植屋顶不但在隔热降温的效果方面有优越性，而且在净化空气、美化环境、改善城市生态、提高建筑物综合利用效益等方面都具有极为重要的作用，是具有一定发展前景的屋顶形式。

小　　结

1. 常用的保温材料有泡沫混凝土和水泥珍珠岩等轻质材料。

2. 保温层一般设置在防水层以下,这是最常用的一种形式。

3. 炎热地区的屋顶,除设置隔热层外,还可采用自然通风的措施,如反射隔热降温屋顶、间层通风隔热降温屋顶、蓄水隔热降温屋顶、种植隔热降温屋顶、蓄水种植隔热降温屋顶。

思　考　题

1. 屋顶保温层设置有哪几种?

2. 屋顶隔热措施有哪几种?

任务5　楼梯详图

情景导入

党的二十大报告指出，推进文化自信自强，以社会主义核心价值观为引领，发展社会主义先进文化，弘扬革命文化，传承中华优秀传统文化，满足人民日益增长的精神文化需求，不断提升国家文化软实力和中华文化影响力。本任务落实丰富学生中国建筑文化内涵和底蕴的思政目标。

楼梯是建筑物中用于楼层之间垂直交通联系的构件，它的出现使人类对于空间的概念有了进一步的认识，使建筑有了如此丰富多彩的空间组合。

楼梯历史和发展源远流长，中国是最早拥有楼梯雏形——云梯的国家，现存的最古老的阶梯就在中国山东省中部的泰山之上。

在中国五千多年的文明发展史中，我国人民积极发挥聪明才智，尝试了大量的建筑材料，如砖石、木材，从布局、材料、施工、装饰等多方面对楼梯进行大胆的尝试，在施工建造的过程中积累了丰富的经验，丰富了中国建筑文化的内涵和底蕴。从最早的砖石结构台基、到现存最早的辽独乐寺观音阁木结构楼梯，到现代的高层建筑中的钢筋混凝土楼梯，到当今的装配式混凝土(钢结构)楼梯，人们的生产生活中离不开楼梯。

现在应用最广泛的是住宅楼梯，大家在生活中碰到过这种现象吗？进楼梯间时头差点碰到底层楼梯平台，搬家具时，发现在通过楼梯平台处特别困难，这是为什么？

大家在进出各种各样的建筑时，有没有发现有的建筑一部楼梯，有的建筑有两部甚至多部楼梯，想过为什么吗？还有在高层建筑盛行的今天，建筑里面已经有电梯了，为什么还要建造楼梯？

从图 5-0-1 所示的楼梯详图里面读到以下东西：

(1) 楼梯的平面形式和踏步尺寸；

(2) 楼层平台、休息平台的标高；

(3) 楼梯的类型、结构形式；

(4) 楼梯的装修做法。

在实际施工图纸中还有栏杆(或栏板)、扶手、踏步大样图，因此要想读懂这些图，应掌握的知识有：楼梯的类型与基本组成、楼梯各组成部分的相关尺寸、钢筋混凝土楼梯构造、装配式钢筋混凝土楼梯构造及楼梯的细部构造等内容。

一、作业条件

(1) 某 3 层单元住宅楼，详见提供的标准平面图；层高 2.8 m，室内外高差为 0.45 m，砌体结构。

(2) 双跑式楼梯。

05J6
2
63
靠窗栏杆
5.800
4.780
2.900
1.880
±0.000
−0.300
1000
1000
1560
3830
600
850
600
850
600
850
600
400
2000
2180
2900
10060
150
150
1050
1020
6等分
1880
11等分
1020
6等分
1880
11等分
A—A立面图 1 : 50
2400
±0.000
下
上
−0.300
1120
1680
280
3740
5800
1400
10×280=2800
1400
5800
100
100
2400
首层楼梯平面图 1 : 50
2600
2.900
1.880
2340
5×280=1400
2060
5800
1400
10×280=2800
1400
5800
100
100
1120 160 1120
100
100
2600
二层楼梯平面图 1 : 50
2600
5.800
4.780
2340
5×280=1400
2060
5800
1400
10×280=2800
1400
5800
100
100
1120 160 1120
100
100
2600
三层楼梯平面图 1 : 50

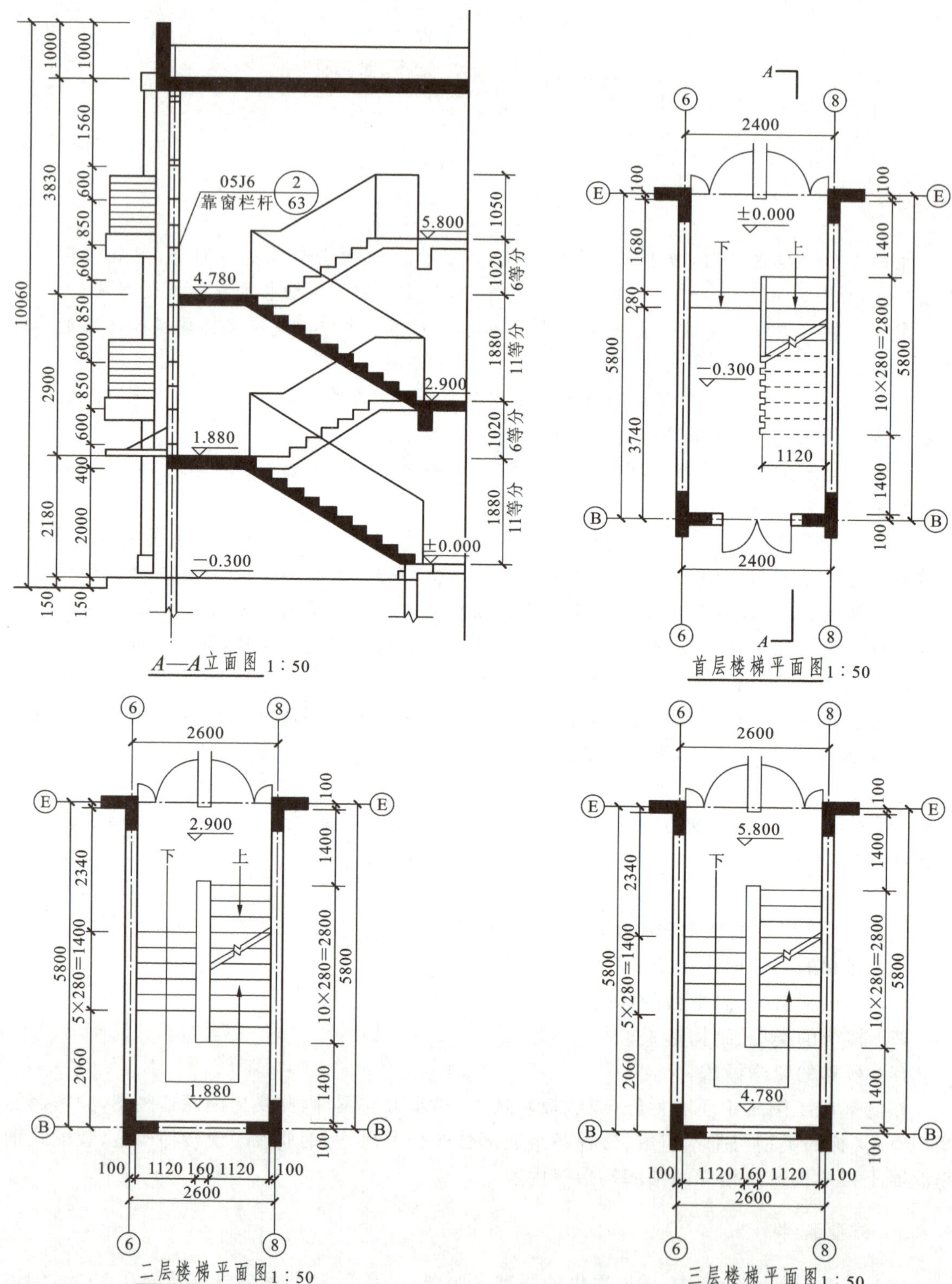

图 5-0-1 楼梯

(3) 楼梯间的开间和进深轴线尺寸见标准平面图(图 5-0-2)。

(4) 现浇式钢筋混凝土楼梯。梯段形式、步数、踏步尺寸、栏杆(栏板)形式、所选用的材料及尺寸均由学生确定。

(5) 楼梯间的承重墙为砖墙。

(6) 地面采用地砖做法。

(7) 有关门窗尺寸由指导教师中给出。

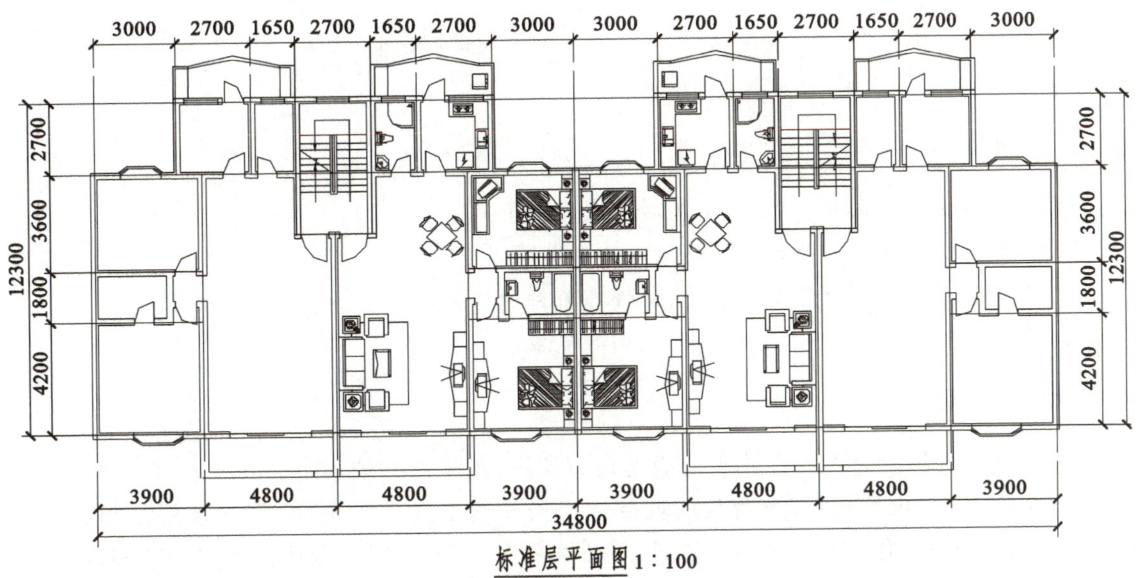

图 5-0-2　标准平面图

二、作业要求及深度

(1) 本作业共包括:底层剖面图,栏杆形式、栏杆(栏板)与扶手的连接、栏杆与踏步的连接、踏步防滑构造详图。

(2) 比例:剖面图为 1∶50,详图为 1∶5～1∶10。

(3) 使用绘图纸绘制 2 号图一张,以铅笔或墨线绘制,不能使用描图纸。

(4) 深度

① 剖面图的内容为:楼梯的断面形式、栏杆(栏板)和扶手的形式、墙、楼板和楼层地面、顶棚、台阶、室外地面、首层地面等。

② 注出材料符号。

③ 标注标高:室内地面、室外地面、各层平台、各层地面、窗台及窗顶、门顶、雨篷上下皮等处。

④ 在剖面图中绘出定位轴线,并标注定位轴线间的尺寸。注出详图索引号。

⑤ 详图应注明材料、做法和尺寸。与详图无关的连续部分可用折断线断开。注出详图编号。

(5) 附表。图纸标题栏样式如下所示:

××××单位			图号	
房屋建筑构造课程任务五			比例	
班级		楼梯详图	日期	
姓名			成绩	
学号			教师	

注：各列宽度从左到右依次为 15 mm、30 mm、95 mm、15 mm、25 mm，各行高度为 8 mm。

知识 5.1　楼梯的构造

教学目标

1. 了解各种楼梯的形式、布置方式及要求；
2. 掌握钢筋混凝土楼梯的构造尺度和细部处理；
3. 了解台阶与坡道的形式及要求，掌握台阶与坡道的构造做法；
4. 了解电梯、自动扶梯的工作特点及构造要求。

5.1.1　概述

在建筑中，为解决高度差和垂直交通常设有坡道（用于高差较小时的联系，常用坡度为1/8～1/12，角度在 20°以下）、台阶（台阶的坡度应比楼梯的坡度小）、楼梯（用于楼层之间和高差较大时的交通联系，角度在 20°～45°之间，舒适坡度为 26°34′，即高宽比为 1/2）、电梯（用于楼层之间的联系，角度为 90°）、自动扶梯（又称“滚梯”，有水平运行、向上运行和向下运行三种方式）。楼梯是联系建筑物竖向空间的垂直交通设施中使用最为广泛的，一方面它要满足人们日常生活和工作中的垂直交通，另一方面在紧急情况发生时供人们紧急疏散使用。

5.1.1.1　楼梯的类型

(1) 按楼梯所在位置分为室内楼梯和室外楼梯。

(2) 按楼梯的使用功能分为主要楼梯、辅助楼梯、疏散楼梯、消防楼梯。

(3) 按楼梯所用材料分为木楼梯、钢楼梯和钢筋混凝土楼梯。

(4) 按楼梯的形式分：

① 直跑式楼梯。直跑式楼梯是指沿单一方向通行的楼梯。直跑式楼梯所占空间开间尺寸较小，进深尺寸大，通常用于层高较小的建筑，如图 5-1-1 所示。

② 双跑式楼梯。双跑式楼梯指有两个平行布置且行进方向相反的梯段的楼梯。双跑式楼梯所占空间较小，面积紧凑，使用方便，是日常生活中最为常见的楼梯形式，如图 5-1-2(a)所示。

③ 折行多跑式楼梯。折行多跑式楼梯是指第二梯段和第一梯段的行进方向不同的楼梯。这种楼梯人流导向比较自由，折角可变，通常为 90°，也可大于或小于 90°，常用于电影院、体育馆等建筑的门厅中，如图 5-1-2(b)所示。

④ 双分(合)式楼梯。双分(合)式楼梯是指一个较宽的梯段经过休息平台后分成两个较窄的梯段继续通行的楼梯。常用于公共建筑的门厅和一些人流量较大的地方，如图 5-1-3 所示。

⑤ 多跑式楼梯。多跑式楼梯是指一个楼层当中设置多个梯段的楼梯，常见的有三跑式和四跑式楼梯，如图 5-1-4 所示。多跑式楼梯的梯段围绕的中间部分形成了较大的梯井，故不适

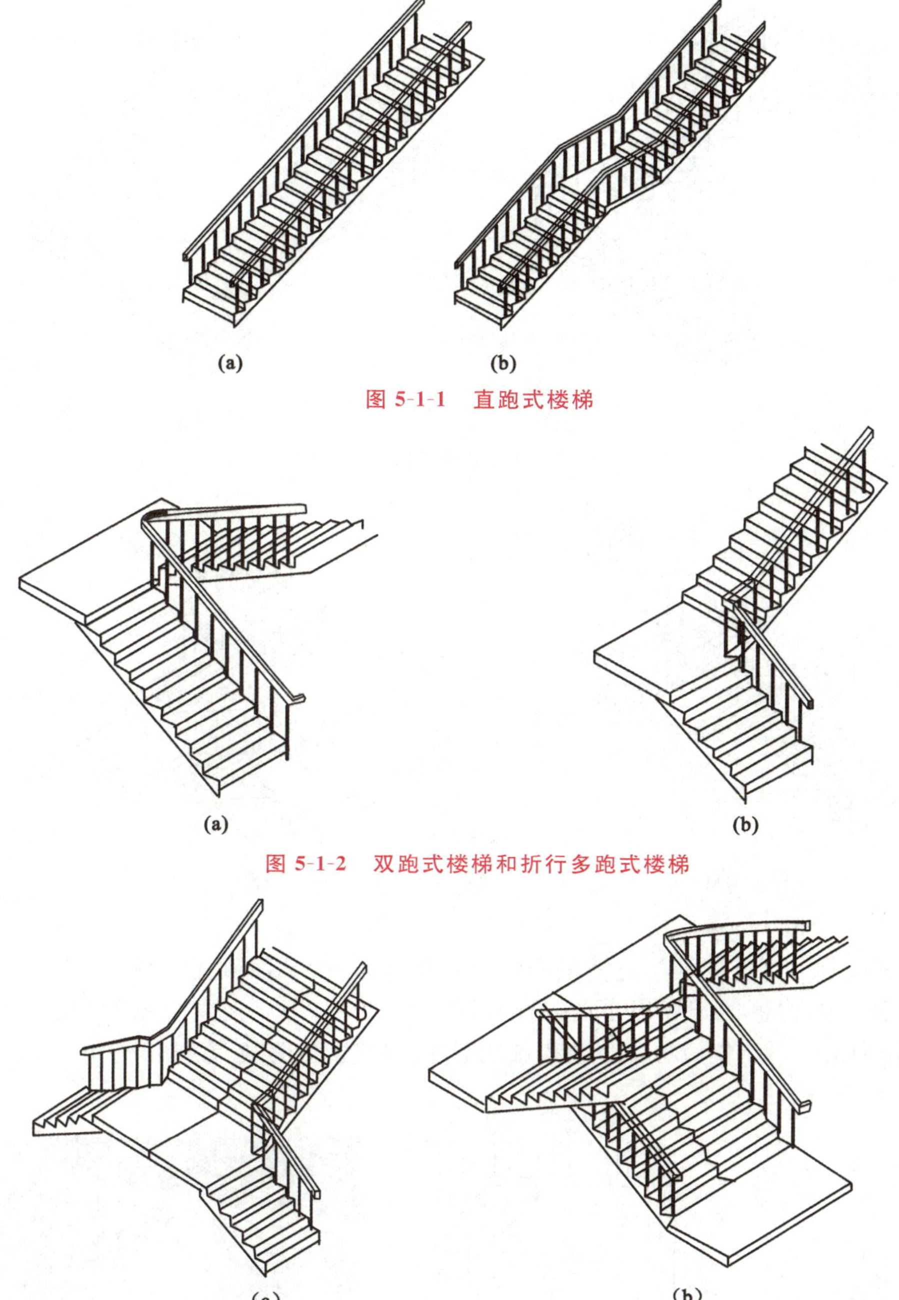

图 5-1-1 直跑式楼梯

(a) (b)

图 5-1-2 双跑式楼梯和折行多跑式楼梯

(a) (b)

图 5-1-3 双分(合)式楼梯

用于幼儿园等儿童活动频繁的建筑中(特殊情况下必须使用时必须增设安全措施)。

⑥ 剪刀式楼梯。剪刀式楼梯常见的有两种形式:一种是由两个直行单跑楼梯交叉并列布置而成,如图 5-1-5(a)所示。这种楼梯为上下楼层的人流提供了两个方向,对于空间开敞、楼层人流量大且方向较多的建筑比较有利,但楼梯高度一般较小。另一种剪刀式楼梯是在直跑楼梯的中间设置休息平台,如图 5-1-5(b)所示,为人流改变行进方向提供了条件,适用于楼层较高且人流有多向性选择要求的建筑,如商场、多层食堂等。

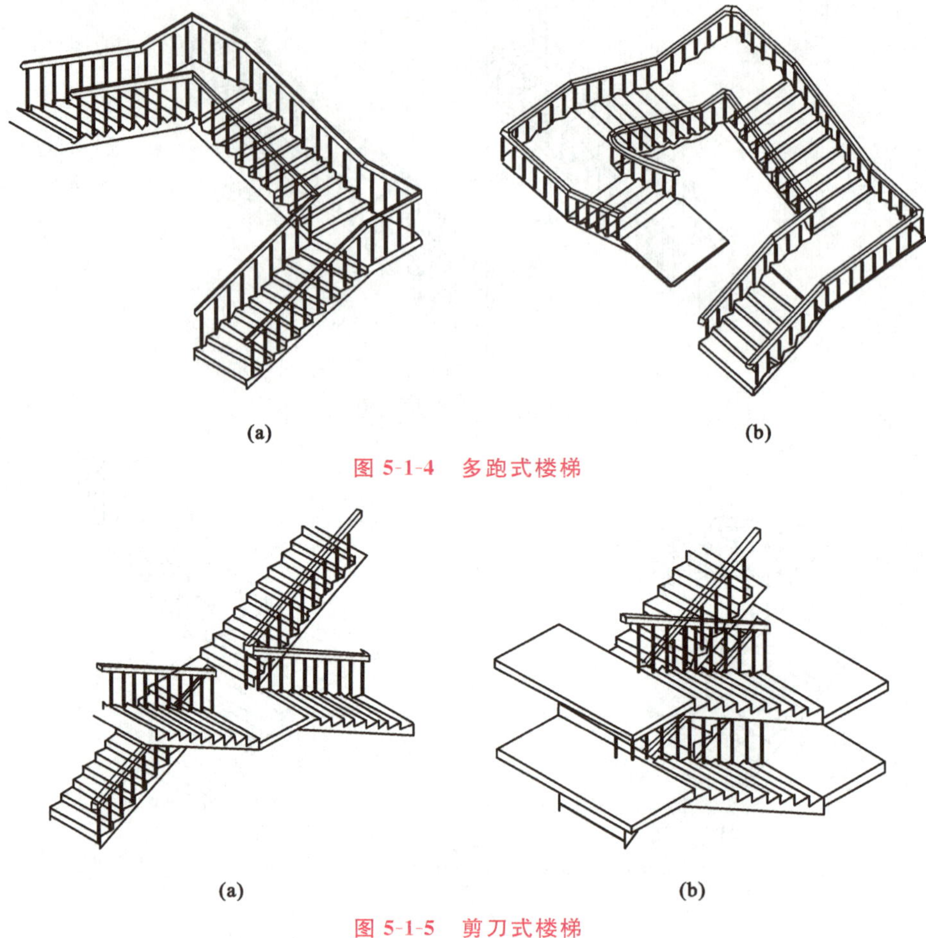

(a) (b)

图 5-1-4 多跑式楼梯

(a) (b)

图 5-1-5 剪刀式楼梯

⑦ 螺旋式楼梯。螺旋式楼梯通常是围绕一根单柱布置，平面形式为圆形，其平台和踏步均为扇形，因此踏步内侧的宽度很小，容易形成较大的坡度，行走时安全系数较低，且结构复杂。螺旋式楼梯虽然不能作为主要交通和疏散楼梯，但其造型美观，常被作为建筑小品来进行布置，如图 5-1-6 所示。

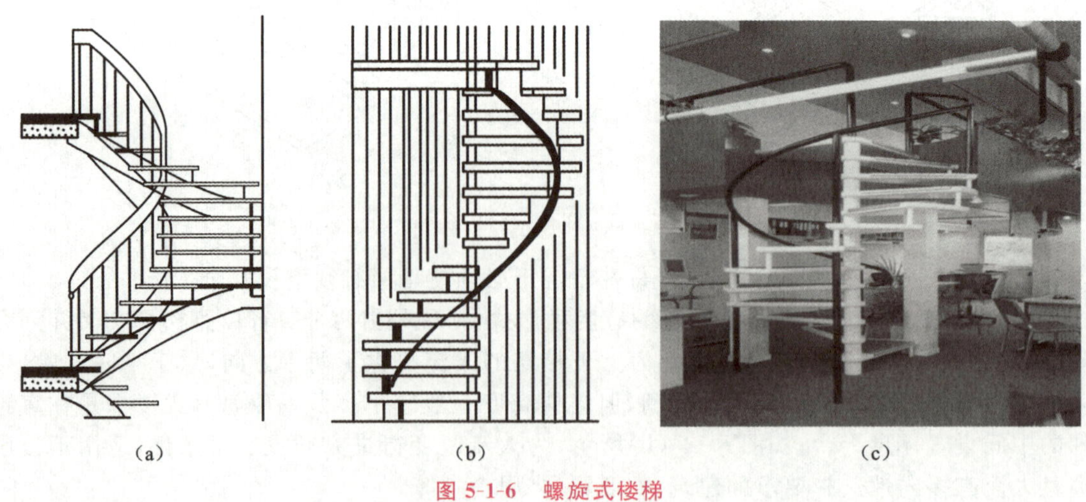

(a) (b) (c)

图 5-1-6 螺旋式楼梯

⑧ 弧形式楼梯。弧形式楼梯和螺旋式楼梯的不同在于它是围绕一个较大的轴心空间旋转，其水平投影不是圆形而是一段圆弧，且曲率半径较大，其踏步的内侧宽度也较大，避免形成陡的坡度，可以通行更多的人流，如图5-1-7所示。

5.1.1.2　楼梯的基本组成

楼梯一般由楼梯梯段、楼层平台和中间平台、栏杆（栏板）及扶手三部分组成，如图5-1-8所示。

图5-1-7　弧形式楼梯

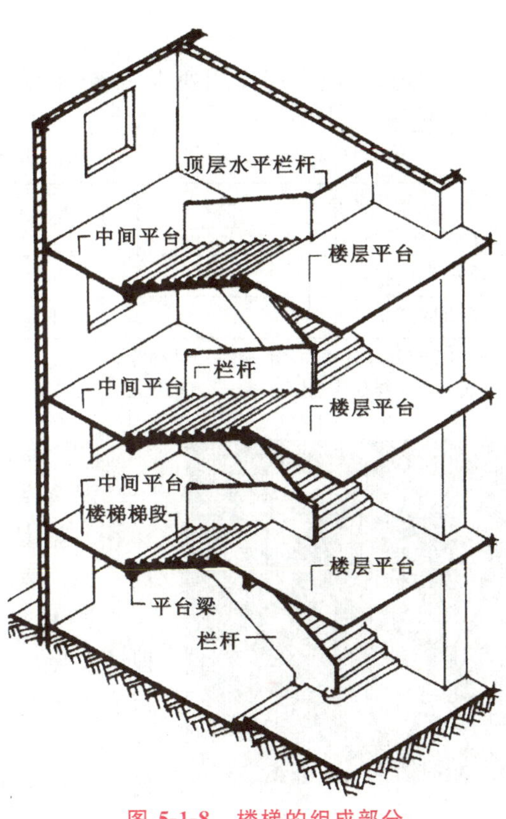

图5-1-8　楼梯的组成部分

(1) 楼梯梯段

设有踏步供人在不同标高平台进行通行的倾斜构件称为楼梯梯段，也称为梯跑。它是楼梯最为主要的使用部分和承重部分。为了减轻疲劳，单个梯段的踏步数目不宜大于18级，但也不宜小于3级，避免因为步数太小不易被察觉而造成摔倒。踏步由踏面（水平面）和踢面（垂直面）组成。

(2) 楼层平台和中间平台

按平台所处位置和高度不同，有楼层平台和中间平台之分。位于两个楼层之间的平台称为中间平台，主要作用是供人们行走时调节体力和改变行进方向。而与楼层标高一致的平台称为楼层平台，除起着与中间平台相同的作用以外，还起着分配从楼梯到达各楼层人流的作用。

(3) 栏杆（栏板）及扶手

栏杆（栏板）及扶手是设置在梯段及平台边缘的安全保护措施。当梯段宽度不大时，可只在临空一面设置；当梯段宽度较大时，非临空面也应设置；当梯段宽度很大时，还应在梯段中间设置中间扶手。

5.1.1.3 楼梯各组成部分的相关尺寸

(1) 踏步

① 踏步是人们上下楼梯脚踏的地方。踏步的水平面叫踏面,垂直面叫踢面。踏步的尺寸应根据人体的尺度来决定。

② 踏步宽常用 b 表示,踏步高常用 h 表示,b 和 h 应符合以下关系之一:

$$b + h = 450 \text{ mm}$$

$$b + 2h = 600 \sim 620 \text{ mm}$$

③ 踏步尺寸应根据使用要求决定,不同类型的建筑物,其要求也不相同。表 5-1-1 为踏步的尺寸规定。

表 5-1-1 踏步尺寸(mm)

尺寸 \ 建筑类型	住宅	幼儿园、小学	影院、剧场	其他	专用楼梯
最小宽度值	250	260	280	260	220
最大高度值	180	150	160	170	200

注:① 专用楼梯指户外楼梯和住宅户内楼梯等。
② 《住宅设计规范》(GB 50096—2011)规定,住宅中踏步最小宽度为 260 mm,最大高度为 175 mm。

图 5-1-9 梯井

(2) 梯井

两个楼梯梯段之间的空隙叫梯井(图 5-1-9)。公共建筑梯井的宽度以不小于150 mm 为宜(由消防要求而定)。

(3) 楼梯段

① 楼梯段又叫楼梯跑,它是楼梯的基本组成部分。楼梯段的宽度取决于通行人数和消防要求。按通行人数考虑时,每股人流的宽度为人的平均肩宽(550 mm)再加少许提物尺寸(0～150 mm)即 550+(0～150)mm。按消防要求考虑时,每个楼梯段必须保证两人同时上下,即最小宽度为 1100～1400 mm,室外疏散楼梯的最小宽度为 900 mm。在工程实践中,由于楼梯间尺寸要受建筑模数的限制,因而楼梯段的宽度往往会有些上下浮动。多层住宅楼梯段最小宽度为 1000 mm。

② 楼梯段的最小踏步数为 3 步,最多为 18 步。公共建筑中的装饰性弧形楼梯可略超过 18 步,楼梯段的投影长为踏步高度值减 1 再乘以踏步宽度。

(4) 楼梯栏杆和扶手

① 楼梯在靠近梯井处应加栏杆或栏板,顶部做扶手。

② 扶手表面的高度与楼梯坡度有关,其计算点应从踏步前沿起算。

③ 楼梯的坡度为:15°～30°,高度取 900 mm;30°～45°,高度取 850 mm;45°～60°,高度取 800 mm;60°～75°,高度取 750 mm。

④ 水平的护身栏杆应不小于 1050 mm。

⑤ 楼梯段的宽度大于 1650 mm 时,应增设靠墙扶手。楼梯段宽度超过 2200 mm 时,还应增设中间扶手。

(5) 休息平台(休息板)

① 为了减少人们上下楼时的过分疲劳，建筑物层高在 3 m 以上时，常分为两个梯段，中间增设休息板，又称休息平台。

② 休息平台的宽度必须大于或等于梯段的宽度。当楼梯的踏步数为单数时，休息平台的计算点应在楼梯段较长的一边。楼梯间房间门距踏步宽度应取门扇宽再加 400～600 mm 的通行距离。

③ 为方便扶手转弯，休息平台宽度应取楼梯段宽度再加 1/2 踏步宽。

(6) 净高尺寸

楼梯休息平台上表面与下部通道处的净高尺寸不应小于 2000 mm。楼梯段之间的净高不应小于 2200 mm，如图 5-1-10 所示。

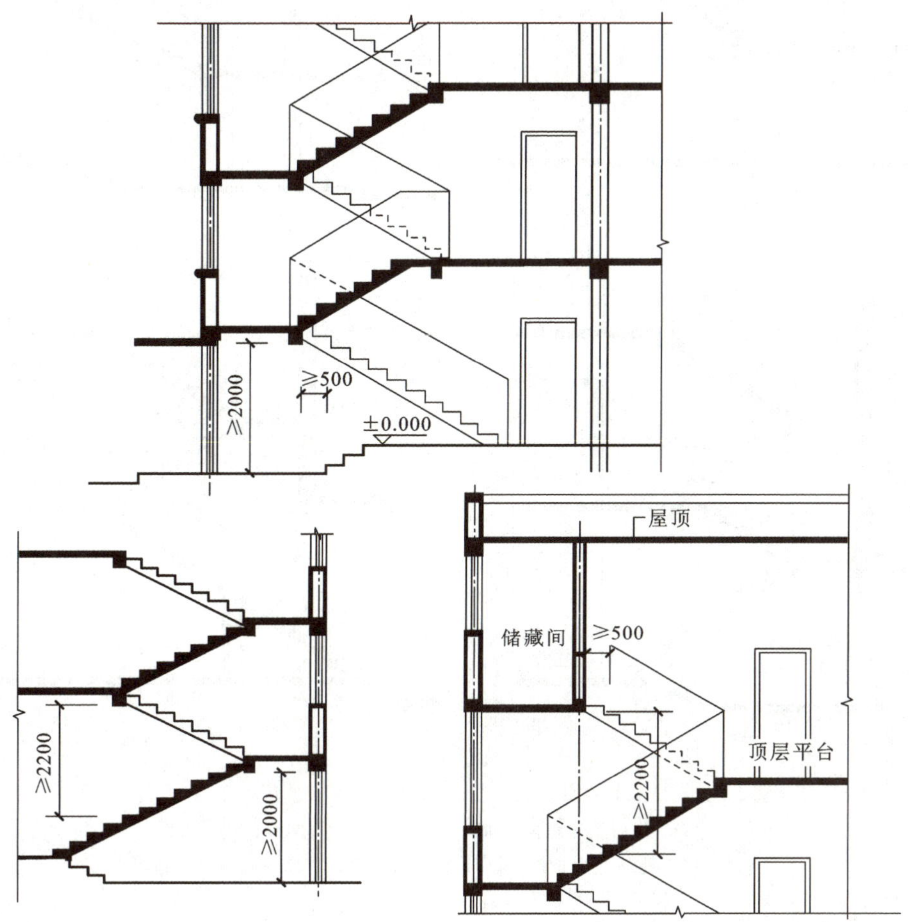

图 5-1-10　楼梯的净高尺寸

当需要在平行双跑楼梯底层中间平台下设置通道时，为保证平台下净高满足通行要求，一般可采取以下几种方式：

① 在底层变等跑梯段为长短跑梯段。起步第一跑为长跑，可提高中间平台标高。这种方式在楼梯间进深较大、底层平台宽富余时适用。

② 局部降低底层中间平台下地坪标高，使其低于底层室内地坪标高。但降低后的中间平台下地坪仍应高于室外地坪标高，避免雨水内溢。

③ 综合以上两种方式，在采取长短跑梯段的同时，又降低底层中间平台下地坪标高。

④ 底层用直行单跑或直行双跑梯段直接从室外到达两层。需要注意的是在入口处雨篷底面标高的位置，保证净空高度在 2 m 以上，如图 5-1-11 所示。

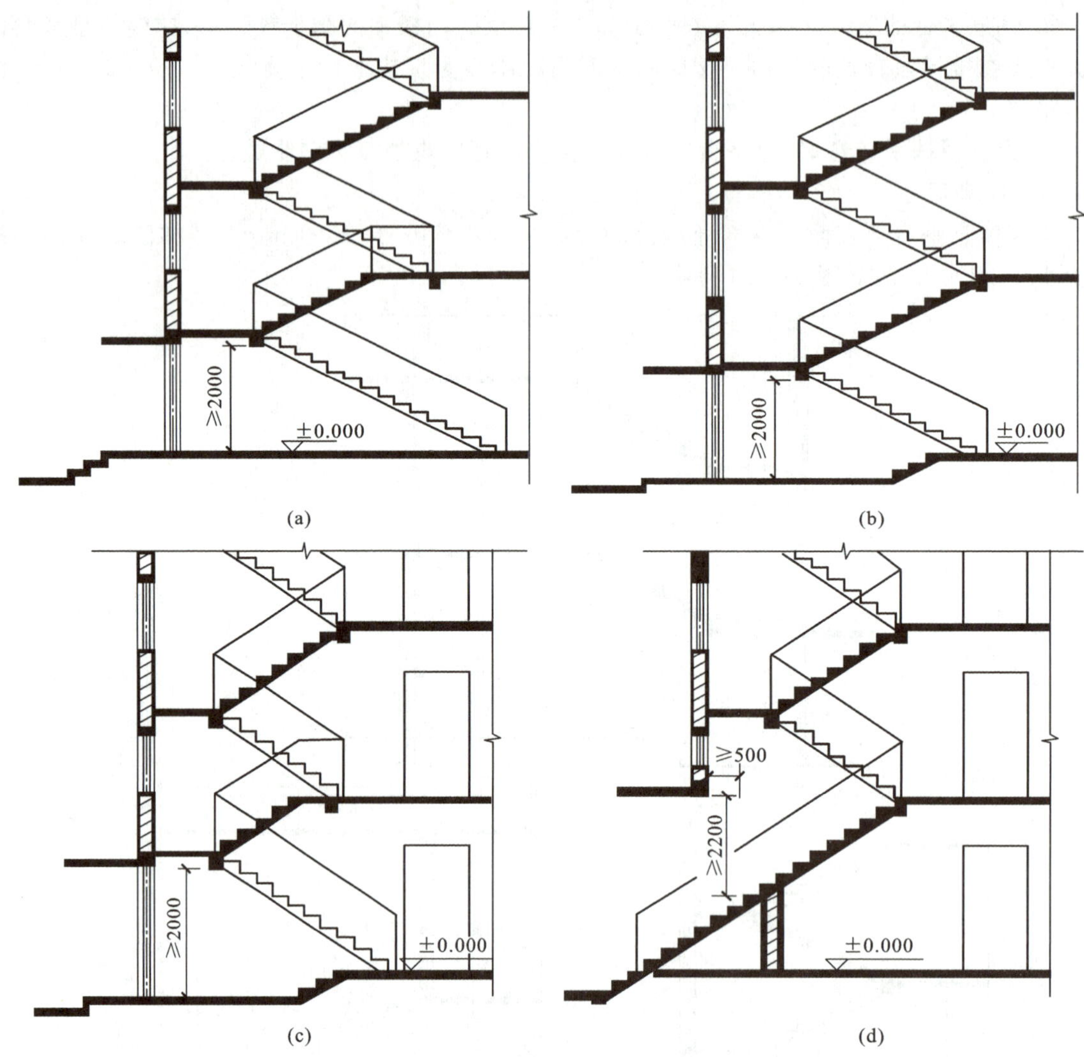

图 5-1-11 底层平台下设出入口时楼梯净高的几种处理方法

(a) 底层第一跑梯段加长(一)；(b) 室外台阶内移；

(c) 底层第一跑梯段加长(二)；(d) 底层采用直线单跑或直线多跑梯段

5.1.2 现浇钢筋混凝土楼梯构造

现浇钢筋混凝土楼梯是在施工现场支模、绑扎钢筋和浇注混凝土而成的。这种楼梯的整体性强，但施工工序多，工期较长。现浇钢筋混凝土楼梯有两种做法：一种是板式楼梯，一种是斜梁式楼梯。

5.1.2.1 板式楼梯

板式楼梯是将楼梯作为一块板考虑，板的两端支承在休息平台的边梁上，休息平台的边梁支承在墙上。板式楼梯的结构简单，板底平整，施工方便。

板式楼梯的水平投影长度在 3 m 以内时比较经济。板式楼梯的构造示意如图 5-1-12 所示。

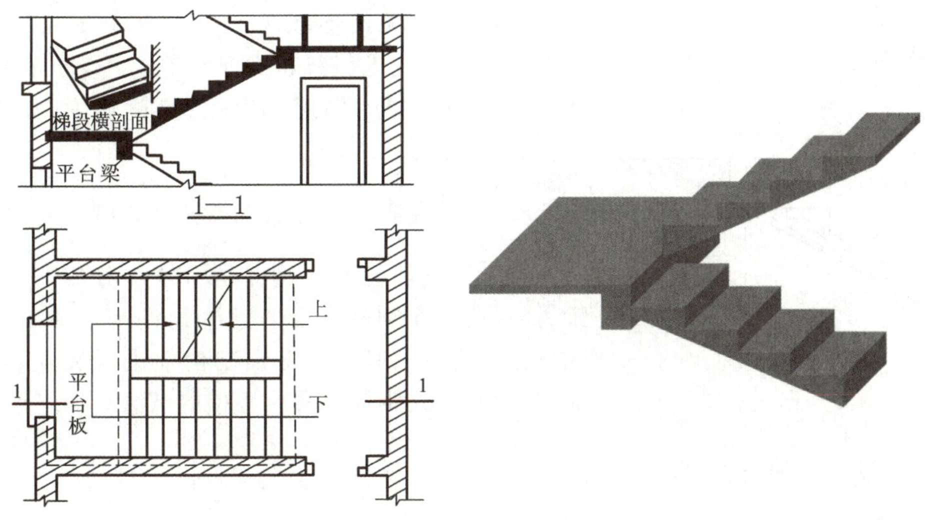

图 5-1-12　板式楼梯

5.1.2.2　斜梁式楼梯

斜梁式楼梯是将踏步板支承在斜梁上，斜梁支承在平台梁上，平台梁再支承在墙上。

斜梁可以在踏步板的下面、上面或侧面。斜梁在踏步板上面时，可以阻止垃圾或灰尘从梯井中落下，而且梯段底面平整，便于粉刷，缺点是梁占据梯段的一段尺寸。斜梁在侧面时，踏步板在梁的中间，踏步板可以取三角形或折板形。斜梁在踏步的下边时，板底不平整，抹面比较费工。

图 5-1-13 是斜梁式楼梯的构造示意。

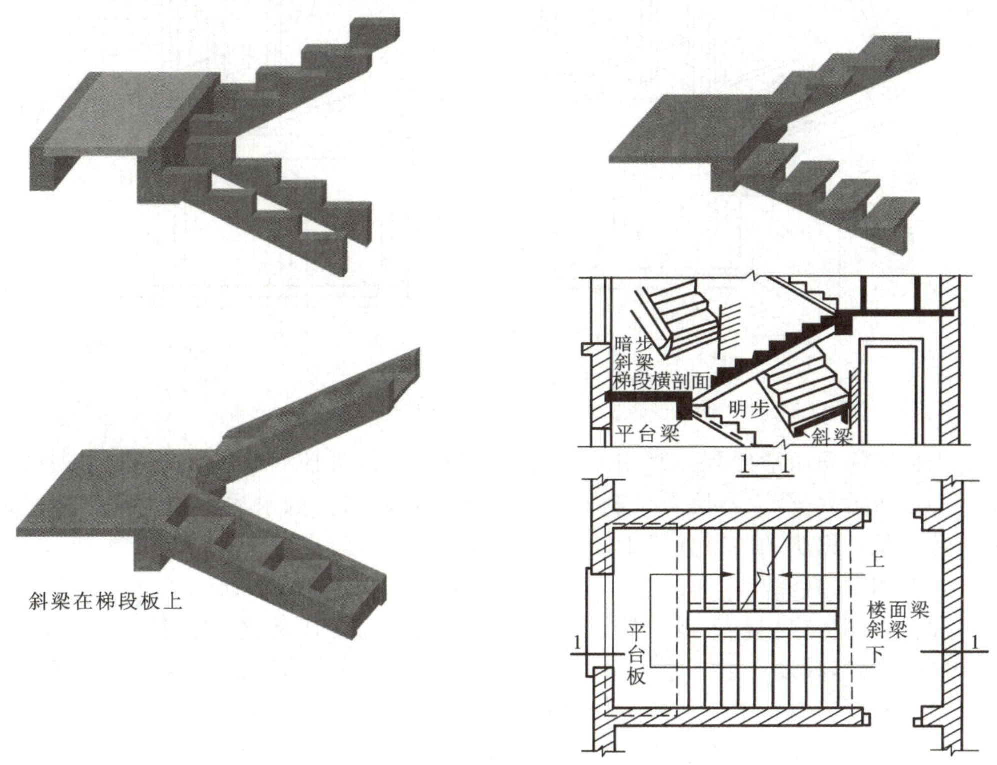

图 5-1-13　斜梁式楼梯构造示意

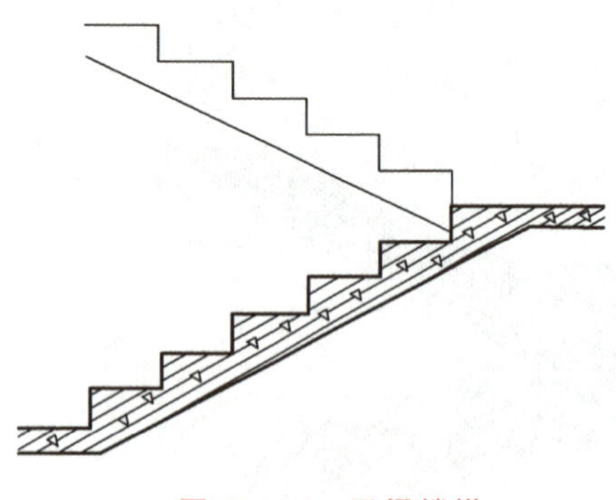

图 5-1-14　无梁楼梯

5.1.2.3　无梁楼梯

这种楼梯既无斜梁也无平台梁，适合于满足高度尺寸有困难的楼梯间使用，但斜板厚度偏大，如图 5-1-14 所示。

5.1.3　装配式钢筋混凝土楼梯构造

装配式钢筋混凝土楼梯是将楼梯分成休息板、楼梯梁、楼梯段三个组成部分。这些构件是在加工厂或施工现场进行预制，施工时将预制构件进行装配、焊接。目前，各地装配式钢筋混凝土楼梯的做法不尽一致。

5.1.4　楼梯的细部构造

5.1.4.1　踏步

踏步由踏面和踢面所构成。为了增加踏步的行走舒适感，可将踏步突出 20 mm 做成凸缘或斜面。底层楼梯的第一个踏步常做成特殊的样式，或方或圆，以增加美观感；栏杆或栏板也有变化，以增加多样感，如图 5-1-15 所示。

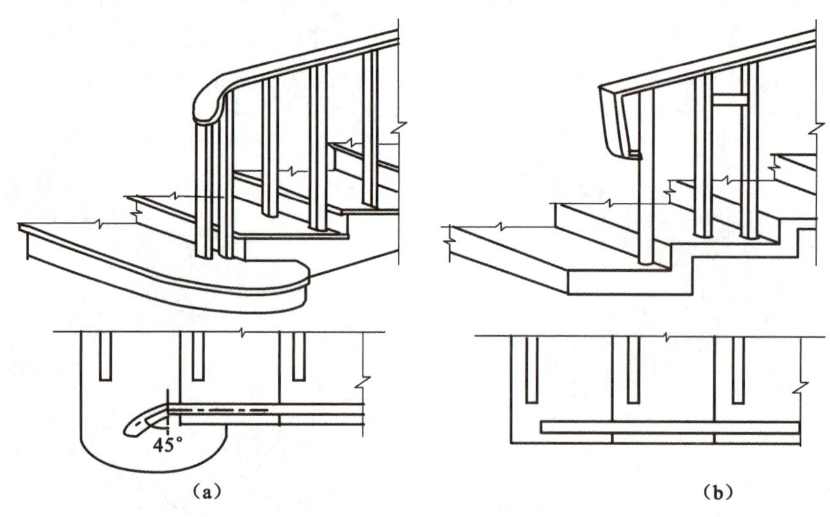

图 5-1-15　底层第一个踏步详图

踏步表面应注意防滑处理。常用的做法与踏步表面是否抹面有关，如一般水泥砂浆抹面的踏步常不做防滑处理，而水磨石预制板或现浇水磨石面层一般采用水泥加金刚砂做的防滑条或金属防滑条。踏步的防滑处理如图 5-1-16 所示。

5.1.4.2　栏杆和栏板

栏杆和栏板均为保护行人上下楼梯的安全围护措施。在现浇钢筋混凝土楼梯中，栏板可以与踏步同时浇筑，厚度一般不小于 80～100 mm。若采用栏杆，应焊接在踏步表面的埋件上或插入踏步表面的预留孔中。栏杆可以采用方钢或圆钢。方钢的断面应在 16 mm ×16 mm～20 mm ×20 mm 之间，圆钢也应采用 $\phi16$～$\phi18$ 为宜。连接用铁板应在 30 mm×4 mm～40 mm×5 mm 之间，居住建筑的栏杆净距不应大于 110 mm。如图 5-1-17 和图 5-1-18 所示。

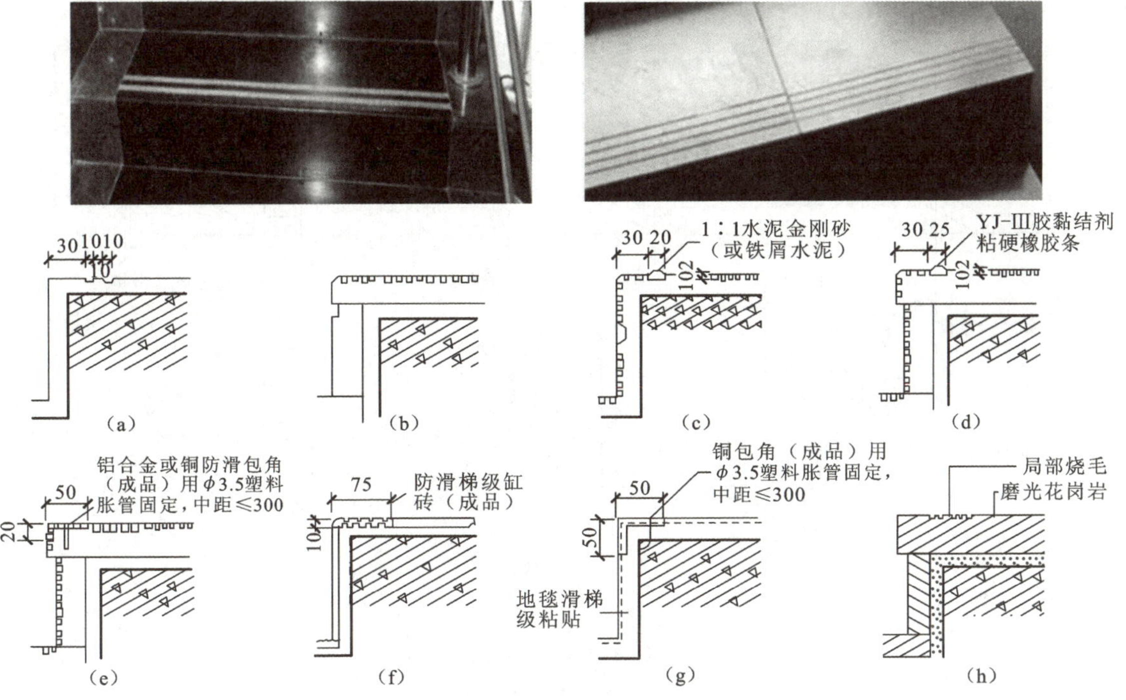

图 5-1-16　踏步的防滑处理

(a) 水泥面踏步留防滑槽；(b) 预制磨石面踏步无防滑槽；(c) 水泥金刚砂防滑条踏步加压条；(d) 橡胶防滑条；(e) 铝合金或铜防滑包角；(f) 缸砖面踏步防滑砖；(g) 粘贴地毯踏步加压条；(h) 花岗岩踏步烧毛防滑条

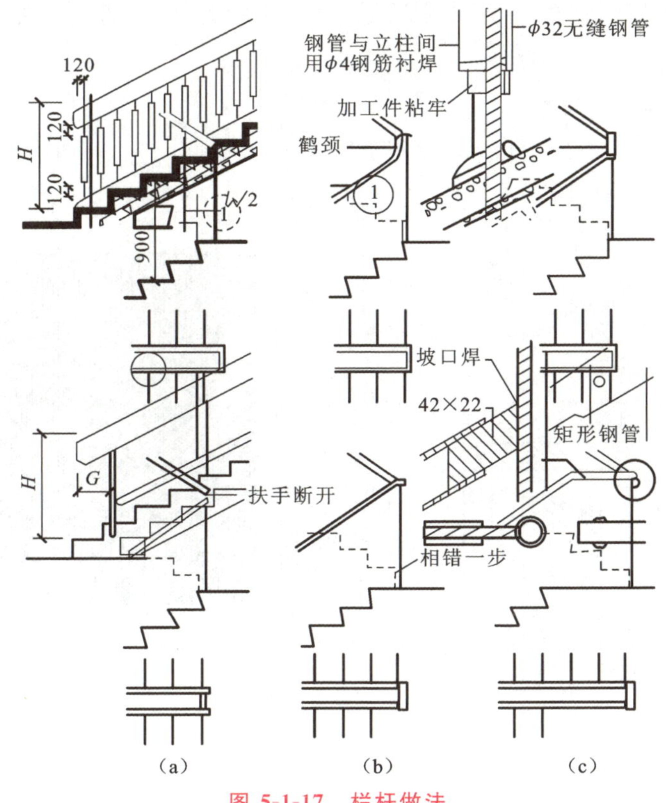

图 5-1-17　栏杆做法

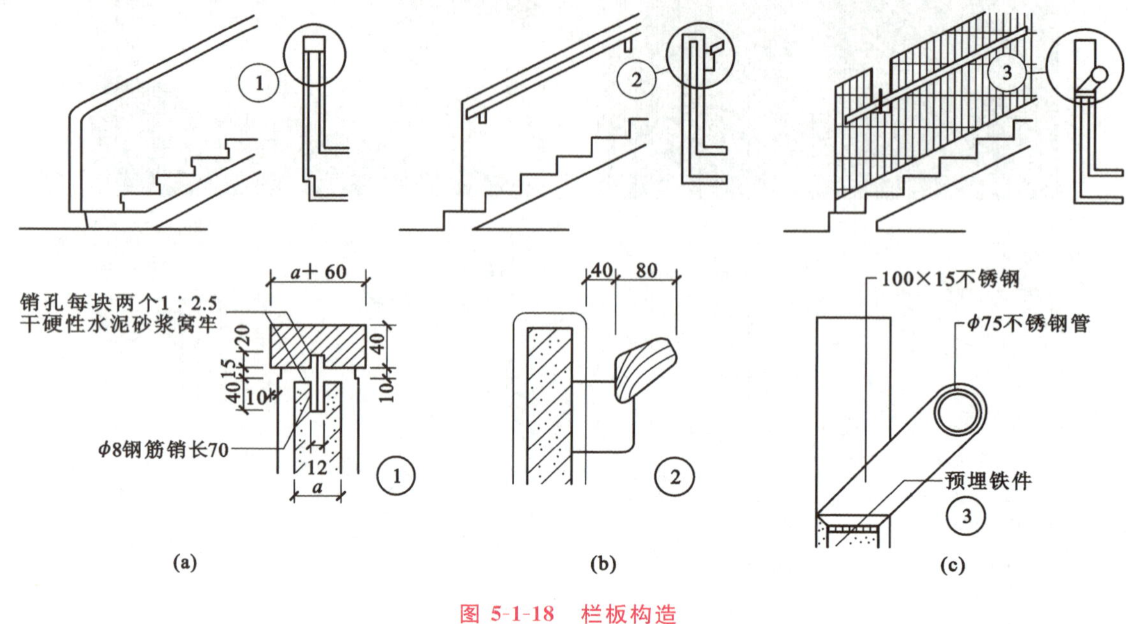

图 5-1-18　栏板构造

(a) 实栏板;(b),(c) 实栏板装扶手

5.1.4.3　扶手

扶手一般用木材、塑料、圆钢管等做成。扶手的断面应考虑人的手掌尺寸,并注意断面的美观,其宽度应在 60～80 mm 之间,高度应在 80～120 mm 之间。木扶手与栏杆的固定常通过木螺丝拧在栏杆上部的铁板上;塑料扶手是卡在铁板上;圆钢管扶手则直接焊于栏杆表面上。如图 5-1-19 和图 5-1-20 所示。

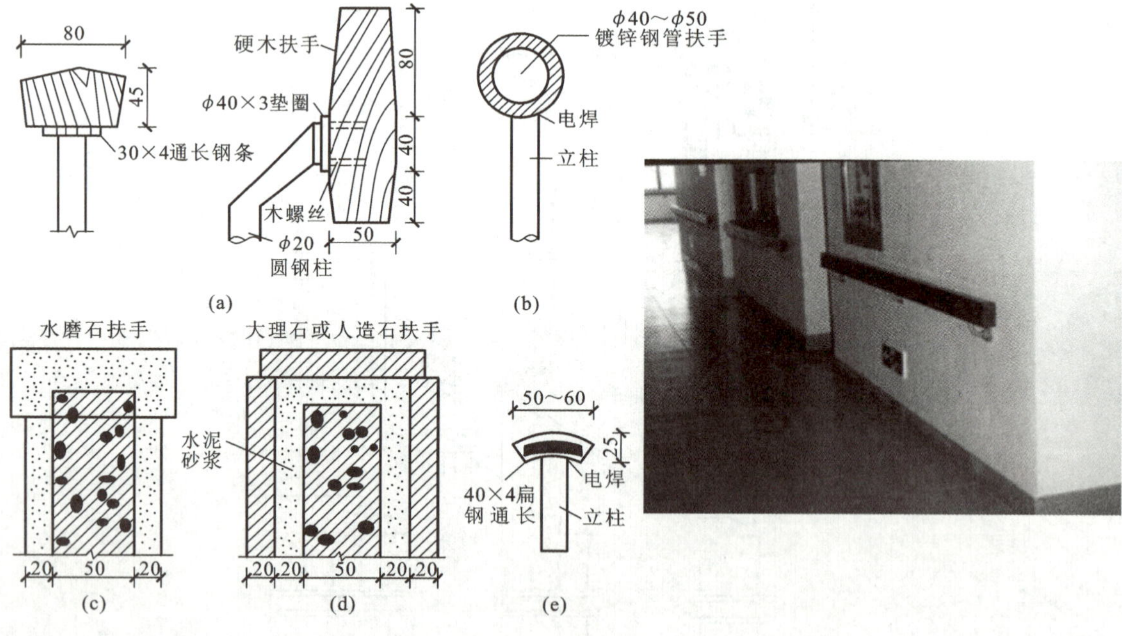

图 5-1-19　扶手

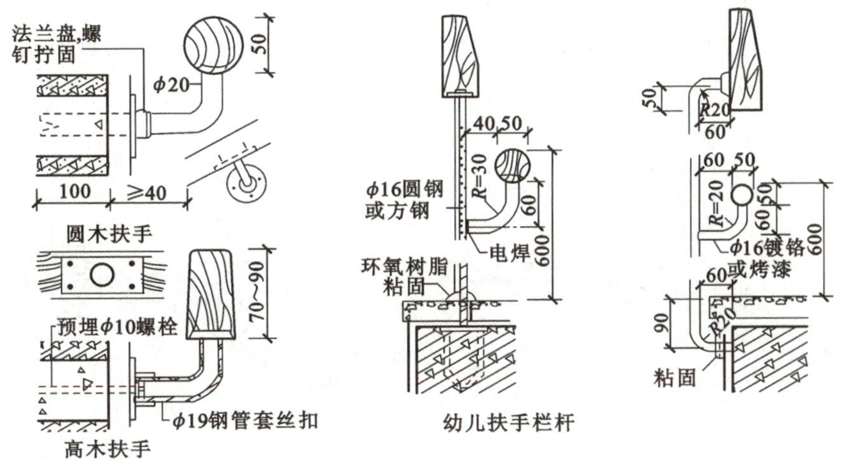

图 5-1-20　靠墙扶手

5.1.4.4　顶层水平栏杆

顶层的楼梯间应加设水平栏杆,以保证人身的安全。顶层栏杆靠墙处的做法是将铁板伸入墙内,并弯成燕尾形,然后浇灌混凝土。如图 5-1-21 所示。

5.1.4.5　首层第一个踏步下的基础

首层第一个踏步下应有基础支撑。基础与踏步之间应加设地梁。地梁的断面尺寸应不小于 240 mm×240 mm,梁长应等于基础长度。如图 5-1-22 所示。

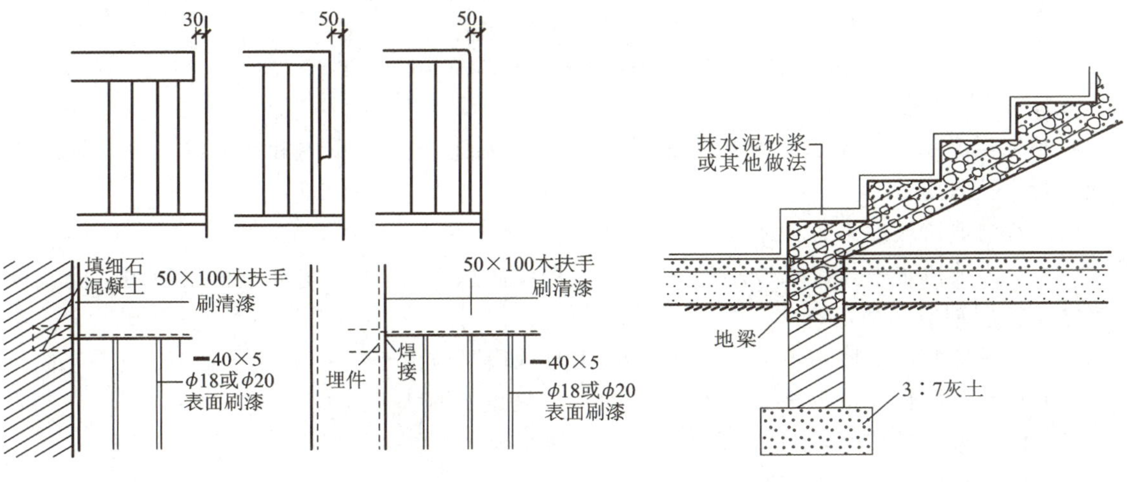

图 5-1-21　顶层栏杆及扶手入墙做法

图 5-1-22　首层踏步下的基础

5.1.5　台阶与坡道

5.1.5.1　台阶

台阶是联系室内外地坪或楼层不同标高处的构件。底层台阶要考虑防水、防冻。楼层台阶要注意与楼层结构的连接。

室内台阶踏步宽度不宜小于 300 mm,踏步高度不宜大于 150 mm,并不宜小于 100 mm。踏步数不应少于 2 级。当少于 2 级时宜按坡道设置。

室外台阶应注意室内外高差,其踏步尺寸可略大于楼梯踏步尺寸。踏步高度经常取 100

～150 mm，宽度常取 300～400 mm。高宽比不宜大于 1∶2.5。

人流密集的场所，当台阶高度超过 0.70 m 且侧面临空时，应做栏杆等防护设施。

台阶的长度应大于门的宽度，而且可做成多种形式，图 5-1-23 表示了一些常用做法。

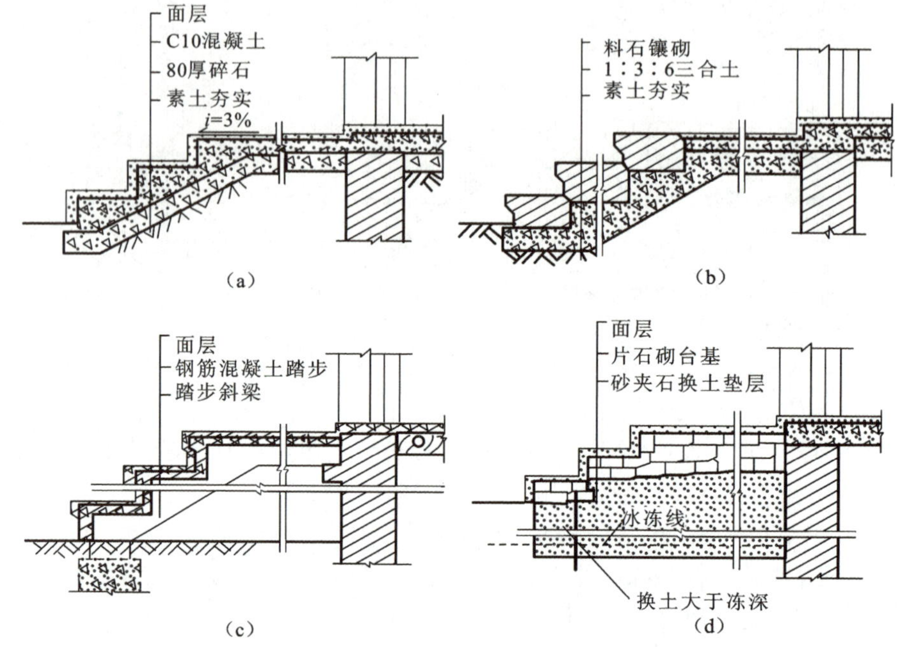

图 5-1-23　台阶做法

(a) 混凝土台阶；(b) 石砌台阶；(c) 钢筋混凝土架空台阶；(d) 换土地基台阶

5.1.5.2　坡道

在车辆经常出入或不适宜做台阶的部位，可采用坡道来进行室内和室外的联系。坡道设置应符合下列规定：

(1) 室内坡道坡度不宜大于 1∶8，室外坡道坡度不宜大于 1∶10；

(2) 室内坡道水平投影长度超过 15 m 时，宜设休息平台，平台宽度应根据使用功能或设备尺寸所需缓冲空间而定；

(3) 供轮椅使用的坡道不应大于 1∶12，困难地段不应大于 1∶8；

(4) 自行车推行坡道每段坡长不宜超过 6 m，坡度不宜大于 1∶5；

(5) 机动车坡道坡度，小型车为 1∶6.7，大型车为 1∶10；

(6) 坡道应采取防滑措施。

在人员和车辆同时出入的地方，可以将台阶与坡道同时设置(图 5-1-24)。

5.1.6　高层建筑的楼梯间与室外楼梯

5.1.6.1　高层建筑的楼梯间

高层建筑的楼梯间大体有如下三种形式。

(1) 开敞楼梯间

这种楼梯间仅适用于 11 层及 11 层以下的单元式高层住宅，要求开向楼梯间的户门应为乙级防火门，且楼梯间应靠外墙并有直接天然采光和自然通风。

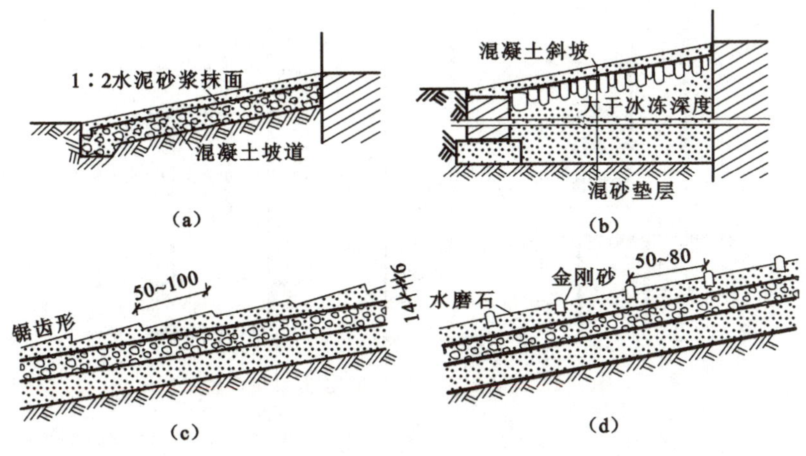

图 5-1-24　坡道做法

(a) 混凝土坡道；(b) 换土地基坡道；(c) 锯齿形坡道；(d) 防滑条坡道

(2) 封闭楼梯间

这种楼梯间适用于 24 m 及以下的裙房和建筑高度不超过 32 m 的二类高层建筑以及 12～18 层的单元式住宅，11 层及 11 层以下的通廊式住宅，如图 5-1-25 和图 5-1-26 所示。

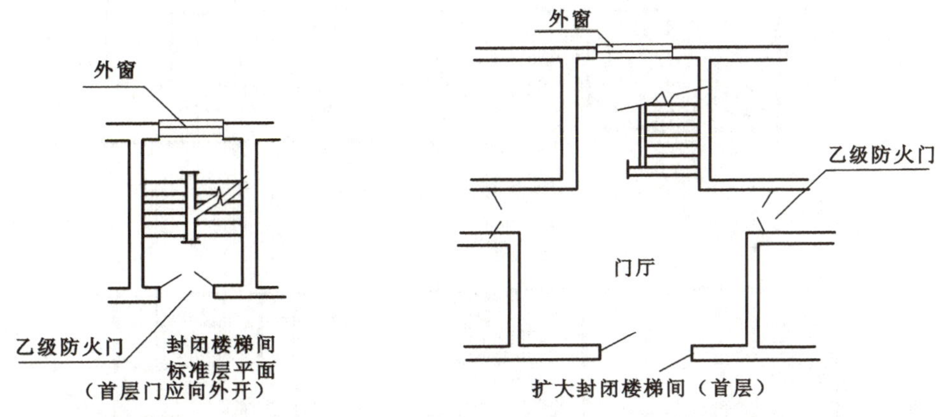

图 5-1-25　封闭楼梯间的平面图　　图 5-1-26　扩大封闭楼梯间的平面图

其特点是：

① 楼梯间应靠近外墙，并应有直接天然采光和自然通风。

② 楼梯间应设乙级防火门，并应向疏散方向开启。

③ 底层可以做成扩大的封闭楼梯间。

(3) 防烟楼梯间

这种楼梯间适用于一类高层建筑，建筑高度超过 32 m 的二类高层建筑以及塔式住宅，19 层及 19 层以上的单元式住宅，超过 11 层的通廊式住宅，如图 5-1-27、图 5-1-28 和图 5-1-29 所示。

其特点是：

① 楼梯间入口处应设前室、阳台或凹廊。

② 前室的面积：公共建筑不应小于 6 m^2，居住建筑不应小于 4.5 m^2。

③ 前室和楼梯间的门均应为乙级防火门，并应向疏散方向开启。

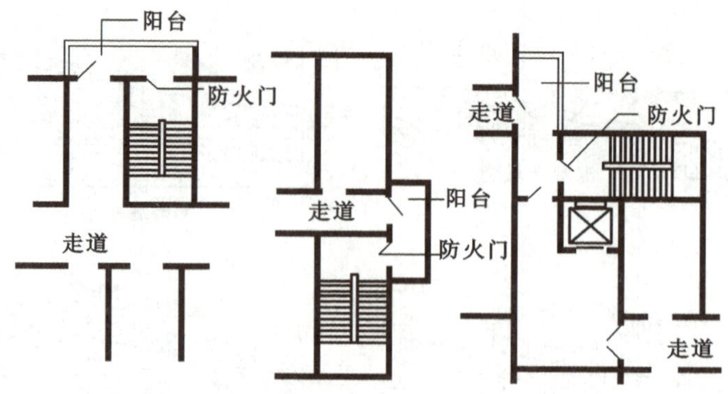

图 5-1-27　带阳台的防烟楼梯间平面图

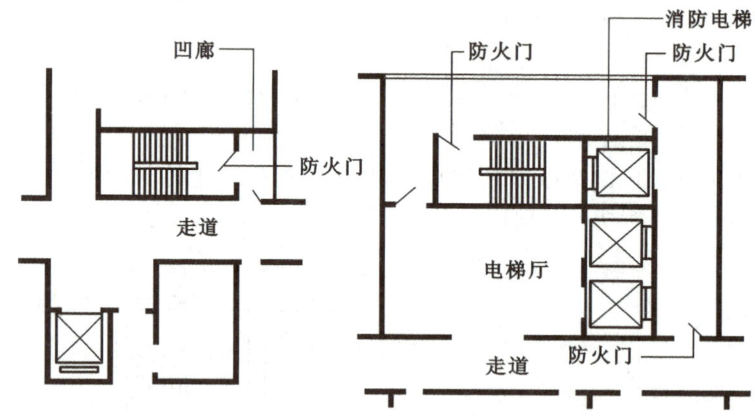

图 5-1-28　带开敞前室的防烟楼梯间平面图

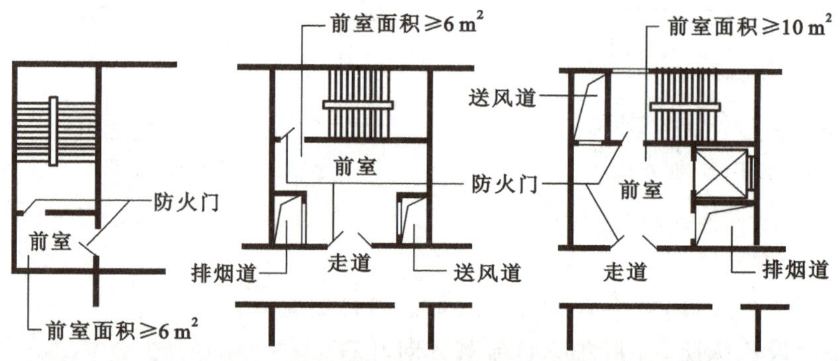

图 5-1-29　带封闭前室的防烟楼梯间平面图

高层建筑通向屋面的楼梯不宜少于两个，且不应穿越其他房间。通向屋面的门应向屋面方向开启。

5.1.6.2　室外楼梯

室外楼梯可作辅助防烟楼梯并可计入疏散总宽度内(图 5-1-30)。高层建筑的室外楼梯净宽度不应小于 900 mm，倾斜度不应大于 45°。不作为辅助防烟楼梯的其他多层建筑的室外楼梯净宽不小于 800 mm，倾斜度不大于 60°。栏杆扶手高度均不应小于 1.1 m。

室外楼梯和每层出口处平台应采用非燃烧材料制作，平台的耐火极限不应低于 1 h。在楼梯周围 2 m 内的墙面上，除设疏散门外，不应开设其他门窗洞口，疏散门不应正对楼梯段。

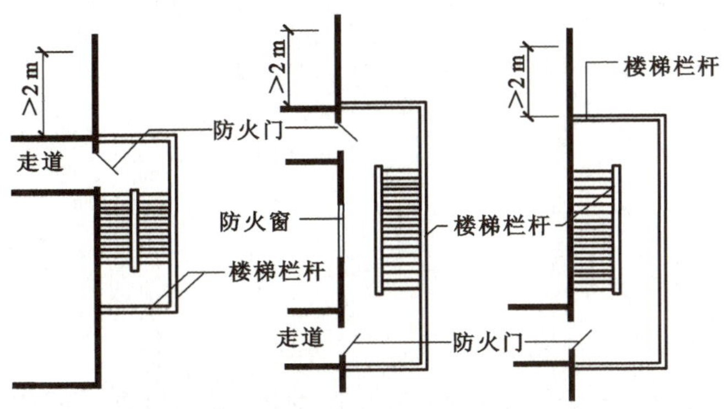

图 5-1-30　室外楼梯平面图

小　　结

1. 楼梯是联系建筑物竖向空间的垂直交通设施中使用最为广泛的一种，一方面它要满足人们日常生活和工作中的垂直交通需要，另一方面在紧急情况发生时供人们紧急疏散使用。

2. 楼梯一般由楼梯梯段、楼层平台和中间平台、栏杆(栏板)及扶手三部分组成。最常用的是平行双跑楼梯。对楼梯的防火性能要求极高，一般宜采用钢筋混凝土楼梯。

3. 应该掌握楼梯的常用尺寸：按消防要求考虑时，每个楼梯段必须保证两人同时上下，即最小宽度为 1100～1400 mm，室外疏散楼梯其最小宽度为 900 mm；公共建筑梯井的宽度以不小于 150 mm 为宜(由消防要求而定)；楼梯段的最小踏步数为 3 步，最多为 18 步；踏步的尺寸可用经验公式计算(2 个踏步高度＋1 个踏步宽度＝600～620 mm)；休息平台的宽度必须大于或等于梯段的宽度；楼梯休息平台上表面与下部通道处的净高尺寸不应小于 2000 mm。楼梯段之间的净高不应小于2200 mm。

4. 钢筋混凝土楼梯分为现浇和装配式两大类。现浇钢筋混凝土楼梯有两种做法：一种是板式楼梯，一种是斜梁式楼梯。装配式钢筋混凝土楼梯是将楼梯分成休息板、楼梯梁、楼梯段三个组成部分。这些构件是在加工厂或施工现场进行预制，施工时将预制构件进行装配、焊接。

5. 楼梯踏步表面应注意防滑处理。

6. 栏杆、栏板是安全与装饰构件，高度不小于 900 mm。

7. 室外台阶应有坚固的垫层，在寒冷地区应有防冻胀的措施。

思　考　题

1. 试分析建筑物中各种交通设施的特点。
2. 试分析各种不同类型楼梯的特点。
3. 阐述楼梯的组成部分及其相互关系。
4. 现浇楼梯的构造特点是什么？

知识 5.2 电梯

教学目标

了解电梯、自动扶梯的工作特点及构造要求。

5.2.1 电梯构造

电梯是解决垂直交通的另一种设施，它运行速度快，可以节省时间和人力。在大型宾馆、医院、商店、政府机关办公楼中可以设置电梯。对于高层住宅则应该根据层数、人数和面积来确定。

电梯由机房、井道和地坑三部分组成。在电梯井道内有轿厢和与轿厢相连的平衡锤，通过机房内的曳引机和控制屏进行操纵来运载人员和货物。

电梯井道可以用砖砌筑或用钢筋混凝土浇筑而成。在每层楼面应留出门洞，并设置专用门；在升降过程中，轿厢门和每层专用门应全部封闭，以保证安全。门的开启方式一般为中分推拉式或旁开的双折推拉式。

电梯设置应符合下列规定：

(1) 电梯不得计作安全出口。

(2) 以电梯为主要垂直交通的高层公共建筑和 12 层及 12 层以上的高层住宅，每栋楼设置电梯的台数不应少于 2 台；公共建筑按总建筑面积每 4000～6000 m^2 设置一台电梯。

(3) 建筑物每个服务区单侧排列的电梯不宜超过 4 台，双侧排列的电梯不宜超过 2 台；电梯不应在转角处贴邻布置。

(4) 电梯候梯厅的深度应符合表 5-2-1 的规定，并不得小于 1.50 m。

表 5-2-1 候梯厅深度

电梯类别	布置方式	候梯厅深度
住宅电梯	单台	≥B①
	多台单侧排列	≥B^*②
	多台双侧排列	大于或等于相对电梯 B^* 之和且小于 3.50 m
公共建筑电梯	单台	≥1.5B
	多台单侧排列	≥1.5B^*，当电梯群为 4 台时应大于或等于 2.4 m
	多台双侧排列	大于或等于相对电梯 B^* 之和且小于 4.50 m
病床电梯	单台	≥1.5B
	多台单侧排列	≥1.5B^*
	多台双侧排列	大于或等于相对电梯 B^* 之和

注：① B 为轿厢深度。
② B^* 为电梯群中最大轿厢深度。

(5) 电梯井道和机房不宜与有安静要求的用房贴邻布置，否则应采取隔振、隔声措施。

(6) 机房应为专用的房间，其围护结构应保温隔热，室内应有良好通风、防尘，宜有自然采光，不得将机房顶板作水箱底板及在机房内直接穿越水管或蒸汽管。

(7) 消防电梯的布置应符合防火规范的有关规定。设置电梯的建筑，楼梯应按常规做法设置。图5-2-1～图5-2-3和表5-2-2～表5-2-3是天津电梯公司的产品和规格。

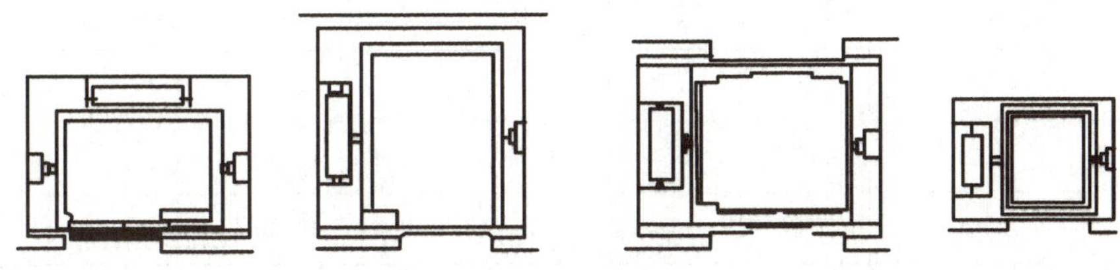

图 5-2-1　电梯平面

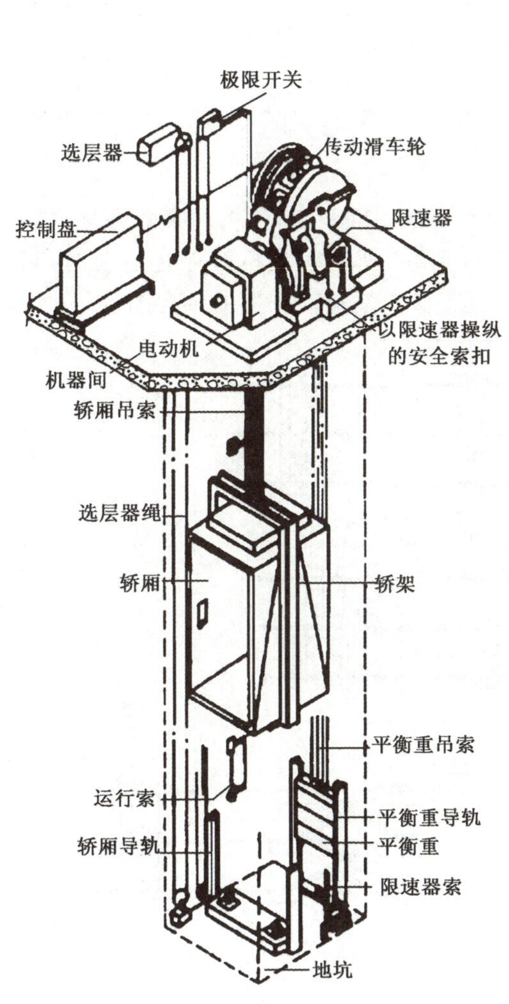

图 5-2-2　电梯组成示意

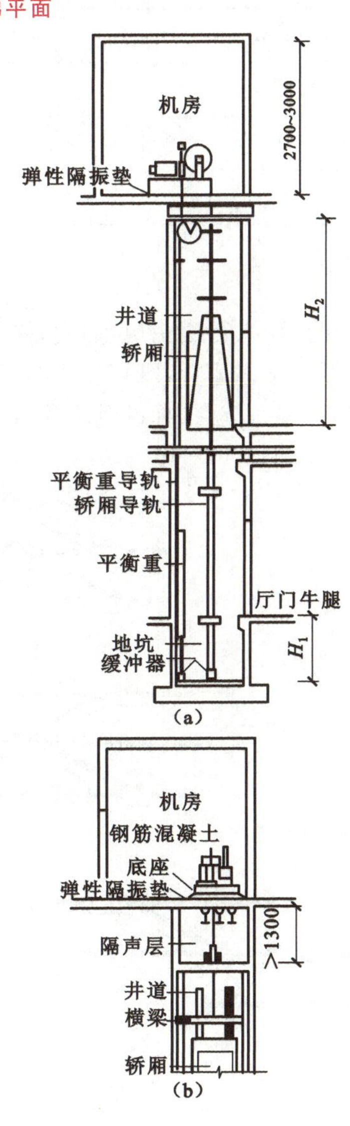

图 5-2-3　电梯剖面

(a) 无隔声层（通过电梯门剖面）；(b) 有隔声层（平行电梯门剖面）

表 5-2-2　天津电梯公司客梯产品数据

额定速度 (m/s)	额定起重量 (kg)	轿厢(mm)		井道(mm)		机房(mm)		门厅(mm)	
		A	B	A_1	B_1	A_2	B_2	M	M_1
1	500	1250	1450	1700	1950	3000	4500	750	900
1、1.5、1.75	750	1750	1450	2200	1950	3500	4500	1000	1200
1、1.5、1.75	1000	1750	1650	2200	2200	3500	4500	1000	1200
1、1.5	1500	2100	1850	2600	2400	3500	4500	1100	1300

表 5-2-3　电梯的相关尺寸

额定速度(m/s)	顶层高 H_1(mm)	底坑深 H_2(mm)
1	4600	1450
1.5	5300	1800
1.75	5500	2100

5.2.2　自动扶梯和自动人行道

自动扶梯和自动人行道由电动机械牵引，梯级踏步连同扶手同步运行，机房搁置在地面以下。自动扶梯可以正逆运行，既可上升又可以下降，如图 5-2-4 所示。当机械停止运转时，可作为普通楼梯使用。自动扶梯的基本尺寸见图 5-2-5。图 5-2-6 是自动扶梯的示意图。

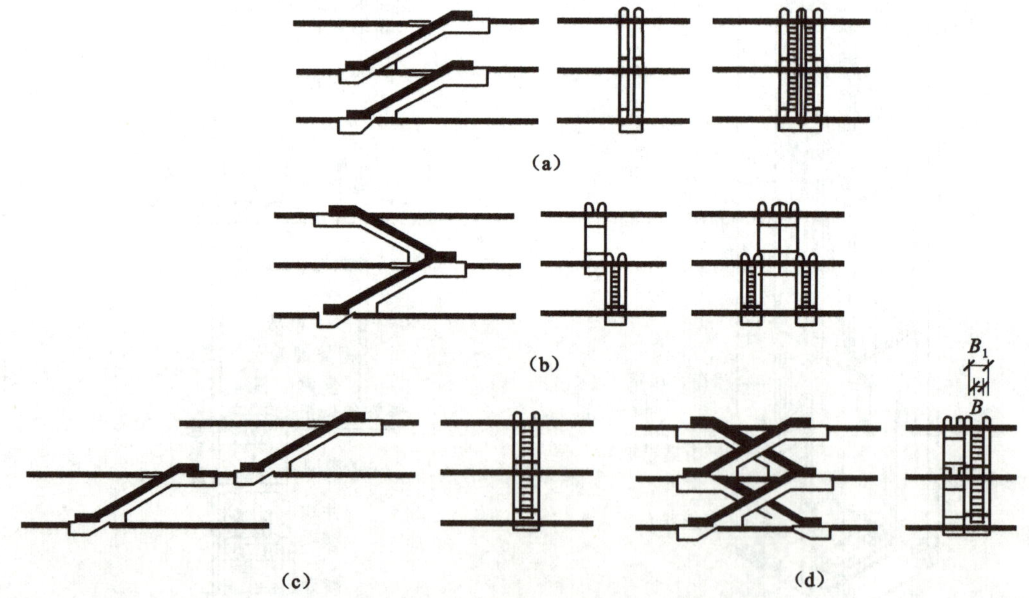

图 5-2-4　自动扶梯的平面形式

(a) 平行排列式；(b) 交叉排列式；(c) 连贯排列式；(d) 集中交叉式

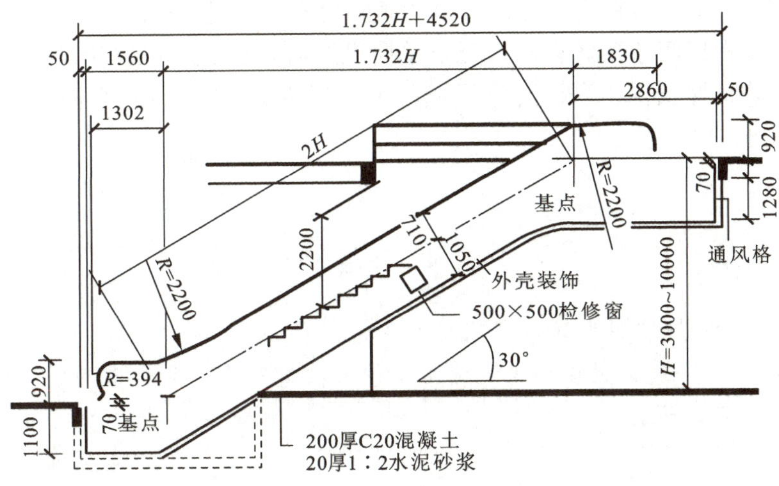

图 5-2-5　自动扶梯基本尺寸

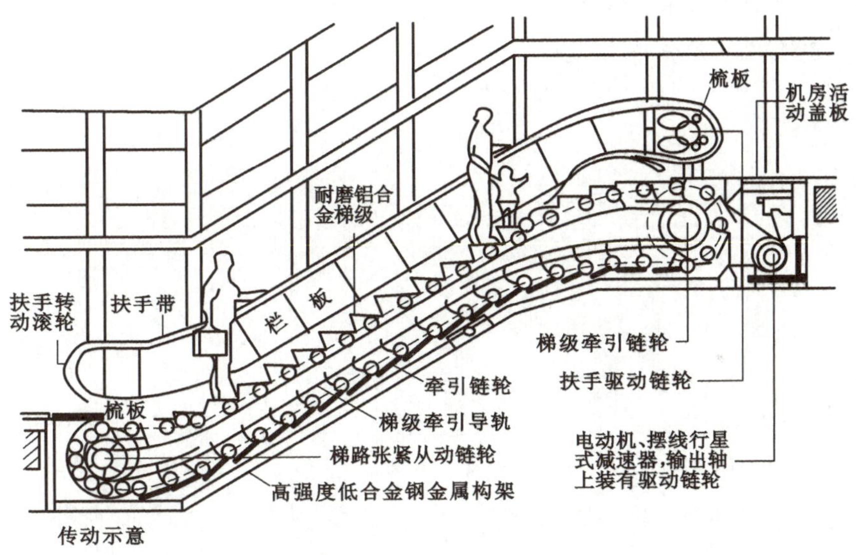

图 5-2-6　自动扶梯示意

自动扶梯、自动人行道应符合下列规定：

(1) 自动扶梯和自动人行道不得计作安全出口。

(2) 出入口畅通区的宽度不应小于 2.50 m,畅通区有密集人流穿行时,其宽度应加大。

(3) 栏板应平整、光滑和无突出物;扶手带顶面距自动扶梯前缘、自动人行道踏板面或胶带面的垂直高度不应小于 0.90 m;扶手带外边至任何障碍物距离不应小于 0.50 m,否则应采取措施,防止障碍物对人员造成伤害。

(4) 扶手带中心线与平行墙面或楼板开口边缘间的距离、相邻平行交叉设置时两梯(道)之间扶手带中心线的水平距离不宜小于 0.50 m,否则应采取措施,防止障碍物对人员造成伤害。

(5) 自动扶梯的梯级、自动人行道的踏板或胶带上空,垂直净高不应小于 2.30 m。

(6) 自动扶梯的倾斜角不应超过 30°,当提升高度不超过 6 m,额定速度不超过 0.50 m/s

时，倾斜角允许增至 35°；倾斜式自动人行道的倾斜角不应超过 12°。

（7）自动扶梯和层间相通的自动人行道单向设置时，应就近布置相匹配的楼梯。

（8）设置自动扶梯或自动人行道所形成的上下层贯通空间，应符合防火规范所规定的有关防火分区等要求。

小　结

1. 电梯由井道、机房和轿厢三大部分组成。

2. 自动扶梯一般设置在大量人流上下的公共建筑中。它由电动机械牵动，梯级踏步和扶手同步运行。

思考题

1. 电梯的组成部分和构造要求是什么？

2. 自动扶梯的构造特点是什么？

任务6 拓展知识

情景导入

党的二十大报告指出，推动绿色发展，加快发展方式绿色转型。加快节能降碳先进技术研发和推广应用，推动形成绿色低碳的生产方式和生活方式。推动能源清洁低碳高效利用，推进工业、建筑、交通等领域清洁低碳转型。本任务落实培养学生认识建筑产业转型升级、绿色低碳的国家战略与发展方向。

知识6.1 变形缝

教学目标

1. 了解变形缝的类型及特点；
2. 熟悉变形缝的构造方法。

6.1.1 变形缝的概念与设置原则

6.1.1.1 变形缝的概念

变形缝是为防止建筑物在外界因素（温度变化、地基不均匀沉降及地震）作用下产生变形，导致开裂甚至破坏而人为设置的构造缝。它包括伸缩缝、沉降缝和防震缝三种类型。

6.1.1.2 变形缝的设置原则

(1) 伸缩缝

建筑物因受温度变化的影响而产生热胀冷缩，在结构内部产生温度应力，当建筑物长度超过一定限度、建筑平面变化较多或结构类型变化较大时，建筑物会因热胀冷缩变形而产生开裂。为预防这种情况发生，常常沿建筑物长度方向每隔一定距离或结构变化较大处预留缝隙，将建筑物断开。这种因温度变化而设置的缝隙就称为伸缩缝或温度缝。

伸缩缝的位置和间距与建筑物的材料、结构形式、使用情况、施工条件及当地温度变化情况有关。结构设计规范对砌体结构和钢筋混凝土结构的伸缩缝最大间距所作的规定见表6-1-1和表6-1-2。

表6-1-1 砌体结构伸缩缝的最大间距(m)

房屋或楼盖类型	有无保温或隔热层	间距	房屋或楼盖类型	有无保温或隔热层	间距
整体式或装配整体式钢筋混凝土结构	有 无	50 40	装配式有檩体系钢筋混凝土结构	有 无	75 60
装配式无檩体系钢筋混凝土结构	有 无	60 50	瓦材屋盖、木屋盖或楼盖、轻钢屋盖		100

注：本表参见《砌体结构设计规范》(GB 50003—2011)。

要求伸缩缝在建筑的同一位置将基础以上的建筑构件，如墙体、地面、楼板层、屋顶等地面以上部分在垂直方向全部断开，并在两部分之间留出适当的缝隙，以达到伸缩缝两侧的建筑构件能在水平方向自由伸缩的目的。伸缩缝宽一般为 20～40 mm，通常采用 30 mm。

表 6-1-2　钢筋混凝土结构伸缩缝的最大间距(m)

结构类型	施工方法	室内或土中	露天
排架结构	现浇式	100	70
	装配式	75	60
框架结构	现浇式	55	35
	装配式	65	40
剪力墙结构	现浇式	45	30
	装配式	40	30
挡土墙及地下室墙壁等结构	现浇式	30	20

注：本表参见《混凝土结构设计规范》(GB 50010—2010)。

(2) 沉降缝

当建筑物建造在土层性质差别较大的地基上，或因建筑物相邻部分的高度、荷载和结构形式差别较大时，建筑物会出现不均匀的沉降，以致建筑物的某些薄弱部位发生错动开裂。为此在适当位置设置垂直缝隙，把建筑物划分成几个可以自由沉降的单元，这种为减少地基不均匀沉降对建筑物造成危害的垂直预留缝称为沉降缝。

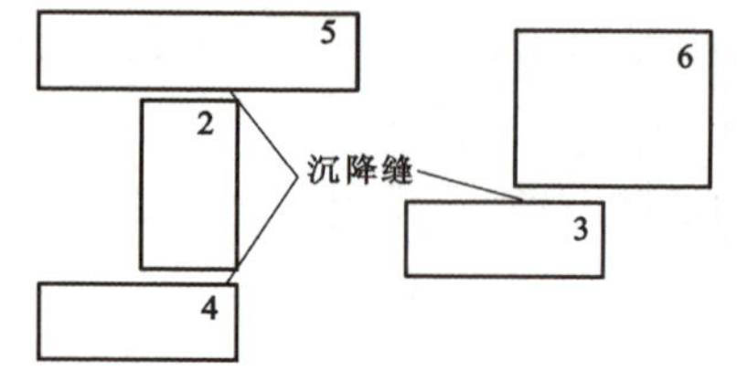

图 6-1-1　沉降缝的位置

当建筑物有下列情况时，均应考虑设置沉降缝(图 6-1-1)：

① 当建筑物建造在不同的地基上，并难以保证均匀沉降时；

② 当建筑物相邻部分的基础形式、宽度和埋置深度相差较大，易形成不均匀沉降时；

③ 同一建筑物相邻部分的层数相差两层以上或层高相差超过 10 m、荷载相差很大或结构形式变化较大，易导致地基沉降不均匀时；

④ 建筑物体型比较复杂，各部分的连接部位又比较薄弱时；

⑤ 新建建筑物、扩建建筑物与原有建筑物相毗邻时。

沉降缝构造复杂，给建筑、结构设计和施工都带来一定的难度，因此，在工程设计时，应尽可能通过合理的选址、地基处理、建筑体型的优化、结构选型和计算方法的调整以及施工程序上的配合(如高层建筑与裙房之间采用后浇带的方法)避免或克服不均匀沉降，从而达到不设或尽量少设缝的目的，并应根据不同情况区别对待。

沉降缝与伸缩缝的不同之处在于从建筑物基础底部至屋顶全部断开。同时沉降缝也应兼顾伸缩的作用，故在构造设计时应满足伸缩和沉降双重要求。

沉降缝的宽度随地基情况和建筑物的高度不同而定，一般为 50～70 mm，可参见表 6-1-3。

沉降缝与伸缩缝最大的区别在于：伸缩缝只需保证建筑物在水平方向的自由伸缩变形，而沉降缝主要满足建筑物各部分在垂直方向的自由沉降变形。

(3) 防震缝

防震缝是为了防止建筑物的各部分在地震时相互撞击造成变形和破坏而设置的垂直预留缝。防震缝应将建筑物分成若干体型简单、结构刚度均匀的独立单元。

表 6-1-3　沉降缝宽度

地基类型	建筑高度或层数	缝宽(mm)
一般地基	$H<5$ m	30
	$H=5\sim8$ m	50
	$H=10\sim15$ m	70
软弱地基	层数 2～3 层	50～80
	层数 4～5 层	80～120
	层数 6 层以上	>120
湿陷性黄土地基		30～70

注:沉降缝两侧结构单元层数不同时,由于高层部分的影响,低层结构的倾斜往往很大,因此,沉降缝的宽度应按高层部分的高度确定。

对多层砌体房屋,应优先采用横墙承重或纵横墙混合承重的结构体系,在抗震设防烈度为 8 度和 9 度的地区,有下列情况之一时,应设防震缝:

① 建筑有错层且楼板高差较大;

② 建筑立面高差超过 6 m;

③ 建筑物毗连部分结构的刚度、质量截然不同。

对多层和高层钢筋混凝土结构房屋,遇到下列情况宜设防震缝:

① 建筑平面体型复杂且无加强措施;

② 建筑物有较大的错层;

③ 建筑物毗连部分结构的刚度或荷载相差很大且未采取有效措施。

防震缝应同伸缩缝、沉降缝协调布置,并满足防震缝的设计要求。一般情况下,基础可不设防震缝,但在平面复杂的建筑中,或建筑相邻部分刚度差别很大时,也需将基础分开。

防震缝的宽度与建筑物的高度和抗震设防烈度有关,一般砌体结构的房屋防震缝宽取 50～100 mm,但对于多层和高层钢筋混凝土结构房屋,其最小缝宽应符合下列要求:

① 当高度不超过 15 m 时,缝宽取 70 mm;

② 当高度超过 15 m 时,按不同抗震设防烈度增加缝宽:

6 度时,建筑每增高 5 m,缝宽增加 20 mm;

7 度时,建筑每增高 4 m,缝宽增加 20 mm;

8 度时,建筑每增高 3 m,缝宽增加 20 mm;

9 度时,建筑每增高 2 m,缝宽增加 20 mm。

多层砌体房屋,防震缝的宽度可采用 50～90 mm,缝两侧均需设置墙体,以加强防震缝两侧房屋刚度。

6.1.2　变形缝的构造

在建筑物设变形缝的部位,要使两边的结构满足断开的要求,又自成系统,其布置方法主要有以下几种。

6.1.2.1　结构处理

(1) 伸缩缝

砖混结构的楼板和屋顶,可采用单墙或双墙承重方案,如图 6-1-2 所示。

按照建筑物承重系统的类型，在变形缝的两侧设双墙或双柱，这种做法较为简单，但容易使缝两边的结构基础产生偏心。用于伸缩缝时因为基础可以不断开，所以无此问题。

框架结构的伸缩缝结构一般采用双柱方案，也可采用悬臂梁方案(图 6-1-3)。

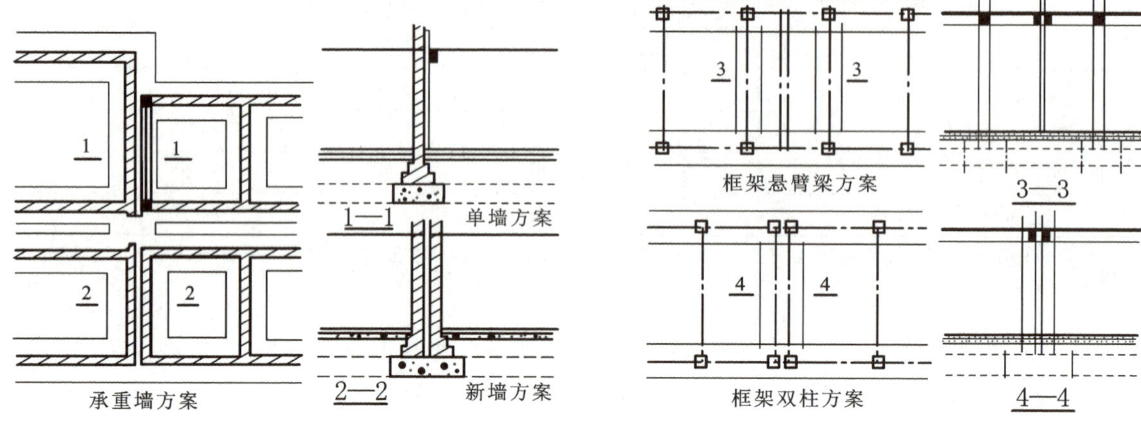

图 6-1-2　伸缩缝的结构处理(一)

图 6-1-3　伸缩缝的结构处理(二)

(2) 沉降缝

沉降缝在基础处的处理方案有如下三种。

① 双墙式方案[图 6-1-4(a)]，是在沉降缝两侧都设承重墙，以保证每个沉降单元都有纵横墙联结，使得建筑物的整体性较好，但易使基础偏心受力。因此常用于基础荷载较小的房屋。

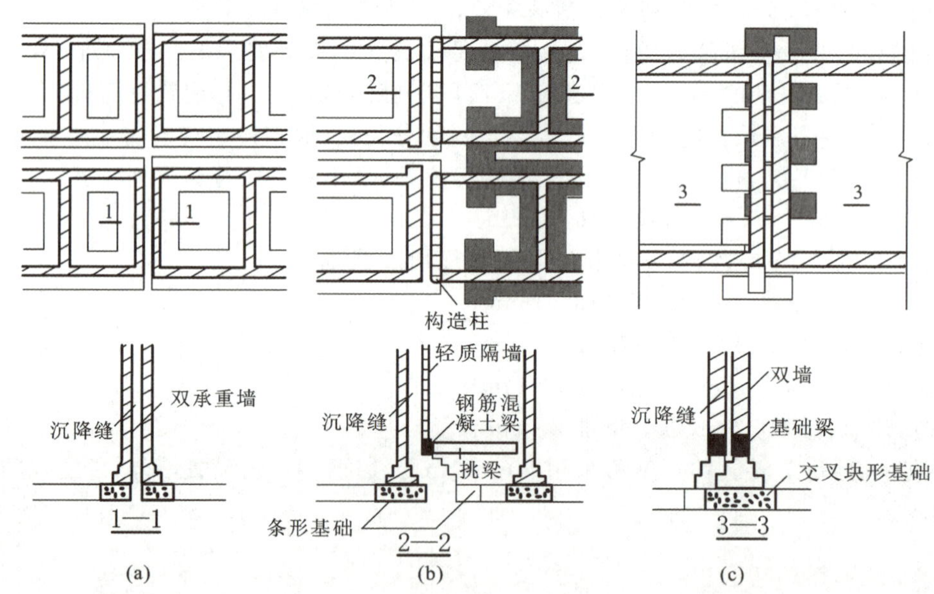

图 6-1-4　基础沉降缝的结构处理

(a) 双墙方案的沉降缝；(b) 悬挑基础方案的沉降缝；(c) 双墙基础交叉排列方案的沉降缝

② 悬挑式方案[图 6-1-4(b)]，是将沉降缝一侧的墙和基础按一般构造做法处理，而另一侧则采用挑梁支承基础梁，基础梁上支承轻质墙的做法。轻质墙可减少挑梁承受的荷载，但挑梁下基础的底面要相应加宽。这种做法两侧基础分开较大，相互影响小，适用于沉降缝两侧基

础埋深相差较大或新旧建筑毗连时的情况。

③ 交叉式处理方案[图 6-1-4(c)]，是将沉降缝两侧的基础均做成墙下独立基础，交叉设置，在各自的基础上设置基础梁以支承墙体。这种做法受力明确、效果较好，但施工难度大，造价也较高。

砖混结构的墙、楼板及屋顶结构布置通常采用双墙承重方案。变形缝最好设置在平面图形有变化处，以隐蔽处理。

6.1.2.2　墙体变形缝

(1) 伸缩缝

根据墙体的材料、厚度及施工条件，伸缩缝可做成平缝、错口缝、企口缝等形式(图 6-1-5)。

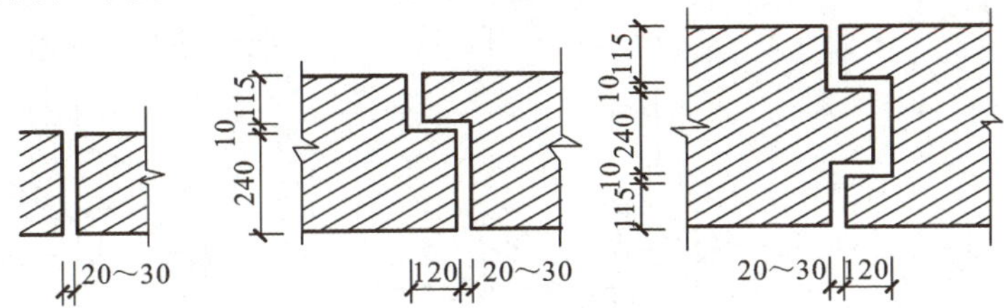

图 6-1-5　砖墙伸缩缝的截面形式

(a) 平缝；(b) 错口缝；(c) 企口缝

为保证外墙上伸缩缝两侧自由变形并防止风雨对室内的侵袭，在外墙一侧常用浸沥青的麻丝或木丝板及泡沫塑料条、橡胶条、油膏等有弹性的防水材料嵌缝(图 6-1-6)。当缝隙较宽时，缝口可用镀锌铁皮、彩色薄钢板、铝皮等金属调节片做盖缝处理。同时，为考虑墙面上的缝对立面的影响，在可能的条件下，可以用雨水管将缝遮挡，如图 6-1-7 所示。

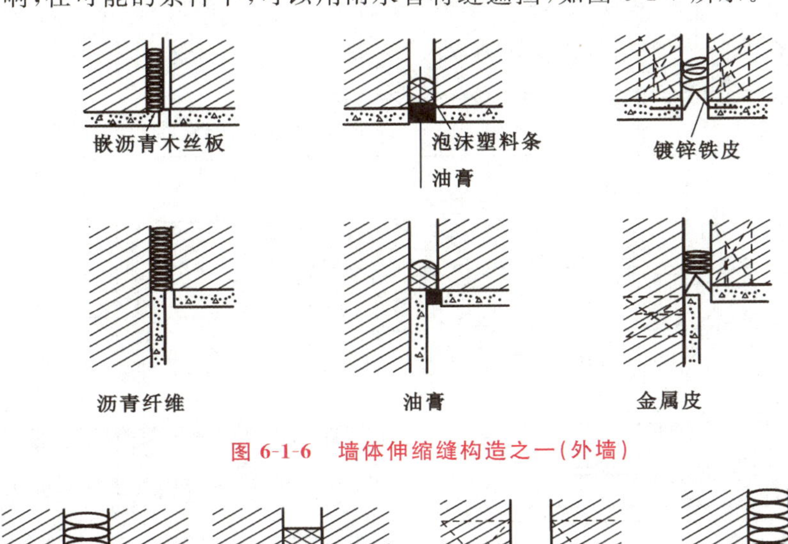

图 6-1-6　墙体伸缩缝构造之一(外墙)

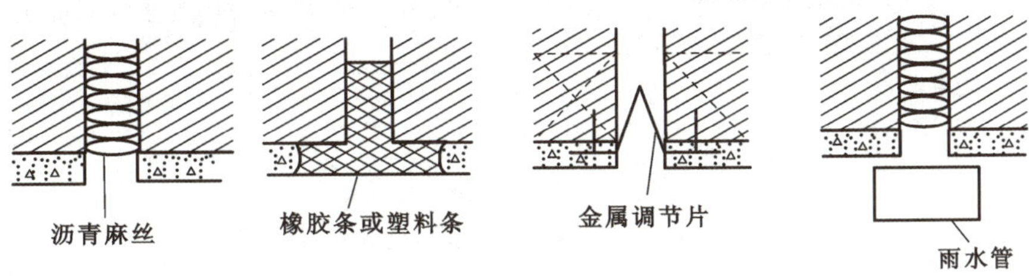

图 6-1-7　墙体伸缩缝构造之二(外墙)

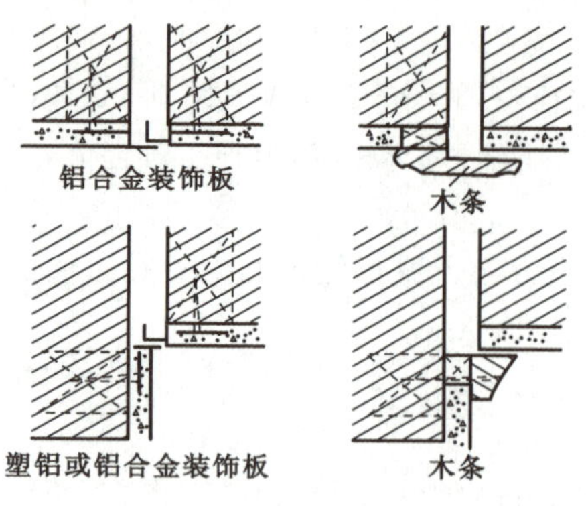

图 6-1-8　墙体伸缩缝构造(内墙)

内墙上的伸缩缝,可用具有一定装饰效果的金属片、塑料片或木盖条覆盖(图 6-1-8)。所有填缝及盖缝材料和构造应保证结构在水平方向自由伸缩而不产生破裂。

(2) 沉降缝

沉降缝一般兼起伸缩缝的作用,其构造与伸缩缝基本相同,但盖缝条及调节片构造必须能保证在水平方向和垂直方向自由变形,如图 6-1-9、图 6-1-10 和图 6-1-11 所示。屋顶沉降缝应充分考虑不均匀沉降对屋面泛水带来的影响,可用镀锌铁皮做调节,以利沉降。

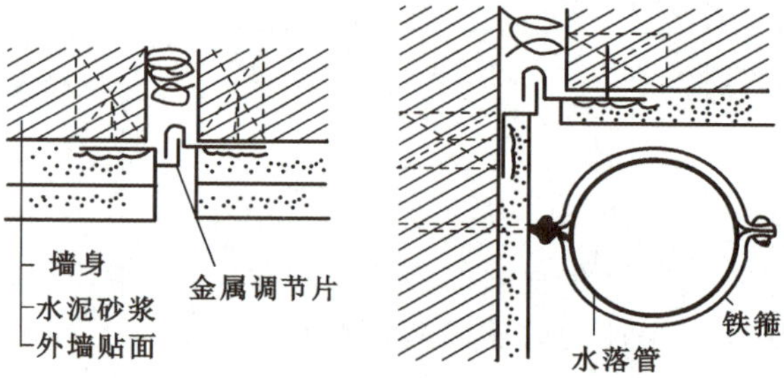

图 6-1-9　墙体沉降缝构造

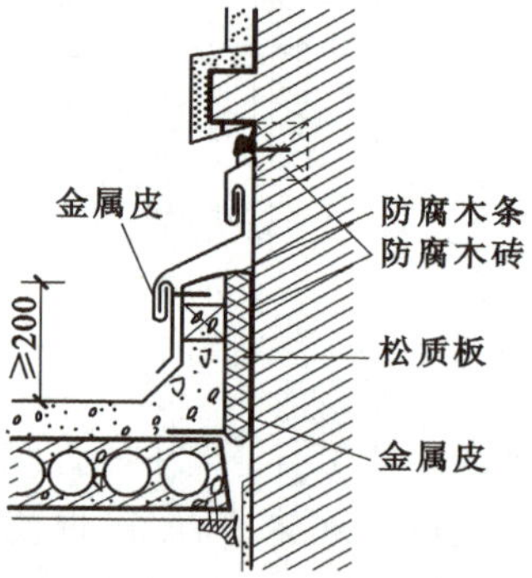

图 6-1-10　屋面沉降缝构造

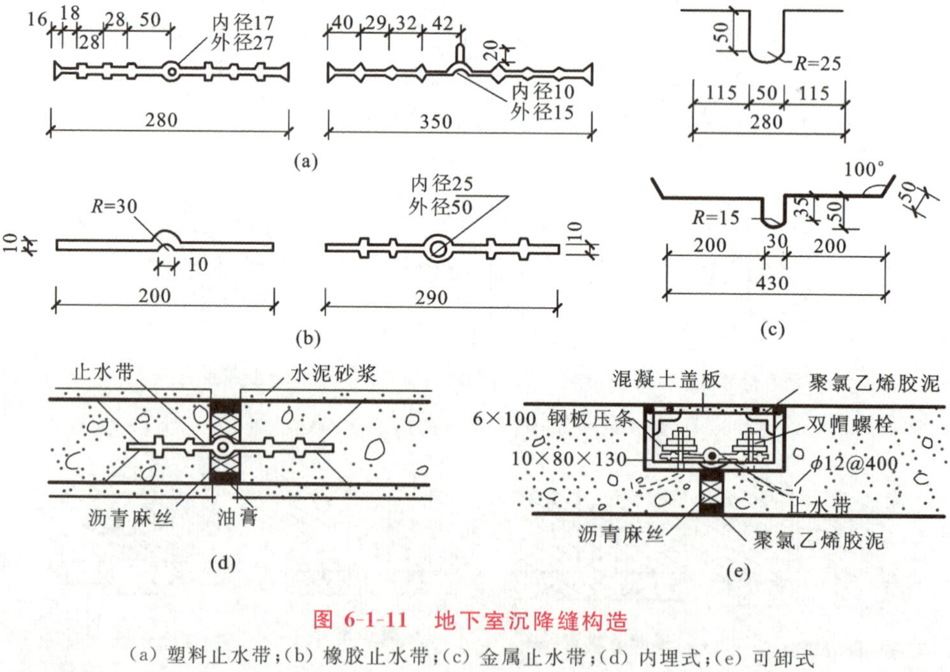

图 6-1-11　地下室沉降缝构造

(a) 塑料止水带;(b) 橡胶止水带;(c) 金属止水带;(d) 内埋式;(e) 可卸式

(3) 防震缝

防震缝在墙身、楼地层及屋顶各部分的构造基本上与伸缩缝、沉降缝相同,唯因缝口较宽,盖缝条应满足牢固、防风和防水等要求，同时还应具有一定的适应变形的能力，如图 6-1-12 和图 6-1-13 所示。

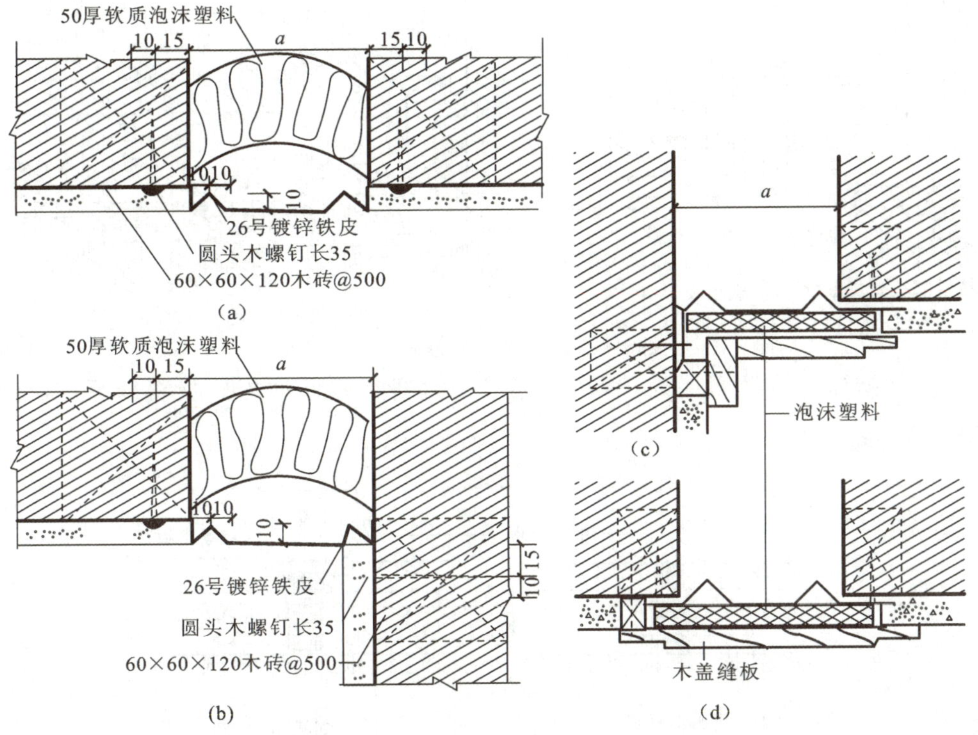

图 6-1-12　防震缝构造

(a) 外墙平缝处；(b) 外墙转角处；(c) 内墙转角；(d) 内墙平缝

盖缝条应在两侧钻长形孔，加垫圈后打入钢钉，钢钉不能钉实，为盖板和钢钉之间预留上下变形空间，以适应沉降要求。

6.1.2.3　楼地层变形缝

楼板层变形缝的位置和宽度应与墙体变形缝一致。变形缝一般贯通楼地面各层，缝内采用具有弹性的油膏、金属调节片、沥青麻丝等材料做嵌缝处理，面层和顶棚应加设不妨碍构件之间变形需要的盖缝板，盖缝板的形式和色彩应与室内装修协调。

楼板层伸缩缝的位置和大小应与墙体、屋面变形缝一致，而地坪层伸缩缝的位置和大小应根据建筑物的使用情况而定。

楼板层伸缩缝的构造既要求面层、结构层在缝处全部脱开，又要求面层、顶棚均覆以盖缝板。盖缝板以允许构件之间能自由变形为原则，缝内常用可压缩变形材料（如油膏、沥青麻丝、橡胶或塑料调节片等）做封缝处理，上铺活动盖板或橡、塑地板等地面材料，以满足地面平整、光洁、防滑、防水及

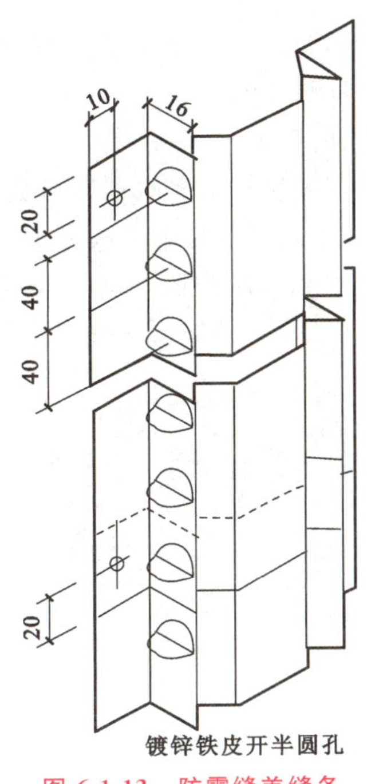

图 6-1-13　防震缝盖缝条

防尘等功能(图6-1-14)。

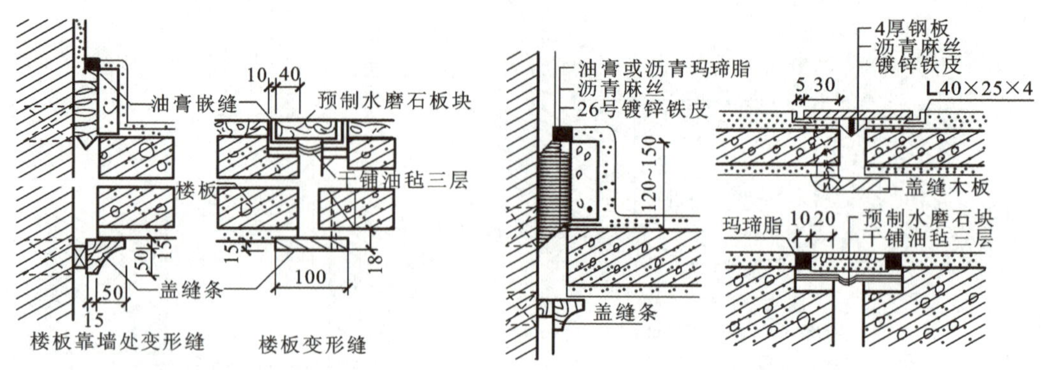

图 6-1-14 楼面及顶棚伸缩缝构造

地坪层伸缩缝只需做面层处理，在基层缝中填塞有弹性的松软材料即可，具体构造见图 6-1-15。

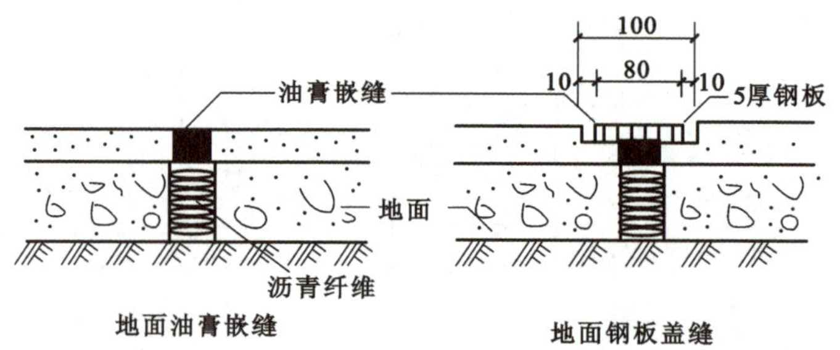

图 6-1-15 地面伸缩缝构造

6.1.2.4 屋顶变形缝

屋顶变形缝的位置和宽度应与墙体、楼地层的变形缝一致。缝内用金属调节片、沥青麻丝等材料做嵌缝和盖缝处理。屋顶变形缝按建筑设计要求可设于同层等高屋面上；也可设于高低屋面交接处。同层等高屋面依其上人或不上人等要求，构造做法也各不相同。

(1) 卷材防水屋顶变形缝

① 同层等高不上人屋面：不上人屋面变形缝，一般是在缝两侧各砌半砖厚矮墙，并做好屋面防水和泛水构造处理，矮墙顶部用镀锌薄钢板或钢筋混凝土盖板盖缝，如图 6-1-16(a)所示。

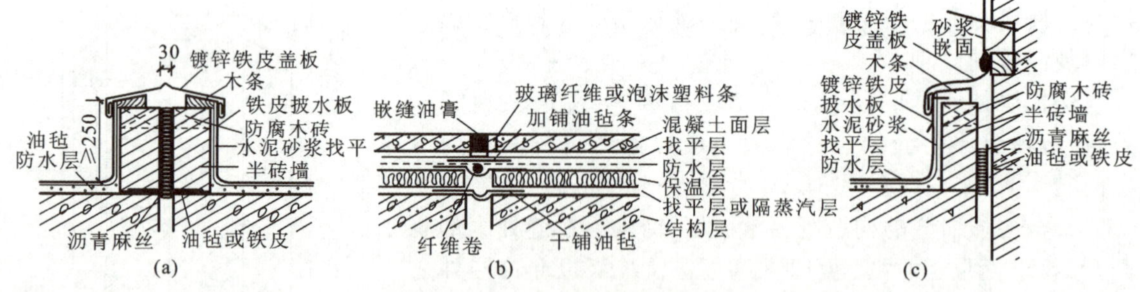

图 6-1-16 卷材防水屋面伸缩缝

(a) 不上人屋面变形缝；(b) 上人屋面变形缝；(c) 高低缝处变形缝

② 同层等高上人屋面：上人屋面为便于行走，缝两侧一般不砌小矮墙，此时应切实做好屋

面防水，避免雨水渗漏[图 6-1-16(b)]。

③ 高低屋面的变形缝：高低屋面交接处的变形缝，应在低侧屋面板上砌半砖矮墙，与高侧墙之间留出变形缝隙，并做好屋面防水和泛水处理。矮墙之上可用从高侧墙上悬挑的钢筋混凝土板或镀锌薄钢板盖缝[图 6-1-16(c)]。

(2) 刚性防水屋顶变形缝

刚性防水屋面变形缝的构造与卷材防水屋面的做法基本相同，只是防水材料不同，如图 6-1-17所示。

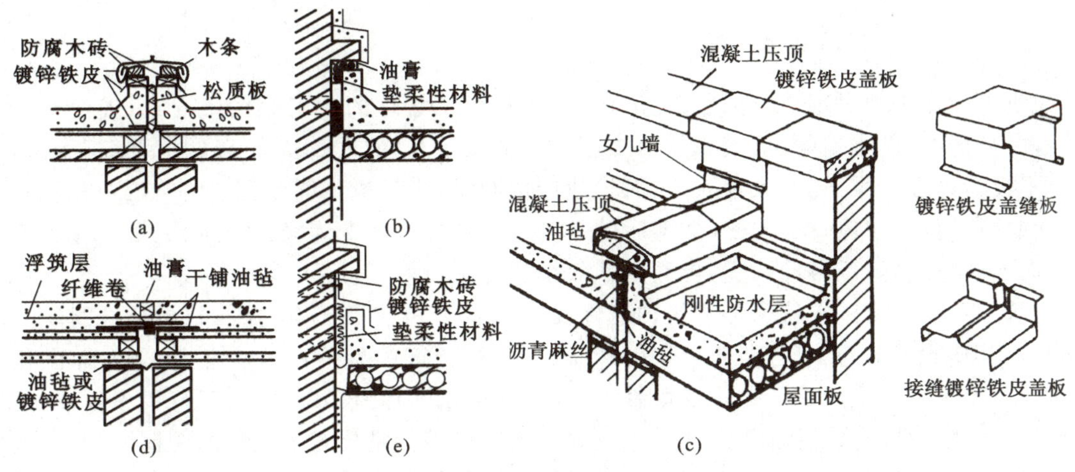

图 6-1-17　刚性防水屋面伸缩缝

(a) 刚性屋面变形缝；(b) 高低缝处变形缝；(c) 变形缝立体图；(d) 上人屋面变形缝；(e) 高低缝处变形缝

小　　结

1. 变形缝是为防止建筑物在外界因素(温度变化、地基不均匀沉降及地震)作用下产生变形，导致开裂，甚至破坏而人为设置的构造缝。它包括伸缩缝、沉降缝和防震缝三种类型。

2. 沉降缝是从地下基础、地面墙体直至屋顶的构造缝；伸缩缝和防震缝则在地面上设置，基础不设置。

3. 在规范允许的情况下尽量少设或不设，应把各种变形缝尽量合并、代用。

思　考　题

1. 简述变形缝的类型与区别。
2. 简述各种变形缝的设置位置。
3. 试比较伸缩缝与沉降缝的设置要求。
4. 沉降缝在基础处是如何处理的？
5. 屋面沉降缝是如何构造的？
6. 设置防震缝有哪些要求？
7. 图示内、外墙变形缝构造。

知识 6.2 民用建筑工业化

教学目标

1. 了解砌块建筑、骨架墙的构造做法；
2. 熟悉建筑工业化的内容。

6.2.1 民用建筑工业化的意义

建筑工业化是通过现代化的制造、运输、安装和科学管理的大工业生产方式，来代替传统建筑业中分散的、低水平的、低效率的手工业生产方式。长期以来，人们都是由手工劳动建造房屋，不仅劳动强度大，耗费大量人力，而且建造速度慢，质量也难以保证。建筑工业化就是以现代化的科学技术手段，把这种分散落后的手工业生产方式转变为集中、先进的现代化生产方式，从而加快速度，降低劳动强度，提高生产效率和施工质量。

建筑工业化四个基本特征是建筑构配件设计标准化、生产工厂化、施工机械化和组织管理科学化。其中设计标准化是建筑工业化的前提条件，建筑产品只有加以定型，采取标准化设计，才能成批生产。生产工厂化是将用量大、容易标准化的建筑构配件，由工厂集中生产，这样可以促进建筑产品质量的提高，降低生产成本。施工机械化是建筑工业化的关键，只有实现建筑产品生产、施工机械化才能降低劳动强度，提高工程质量，加快施工速度。组织管理科学化是实现建筑工业化的保证，当生产的环节较多时，相互间的矛盾需要通过严密的、科学的组织管理来加以协调，否则建筑工业化的优越性就得不到充分体现。

随着科学技术的进步，建筑工业化的内容也在不断地充实，并发展到更高级的阶段。建筑工业化已从一般的标准设计向工业化建筑体系发展。所谓工业化建筑体系，是指某类或几类建筑，从设计、生产工艺、施工方法到组织管理等各个环节相配套，形成工业化生产的完整过程。

工业化建筑体系一般分为专用体系和通用体系两种。

专用体系是指以定型房屋为基础进行构配件配套的一种体系，其最终产品是定型的房屋。这种体系的优点是：以少量规格的构配件就能将房屋建造起来；便于批量生产；具有一定的设计专用性。缺点是：一种专用体系往往不能满足多方面的要求，而大量专用体系又造成构件规格品种在总的数量上大大增加。

通用体系是指以通用构配件为基础，进行多样化房屋组合的一种体系，其产品是定型构配件。这种体系由于构配件规格比较多，可以互换、通用，易于做到多样化，适应面广；构件的使用量大，便于组织专业化大批量生产；其构件的规格品种虽比一种专用体系多，但在总的数量上大大减少。

工业化建筑类型通常按结构类型和施工工艺进行划分。按结构类型主要分为框架结构、框架-剪力墙结构、剪力墙结构等。按施工工艺主要分为预制装配式、工具式模板机械化现浇式以及预制与现浇相结合式等。按结构和施工工艺特征综合考虑，工业化建筑的类型有砌块建筑、大板建筑、大模板建筑、框架轻板建筑、滑模建筑、升板建筑、盒子建筑等。

我国的建筑工业化起步于 20 世纪 50 年代，早期应用的有砌块建筑、大板建筑、升板建筑、滑板建筑。20 世纪 70 年代开始，一些新型建筑体系成套施工技术，如大模板施工技术、滑升模板施工技术、隧道模板施工技术等不断得到完善。工业化建筑虽然具有相当长的实践经历，而且也在不同的体系当中进行过相当数量的尝试，但建筑的构成要素较多，周边环境变化较大，使用情况也不尽相同，这些变化的存在给建筑工业化生产提出了许多必须面对的技术问题。

6.2.2　常见工业化建筑的构造

长期以来，为了实现建筑工业化生产的目标，人们在建筑的结构形式、建筑材料和施工方法等方面进行了许多探索，并取得了阶段性的成果。目前，常见的工业化建筑主要有砌块建筑、大板建筑、大模板建筑等形式。

6.2.2.1　*砌块建筑*

砌块建筑是以混凝土或工业废料等为原料预制成砌块来砌筑墙体的一种预制装配式建筑。砌块的尺寸比普通砖大，因而可以加快砌墙速度，减少施工现场的砌筑工作量。砌块建筑选材的基本原则是："就地取材"和"充分利用工业废料"。砌块尺寸必须符合模数，以便于组砌。

砌块的种类很多，按品种分有实体砌块、空心砌块；按材料分有普通混凝土砌块、煤矸石混凝土砌块、陶粒混凝土砌块、炉渣混凝土砌块和加气混凝土砌块等；按规格分有小型砌块、中型砌块和大型砌块。

小型砌块尺寸小，质量小(一般在 20 kg 以内)，适应于人工搬运、砌筑；中型砌块尺寸较大，质量较大(一般在 350 kg 以内)，适应于中、小型机械超吊和安装；大型砌块是向板材过渡的一种形式，尺寸大、质量大(一般在 350 kg 以上)，故需大型起重机械设备吊装施工。

(1) 砌块建筑的排列组合

砌块的排列组合是指不同规格的砌块在墙体中的具体安放位置。在施工前，应绘出砌块的排列组合图，施工时按图进料和安装，详见图 6-2-1。

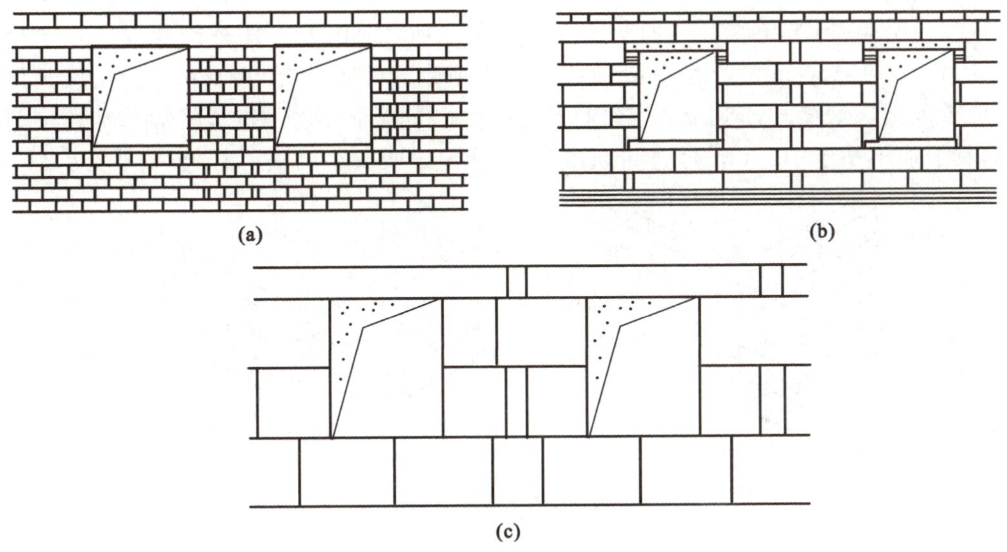

图 6-2-1　砌块排列示意

(a) 小型砌块排列；(b) 中型砌块排列；(c) 大型砌块排列

砌块排列的原则：

① 正确选择砌块的规格尺寸，尽量减少砌块的规格类型，并尽量提高主要砌块的使用率，减少局部补填砖的数量。

② 砌块的排列力求整齐，有规律。

③ 纵横墙相互组砌，保证砌块墙的整体性；上下皮砌块要错缝搭接，避免通缝。

④ 如采用混凝土空心砌块，其上下砌块的孔宜对齐，使结构受力合理，便于孔内配筋灌浆。

（2）砌块墙的构造

① 砌块墙的接缝处理

砌块墙的接缝有水平缝和垂直缝，缝的形式一般有平缝、凹槽缝和高低缝等，见表 6-2-1。

表 6-2-1　砌块墙的接缝

垂直缝	水平缝	缝宽及砂浆强度等级
平接　高低 单槽　双槽	平接　双槽	（1）小型砌块缝宽为 8～12 mm；中型砌块缝宽为 15～20 mm；加气混凝土砌块缝宽为 10～15 mm。 （2）砌筑砂浆强度等级根据计算确定。 （3）空心砌块砌筑砂浆强度等级应大于或等于 M5

平缝多用于水平缝；凹槽缝和高低缝多用于垂直缝。砌块墙一般采用水泥浆砌筑，灰缝的宽度主要根据砌块材料的规格大小而定。缝中砂浆应饱满，其砂浆强度应由计算而定。

② 砌块墙的拉接

砌块砌体必须分皮错缝搭砌，如图 6-2-2 所示。中型砌块上下皮搭砌长度不小于砌块高度的 1/3 且不小于 150 mm；小型空心砌块上下皮搭砌长度不小于 90 mm。当搭砌长度不满足这一要求或出现通缝时，应在水平缝内设置不小于 2ф4 的钢筋网片，网片每端均应超过该垂直缝，其长应不小于 300 mm，且竖向通缝仍不能超过两皮小砌块，如图 6-2-3 所示。

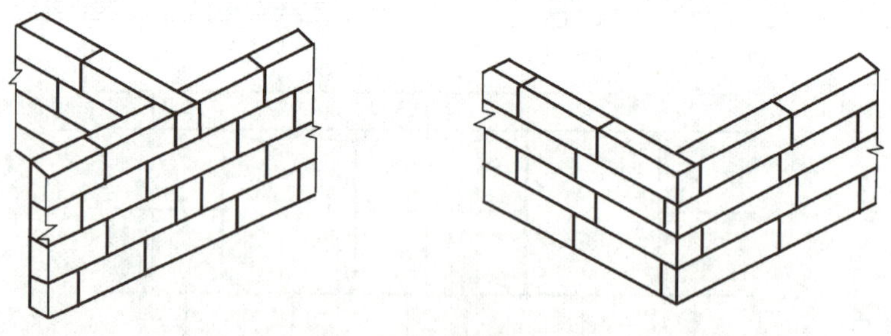

图 6-2-2　砌块搭接

③ 圈梁

为保证砌块建筑的整体性，砌块建筑应在适当的位置设置圈梁。

圈梁宜连续地设在同一水平面上，并形成封闭状；当圈梁被门窗洞口截断时，应在洞口上

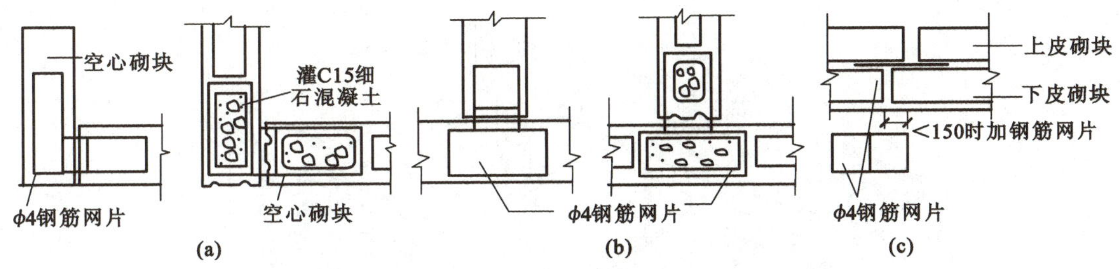

图 6-2-3　通缝处理

(a) 转角配筋；(b) 丁字墙配筋；(c) 错缝配筋

部增设相同截面的附加圈梁。附加圈梁与圈梁的搭接长度不应小于其垂直间距的两倍，且不得小于 1 m。

钢筋混凝土圈梁的宽度宜与墙厚相同，当墙厚 $H\geqslant240$ mm 时，其宽度不宜小于 $2H/3$。圈梁高度不应小于 120 mm。纵向钢筋不应小于 4 Φ 10，绑扎接头的搭接长度按受拉钢筋考虑，箍筋间距不应大于 300 mm。

圈梁兼当过梁时，过梁部分的钢筋应按计算用量另行增配。

④ 构造柱

对混凝土中型空心砌块建筑，应在外墙转角处和楼梯间四角的砌体孔洞内设置不少于 1 Φ 12的竖向钢筋，并用 C20 细石混凝土灌实，形成构造柱。竖向钢筋应贯通墙高并锚固于基础和楼盖圈梁内，使建筑物连成一个整体，见图 6-2-4。混凝土小型空心砌块建筑，应在外墙转角处和楼梯间四角且距墙中心线每边不小于 300 mm 范围内的孔洞中采用不低于砌块材料强度等级的混凝土灌实。

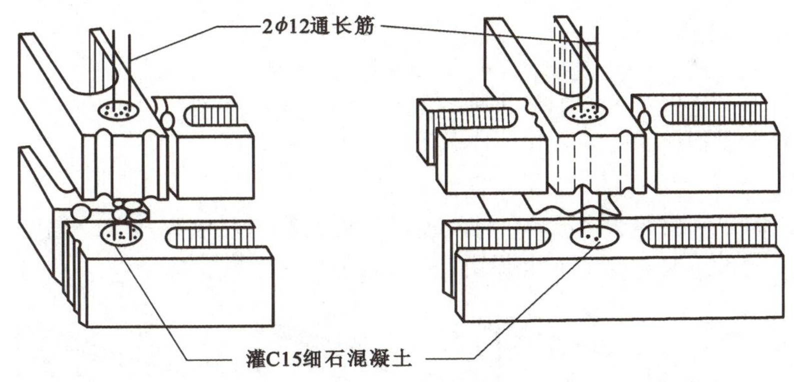

图 6-2-4　空心混凝土砌块建筑的构造柱

砌块建筑在室内外地坪以下部分的墙体应做好防潮处理。除了应设防潮层以外，对砌块材料也有一定要求，通常选用密实耐久的材料，不能选用吸水性强的砌块材料。

6.2.2.2　大板建筑

大板建筑是一种全装配式的工业化建筑，除基础以外，地上的全部构件均为预制构件。通过装配整体式节点连接而成的建筑具有自重小、有效面积大、施工效率高、施工周期短的优点，但用钢量大，建筑空间变化不灵活而且造价较高。如图 6-2-5 所示。

常见的大板建筑结构体系主要有横向墙板承重、纵向墙板承重和纵横向墙板承重三种，如图 6-2-6 所示。此外，在建筑内部增设梁柱的叫作部分梁柱承重体系。

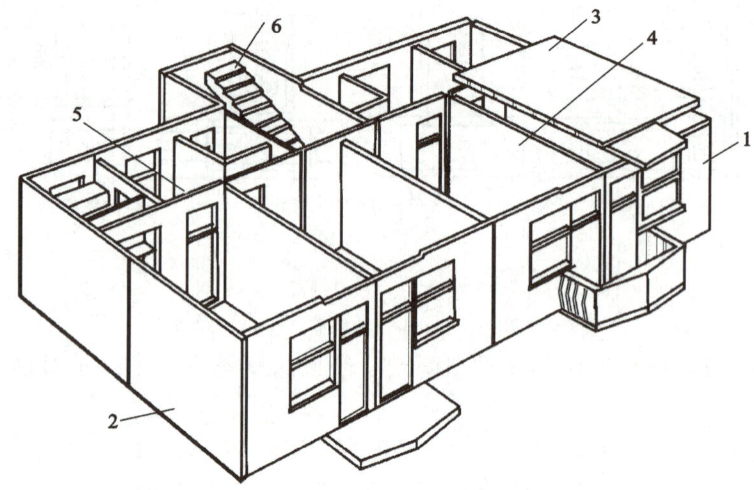

图 6-2-5　装配式大板建筑示意

1—外纵墙板；2—外横墙板；3—楼板；4—内横墙板；5—内纵墙板；6—楼梯

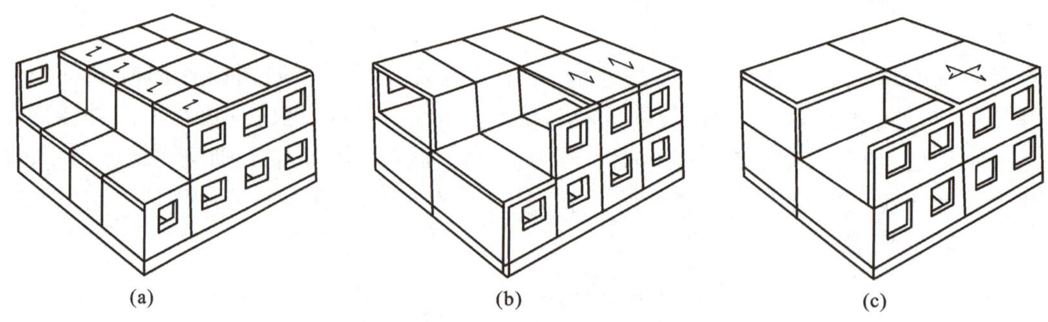

图 6-2-6　大板建筑的结构体系

(a)横墙板承重；(b)纵墙板承重；(c)双向墙板承重

大板建筑的主要构件：

(1) 外墙板

墙板可以用同一种材料制作成单一板，也可以由两种材料制作成复合墙板。

单一材料外墙板主要有实心板和空心板两种，如图 6-2-7 所示。

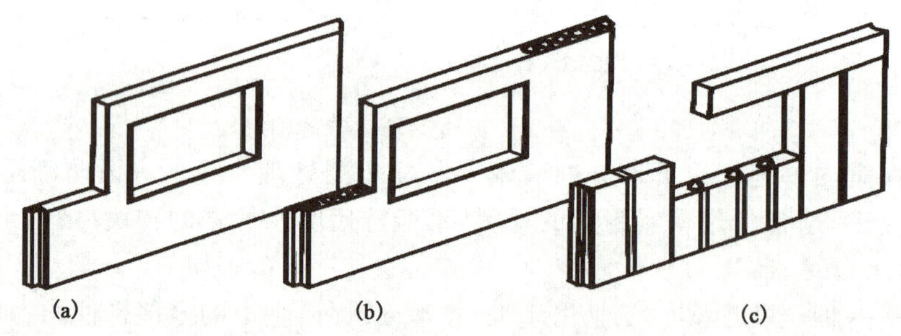

图 6-2-7　单一材料外墙板

(a)，(c) 实心板；(b) 空心板

复合材料外墙板是根据功能要求由防水层、保温层、结构层等组合而成的多层外墙板，如图 6-2-8 所示。

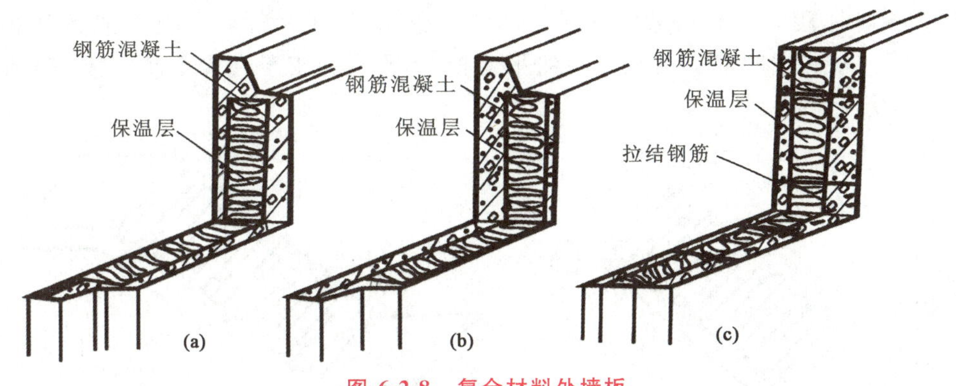

图 6-2-8　复合材料外墙板

(a) 结构层在内侧；(b) 结构层在外侧；(c) 夹层外墙板

(2) 内墙板

内墙板是大板建筑的主要承重构件，也是分隔构件，应具有足够的强度、刚度及隔声防火能力。

内墙板可以是一个房间一块或二至三块，高度与层高相适应，通常是层高减去楼板厚度。

(3) 楼板

大板建筑的楼板有三种尺寸类型：一是与砖混结构相同的小块楼板；二是半间一块（或半间带阳台板）的大楼板；三是整间一块（整间带阳台板）的大楼板，如图 6-2-9 所示。一般多采用整间一块的大楼板，其装配效率高，板面平整，且与其他板材质量相似，便于统一起吊设备。整间一块的大楼板有实心板、空心板和肋形板等类型，如图 6-2-10 所示。

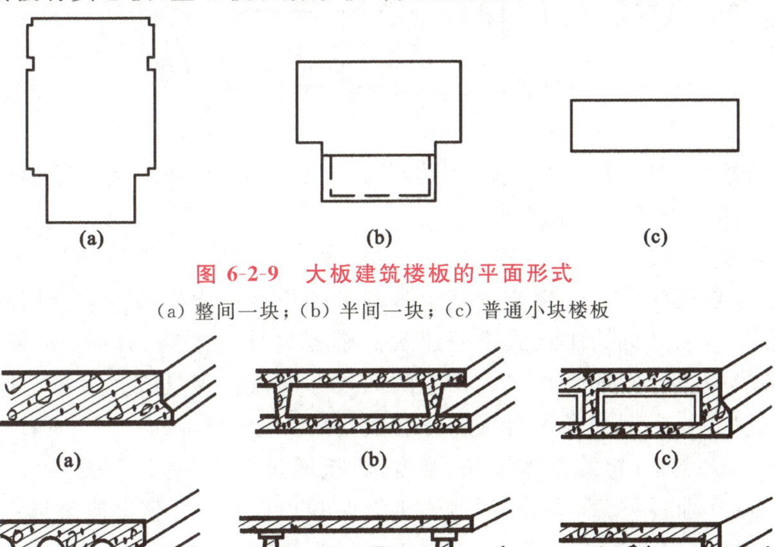

图 6-2-9　大板建筑楼板的平面形式

(a) 整间一块；(b) 半间一块；(c) 普通小块楼板

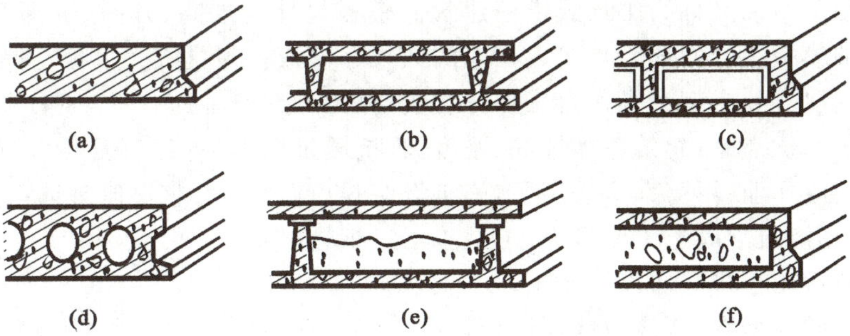

图 6-2-10　大型预制楼板

(a) 实心平板；(b) 板下肋形板；(c) 盒模肋形板；(d) 空心板；(e) 板上肋形板；(f) 夹心肋形板

(4) 楼梯

大板建筑的楼梯通常是梯段和平台板分开预制，以方便施工。为了减小构件的质量，梯段可预制成空心楼梯段。当有较强的起重能力时，也可将梯段和平台预制成整体构件，如图 6-2-11 所示。楼梯段一般支承在带肋的平台板上，平台板支承在焊于侧墙板的钢牛腿上，如图 6-2-12 所示。

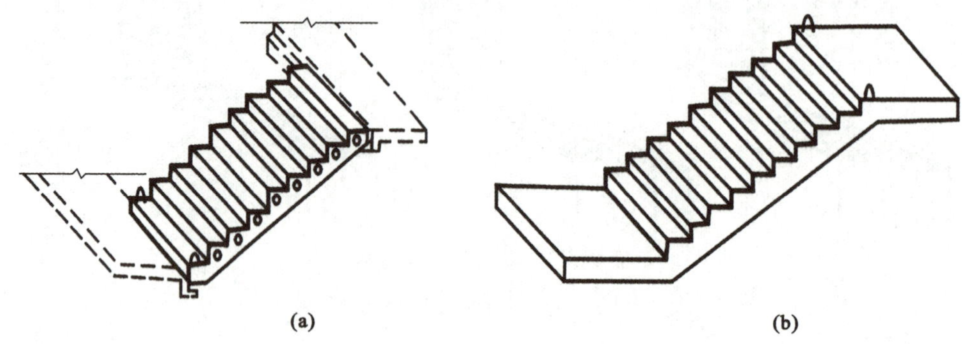

图 6-2-11　预制楼梯段

(a) 梯段、平台分开预制；(b) 带平台的预制楼板

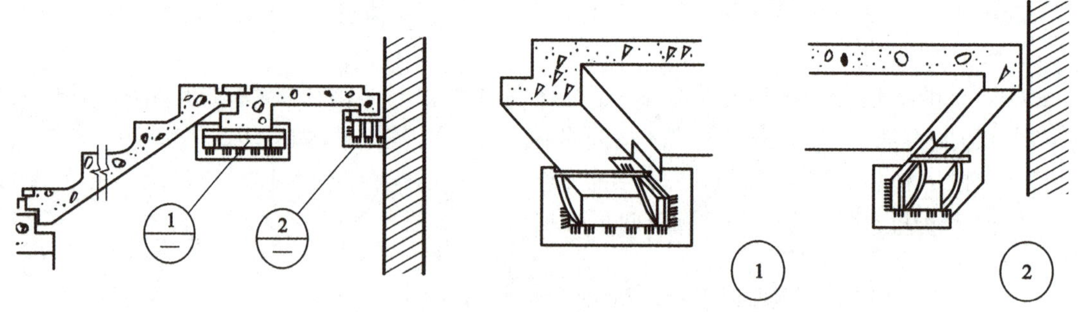

图 6-2-12　楼梯平台板与侧墙板焊接

(5) 屋面板

屋面板是屋顶的承重结构，除要求有足够的强度和刚度外，还应满足屋顶的防水、排水、保温(隔热)、天棚平整和外形美观的要求。

6.2.2.3　大模板建筑

大模板建筑是在现代化工业生产混凝土基础上的一种现浇建筑。它所用的钢制模板可作为工具，重复使用，所以又称为工具式模板建筑。模板尺寸与层高、开间、进深等参数相适应，或是经过简单的模板组合而成为与参数相应的大尺寸模板。工具式大模板与操作台常常结合在一起，由大模板板面、支架和操作台三部分组成，见图 6-2-13。

大模板建筑的优点是：建筑整体性好、刚度大、抗震抗风力强；劳动强度小，施工速度快，减少了内外饰面的湿作业；不需大型预制厂，施工设备投资少，是工业化建筑体系中较经济的类型。缺点是：现场浇筑混凝土工作量大，工地施工组织较复杂。

大模板建筑适用于多层和高层建筑。

大模板建筑的类型有：现浇内墙与楼板，预制外墙板(亦称内浇外挂式)；现浇内外墙，预制楼板；现浇内墙，预制楼板与外墙板；现浇内墙与楼板，砌筑外墙。

大模板建筑的主要构件(以内浇外挂式为重点，简要介绍一些构件的特点)：

(1) 内墙板

现场浇筑。厚度一般为横墙 160 mm、纵墙 180 mm，内放 $\phi6 \sim \phi8$、间距 200 mm 的双向钢

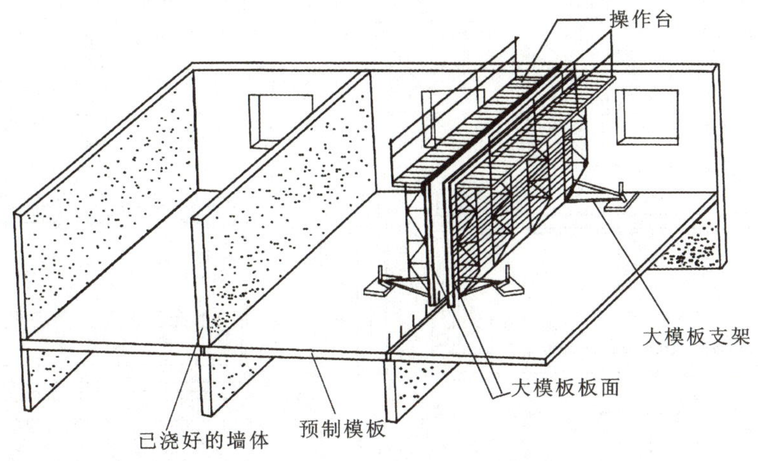

图 6-2-13　大模板施工示意

筋网片，采用 C20 混凝土浇筑。

（2）外墙板

加工厂预制，可以采用单一材料制作，也可采用复合材料制作。厚度为 280～300 mm。构件划分方法为：外横墙为每进深两块板（个别为一块板），外纵墙为每开间一块板，其形状与大板建筑外墙相同。

（3）楼板

加工厂预制，可以采用 130 mm 厚的预制短圆孔板，也可以采用 110 mm 厚的双向预应力的实心大板。

（4）楼梯

有双跑和单跑两种做法。其组成包括楼梯段、楼梯梁和休息板。楼梯的休息平台采用"担架"形，插入墙板中的预留孔内。如图 6-2-14 所示。

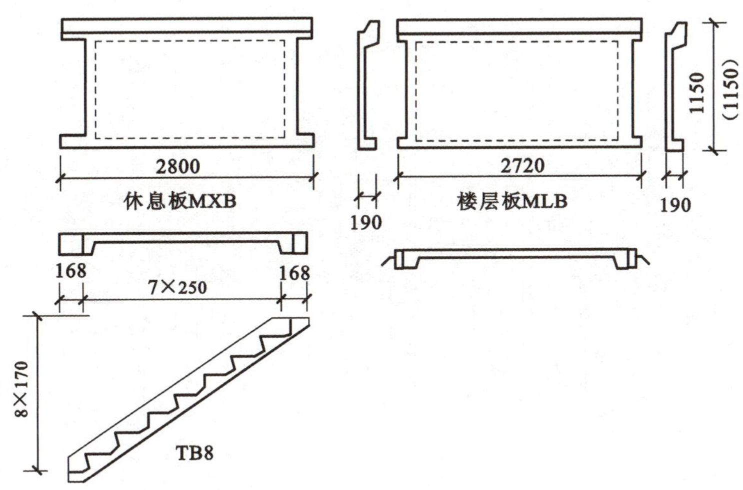

图 6-2-14　大模板建筑楼梯构件

（5）阳台板

工厂预制，呈正槽形，挑出墙板外皮 1160 mm，压墙厚为 100 mm，代号为 MYT（MYT27 表示板长 L 为 2680 mm；MYT33 表示板长 L 为 3280 mm；MYT39 表示板长 L 为 3880 mm）。阳台板构件如图 6-2-15 所示。

(6) 通道板

加工厂预制，呈反槽形。挑出墙板外皮 1300 mm，压墙厚为 100 mm，代号为 TD(TD27 表示板长 L 为 2680 mm；TD33 表示板长 L 为 3280 mm；TD39 表示板长 L 为 3880 mm)。通道板构件如图 6-2-16所示。

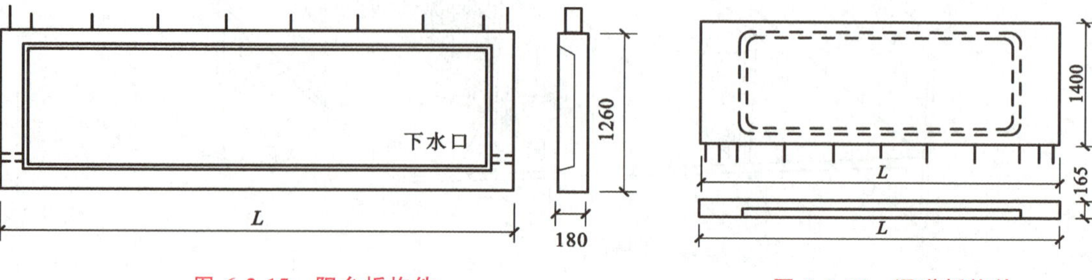

图 6-2-15 阳台板构件

图 6-2-16 通道板构件

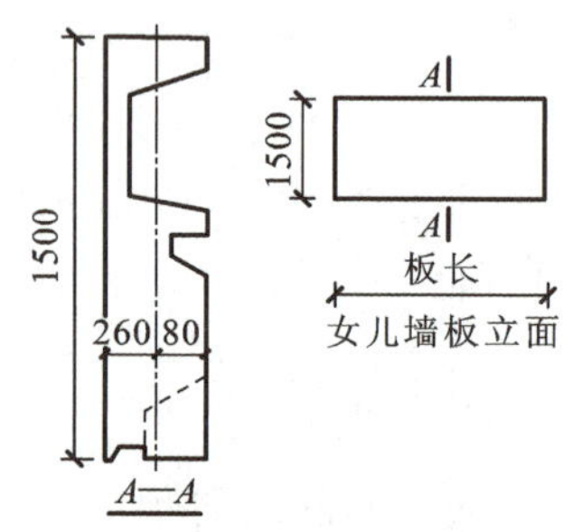

图 6-2-17 女儿墙板构件

(7) 女儿墙板

加工厂预制，实际上是一种不带门窗洞口的小型外墙板，其高度为 1500 mm。女儿墙板构件如图 6-2-17 所示。

(8) 隔墙板

一般采用 50 mm 厚钢筋混凝土板，可以在加工厂预制，亦可以在现场预制。

6.2.2.4 其他工业化建筑简介

(1) 滑升模板建筑

滑升模板建筑是采用混凝土墙体内的钢筋作导杆，用油压千斤顶提升模板，连续浇筑墙体的施工方法。这种方法适用于形体简单、墙体上下同厚的建筑物以及烟囱、水塔、筒仓等构筑物。一般情况下，这种方法适用于 25 层以下的建筑物。如图 6-2-18 和图 6-2-19 所示。

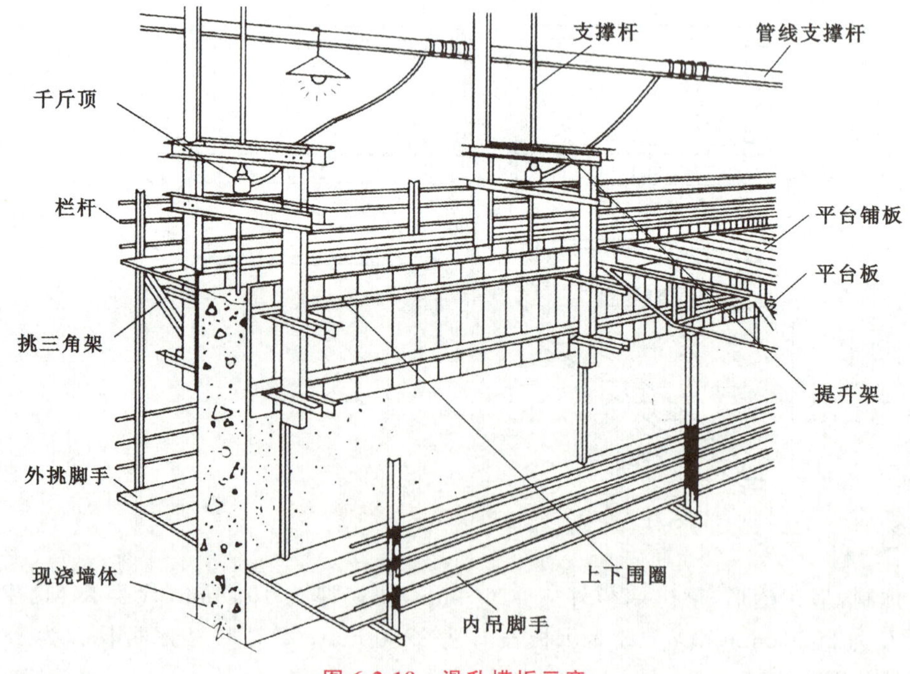

图 6-2-18 滑升模板示意

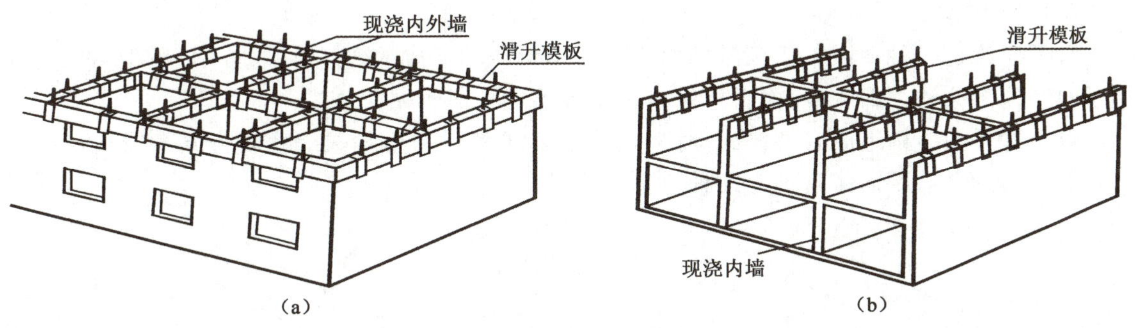

图 6-2-19　建筑物的不同滑模部位

(a)内外墙均为滑模施工;(b)内墙为滑模施工,外墙用装配大板

(2) 升板升层建筑

在房屋做完基础或底层地坪后,在底层地坪上重叠浇筑各层楼板和屋顶板,插立柱子,并以柱子作导杆,用提升设备逐层提升各层楼板。只提升楼板的叫升板,在楼板上砌好墙体连同墙体一起提升的叫升层,如图 6-2-20 所示。

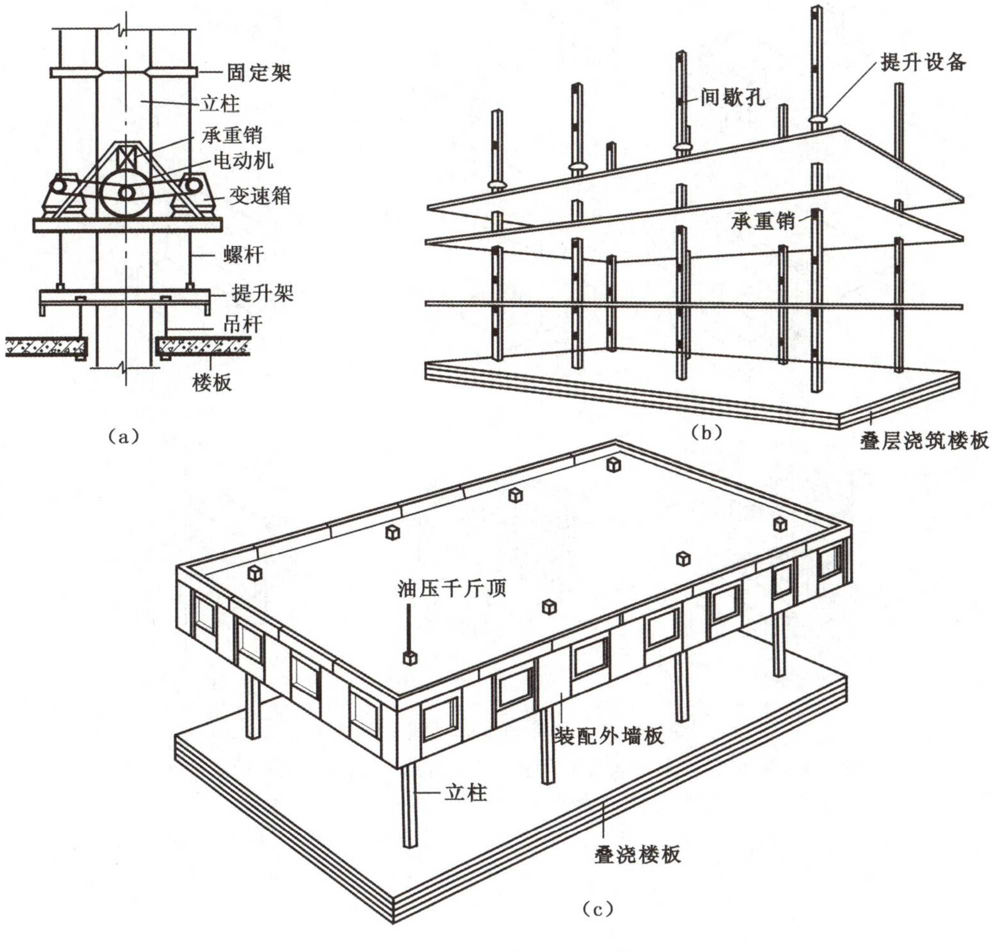

图 6-2-20　升板升层建筑

(a) 板提升设备;(b) 升板建筑;(c) 升层建筑

(3) 盒子建筑

盒子建筑是一种在加工厂预制的由整间盒子形结构组成的建筑。在加工厂不但可以完成盒子的结构部分和内部装修,而且连家具设备等均可一次预制完成。

单个盒子的结构组成有整浇式、骨架条板组装式和预制组装式等几种方式。按板材数量有六面体、五面体、四面体盒子等几种,如图 6-2-21 所示。

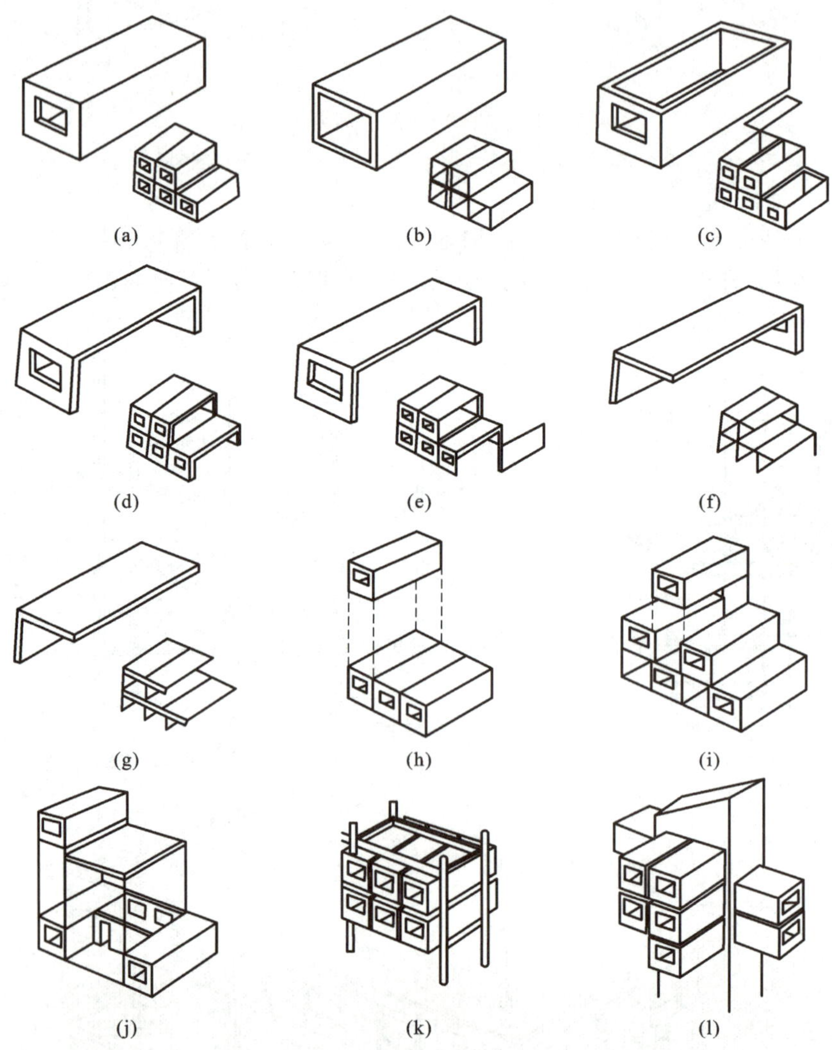

图 6-2-21　盒子结构组成及组合方式

(a) 四面墙板与楼板结合的五面盒子构件;(b) 横墙板与上下楼板结合的筒形盒子构件;
(c) 四面墙板结合的竖向筒形盒子构件;(d) 三个方向墙板与楼板合一盒子构件;
(e) 外墙板与楼板合一Ⅱ形构件;(f) 单面内外墙板与楼板结合的组合构件;
(g) 单面墙板与楼板合一 L 形构件;(h) 盒子板材组合;(i),(k) 盒子框架组合;(j),(l) 盒子筒体组合

小　　结

1. 建筑工业化是指用现代化工业的生产方式来建造房屋，主要包括设计标准化、构配件生产工厂化、施工机械化和管理科学化四个方面的内容，有预制装配式建筑和现场作业工业化两个发展途径。

2. 预制装配式建筑是用工业化的方法加工、生产建筑房屋所需的构配件，然后在施工现场进行装配，主要有装配式板材建筑、装配式框架建筑和盒子建筑。

3. 现浇建筑又称工具式模板建筑，是采用工具式模板在建筑现场用机械化的方式浇筑混凝土楼板和墙体的一种建筑形式，主要有大模板建筑和滑升模板建筑。

思　考　题

1. 什么是建筑工业化？建筑工业化的内容是什么？

2. 什么叫建筑工业化体系？什么叫专用体系与通用体系？

3. 工业化建筑的类型有哪些？

4. 何谓砌块建筑？砌块墙的排列设计有什么要求？砌块建筑的构造要点是什么？

5. 何谓大板建筑？大板建筑由哪些构件组成？内外墙在构造上有什么区别？

6. 何谓大模板建筑？大模板建筑的类型有哪些？以内浇外挂式为例，介绍大模板建筑的主要构件特点。

7. 何谓滑升模板建筑、升板升层建筑、盒子建筑？

参考文献

[1] 孙鲁,甘佩兰. 建筑构造. 北京:高等教育出版社,1994.

[2] 李必瑜,魏宏杨. 建筑构造. 北京:中国建筑工业出版社,2004.

[3] 朱德本. 当代工业建筑. 北京:中国建筑工业出版社,1996.

[4] 赵西平. 房屋建筑学. 北京:中国建筑工业出版社,2006.

[5] 邢双军. 房屋建筑学. 北京:机械工业出版社,2007.

[6] 王嵩明,王国新,王卓. 房屋建筑学. 北京:清华大学出版社,2008.

[7] 中华人民共和国住房和城乡建设部. 建筑抗震设计规范:GB 50011—2010. 北京:中国建筑工业出版社,2010.

[8] 中华人民共和国住房和城乡建设部. 砌体结构工程施工质量验收规范:GB 50203—2011. 北京:中国建筑工业出版社,2012.

[9] 马保国. 外墙外保温技术. 北京:化学工业出版社,2008.

[10] 张爱云. 建筑构造. 郑州:黄河水利出版社,2009.

[11] 崔艳秋. 建筑概论. 北京:中国建筑出版社,2009.

[12] 中国机械工业教育协会. 房屋建筑学. 北京:机械工业出版社,2001.

[13] 王福彤. 房屋建筑学. 北京:中国计量出版社,2007.

[14] 潘睿. 房屋建筑学. 武汉:华中科技大学出版社,2008.

[15] 赵庆双,谭现东. 房屋建筑学. 北京:中国水利水电出版社,2007.

[16] 舒秋华,李世禹. 房屋建筑学. 武汉:武汉理工大学出版社,2005.

[17] 许传华,贾莉莉. 房屋建筑学. 合肥:合肥工业大学出版社,2005.

[18] 杨滔,何广杰. 房屋建筑工程. 成都:西南交通大学出版社,2002.

[19] 裴刚,安艳华. 建筑构造. 武汉:华中科技大学出版社,2008.

[20] 熊丹安. 建筑结构. 武汉:武汉理工大学出版社,2009.

[21] 王崇杰. 房屋建筑学. 北京:中国建筑工业出版社,2008.

[22] 苏炜. 建筑构造. 北京:化学工业出版社,2010.